警察勤務新論 上
實務工作者與法律的對話

陳良豪 | 著

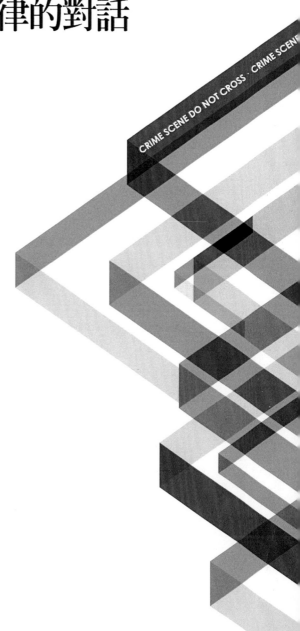

推薦序

PREFACE

「有社會，就有法」，法律以規範社會生活為目的，法學是一門規範科學，法學研究離不開實務與法條。面對紛繁的社會現象和多如牛毛的法規，要建構井然有序且具實用性之體系與法則，以發揮規範社會、建立秩序、保障人權的功能，除了需要縝密的思維能力，還要有豐富的實務經驗，方能收相互攻錯之效。

行政法在台灣，以基本概念、一般原則、行為形式、正當程序、行政組織、爭訟救濟為研究及論述內涵之行政法總論，居於主流。近十年來，以各該領域為重點的行政法各論或所謂「部門行政法」，漸次出現，逐步蔚為顯學，警察行政法為其中之一，為行政法原理及一般規範的重要實踐場域。

陳良豪先生出身基層警察，歷任警政重要職務，勤務經驗豐富，嫻熟警務法規，曾修習本人於台大法律開設的行政法課程，並利用公餘時間進修法律，對於行政法具有高度的興趣與旺盛的求知慾，執教於警察學校多年，課餘常以實務爭議問題與本人交換意見，提供第一線警察的所見所思，是一位不可多得的警察法律人。

本書以《警察勤務新論》為題，分成導論、勤區查察勤務、巡邏勤務、臨檢勤務四章，綱舉目張，囊括實務、理論與法規，案例繁多，並有法治思考貫串其間，對於強化警察勤務之依法行政，充實警察法學之實務底蘊，甚有助益，值得推許，爰綴數語，為之薦介，以勵來茲。

李建良
2016年1月

作者序

PREFACE

　　法,是什麼?自小就是脫韁野馬,一切自己說了算!歷經荒唐、叛逆歲月,初生之犢進入社會染缸中不斷尋覓心裡的那把尺,忽長忽短忖量著社會價值觀,努力圖飾一切平等執法的假象,喃喃說道。人生隘口轉折,發生在江郎無才的契機,轉了彎知道自己渺小,世界變得寧謐虛懷,視野逐漸寬廣。心尺,固定了;法,形塑了!

　　本書初出由來,首需感謝臺灣警察專科學校前交通管理科游主任志誠,於101年預編警察情境實務—勤務篇之際納召核心,專撰文內首章、巡邏等。後102年逢游主任邀續著警察情境實務—法規篇之巡邏及臨檢勤務後,心萌既有導論、巡邏及臨檢等內容,芻議將六大勤務一併說明,立於實務工作者之角度與法律對話,補充著警界未有類似之文獻。

　　103年,不知天高地厚的我,帶著忐忑不安的心、言不及義的初稿件至中研院,向恩師李建良求助如何鋪陳,老師一口應允!同再造之恩,銘感五內。期間,原不知所云文體,藉師之手信拈來,百忙撥冗給予諸多修正意見,朝著實務法治化前進,實之萬幸!又,遇莊忠進主任、張耀彩老師、吳從周老師、吳耀宗老師、陳俊宏老師(按給予意見時間排序)適時予殷實觀點注入,此生有幸。另同學芳君一路陪同探討、鑽研、下標、題綱、初校等繁瑣工作,沒齒難忘。

　　身邊家人:爸媽、培珊、敏慧、曉雯、妍陵、恩翔、嘉文,另增祥、文志、裕偉、志和、榮城、政恩、振鋒、福財、泓羽、永昇、振芳、正公、長豪、朝璋、奕仁、尚明及全國各警察機關技術教官們……等,全都是默默支持的力量,生命中有你們～很棒!當然,去(104)年8月由陳俊宏老師引薦五南圖書之法政副總編輯劉靜芬小姐、責任編輯吳肇恩小姐,感念您們辛苦了!

　　最後，筆者尚具微願及初衷，續將實務文獻不足之窘境，以一系列「警察情境實務」叢書，更名另撰補充之，使實務不斷與法律對話，堆砌出一條合於法治且便於實務操作之軌跡，供現職警察專用，倘有錯誤之處，尚祈 讀者不吝指正。

陳良豪

2016年1月

目 錄 CONTENTS

推薦序

作者序

第一章

警察勤務導論

題　綱

　　憲法原則下之國家行為，必須受到法治的監督，立法者預設了法律制度供行政機關據以執行，司法者為事後合法性之控制，使國家行政行為之自由性或羈束性框架在法治國原則範圍中，不致淪於恣意、失控。

　　警察勤務亦然，實務工作者所為一切需立於合法之基礎上，方有辨明是非論斷餘地，非逸脫法治之範圍。在科技迅速進步、國家權力應受制衡、憲政國家等因素之影響，受到法規範密度越趨縝細，饒繞不絕之法律條文，逐漸拼湊實現憲政之具體軌跡，基於法治的面貌，重新描繪著警察作為之動靜，防免恣意地戕害人民基本權利。

　　本書謂之：新論，其意涵乃立基於警察實務工作者在執行各項勤務時，需透過「適法」之途徑來達成法定任務，於法律規範中，以法學、司法實務及現行警察實際作為之角度相互融合，說明勤務活動應如何符合現行法治之規範，使落實法治理念及實際執法間，透過法律之對話取得平衡，引導著警察勤務之作為，穿越「理念與實際」的空窗地帶，補充學理與實務間的差距。

概　說

　　我國警察制度逐步建立迄今已逾七十餘載[1]，筆者發現警察勤務是一門深、廣兼容並蓄的學科，歷經以務農為主的農村社會型態至經濟起飛後的工商業社會之轉變，社會思潮、人文背景已經重大改變下，使得「警察勤務」在執行過程中，務需隨時代進步而有不同的思維，來遂行警察所擔負治安與交通的二大任務，或許才是目前警察實務工作者所重目標。

　　實務工作者腦海中的警察勤務，與教科書中說明有著相當差距，主要在於思考角度的不同[2]，許多情形均需警察到場協助排除，使勤務與

---

[1]　此處所指稱之警察勤務當然包括日據時代時期，現今有許多的警察勤務執行方式，仍留有帝制時代的產物，如「家戶訪查」的前身：「勤區查察」即為事例；其他諸如「警察學」之學科對於警察勤務描述，與此處所欲探討之出發點不同，先予指明。

[2]　筆者於民國103年7月11日上午，與署內某科長討論臨檢勤務問題時，科長說：「什麼叫做任意偵查？有

人民生活息息相關，顯明著現今處理具體個案，似乎走出不同以往所建構的勤務活動。實務工作者著重「問題解決」及「解決的最佳捷徑」，與學理思維論述相較，似乎傾向烏托邦社會型態之思考不同，當然，教科書中抽象文字之研究若得以具體實踐，則理論不再只是一個紙上飛躍的文字，係陪伴所有警察人員的利器。警察勤務欲成為執法利器之前提，需側重於法律！理由係：任何一個國家機關內人員在職務上所為的一切行為，提起救濟時倘須受到事後司法審查，為何在**執法當下的作為**，不以法律或司法實務見解的角度來看？尤其在執法人員腦海中法律體系之建構，應是輔助**執法當下**「合法」作為的最佳工具，況且，合於法律的執法，本屬法治國原則之基本要求。

　　以下，筆者將舉出實際上在實務機關發生或親身案例之經驗，嘗試側重在法律層面為論述之基礎，使實務工作者與法律產生對話的溝通橋樑，不再僅為一般基層實務工作者，用「人之主觀為經驗、事之經歷為說明」之方式執法。否則「執法」所執的是自己之法律見解，易淪於恣意，而非立法者歷經多數討論後通過之法律，亦非司法者累積多年之見解！使執行人員依據自身經驗傳承後擔服警察勤務時，遊走在法律灰色的邊陲地帶，身陷囹圄而不自知，則本文儘量建構確實可用在實務工作之概念，避免產生諸多主觀經驗而無法律基礎之說法。

　　再者，基於法治國家原則，警察勤務任何作為不僅須有法律之依據（即法律保留），且須遵守形式要件與正當程序（即正當法律程序），在合乎實質之法律要求（即比例原則、平等原則）下，並應給予人民在權利受到侵害或干預時，尋求一定司法救濟之機會。警察人員擔服警察勤務時，面對多樣的具體事件，如何「依法」的執行，方為固守立場、堅守法治的最後一道防線。是以，諸多法令思維的建構為不可或缺的重要思考，尤以筆者在基層實務工作長達15年的觀察，對照學者、法院、機關函釋等發現，獲致現行勤務作為之相關規範，均係以「法」為基礎，惟常見實務工作者執行時將之恝置不顧，甚為可惜。

　　哪個學者或實務在用這個名詞？」；詳參閱陳運財，偵查之基本原則與任意偵查之界限，東海法學研究第9期，1995年9月，頁299以下；錢建榮，以通知替代傳喚不到的違法拘提，月旦法學教室第147期，2015年1月，頁27以下。

　　依法行政原則在本書[3]論述警察勤務中，其重要性不可言喻，然現行法對此之規範卻頗爲零散，亟待綜整並加以補充，以圖建立接近完整井然的思考體系與內涵，爲此本書所由作之衷旨。爲期讀者掌握題意、廓清架構，容先作數點說明：

　　第一，警察勤務多樣性及複雜程度絕非一般得以想像，警察人員面對各種不同具體個案中，似乎無法再以單一面向之角度來思考及建立，在多元的法律體系中，有著不同軌跡及架構，透過不同法規範來觀察具體個案的自然事實，極可能呈現著規範間的差異。在研究方法上似乎應採取「綜觀」及「比較法」之觀念爲主軸，對不同面向的法律體系分別剖析，復綜以論述，冀求完整。在法定六大警察勤務論述，本書擬先將重點置於行政法規範、刑事法規範，透過側重不同體系於必要相關處加以開展，兼論及涵攝具體事實，作爲本書的主要觀念。

　　第二，警察勤務法規範的體系間，具有相互影響、彼此連動之關聯性，透過行政法規範，警察勤務之開始及進行作爲（內部），對人民侵害或干預基本權利（外部）甚大，似乎唯有明悉行政法規範之體系骨架及程序構造，搭以井然有序的思考，始可期勤務順遂之合法執行。

　　第三，警察勤務具有橫跨不同法規範之機能，透過刑事法規範觀察執行警察勤務發動犯罪調查或偵查，履行正當程序的思維面向，令行使國家公權力的勤務人員，當以恪遵法爲目的的勤務執行，亦將國家合法施以強大實力予人民之際，以干預或侵害最微之方式，建立起警察勤務的基本概念，並試以釐清不同法規範之分水嶺，清楚界限劃分不同之處。

　　第四，勤務執行中面對具體個案，無法或毋須以公權力介入情形迭有多見（即涉及私權紛爭），執行使用之手段雖不具強制力，惟施以勸誘、建議之內容，仍須輔以民事法、商事法規範之法則爲適用，倘告知內容非法所許或錯誤時，易使人民權利受到損害，衍生國家賠償責任。

---

[3]　本書以我國法上現行不同法制爲論述中心，雖有重述現行規定及延伸筆者依實務工作自行認定或判斷條件之分析，觀點或多與我國現行制度及學者通見有所扞格之處，或單純現行法條文之實然解釋，而係法制、學理與實務間之交叉辯難，此乃欲彰顯理論與實務間思考差異之見，並試圖彌平二者間距離，期能對當前實務工作者思維闕漏或偏失有所助益，敬祈讀者諒察筆者亟欲補偏救失之微願與撰寫初衷。

　　第五，警察勤務執行時面對具體個案事實，同時需透過行政法、刑事法或民事法、商事法等規範雖不多見，惟是，欲建構一完整的勤務思考架構，此命題亦爲不可或缺之一環，亦爲實務工作者構建的必要之舉，提出論討期收綱舉目張之效，利於勤務執行之理解，也易解於具體個案的妥適處置。

　　第六，本書雖以各部法規範爲命題中心作爲觀察面向之不同，惟警察勤務執行中，仍有諸多共通程序或要件尙須履行之前提，爲明悉勤務執行前「共通」之討論程序，乃置於本書第一章開展，作爲觀照比對不同勤務執行之基礎，使讀者在建立警察勤務之應然體系時，更能盡速一窺究竟。

　　第七，本書中舉以實際具體內容，涵攝相關法規範，借用或運用之法理、原理、原則、見解或條件等，並非僅得「單純」限定於所舉的某實際案例中，乃爲使實務工作者得**反思應用於其他具體個案或勤務執行**之論述，呈現**舉一反三**的思考建立。爲使讀者更能精確掌握不同法規範間，於警察勤務有著不同輪廓之觀念下，構建起實務工作者在法規範與事實間涵攝的反思機能。

　　第八，本書內容欲建立之概念，係一整體但分述各章說明，在不同章節中透過不同之勤務方式，開展相同觀念並逐漸延伸，例如：第二章勤區查察勤務，於刑事法規範論述中係以案件之特定爲標題，描述被告及犯罪事實之特定，在第三章巡邏勤務對案件之特定說明，則以被告及犯罪事實在實體法判斷之基礎作爲概念的延伸，逐漸向下探討案件特定之內容，作爲構建法治內涵之對應。

　　爲便於思考，利於抽象法規之理解及解說，於開論前先設想一則案例作爲逐步觀念的建立：

　　【思考案例】民國103年11月12日夜間，警察執行巡邏勤務時接獲通報，內容略以：「萬華夜市中有人白吃白喝！」經前往處置發現爲一中年男子坐於麵攤前，該男子亦已餐飽。警察查證身分中該男子辯稱：「我皮包裡沒零錢啊（實際上身無分文）！是給付不能啊！」警察稱：「啊你白吃白喝，怎麼不是詐欺？」該男子稱：「是給付不能啊！我再給他。」幾經爭辯，由路旁看不下去的民眾自掏腰包代爲墊付新臺幣105元，才結束這場鬧劇。

第一節　警察勤務之概念[4]

　　警察勤務，為達成警察任務之目的，對行政事項所負任務之授權依據，實際上橫跨了各個領域的法規範，實務工作者雖受過基礎法學教育，惟在建構勤務與法律體系之關聯性，依然存有差距，尤其不諳或未曾有過具體事件的經驗傳承上，更顯一斑。勤務活動自干預程度而言，可說是對人民權利（生命、身體、自由、人格及財產）直接且重大之行為，在法治國家的體系架構下，賦予了從事警察活動的新生命。然而，直接在觀念上描述來操作，似乎無法尋繹完整包覆性定義之概念，尤以實務機關面對多樣化的具體事件時，更能彰顯無法立於實務工作者來定義「警察勤務」之詞。謂雖無法定義，仍得於法治概念下框架、描述之，使層層堆疊不絕的法規範，不斷進入且實質影響著實務工作的走向，本書藉由司法實務之見解、學說之補充及筆者自身從事基層工作之經驗，嘗試架構與法律對話之橋樑，與現今對於警察勤務作為之論述來分嶺其界限，重新論述立於實務工作者之法學角度來說明「警察勤務」。

　　警察勤務概念究竟如何描述乃為艱深之題問，法定六大勤務中各面向均可能涉及各種法規範，在與交錯複雜的法律對話中，似乎難以追尋面臨具體個案完整法規範之思考架構。惟於法治國原則中依法行政之理念下闡明，描述範圍即可能得以限縮於「依法[5]」二字，唯有依據法令執行的警察勤務，更能接受整體法制的考驗。至觀察警察勤務的角度，應可由「行政法規範（公法）」與「刑事法規範」二大命題導入，作為更深入的討

---

[4]　警察勤務之概念描述，側重在行政法規範來說明是較佳的選項，理由警察勤務具有公共性，其概念尚無法以刑事法、其他法規範來說明。（讀者可先排除有關私權紛爭面向來反面定義警察勤務概念方法；而刑事法規範中，以現行學者出版的內容，似乎未見任何文內討論該概念。）

[5]　「依法」的警察勤務，才是合法，如在侵害人民權利、義務狀況下「未依法」，那如何能得出「合於法令的警察勤務」結論？但通常實務工作者對法令認知的貧乏，導致許多的警察勤務演變成可能為非法的；參照大法官釋字第535號；此號解釋絕不僅僅單純的劃分警察勤務條例到底是組織法的性質亦或作用法的性質？又或是組織法兼有行為（作用）法的性質？大法官承認該條例具有組織法及行為法的性質，只是逼於現實無奈做出法制面最低限度的承認；要不，可能即需宣告數十年來警察機關從事警察活動所為的臨檢之行政行為，皆是「違法」的，這樣的後果是：人民全數進入法院進行救濟，會癱瘓法院及國家賠償事件無限的增加，為了維持法律安定性，情非得已才將該條例分別承認其兼有組織、作用之性質，只不過該條例怎麼看都是內部執行勤務的組織法性質，無論如何皆無法對外部人民產生「規制效力」的作用法才是。

論。然某些具體個案並毋需以二大命題導入，僅需於命題以外之民、商事法規範為處置即得解決下，使警察勤務條例中法定的勤務項目，透過不同法規範之觀察，獲致不同的結論及評價。至本文使用之方法，係透過文中以警察勤務在依法行政之法制框架及實務工作者經驗之思考延伸，嘗試作為文字描述的觀念建構。

本書分篇章節之排序，係以歸納於組織法範疇之警察勤務條例第11條作為論述主軸之始，輔以同為組織法範疇之警察法為基點，重新推敲有關警察勤務活動之概念，媒介法定六大勤務中所涉及具體作為，仔細衡酌相關作用法（含行政法及刑事法規範）之法定要件，並符合比例原則，依次建立起一連串合於法治的邏輯概念，進而真正貼近符合實務工作者的簡要思考，供以執法時觀念之判斷，始合於「新論」之奧義[6]。

警察勤務概念首與法律對話，依警察法第2條「警察任務為**依法**維持公共秩序，保護社會安全，防止一切危害，促進人民福利」中可一窺端倪，於條文四個面向，等同幾近囊括所有憲法上之民主國、法治國及福利國原則，皆為警察勤務的概念。然具體化透過警察法[7]第9條有關警察勤務之職權規定以「警察依法行使左列職權：一、發布警察命令。二、違警處分。三、協助偵查犯罪。四、執行搜索、扣押、拘提及逮捕。五、行政執行。六、使用警械。七、有關警察業務之保安、正俗、交通、衛生、消防、救災、營業建築、市容整理、戶口查察、外事處理等事項。八、其他應執行法令事項[8]」規範顯明，警察勤務原則上以立法包裹方式，囊括警

---

[6] 迭經恩師李老師建良給予筆者提供寶貴意見，補充本書新論之意涵，穿插顯明本書實際面向，使內容有了新骨幹，特此誌銘。

[7] 甫進入本書體系的讀者對於引用此法律條文，應有第一個省思，即筆者「為何引用這個條文？」倘未對行政法（及公法）有一定程度之瞭解，讀者必定霧裡看花，越看越花！欲窺警察勤務，必先知警察法規，惟一窺警察法規非明瞭行政法不可，因警察法規僅行政法中之一環；此處的思維，即以行政法上組織法範疇為描述，對於組織法內部權限有一定之認知後，再討論外部作用法，此種思考一方面得區別組織事項及作用事項，一方面執法時所引用的法條也有一定的區隔！畢竟，組織法律條文，原則上僅有內部效力，而干預人民基本權利時，仍必有作用法的支撐，是以，此處乃先依據組織法規作為優先討論。

[8] http://law.moj.gov.tw/LawClass/LawAll.aspx?PCode=D0080001；查詢日期：2012年7月17日。

察勤務條例第11條[9]中如何執行警察勤務方式或**組織權限**[10]。

　　警察職權行使法第2條第2項規定「本法所稱警察職權，係指警察為達成其法定任務，於執行職務時，**依法**採取查證身分、鑑識身分、蒐集資料、通知、管束、驅離、直接強制、物之扣留、保管、變賣、拍賣、銷毀、使用、處置、限制使用、進入住宅、建築物、公共場所、公眾得出入場所或其他必要之公權力之具體措施」作為推敲警察勤務概念，已更具體化說明警察法第9條執行警察勤務之**作用權限**。

　　自行政法規範觀察，**警察法**內所稱「依法行使職權」之「職權」概念，實質上應係法規範[11]對於警察機關內部權限事項之規範而言，原則上並未產生外部規制效力，上揭法文即不得作為對人民實施公權力之依據，僅得側重在警察勤務概念「依法」上的描述；而**警察職權行使法**亦有「依法行使必要公權力」之「職權」概念，相較於警察法的職權，該法側重在具體化後的作用權限上而非組織權限，惟需區隔該法文本質上仍屬描述內部組織作用權限，無法作為干預基本權之基礎。依此，以上法文所揭示之立法意旨，應分別以「組織權限」與「作用權限」作為描述有關警察勤務概念之區別，方得以區分為依「組織權限」或「作用權限」的警察勤務。因二個面向的權限並不相同，其相同之處均指擔服警察勤務人員自身的權限，與依法行使職權時干預人民具有規制效力之公權力或具體措施不同。

　　依上揭說明得自二面向描述警察勤務之概念，筆者以實務工作者之立

---

[9]　第11條規定：「警察勤務方式如下：一、勤區查察：於警勤區內，由警勤區員警執行之，以家戶訪查方式，擔任犯罪預防、為民服務及社會治安調查等任務；其家戶訪查辦法，由內政部定之。二、巡邏：劃分巡邏區（線），由服勤人員循指定區（線）巡視，以查察奸宄，防止危害為主；並執行檢查、取締、盤詰及其他一般警察勤務。三、臨檢：於公共場所或指定處所、路段，由服勤人員擔任臨場檢查或路檢，執行取締、盤查及有關法令賦予之勤務。四、守望：於衝要地點或事故特多地區，設置崗位或劃定區域，由服勤人員在一定位置瞭望，擔任警戒、警衛、管制；並受理報告、解釋疑難、整理交通秩序及執行一般警察勤務。五、值班：於勤務機構設置值勤臺，由服勤人員值守之，以擔任通訊聯絡、傳達命令、接受報告為主；必要時，並得站立門首瞭望附近地帶，擔任守望等勤務。六、備勤：服勤人員在勤務機構內整裝待命，以備突發事件之機動使用，或臨時勤務之派遣。」

[10]　權限謂：「行事權力的界限、範圍」，而職權謂：「職務上的權限」，就字面上解釋：權限的範圍應大於職權，而本書內所使用權限或職權，原則上以實務工作者較易明瞭之立場，並不嚴格區分究竟應使用「權限」或「職權」（同義副詞），先予說明。
　　較嚴謹的說明：職權（Befungnis）與權限（Kompetenz）用語不同，前者係指機關為達成其法定任務，所採取公權力之具體措施，在性質上是屬於行政作用法之範疇；後者係指機關為達成其法定任務，所得採取公權力措施之範圍與界限，在性質上屬於行政組織法之範圍；資料來源：立法院第五屆第三會期第十五次會議議案關係文書，討95頁，http://lis.ly.gov.tw/lgcgi/lylgmeet_newimg?cfcacfcccecacdcfcfc8，瀏覽日期：2015年1月2日。

[11]　參照大法官釋字第570號解釋，意見書將成為比較的重點。

場嘗試做如下為操作性之定義：

警察勤務概念：組織權限

遂行警察任務，乃於法定目的範圍內，依法行使法定職掌範圍內之職權。

警察勤務概念：作用權限

為達成警察任務，執行職務時乃基於法定之職權，依法定要件及比例原則，行使干預人民基本權利之公權力或具體措施。

第二節　警察勤務之目的[12]

以實務機關的實務工作者而言，遂行警察勤務之目的[13]，關乎著實施警察勤務是否達到「執勤安全」，只有執勤過程係安全方得以達到警察勤務之目的。惟執勤安全為何？安全的範圍為何？該範圍的變數有哪些？變數中所判斷的條件為何？一連串邏輯性的問題，涉及我國警察機關所屬人員在執勤時如何達到「安全」，此課題亦廣泛又艱深，在初學者的概念而言，乃模糊不清地！如何朝著趨近正確且有效的描述警察勤務目的之「執勤安全」，即成為本書的重要指標。

蓋執勤安全範圍之界定，問題核心應以「安全」二字為中心，警察人員對外行使公權力面對民眾的違法、違章[14]情事，即應有「安全」之思考，除了有**對內關係**的自身安全外，更有**對外關係**的相對人安全；尚有不

---

[12] 此處所討論之目的，原則上與法律無涉，係一種任職警察職業的敏感度，在執行警察勤務過程中所必須關注於法律部分，或許僅在「依法」之範疇中，而自身安全與相對人安全的概念，較側重於執勤安全的命題上。

[13] 警察勤務之目的固係多元，惟為限縮本文所探討警察勤務與實務所指之三安結合，遂以實務取向作為目的出發，進而與警察勤務、法律相結合。

[14] 為何使用「違章」二字，原則上以違反行政法上義務之行為之統稱謂之，意即違反所有行政實體法規之行為乃「違章」行為，非僅限於警察法規所規範之警察作用行為。

可忽略的，如遇民眾違法、違章狀態下的**案件安全**，此即「三安」！係內政部警政署所強調人員、人犯及案件的安全。倘欲達「安全」的範圍內，必有此三安。

　　為達到人員安全、關係（相對）人安全及案件安全的三安變數究何所指？略以關乎人員（包含本身人員及人犯）及案件為區辨。其控制人員安全之變數係「危機意識」，即如欲達到執勤安全中自身安全與人犯安全之變數乃以危機意識為基礎，提高危機意識則越容易達到安全；另控制案件安全之變數則繫於「合法」！即欲保障案件安全之變數，乃控制於執勤人員對於「合法」的概念。此概念均係判斷是否發動強制處分或其他行政行為的先決，腦海中無「法」的概念，外在客觀便無法展現出主觀判斷案件是否合法。

　　然判斷執勤安全之範圍之變數，係以「危機意識」及「合法」為客觀與主觀上之考量，惟「危機意識」及「合法」究為所指？本文嘗試提出以幾近囊括全部個案審查之通案標準。在危機意識之通案判斷條件為陌生的環境及陌生的人，意即執勤人員遇有陌生之環境、人時，即應提高執勤之危機意識，保障執勤人員暨相對人之安全；另案件安全之控制變數係合法為前提，意即欲使案件為合法，則執勤人員需知法，方有案件之安全。

　　上述文字描述或過艱深、抽象，試以下圖表述之[15]：

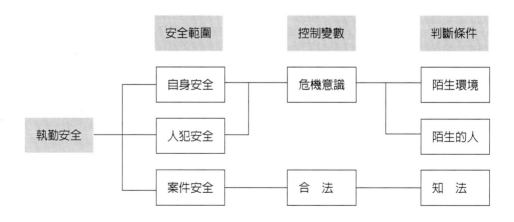

15　陳良豪製表，2012年6月。

　　是以，警察勤務的遂行，絕不只單單在法令上運用或其他方式闡述的紙上談兵，實務中面對安全除法令認知需熟稔外，更蘊含有許多人性、人類不可預測的行為，面對此種非有法令規範之狀態下，唯一靠的僅是警察人員在執行勤務中不斷累積臨場反應及經驗，方能有效發揮警察勤務應有的功用、作用，達到遂行勤務的目的。

第 一 節　警察勤務之構建

　　警察勤務之執行具有一定公益面向，於執行之思考順序，固得依次依序以「法律性質」、「要件」、「程序」及「界限」等分別以觀，惟就法定六大勤務構成文內所指之「警察勤務」，並無法為整體之法律性質、要件為描述，僅得就「各別」之勤務加以闡述，且各別勤務之法定要件亦有所不同，本處於此即排除「警察勤務」之法律定性及其要件，置於個別勤務獨立說明，另就執行警察勤務時所共通程序及其界限構建論述，特予說明。

　　正當程序[16]（due process）或正當法律程序[17]（due process of Law）概念源起英國大憲章有關陪審制及人身保護令狀[18]之規定，美國受英國法之影響亦於其憲法增修條文第5條、第14條採用「正當法律程序」原則，明文指稱任何人非依法律正當程序，不得剝奪其生命、自由及財產（nor be deprived of life, liberty, or property, without due process of law），並適用各州。而我國大法官第677號解釋亦稱：「……凡限制人民身體自由之處置，不問其是否屬於刑事被告之身分，除需有法律之依據外，尚應

---

[16] 大法官解釋文及其理由書使用正當程序之詞共有：392、499、563、613、628、631、667、681等8號解釋。

[17] 大法官解釋文及其理由書使用正當法律程序之詞共有：392、396、418、436、445、446、491、574、582、585、588、603、610、633、636、639、653、654、667、677、681、689、690、704、708、709等26號解釋。

[18] 其理念源自自然正義法則（rules of natural justice），而「自然正義」依其得以判斷為正當之意，其包含在公正的法庭前聽證（就審）之權利（the right to be heard by unbiased tribunal）、獲悉指控的權利（the right to have notice of charges of misconduct）、就指控進行答辯的權利（the right to be heard in answer to those charges）等三要素；詳參照陳俊宏，從一個案例檢討警察執行身分查證的正當程序，警專學報第5卷第6期，2013年10月，頁11。

分別踐行必要之司法程序或其他正當法律程序，並符合憲法第23條之規定，始得為之……」；第689號解釋延伸說明「憲法上正當法律程序原則之內涵，除要求人民權利受侵害或限制時，應有使其獲得救濟之機會及制度，亦要求立法者依據所涉基本權之種類、限制之強度及範圍、所欲追求之公共利益、決定機關之功能合適性、有無替代程序或各項可能程序成本等因素綜合考量，制定相應之法定程序」，執行警察勤務並無例外。是以，執行勤務時無論在「行政法規範[19]」或「刑事法規範[20]」均需履行正當法律程序。

　　國家行為應受成文法之拘束，乃法治國家之根本，固不待言，縱法未明文規定，該行為仍應受法治國家一般共通之法理，即一般法律原則（allgemeine Rechtsgrundsätze）之拘束，係為依法行政。執行警察勤務在依法行政以法律優越原則及法律保留原則的框架下，構成一定之界限，此界限有著自由性及羈束性的特徵，尤其以現行有限之法令，面對無法規範之變化萬千的社會現象，如何在合於法律及一般法律原則下顯明其勤務界限，亦有體現之必要及重要性。

第一項　勤務之程序

　　警察勤務之活動，常有行使干預性的職權措施，無論係純粹任意性之行政調查、行政指導，抑或採行任意性犯罪偵查手段前，行使法定職權的警察勤務仍有實質正當之法定程序務需履行，下[21]就「組織法規範」及「作用法規範」概略分別說明應履行程序：

第一款　組織法規範

　　警察勤務條例第3條明文以「警察勤務之實施，應晝夜執行，普及轄

---

[19] 詳參照第396、491、588、663、677號等解釋。

[20] 我國最早於大法官第384號解釋理由書揭櫫「司法應踐行實質正當之法律程序」；詳參照第418、436、582、636、639、653、654、665、667號等解釋。

[21] 按：仍須說明，此處並非刻意忽略刑事法規範，而僅就行政法規範中組織及作用觀察，此乃刑事法規範對警察勤務本身之論述付之闕如，以現行著本中關注重點均聚焦在勤務活動的討論，在勤務應履行程序之組織要件上，現有勤務討論似乎均側重在行政法規範的構建，為避免產生混淆或讀者誤為闕漏，筆者於此進一步補充說明。

區，並以行政警察為中心，其他各種警察配合之」規定說明，勤務必須晝夜執行並應於規劃勤務時普及轄區，得以發揮勤務應有之功能，應屬巡邏勤務最能達到此種效果，而巡邏過程中亦可能涉及臨檢之相關職權，於組織面向亦有著程序上的法制要求。

　　警察機關或實務工作者較常忽略而需強調[22]者，係「以行政警察為中心，其他各種警察配合之」內容，如何定義「行政警察」則為聚焦所在。以業務職掌來說，依據內政部警政署組織條例第3條至第5條規範之相關業務，並無法說明及定義何謂行政警察。然就上揭行政法規範視之，既得區別為行政警察及司法警察之身分，決定乃以職權之作用分別區隔，則應可作為解釋警察勤務之實施究竟以何人為主體，方得一解實務工作者長年之困惑[23]。

　　綜上所陳，「行政警察」係以犯罪之預防、鎮壓為目的之作用，因此作用的階段在於犯罪尚未發生之預防階段；另對於未來即將發生犯罪之處置，因係於犯罪事實尚未存在，亦屬於行政警察之領域，輔以現行警察體制所指「行政警察」，應係分布最廣的**分駐（派出）所之人員**，並非警察局、警察分局。

第二款　作用法規範

　　警察行使職權時，應著制服[24]或出示證件表明身分，並應告知事由；警察未依規定行使職權者，人民得拒絕之，警察職權行使法第4條第1項、第2項定有明文。勤務的實施，須以有權限之警察為前提，為使人民確信行政行為之適法性，務使受訪人確知警察身分並應告知事由。

　　人民面對警察行使職權時，首要判斷大多停留在是否穿著制服之問題上，而警察因有警察服制條例之法律，刑法第159條明文處罰公然冒用公

---

[22] 筆者此處強調此法文重要性，無非歷經基層實務單位的磨練才發現，面對許多具體個案需其他專業警察支援時，常有推事、拒絕、怠惰、延遲至現場，甚而屢生齟齬、衝突之情形，方於本書內特別說明。

[23] 按：實務機關內人員常有一個觀念，倘自己在警察局，指揮所屬分局或分駐派出所則為理所當然，純粹的習難亦隱含在觀念中；若在分局各組室，分駐派出所對分局人員僅得唯命是從。惟分駐派出所發生案件，以無線電通報勤務中心請求指揮分局內專業人員屆場之斯時，時不我與焉（直白地說：叫也叫不來），迄今，仍是一種潛規則。

[24] 其歷史成因，延伸閱讀：陳俊宏，從一個案例檢討警察執行身分查證的正當程序，警專學報第5卷第6期，2013年10月，頁15-17。

務員服飾、徽章或官銜之行為，賦予警察制服外觀具備公共性，與他種公務員不同，且警察行使職權常蘊有程度上之強制性[25]，使一般人民應得信賴身著制服的警察行使職權。人民對未著制服亦未出示證件表明身分之警察，顯然難以澄清應否信賴依法行使公權力之疑慮，自得依法拒絕，殆無疑義。倘人民仍對身著警察制服之人員進行質疑，為免除受僭行警察職權之欺瞞，保障公權力行使之外觀，人民仍得進一步要求警察出示證件，釋明其對警察身分之疑慮。

　　較有疑問係通常人民面對警察應履行之程序作為時，均不知未依規定或違法行使職權，如何拒絕？以實然面而論，勤務人員亦絕無可能主動告知人民未依規定或違法行使職權！大多數的結論，一般人民似乎傾向儘快終結警察行使職權即可，反而不論是否未依規定或違法，實務運作與程序規範之目的尚有一段距離；至告知事由之程序方面，臨檢勤務有詳盡的說理，併予說明。

第二項　勤務之界限

　　界定勤務執行之合法範圍，原則上得以由內而外面向的方式描述，而該勤務的界限，亦可自外而內的方式討論，運用不同的法學方法相互比較，並基於憲法角度討論，以下就積極面（由內而外面向）及消極面（由外而內面向）探討勤務的界限：

第一款　積極面

　　積極面向討論的主軸係有關「積極依法行政」之問題，此面向乃解釋勤務之羈束界限，以下就各項問題簡要探討：

---

[25]　此處所稱強制性，係聚焦於警察行使職權應著「制服」之處。

一、基於法治國原則的界限[26]

(一) 任意性的行政行為亦應有限制

在法律優位原則下控制積極面向的界限，任意性的事實行爲或其他行政行爲縱無法律的依據，係以採取不涉及限制或干預人民權利自由及課予人民義務的活動，僅得在一定場合下發動[27]，諸如：在機關任務及掌理事務權限範圍內、禁止違反其他法令要件、基於相對人眞摯的承諾及禁止涉及事實上的強制等，乃屬任意的警察活動，當不可恣意爲之。

(二) 不符目的則禁止行使職權

立法者賦予行政機關的權限乃依據各個法規範目的而設計，爲容許在達成法律特定目的之權限行使，惟事實上「依法」行使權限目的以外之行爲，除有法律爲特別性的例外授權規定[28]者外，其餘不符法規目的的權限，原則上應加以禁止。如進入處所執行臨檢是爲了偵查犯罪之目的而發動，該處所之行政違章[29]事件，除有危害公安之虞得先行介入外，均禁止不符目的的行使職權。

(三) 執法應具有公共性

警察依法有維持社會秩序、防止危害、保障安全等任務，在執行勤務時應以具有公共性之社會安寧與公共秩序相關，於不直接影響且未具公共性之私領域生活及民事法律規範，應以不介入爲原則[30]，除有不同法規加以規定，方爲例外地介入[31]。

(四) 目的與手段間應符合比例原則[32]

行政機關合法的使用公權力，適法要件已完足後，接續需考量比例原則，縱然在規範內並無明文，亦應有該原則之適用，此乃憲法上帝王條款

26　田村正博，警察行政法解說，東京法令出版，2001年2月第4訂版，頁71；田村正博，警察の活動上の限界（中），警察學論集41卷7號，1988年7月，頁72。有關此處論述，主要參考：梁添盛，警察法專題研究（二），2004年9月10日初版一刷自版，頁218。

27　梁添盛，警察法專題研究（二），2004年9月10日初版一刷自版，頁219。

28　例如：警察職權行使法第28條之規定。

29　如違反建築法及違章建築管理辦法、消防法規、公司法、營利事業登記規則等行政違章事項。

30　刑法上有討論「法不入家門」的概念，動用具有最後手段性的刑罰時，考量到人倫情理方面，特別規範著非告訴乃論之罪在一定的條件下爲告訴乃論，讓重視家庭倫理的我國，有著最後一道防線，使家庭成員得以選擇是否邀刑罰之典處罰之。

31　例如：上下層大樓的鄰居因房屋屋漏水而爭吵，原則上，公寓大廈管理條例及民法有相關規範，得以在共有樓板修繕部分依該法解決之，但爭吵越來越兇且已製造大量噪音時，警察得以即時制止該行爲。

32　詳參閱大法官第476號解釋。

適用於各法規之由。而行政機關所欲達成的目的與使用的手段上不可失衡，否則易流於恣意，且毫無限制的權力是難以控制的，更何況，人民係國家的重要組成分子，沒有人民的存在，如何能稱為國家[33]？如何能僅欲達成微小的目的，即以最嚴屬的手段對付自己的子民？意即限制基本權手段所造成的侵害，不得逾越所欲追求的目的，倘若在達成目的與手段失衡之情形不成比例時，應找尋更為適切之手段或根本性的放棄所欲實施的手段、措施等[34]。

二、基於保障人權的界限

(一) 採取的手段需符合正當性

警察勤務施以相關權限應有正當性，而正當性必須具備某些內涵，諸如：實施手段與目的間必須存有合理的關連性，相對而言即為禁止不當或無關的目的與手段連結。例如：臨檢場所或處所的設定，原則上乃針對客觀上獲得的資料加以分析，得出場所或處所易生不法的結論，發動了臨檢權限，方謂符合正當性；惟若係出於執法人員自行判斷，外觀上並無任何情資或相關資料足以佐證該場所或處所有不法情事，則採取之臨檢手段尚不符合正當性之謂。

(二) 無必要的權限應禁止

一般形式觀察祇要滿足法律所定之要件，基於規定即得行使法定職權；倘若在形式上雖已充足是項規範之要件，惟自實質上觀察達成該規範之目的，並無必要行使職權時，基於對人民基本權予以尊重之憲法要求，應不得允許該形式符合、實質卻無必要的職權行使[35]，例如：臨檢單純外觀上僅交通違規的機車騎士，倘得以令其停車之方式即已足，尚不得以實施強制力致機車騎士受有傷害。

第二款　消極面

消極面向討論的主軸係有關「消極依法行政」的問題，此面向乃解釋

---

[33] 在非高等教育學程之公民課程即知組成國家的要素，原則上係領土、主權及人民。
[34] 許文義，警察臨檢勤務之研究─從法律觀點以論，警學叢刊第20卷第2期，1989年12月，頁24。
[35] 梁添盛，警察法專題研究（二），2004年9月10日初版一刷自版，頁219。

是項勤務的自由界限，以下就各項問題簡要探討：

一、無法律依據禁止採取強制力

限制人民的權利自由，或課予人民的義務，均須有法律的依據始得為之，是項原則並無例外，縱使在緊急狀態下認為採取強制力為必要而實施，非有法律之規定，仍不得實行強制力；惟法律已明定得行使強制力職權之手段，在完足行使要件之情狀，若有其他侵害或限制人民權利程度較低時，得以取代法所定之手段，即使未有法律之明文，亦得採行該手段之[36]。

二、從嚴解釋不確定法律概念

不確定法律概念涉及憲法層次的法律明確性原則，而該原則之要求，非僅指法律文義具體詳盡之體例而言，立法者於制定時，仍得衡酌法律所規範生活事實之複雜性及適用於個案之妥當性，適當運用不確定法律概念或概括條款而為相應之規定[37]，亦即權限行使之規範使用不確定法律概念者，在解釋時應參照立法者之目的來從嚴認定，不應任由在場執勤人員主觀地認定不確定法律概念，原則上應輔以客觀條件下來解釋，始足當之[38]。

三、裁量權仍須在法規授權範圍內為之

職權之發動完足法律所定要件後，原則上可能有法律效果的存在，於該效果內產生了裁量權，此裁量權必定在立法者預設的效果範圍內方為適法之裁量，倘逾越法規授權的效果範圍，即屬違法，而此裁量權並非得以濫用。依此，法律保留原則仍羈束著行政機關的裁量權，而無任意性的自由。

---

[36] 此處所指係法律明定僅得以實施的「手段」，並非要件！在符合要件下所實施的手段，如有侵害或限制較小的手段，當然可以擇選法律所定以外的手段；理由在於一個觀念：經立法院三讀通過後，總統公布法令正式施行的「那一天」起，該部新修正或制定的法令已經落伍？是的，歷經召開修法會議的當時所提出的論點，直到三讀通過總統公布的那一天起，此範圍的修法期間，平均大約是2-3年，有時候還排不上議程（會期不連續原則），在2-3年中所提出的論點到通過為止，此期間社會通念似乎不會再停留在2-3年前所召開修法會議的看法中。所以，既然新公布的法令永遠是落伍的狀態，能夠在限制或侵害人民權利較小的情形下使用手段，對人民而言原則上是利益的，應可以在符合法律要件下擇選法律規定以外的手段加以實行。

[37] 詳參閱大法官第432號解釋有詳盡的說明。

[38] 田村正博，警察の活動上の限界（中），警察學論集41卷8號，1988年8月，頁79。

第四節　警察勤務之法治思考

　　近年來，臺灣地區受到經濟起飛、自農村轉變成工商之社會型態、文化交流洗禮等條件下，民眾之民主、法治意識逐漸抬頭！復於生活、教育水準的提升、依法行政的體現、法治國濫觴之資訊轟炸，民眾常有吸收錯誤的資訊後未經篩選，或對於法律的認知錯誤，急遽衝擊在人民與警察人員之間，導致從事警察活動中之人員，屢遭人民以人身或言語攻擊日愈益增，演化成上述圖表的控制變數，在思考上亦應優先以「依法」之「合法」爲前提來討論。

　　法治國係憲法的基本原則，此原則下衍生依法行政概念，執勤人員既需依法爲之，則當不可不知「法」矣。此命題中，法令的授權，是合法行政行爲的第一要務，執法人員間眾所紛紜的說法，常有渾然不知法令授權依據近在眼前[39]。授權範圍係第二要務，執法人員在自我裁量及自行判斷之範圍內，顯示部分恣意執法標準及範圍均有侵害人民權益之虞。是否有身分上之轉換，係第三要務，學界[40]長久爭論的問題，依然遺留在實務紛亂不清的標準上[41]。應履行之程序義務，係第四要務，有關行政程序中[42]，諸如客觀性義務、形式合法性、實質合法性，告知法律效果及救濟等，尚未成爲實際執勤觀念灌注的法律架構。不同程序之理解，係第五要務，行政行爲之認識與評價，除了著重在行政行爲的法律性質外，尚有一個基本觀念必須建立，即明辨行政活動的不同階段。簡單地說，基本上可分爲行政行爲的作成之程序階段及行政行爲的執行階段，亦是現今執法人員欠缺實際事實與法令規定連結的能力，見樹不見林，已不知自己身處何處？不知做何事？能做到何處？累積爲基層員警致命的偏差觀念。依此，

---

[39] 筆者提綱一問：大多數實務工作者或學生面對測速照相機爲何需超過最高速限10公里以上方得逕行舉發？大多數獲知之答案，以：測速器有誤差，所以必須超過最高速限10公里之解答爲大宗！惟違反道路交通管理事件統一裁罰基準及處理細則第12條第1項第11款即有明文，未逾10公里得施以勸導，無庸舉發；至如何勸導，現實上車輛早已駛離，屬事實上不能。

[40] 參照河上和雄、田宮裕編，警察官職務執行法大コンメンタール，1993年，頁64。

[41] 陳運財，從警職法之制定探討行政警察與司法警察作用之區別，警察法學第5期，內政部警政署編印，2006年10月，頁35-65。

[42] 目錄，相當重要，尤其在一本厚重書中，能看出整本書的架構，就屬目錄最能表達作者想法；李建良，人權思維的權與變─憲法理論與實踐（四），國立臺灣大學法學叢書195，2010年9月，目次Ⅲ。

倘欲掌握「合法」，則必須「知法」不可。

　　基此，警察勤務之思考及其分類，倘以法規作為初略分類，在觀念大綱上得以行政法、刑事法及其他法規範作為思考建構。原則上警察勤務係以行政法、刑事法規範較為有關；至民商事法規範關聯課題，另就各章不同勤務執行內容夾敘夾議，以為首尾相契、前後呼應，如下僅先列以行政法、刑事法規範之圖示：

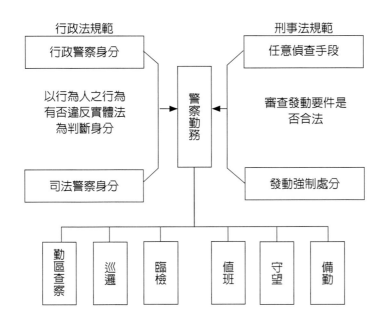

　　圖示首要揭開了以法律作為警察勤務分類基礎的複雜性！無論擔服何種警察勤務，行政法規範側重區分執行勤務內容[43]之身分，來決定應履行何種程序及救濟途徑；而刑事法規範較側重在實施犯罪調查或偵查時，如何形塑、發現犯罪事實，及透過何種路徑「合法」取得證據之程序，區辨警察勤務內容究屬實施任意偵查之手段，或係發動強制處分，其區別實益在於：違法的取證手段是否得以作為證據[44]。上揭二面向可說是殊途同

43　此處所指涉之「內容」，即指警察勤務中的法定勤務，如：勤區查察、巡邏、臨檢、值班、守望、備勤等勤務項目之內容，當然，亦有其他警察之專屬勤務、附屬勤務、行政協助勤務，為精確指出，乃以概括之總稱謂之。

44　警察無論查獲何種不法，重要在「取得證據」來「支撐事實」，如果沒有任何證據顯示受取締、查緝人民之不法時，如何合法地行使相關職權？

歸，行政法規範透過在立法者預設救濟途徑（即行為人之行為）屬於司法二元中何種法院管轄，來決定行使職權行為當下之警察身分，而刑事法規範側重在行使職權之相關作為是否寓有或有強制力而言。

　　由於警察勤務之分類在上揭二面向作為推敲相互間思考異同，本質上建構應為同一，使實體與程序間相互呼應，則無論在行政法抑或刑事法規範，程序乃確定並實現國家於具體事件（案件）對人民處罰權限的規範，實體法之內容藉以實現，可謂相互盤根交錯，互為補充。

　　是以，欲清楚描繪警察勤務的分類，須透過不同法規範的角度觀察，執行勤務的思考也有相對應的不同，亦如上開曾說明「警察勤務本身無法定義」之文字精義所在，本書即以不同法規範之命題作為觀察，來描述警察勤務之約略思考及分類。以下就「行政法規範」及「刑事法規範」切入探討抽象的警察勤務法定六大項目之內容，應具備何種觀念作為主軸說明之，初步思考架構以圖示說明之：

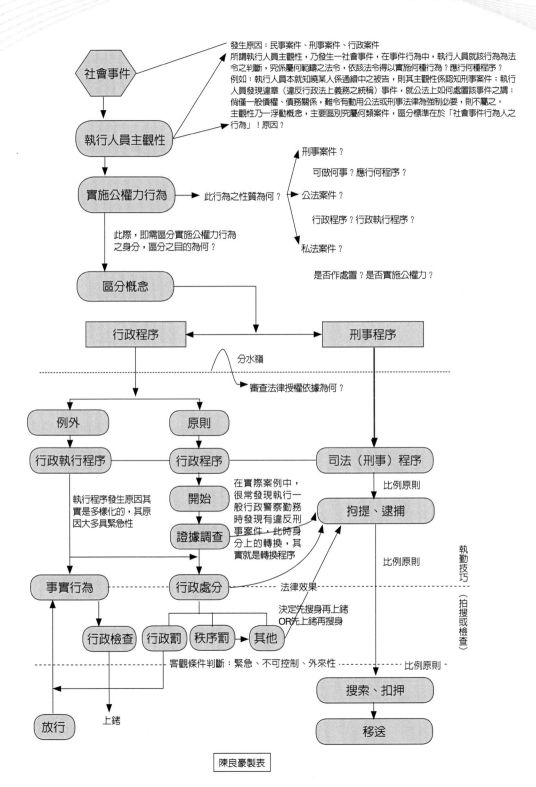

陳良豪製表

第一項　行政法規範

　　自行政法規範對警察勤務之理解，輔以警察勤務所欲達成之目的中「判斷變數條件之知法」的條件以觀，警察勤務原則上可為二種思考分類，分別為「行政警察」及「司法警察」之身分，上揭身分別有著歷史上淵源分類的基礎。姑不論成因為何，**首要**需面對實務工作者執行警察勤務時，**行政警察與司法警察之身分是否區分之問題？**

> 謂行政警察
>
> 與廣義的行政警察與實質的行政警察概念相當；係指維持公共之安全與秩序，乃基於國家之一般統治權，對人民加以命令、強制，並限制其自然之自由的作用[45]。

> 謂司法警察
>
> 乃指警察活動中有關列為警察任務中犯罪偵查、逮捕嫌犯及其他關於司法事項，且以犯罪追訴為目的而實行之作用[46]。

第一款　身分區分論

　　勤務人員在法律上的身分，原則上係直接行使行政法規、刑事法規為前提，例外則有自行政警察轉換身分後行使司法警察職權之適用[47]。惟行政法規錯綜複雜，在行政法有行政刑罰之處罰時，則行為人之處罰必踐行刑事訴訟程序；另刑事法規亦有類似行政調查事項，亦有可能履行行政程序，相互交盤錯節，使警察人員在身分概念上的判別，似乎無所適從。惟

---

[45]　関根謙一，警察の概念と警察の任務，警察學論集18卷5號，1965年6月，頁137-149。
[46]　竹內昭夫ほか編集，新法律學辭典，有斐閣，1999年10月，頁639。
[47]　白取祐司，司法警察と行政警察，頁40；田宮裕，変容を遂げる捜査とその規制，頁138。

自行政法規範觀察警察勤務，約略仍得以下列圖示思考之：

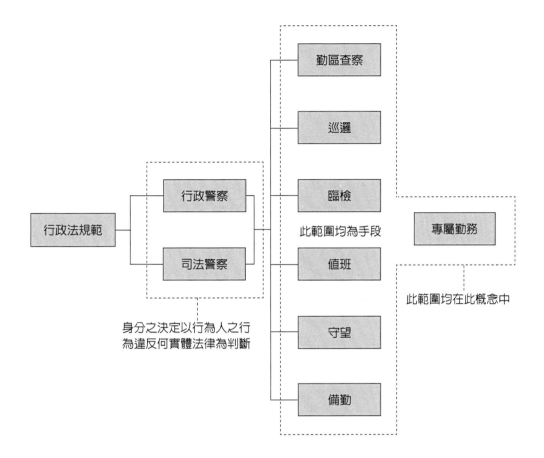

　　警察勤務的多樣性，學界紛起討論警察身分關係是否需要進一步區分之問題[48]：

第一目　必要區分論

　　主張概念上有必要區別行政警察作用與司法警察作用之論者，著重

---

[48] 中國對岸亦有此概念區分問題，如公安機關是人民政府的重要組成部分，它是國家的行政機關，從擔負刑事案件的偵察任務而論，它又是國家的司法機關之一；熊先覺，中國司法制度新論，中國法制出版社，1999年5月北京第2次印刷，頁118。

在：有著歷史的、組織上之淵源及目的論的依據[49]，由於「行政警察」係以犯罪之預防、鎮壓為目的之作用，因此作用的階段在於犯罪尚未發生之預防階段；另對於未來即將發生犯罪之處置，因係於犯罪事實尚未存在，亦屬於行政警察之領域[50]。

與之相對概念乃「司法警察」，係以犯罪之解明、追訴為目的之作用，作用為既已發生犯罪階段[51]之對象。此論述區別身分重要之實益在於：區辨人民提起救濟時，究向何種法院提起之？如未區分身分關係時，救濟途徑並非顯明，一旦侵害人民權利之行政、司法行為，無法受到法治國之依法行政的控制，違反大法官一再闡明憲法第16條訴訟權保障之核心領域：有權利受到侵害即應有救濟的想法[52]！自實務上之觀點以論，區別行政警察與司法警察之身分，具有如下一定實益：

一、可以決定對違法行為進行救濟程序之管轄法院：不服行政警察處分之救濟，係由行政法院管轄；針對司法警察所為處分之救濟，則由普通法院管轄。而將上揭論述之警察作用區分為行政警察與司法警察的母國——法國，現今雖然仍維持「對行政警察作用的監視，由行政法院擔當；對司法警察作用的監視由司法法院擔當」之基本原則，但例外因違反行政法規之權限行使，致侵害個人之人身自由或有害住居或通訊之不可侵害者，該等行為應服從司法法院之控制[53]，原則與例外間相輔相成。

二、尊重行政警察的效率性、迅速性及合目的性：乃防止行政警察權濫用權力，進行偵查犯罪，為防免此種情形，仍有必要將兩者區別[54]。

行政警察權與司法警察權屬於同一機關者，如名義上雖係司法警察權之行使，實際上卻採取行政警察措施，於此項為區別標準時，判斷違法性

49　陳運財，從警職法之制定探討行政警察與司法警察作用之區別，警察法學第5期，內政部警政署編印，2006年10月，頁37。
50　山本晶樹，行政警察作用と司法警察作用，頁245。
51　梁添盛，警察法專題研究（二），2009年8月20日3版，頁11。
52　按：以往筆者念書時，對於此段文字甚不明瞭，因何救濟途徑不明亦違反訴訟權核心領域？而後方知，法院會將非其審判權之案件以裁定駁回，此時人民的救濟時效可能因此喪失，但對法院認知應比人民更為周全暨輔以法官知法原則下，此項審判權之認知有疑義時，不該將法院的認知錯誤轉嫁予受侵害之當事人承受，使其喪失訴訟救濟的權利，詳參照大法官釋字第540號解釋。
53　梁添盛，警察法專題研究（二），2009年8月20日3版，頁15。
54　陳運財，從警職法之制定探討行政警察與司法警察作用之區別，警察法學第5期，內政部警政署編印，2006年10月，頁38。

可以發揮一定的功能。

第二目　不必要區分論

相對於上開論述，主張無庸區別行政警察及司法警察作用論者，則比較著眼於現實面及機能面，認為實際上執行行政警察作用，因發現特定犯罪而發展為偵查犯罪之司法警察作用的情形仍不在少數，且對實施主體的警察人員而言，主觀上並無須特別區分行政警察或司法警察作用概念的認識，因此認為並無須強令區分概念之必要。其主要論述如下：

一、行政警察與司法警察活動兩者本為一體，均屬維護個人生命、身體安全或公安之警察的固有使命，除直接具有追究犯罪人之刑事責任而請求國家發動偵查權之司法目的外，透過偵查實施亦兼具預防犯罪及維護社會秩序的行政目的[55]。

二、憲法架構下，警察作用均屬行政，所謂的「司法」警察，概念曖昧，並不屬於以法院為主體所為裁判作用的司法，只不過係以追訴犯罪為目的的警察作用，受到刑事訴訟法的規範矣。而維護個人生命財產安全及公共秩序為目的的行政警察作用，乃適用警察職權行使法之差別而已[56]。

第三目　小結

行政警察與司法警察在作用之區別，於必要性而言，履行各個不同程序體現法治國最低要求，直接具備身分或轉換身分，基本上是適用法令概念的問題，有助於執法人員適用不同程序的架構轉換。本文認為，雖不致絕對區分身分，惟在實務適用不同程序概念上、時機上，仍須以必要區分為宜。否則，適用之程序錯誤，將有礙於保障人民的基本權利。易言之，身分，只是**概念上使執勤人員容易區分**，而實際上，行政警察作用遠超過於司法警察作用，司法警察的權限亦遠過於行政警察。

例如：於交通執法之稽查時（行政警察身分），聞有酒味、見有酒

---

[55] 河上和雄、田宮裕編，警察官職務執行法大コンメンタール，1993年，頁67。
[56] 陳運財，從警職法之制定探討行政警察與司法警察作用之區別，警察法學第5期，內政部警政署編印，2006年10月，頁40。

容，實施呼氣[57]之酒精濃度檢測後，檢測值逾越法定標準值0.25mg/l（司法警察身分），將以違反刑法第185條之3第1項第1款公共危險之醉態駕駛罪，警察人員依刑事訴訟法第88條第1項實施現行犯逮捕時，即有身分上的概念轉換而開始不同之程序。此例中即說明了經常性警察活動的不可確定性，連帶影響是否有必要區分「身分」之問題；另一方面，警察勤務亦有直接具備司法警察作用的思考，得於執行時，即時履行刑事訴訟程序。是以，既然無法強令區別是否必要或不必要之區分，為維持警察活動之合法性，概念上仍須具備身分轉換後不同程序之必要，方得維繫國家公權力行為最低限度的合法界限。

第二款　身分形成之時點

身分必要區分論係在概念上有區辨的實益，而思考時亦應使實務工作者得以當下、立即且合法之判斷，方為有效判斷身分之條件，以現行法有關身分成就或轉換之時點較為顯明如下說明之：

一、「違反行政法上義務之處罰，以**行為時**之法律或自治條例有明文規定者為限。」；「行為之處罰，以**行為時**之法律有明文規定者為限。拘束人身自由之保安處分，亦同」，行政罰法第4條、刑法第1條定有明文，係「處罰法定主義」及「罪刑法定主義」之明文規定。

二、上開「法律」之適用，均以「行為時」有明文規定者為限，法律所欲評價即係「行為」，而該行為乃「行為人」之行為，則事實發生後方有法律加以評價，乃法律規範即係存於社會中動態的行為舉止，由是可知，除優先考量執行人員主觀上究係如何發動為前提外，其身分之轉換條件，即以「行為人之行為」在法律上係由何範圍之法令為評價，為執行人員之轉換時點、概念上之區分。

易言之，原則上非「人」的行為，在法律上不具意義而排除，且法律規範對象原則上限於人，警察人員實施公權力的對象亦應為「人」及「該

---

[57] 有關呼氣之行政調查與緘默權，日本最高法院平成9年1月30日第一小法庭判決：憲法第38條第1項應解係為保障就有刑事上責任追究之虞之事項，不被強迫供述所設規定。由於上開檢查，乃以防止帶有酒氣駕駛車輛等為目的，而採取駕駛人之呼氣，調查保有酒精之程度，非欲取得其供述，處罰拒絕上開檢查者之搗道路交通法規定，並不違反憲法第38條第1項；引自判例時報1592號，1997年4月11日，頁144；梁添盛，警察法專題研究（二），2009年8月20日3版，頁217。

人之行為」，則控制身分之變數即為「**該人之行為**」究竟屬於何種法令規定的範疇[58]，該變數**並非**以警察人員主觀上認知是何種身分就是何種身分！是以，決定警察勤務人員之身分即係「**行為人之行為**」。

第三款 結 語

一般人面對他人提問時，通常會直接說出結果，原則上未經條件篩選的結果，普遍會出錯，此處所指「條件篩選」，在法律世界中即為「論證過程」，讀者可知，未經論證過程所獲知之結果，顯而易見地容易出錯；相對而言，經過論證過程所獲知問題的結果，才是必然地得出結論而不易動搖。本文所論之命題，即先予劃分各領域、各觀察角度之不同，以邏輯性之語句描述概念，輔以論證過程獲知之結果，做為構建的主軸及焦點。

行政法規範觀察警察勤務將發現，行政警察與司法警察的區分論中描述是否且必要明白分割身分之概念絕非必然，各項警察勤務內容均有可能有著身分上的不同，倘強行劃分某勤務內容「絕對」適用某種概念，則將失去警察勤務多樣性、不可預測性的性質，即值班勤務亦有可能由單純執行外觀的行政組織事項之行政行為，立即轉換為具有司法權的身分，例如：擔服值班時有犯罪嫌疑人進入所內聲明「自首」且陳明犯罪事實，此時值班人員概念上確認係屬「犯罪」之事實後，應立即加以偵辦。此際，倘若遵守絕對必要區分之概念，非但無法建立進行所需不同程序概念，更進一步亦不知如何處置之謂；是以，是項概念仍有區別之必要，惟僅於建構觀念時，**進行不同程序之目的**，而有區辨之實益。

第二項 刑事法規範

刑事法的討論中針對警察機關之勤務活動，無論係行使查證身分職權或實施檢查、取締、稽查等活動，原則均側重在證據如何取得及證據[59]取

---

[58] 例如：單純交通違規之行為，警察即具有行政警察身分；涉及刑事案件的行為，警察即具有司法警察之身分。惟在現行有效法制尚無法劃分此概念，如：酒後駕車；持有第3、4級毒品等，前以酒精濃度檢測值作為區分條件，後者以重量及純度之謂。

[59] 當然，在行政法規範亦有證據如何取得及取證程序是否合法的討論，惟該法規範中較側重身分上區別後，復依次循個別法規範之程序要件探討，易言之，身分概念區分優先於法定要件的建立。

得「程序」是否合法之基礎上。警察勤務之法定勤務項目中，許多勤務項目有著不同目的、不同執行方式，以勤務中發動強制處分為例：國家欲追訴犯罪時，為保全被告、蒐集保全證據之必要，對受處分人實施的強制處分，即須遵守刑事訴訟程序規範；相對概念即為任意偵查。然雙重功能的訴訟行為論上，以憲法基本權干預的強弱作為是否發動、合法與否之論據，進而區別此命題分為任意偵查與強制處分。是以，警察勤務在刑事法規範討論時，法定六大勤務當有適用，尤其在任意偵查與發動強制處分間之界限，現實上可能無法區別，既無法區辨二者間界限，則法定六大勤務自得以刑事法規範為基點，反向推敲警察職權行使法，概念性的區分符合發動要件之程序，究竟應屬何部程序法規範。

刑事法規範乃著重於取證的合法程序，理由在於：犯罪事實應依證據認定之，無證據不得認定犯罪事實，刑事訴訟法第154條第2項定有明文。既警察欲判斷犯罪行為人之犯罪行為係以證據作為拼湊事實之基礎，則警察法定六大勤務之活動或作為，重要目的即係取得證據。祇是，取得證據之手段，究竟係以何路徑而取得，來區別為任意偵查或強制處分，即為本處側重之命題重點所在。

第一款　取證區別論

強制處分係國家機關基於追訴犯罪為目的時，為保全被告、蒐集保全證據之必要，對受處分人施加的手段[60]；與強制處分相對應之概念即為任意偵查，在取證的手段上有著適用法令、程序及發動主體等不同之處。原則上，二者間界限應為截然的二分法，惟現實中警察執行六大法定勤務時，客觀上的碰觸人民衣服表面，可能同時符合任意偵查的「行政檢查」及強制處分之「搜索」，究竟此一取證自然事實之狀態係符合「行政檢查」或「搜索」，事實上難以區別其界限。

---

[60] 此處強制處分之概念有別於公法上之行政處分，為顯實意，學者將外觀上相似的機關行為在適用法令時之用語做不同的區分，強制處分原則上可為刑事訴訟法的專門用語。

　　惟現有討論中，取證手段上既仍有區別為強制處分與任意偵查，學說見解[61]認為其差異性在於「是否造成受處分人個人意願、意思自由與權益受到壓抑與侵害」為區辨之條件，發生在任意偵查的範疇內，包含約談、訪談（乃欠缺強制性而不得限制其離去）、函調電話紀錄申登資料、盤查等，均屬任意偵查之手段[62]；反之，有關符合法規範之要件而發動寓有或實際上具強制性之處分，原則上均為強制處分之總稱。

　　以下列圖示說明警察勤務自刑事法規範觀察下，如何闡明：

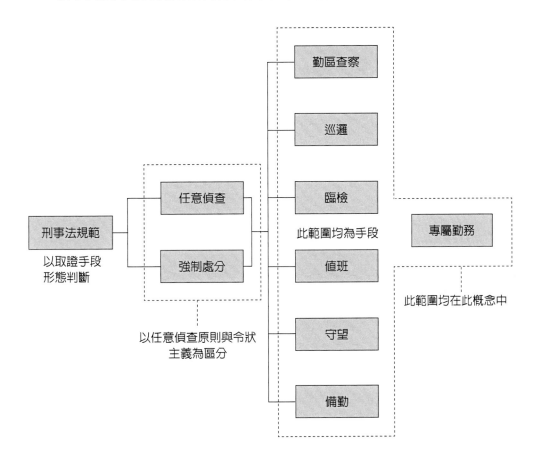

[61] 詳參閱陳運財，偵查之基本原則與任意偵查之界限，東海法學研究第9期，1995年9月，頁299以下。
[62] 於此，敏銳度稍高之讀者亦應有疑問？在憲法、公法上所探討的基本權利，因何在刑事訴訟法的任意偵查手段上，係非侵害人民基本權之干預行為或侵害極為輕微？此思維下確有疑問，惟適用法律之一體性而言，本節所探討的係刑事訴訟法，而強制處分係侵害人民基本權最甚之手段，相對於任意偵查，對於侵害基本權之量化，似乎無法與強制處分等量齊觀。

第二款　區別之標準

　　對於取得證據手段之任意偵查與強制處分標準，學說與實務爭論不休，先以是否爲刑事訴訟法上之單純／雙重功能[63]訴訟行爲爲區辨，如非訴訟行爲，原則上爲任意偵查；如係訴訟行爲，則爲強制處分。然警察活動究竟何者屬於任意偵查？何者屬強制處分？初步判斷強制處分應爲刑事規範之法明文，扣除後即屬任意偵查之範圍，顯然不夠清晰。本文認爲，應以法定職權是否具有或寓有「強制力」加以判斷，縱然立法者將不同法規領域提起救濟途徑劃分予不同審判權，仍不失其具強制處分之性質，只有在眞正屬任意性範疇，方爲任意偵查之範圍。

　　再者，國家對人民施以強制力與否，得自事後立法者提供人民的救濟管道究屬何法院加以判斷。警察機關發動的任意偵查階段爲例，提供的救濟管道係以行政法院；發動的強制處分爲例，提供的救濟管道厥爲普通法院之刑事庭，此事後觀察救濟角度之不同，區分任意偵查與強制處分時亦有其實益：乃司法審查強度有所不同、擧證責任分配有所不同等。上開區別之標準係由立法者所預設，提供人民基本權受國家機關侵害時之救濟途徑，倘爲行政法院則可認爲乃任意偵查之取證手段；如係普通法院則可認爲乃施以強制處分手段。

第三款　結　語

　　警察勤務執行中，常遇有緊急性的證據蒐集、拘提、逮捕或其他發動強制處分存在之情狀，無論在法定勤務的家戶訪查、巡邏、臨檢、値班、守望、備勤等，抑或其他非法定勤務以外的專屬、非專屬勤務，均有可能涉及基於司法權所發動的刑事訴訟法中法定的取證手段。蓋此範圍所描述的警察勤務與行政法（公法）上所探討之概念些有異同，透過命題方式加以控制其探討範圍，否則將無法呈現不同邏輯間之差異。

　　然欲藉此命題，釐清區別刑事訴訟法中任意偵查與強制處分之標準，原則上應以該法規範（程序法）之要件爲判斷，輔以立法者所預設救濟途

---

[63]　延伸閱讀：林鈺雄，刑事訴訟法（上），2004年9月，頁259-260。

徑為助。例如：執行勤務之人員依據警察職權行使法第6、8條攔查可疑人車[64]時，該人車未停止即加速逃逸，倘符合刑事訴訟法第88條之1第1項第3款之有事實足認為犯罪嫌疑重大，經盤查而逃逸者，自可疑提升至嫌疑時，得實施緊急拘捕[65]（或稱逕行拘提），意即：追逐可能是警職法上之攔停概念，亦可能同時符合逕行拘提，此時符合逕行拘提之要件而優先適用，為強制處分。警察常陷入某迷思，即合法發動程序法之要件並符合比例原則之行為後，懼怕受到民眾提起告訴遭刑罰之制裁，倒果為因展現下，反向在實際執勤時恐懼實施「合法且適當」的強制力，造成許多當下得實施強制力之狀態，未見任何強制力措置之結果，顯見實務機關所屬人員對於判斷是否「合法」，仍有一定距離尚須努力。

第五節　法規範間之分野

　　警察勤務可能面對多樣的具體個案已如前述，勤務執行之法規範看似應已完備，惟重疊領域在所多有，尤其在個別勤務所行使之職權有時曖昧不明，甚有盤根錯節誤認之窘境，發生一般實務運作常有誤判法律之情事，究竟如何界定各部法規範間重疊領域、模糊地帶，本文尤有說明之必要。

　　具體化之警察勤務，諸如：勤區查察、巡邏、臨檢、守望、值班及備勤等[66]，原則上在對外行使公權力或具體措施時，大多係以行政調查為手段行之，**調查過程中常因可疑心證升高認有犯罪嫌疑之區間**，實質進入了犯罪調查的程序，該區間即為上揭說明曖昧重疊之處。姑不論犯罪偵查是否係基於行政權所發動之職權爭議[67]，行政與司法之法規範緊密連結或競

---

[64] 此時，在刑事法規範觀察下，乃尚未嚴重侵害人民之憲法基本權，應屬任意偵查的手段。

[65] 此際，如符合發動強制處分之要件時，即可發動，此概念為上開圖示「強制處分」之手段。

[66] 按：此處僅以「警察勤務」為整體的說明，於後各章之各別勤務會更細緻的描述，各項職權在各部法規範的分野，以利作為實務運作合法簡易的判斷；另外，此處討論因該法係以刑事訴訟法為開展，較側重於刑事法規範而非行政法規範，併予說明。

[67] 詳參閱林鈺雄，我國檢察官之法律地位—以指令權及其限制之探討為中心，國立臺灣大學法律學研究所碩士論文，1991年6月，頁79以下；黃東熊，刑事訴訟法論，1987年3版，頁133以下；陳樸生，刑事訴訟法實務，1993年9月，頁285以下；黃朝義，犯罪偵查論，2004年3月，頁7；陳運財，刑事訴訟與正當之法律程序，1998年9月，頁139-140；林明鏘，警察職權行使法之基本問題研究，行政院國家科學委員會專題研究計畫成果報告（計畫編號：NSC93-2414-H-002-023-），2005年12月29日，頁95-105。

合程度實不甚明確，增加實務運作的困難。職是之故，依實務工作者立場仍須解明，現行法律體系各規範是否有其分野？得否提出顯而易見之判斷條件，使勤務人員得以明晰區辨，進而提供運用分野之界線。

第一項　分野始點之建立

　　現實中，警察行使公權力時（尤以臨檢職權最容易發生），經常無意發現有觸犯刑事犯罪的情形，但因「嫌疑」本身的不確定性，使勤務人員在發現有犯罪可能後所爲之作爲，常處於行政與刑事法間的灰色地帶。爲有效間隔出行政與刑事之區別，以明確定性國家行爲，德國在尚未有犯罪嫌疑時稱爲前偵查（Vorermittlung），而警察機關於此種情況所爲之作爲，就其整體則可稱爲前偵查程序（Vorermittlungsverfahren）。

　　按刑事訴訟法第231條第2項規定「司法警察知有犯罪嫌疑者，應即開始調查」，原則上在犯罪調查時，**犯罪嫌疑**係一個實施刑事訴訟的始點；輔以觀照警察職權行使法第6條第1項第1款規定「合理懷疑其有犯罪之嫌疑或有犯罪之虞者」，亦有**犯罪之嫌疑**，惟後者之解釋焦點應在「合理懷疑」之上，並非犯罪嫌疑，先予區別。既上揭二部法令均有顯明之區間（可疑及嫌疑），初步應可知規範分野始點之建立，應控制在刑事偵查的核心事項——嫌疑[68]（Verdact）。

　　何謂嫌疑？尤其在得以開啓偵查程序之嫌疑，立法者並未預設及定義，我國司法實務者亦未就此說明，以現行資料可稽，似乎僅有大理院統字第1854號解釋最爲完整，係指「檢察官須先從事偵查，因偵查而得有證據依再適當之條理辨認足斷爲嫌疑而後可聲請預審或起訴，若僅有偵查之動機自不足稱爲犯有犯罪嫌疑。檢察官聲請預審並無特定某犯罪行爲係某人所爲之認識時，祇應依通常之預審程序辦理」爲闡述，惟此說明尚不足供實務工作者爲立即判斷之詮釋。

　　我國學者[69]參考德國見解認爲，初始嫌疑應有事實之根據，而該事實

---

[68] 林永翰，論前偵查程序—行政調查與刑事偵查中間地帶，國立政治大學法律學研究所碩士論文，2006年1月，頁2、13。

[69] 林鈺雄，刑事訴訟法（下冊）—各論編，2010年9月6版，頁9。

係指犯罪解釋及辦案經驗判斷出當事人參與可罰之犯罪行為的可能性為已足，如此說明可能陷入無限輪迴的解釋泥沼中。惟透過具體化之解釋，已能使警察在現場為真實且簡易判斷何謂嫌疑之基礎。

> **犯罪初始嫌疑**
>
> 係指依據犯罪解釋行為人之行為，及辦案經驗判斷出當事人參與可罰之犯罪行為的可能性作為事實之根據，認定已進入犯罪調查之刑事訴訟程序。

以下仍就上揭法條文義為操作性之具體延伸：

第二項 始點判斷之條件

「司法警察知有犯罪嫌疑者，應即開始調查」，實務工作者應明瞭此條文存在二個問題，一係司法警察；一係知有犯罪嫌疑。就法條之文義解釋，執行目的乃係犯罪偵查時，直接具備司法警察地位；另發現顯明犯罪事實而發動強制處分時，亦具有司法警察地位。上揭說明係針對執行人員本身即知：從事犯罪偵查，先予區隔（**先有司法警察地位，直接對犯罪嫌疑實施偵查**）。

然某些事實並不如法規條文有著生硬的順序及標準，通常在條文操作時，有可能呈現起始未具備司法警察地位，肇自可疑事實，因同一情事自然發展下，轉變為嫌疑，便提升存有心證的犯罪嫌疑時，執行人員始有或同時具備司法警察之地位，意即：法條文字之順序倒過來（**先提升心證至犯罪嫌疑，後形成司法警察地位**）！此方為實務運作最難判斷之處[70]。

以下就法條之「司法警察地位形成」及「犯罪嫌疑心證判斷」，作為前後交互論述，判斷始點之條件。

---

[70] 按：法律條文並未明定司法警察地位及知有犯罪嫌疑之順序究竟為何，僅說明發動犯罪調查之二要件，則二要件之變化即可能更動原本條文之順序，係符合現實的實務運作。

第一款 地位形成之時點

基於偵查法定原則的要求有四，分別為告訴、告發、自首或其他情事等類型[71]作為檢察官開啓偵查之始點，意即在客觀上發生上開四種情形進行不拘形式的調查[72]時，此調查始點後的範圍，警察理應直接具備司法警察地位，亦同時進入犯罪調查職權之行使（**先有司法警察地位，直接對犯罪嫌疑實施偵查**）。

倘以偵查法定原則之告訴、告發或自首為起始判斷，顯而易見直接具備司法警察地位；然「其他情事」的明朗程度則大為降低，應獨立審查。惟該概括條款充滿著不確定性，則需輔以下列嫌疑心證為內容，作為司法警察地位形成時點之判斷（**先提升心證至犯罪嫌疑，後形成司法警察地位**），容後說明。

究竟如何決定警察勤務執行中何時形成司法警察地位？實務機關最為重視的焦點，大多放在有無證據作為實施強制處分的基礎，對僅具傳聞之傳聞證詞，大多未敢貿然實施蘊有強制力之處分，尤其在勤務中發現犯罪事實及證據，實務工作者大多未能及時反應實質的司法警察地位已然形成，僅以現場發現之證據素材為簡易思考來發動強制處分之職權，未曾明晰刑事程序早已開啓。倘僅發現事實徵候，未顯明犯罪事實及證據時，實務工作者根本未知自身到底在任意偵查階段，抑或已進入犯罪偵查的強制處分。

第二款 嫌疑心證之判斷

直接具備司法警察地位所為之犯罪調查，係以知有犯罪嫌疑為前提下，原則已歷經犯罪類型解釋行為人之行為，或辦案經驗判斷出當事人參與可罰之犯罪行為的可能性作為事實之根據，應無礙於心證判斷之困難（**先有司法警察地位，直接對犯罪嫌疑實施偵查**）。

然隱晦不明事實經常發生在實務運作模糊之處，即為司法警察地位尚

---

[71] 參照刑事訴訟法第228條第1項。
[72] 陳良良，警察法規中行政檢查與刑事偵查之研究，中央警察大學行政警察研究所碩士論文，2003年5月，頁56。

未形成，係透過一定事實之根據，因客觀上同一自然事實之影響，主觀上對可疑到嫌疑的心證程度逐漸升高，進行所謂犯罪調查之斯時，司法警察地位同時而生進入刑事訴訟程序（**先提升心證至犯罪嫌疑，後形成司法警察地位**）。此處之**嫌疑心證之判斷**，似應端視「各別」實務工作者對於犯罪類型解釋行為人之行為之認知到何處[73]，或辦案經驗[74]判斷出當事人參與可罰之犯罪行為的可能性加以判斷。

　　實務人員對於心證上之判斷，乃基於經驗累積而成，通常並非恣意[75]，惟發動犯罪偵查的門檻，實際上是依據浮動的客觀具體情狀而無法量化，尤其在勤務執行中，有時難由主觀經驗及客觀徵候來判斷。原則上，只要有事實上的根據，依據一般犯罪偵查經驗判斷可能涉及刑事案件者即已足[76]，即係事實徵候轉為犯罪嫌疑。筆者綜合實際經驗以客觀可觀察之情狀來輔助實務工作者判斷，約略得以：一、依據當時執行職務的目的[77]。二、警察在現場的人數[78]。三、現場的環境[79]。四、現場採取的手段[80]。五、對待可疑人的方式，作為客觀呈現的犯罪嫌疑[81]。

第三項　分野之程序轉換

　　勤務人員必須明晰銜接或轉換程序的概念，即：勤務作為之分野始點，由於上揭條件係以「司法警察地位形成」及「犯罪嫌疑」作為判斷之

---

[73] 按：為何係以「各別」？且立法者賦予犯罪調查職權係給予「每個人」，而每位執行警察勤務人員對法令認知程度不一，解釋上當然無法統一其標準，僅得個別觀察及判斷。
[74] 此處與法令認知之論述同，乃每位執行人員的經驗均不一所致。
[75] 此句並非天馬行空，筆者擔任基層警察工作逾15年，除以自身經驗為基礎外（如下揭巡邏、臨檢勤務說明），更有學者直接指明令狀的核發者應係警察才能做出更加合理的判斷；詳參閱王兆鵬，搜索扣押與刑事被告的憲法權利，國立臺灣大學法學叢書（124），2003年3月，頁46-47。
[76] 林鈺雄，刑事訴訟法（下），2010年9月，頁11。
[77] 執勤人員的主觀大多難以判斷，尤其當場執行職務的目的，或許可經由警察職權行使法第4條第1項履行告知事由，作為初始「真正」的職務目的。
[78] 警察在執勤時，通常對現場人員、案件無法妥適處置時，判斷危害升高後會請求線上警網支援，在匯集一定數量的警察，實施一定強制力情形的比例將會升高，乃本文將之列入判斷條件的由來。
[79] 事故現場周遭環境的因素，亦是考量自可疑至嫌疑的重要依據，例如：在一個家中堆置成垃圾場情形，家戶訪查人員發現該垃圾堆中有數量龐大的針筒，治安顧慮人口亦非須注射胰島素之人，無法合理解釋家中為何出現了數量龐大的針筒之謂。
[80] 現場對抗情事升高，國家公權力機關現場可能選擇的手段理應有所不同，畢竟面對不同情形及目的時施以不同的手段，在符合比例原則的方式中慎選，亦是判斷的條件之一。
[81] 筆者曾於勤區查察（舊）時發現一種戶（舊）人口屋內有疑似殘渣袋的分裝包，現場即令一種戶交付，候支援警力將毒品檢驗包送至，初步檢驗袋內物呈無毒品反應後，情緒對峙的情形才稍趨緩和。

依據，惟執行中動態自然事實並不會與之中斷而持續進行，則不同法領域之轉換思考，繫於執行人員腦海中法律體系構建的重要思維。

然究竟在此時點有否銜接或轉換[82]程序之具體化條文？似乎以得對人或物實施強制處分為判斷之時點較為明確，即履行刑事訴訟法第95條告知權利及義務，作為真正轉換程序之時點。偵查程序中強制處分之發動，嚴重干預人民基本權利，設有事前及事後的審查機制，亦賦予被告或犯罪嫌疑人防禦權、緘默權、拒絕陳述權、選任辯護權及請求調查有利證據權利，皆繫於（實質）被告之地位是否形成！以之為判斷條件，更得以明晰**執行或發動強制處分**作為法領域程序之轉換，使實務工作者判斷更顯而易見。

惟履行告知義務為條件使實質被告地位（犯罪嫌疑人）形成，有時又是模糊地！尤其在犯罪事實及證據均未顯明下，實務工作者是否履行刑事訴訟法第95條告知義務亦難判別；再者，形成心證程度亦係影響發動強制處分重要的要件，倘事後受司法審查之客觀情境，未符合發動強制處分之心證時，轉換程序的正當法律程序就變成一點都「不正當」，事中執行標準再度陷入模糊不清的概念中，循環論證漩渦不斷輪迴在實務工作者腦海中，無法尋繹出真正符合合法令狀主義的要求，遵循著不易建立起的法律制度腳步[83]。

本文見解認為，警察勤務執行中發現一定事證涉嫌犯罪，此際，令狀主義應優先於實質被告地位之審查，**客觀**上應立即轉換為刑事訴訟程序[84]，繼而具備司法警察地位與累積一定程度心證及證據後，**主觀**上被告

---

[82] 此處說明的轉換，並非前項所指「司法警察地位」及「犯罪嫌疑心證」！前項討論之時點乃犯罪偵查起始點之問題，與本項轉換程序所稱似乎一致，惟本處所稱轉換程序非前偵查階段，而係實質被告地位已然形成之時點，應踐行刑事訴訟法之正當法律程序，意即前項之時點較接近前偵查階段作為辨明犯罪偵查起始點之思維，本項討論雖似已進入犯罪偵查起始點，但犯罪事實逐漸明確時，應確實轉換為刑事訴訟程序。

[83] 筆者提出相關問題，以目前的法律制度確實無法「精確」說明實務工作者究竟應如何以法律為依歸執行，而且觀察各學者、實務見解間似乎迴避著此項問題討論，惟實務機關的面向，係建立在快速解決問題的思考上，大多情形並不容許有時間迴避。

[84] 按：於此，觀察較為敏銳之讀者即會發現，原本陳明排除前偵查階段在轉換程序上討論，為何又將令狀主義（進入家宅之前偵查行為）併入討論？筆者認為，程序部分有二個需要關注及轉換，為使實務工作者面臨實際情形，無可避免仍須再度說明並區別二者間之差異，且將此差異以時間點的區別，間隔分別重提論述，使概念上原本就不易區別的法律概念，與法律對話中，以不同時間點作為思考來建立架構，使架構越趨縝密及細膩，在此指明。

實質地位逐漸形成，對個別犯罪嫌疑人發動強制處分時，係以履行告知權利加以區隔，使其轉換爲刑事程序之訴訟主體，保障法定應有之權利，使客觀與主觀形成呈現出原本應區別且迴異之處，作爲區辨之思考及釐清[85]。

第四項　模糊不清之分野

自行政法規範爲說明，具備行政警察身分之勤務人員，基於國家一般統治權對人民加以命令、強制及限制其自然之自由的作用之際，斯時腦海中概念係裝載依行政權所發動之職權，惟命令、強制及限制的同時，理應進入重疊的不同法領域。例如：對自殺者抱有已釋放氣體之瓦斯桶施加管束過程中，自殺者之行爲應已涉嫌違反刑法第176條、第177條之準放火罪、漏逸間隔氣體罪，執行人員管束之作用亦是具備司法警察身分實質的逮捕[86]，此分野中究竟如何適用，則係實務工作者最爲模糊且不易判斷之概念。

復以刑事法規範爲說明，依取證手段以：未造成受處分人個人意願、意思自由與權益受到壓抑與侵害屬任意偵查階段，原則上執行人員均未發動具有或寓有強制力之職權，然個人意願、意思自由與權益係以不法行爲彰顯的同時，實際上已進入強制處分之領域。以上揭爲例：施加具有強制力的管束職權前，執行人員所爲勸誘、建議之具體作爲，是爲了後階段施加強制力的準備，此際爲了接近所進行勸誘或建議之具體作爲，實質上寓有造成受處分人意願、意思自由與權益受到壓抑與侵害，到底是管束？還是逮捕？同樣的思考及適用，一樣產生實務工作者執行時面對模糊且不易判斷之概念。

基此，既然模糊分野在行政、刑事法規範皆無法提供實務工作者確切判斷之準則，本文認爲似乎僅得自各部法領域中，立法者所預設提供人民救濟之途徑加以開展，端視人民提起何種救濟路徑之訴訟類型加以思考。

---

[85] 按：讀者或有越來越模糊之概念，筆者於下列各章不同勤務可能面對不同具體個案處置時，實際將文內概念或條件作具體化的操作。

[86] 詳參閱林明鏘，警察職權行使法之基本問題研究，行政院國家科學委員會專題研究計畫成果報告（計畫編號：NSC93-2414-H-002-023-），2005年12月29日，頁102、107-108。

倘人民依法提起訴願、行政訴訟，則以文內之行政法規範作為準據的思考架構；若人民依法提出告訴，則以文內刑事法規範作為準據的思考架構，意即：殊途同歸的不同法規範，雖有著不同邏輯的演繹，惟仍得立於實務工作者依據不同具體情狀作**最有利己身**的法律體系架構之合法抗辯，似乎方能一解實務運作多樣性的職權適用，在法制實踐與人權保障中取得平衡。

第六節　綜合說明

　　警察勤務之法定方式雖以該六項勤務為主，惟其公法上之身分有時難以區別，亦無法當下判斷其身分；於程序法之取證手段上，亦常忽略法定正當程序尚須履行，導致產生違法之取證手段，在在顯示警察勤務與其他領域連結之功能似乎尚未發展！自單一面向探討警察勤務時，亦有無法推敲其範圍之窘。是以，筆者希冀由法令面向重新推敲、測量合於法治國的警察勤務，輔以案例明晰思維架構，使內容均以「依法」為前提，聚焦文內警察勤務之命題；另為求說明體系之完整，下揭章節皆透過行政、刑事法觀察法定六大勤務，於不同面向獲致可能有不同結果[87]之處，呈現不同邏輯的思考。

　　民國96年，內政部警政署函頒警察機關分駐（派出）所常用勤務標準作業程序彙編作為警察機關執行各項勤務之基準，本文內容中將儘量減少以作業程序說明（除引用註解外），理由諸如：

　　在效力層次方面[88]，依據憲法第78條規定：「司法院解釋憲法，並有統一解釋法律及命令之權。」司法院既為解釋憲法之機關，其解釋之內容

---

[87] 以不同法規範觀察勤務內容，獲致不同結果乃屬當然，例如：學者有云刑事訴訟法乃憲法之測震儀，直接相互連結；然行政法仍須實際探究法規範之效力，某程度而言尚須藉由現行法規、法理溯及憲法，且行政法羈束人民權利之強度與刑事訴訟法尚無法比擬之謂。

[88] 詳參閱：陳俊宏、游志誠、陳良豪、葉佳青、曾振偉等人合著，警察情境實務─勤務篇，臺灣警察專科學校，2013年8月初版，頁61。

當與憲法同位階[89]，具有拘束個案及全國各機關之效力[90]；法律與憲法牴觸者無效；命令與憲法或法律牴觸者無效；法律得定名為法、律、條例或通則，憲法第171條第1項、第173條、中央法規標準法第2條定有明文，明揭各位階之法令效力，則勤務中如有行使經立法院通過之法、律、條例或通則或地方自治團體通過之自治條例，自應優先適用具有民主正當性之機關所訂定之法規。

至其他有關內政部警政署所函頒內部之行政規則，原則上僅對內部產生效力，並無法對外部人民有所拘束；惟仍須注意學說與實務認定其效力仍有不同，諸如規則、作業規範、作業程序、注意事項、安全教範等。例如：「規則」，係中央法規標準法第3條暨行政程序法第159條屬內部組織、事務之分配、業務處理方式、人事管理等一般性規定，其效力對內部人員應高於其他規名；而「作業規範、作業程序、注意事項、安全教範」等，其效力之拘束內部人員以質化區分程度應較為低。

在外部或內部效力方面[91]，法規之效力就對象而言，區分為外部或內部效力，該外部效力乃憲法第170條暨中央法規標準法第4、5、6條規定之定位，係直接對人民產生規制效力，諸如大法官解釋第535號、警察職權行使法等，意即：警察勤務行使職權仍須依「法」為之，至其他規名屬拘束內部人員之規文，尚難謂得以為名而暫時或永久侵害人民權利、義務。

惟該作業程序自正當法律程序[92]以觀，無法否定有監督之機能，行政機關在行政程序中有「正當程序」的五個要素，分別為公正作為義務、受告知權、聽證權、說明理由義務及救濟教示等，則署頒警察機關分駐（派出）所常用勤務標準作業程序彙編將各項常用勤務，作成細部層次規範，於實際執勤程序中具有履行正當程序之功能，亦得為事後審查判斷是否違法的客觀規範基礎。是以，自法規效力的比較，似乎無法得出作業程序能

---

[89] 於此並不討論現今解釋憲法之大法官是否與初始制憲者為對話、變更見解等，而係闡明其受侵害之基本權範圍，僅說明大法官解釋憲法在法位階上的層次。
[90] 延伸閱讀大法官釋字第177、185號解釋。
[91] 詳參閱蔡茂寅、林明鏘、李建良、周志宏等合著，行政程序法實用，2013年11月，頁403-406。
[92] 詳參閱湯德宗，行政程序法論，2001年1月，頁18；大法官解釋第396、418、491、535、563、582、588、631、636號解釋。

否拘束著「執法」者，但就憲法層次而言，履行一定作為亦無法逸脫正當法律程序的框架，制定此程序彙編仍有一定應執法內容之機能[93]，惟為免讀者混淆，本書文內仍以「法律」為基礎描述之。

　　本文對於警察勤務為初步法治的建構，以初學者觀點視之，或有艱澀、疑難，肇因行政法及刑事法不熟稔所致，惟以上揭建構的抽象觀念，將於後章節中各舉案例，不斷以之為基礎開展具體化之思維，重複套用於各種法定勤務，使上開不同觀察角度得以融入所探討之案例中，選擇最適當的立場為「警察勤務」之執行，揭開些許不同思考，達到實務取向之勤務執行目的。文內以現行規範為本，參採多數國內法制與學說，兼輔國外見解為依歸，嘗試耙梳剖析警察勤務之諸般問題，並試圖建立勤務執行中法律體系及思維架構，期得有助於警察對勤務建置之思維，提供棉薄之力作為實務運作之參考，更祈能回饋培養筆者的警察機關，發揮落實法治精神及保障人權之功能。

---

[93] 陳俊宏，從一個案例檢討警察執行身分查證的正當程序，臺灣警察專科學校警專學報第5卷第6期，2013年10月，頁18。

第二章

勤區查察勤務

概　說

　　我國現行勤區查察制度，大部分沿用日據時代之執行方式，它的勤務部署以散在制爲主，藉著各基層分駐（派出）所的警勤區爲單位組成治安面，透過基層佐警來執行警察勤務區（以下稱警勤區）個別的勤務，即本章之「勤區查察」勤務，作爲說明警勤區爲我國警察勤務最基本單位之概念。

　　【現行實務機關(1)】某派出所第21勤區員警甲，擔服當日下午15至17時家戶訪查勤務，訪查前將辦公室內電腦打開，進入內政部警政署警政e網通勤區查察處理系統（簡稱勤區二代系統），依次點入訊息通知，接收最新資料後，擬定勤區查察腹案日誌表，訂定查察地區、路線、對象及時間並輸入後列印，交遞所長核章，領用裝備、攜帶腹案日誌表及家戶訪查簿後簽出至原訂查察地區開始家戶訪查。

　　訪查前，先繞行至指定巡邏箱簽到；訪查時，遞送社區治安及爲民服務意見表及警勤區員警聯繫卡或其他有關治安宣導書面，過程中與居民相互寒暄，友善的詢問鄰里居民有無需要協助事項，倘能協助則立即辦理，若無法立即辦理，返所後妥適反映再予回覆。

　　遇有拒絕訪查之住戶，於現場說明並勸導，得透過鄰里居民瞭解原因後再次訪查，倘再次拒絕者，應將事實註記於戶卡片副頁及勤區查察腹案日誌表中，以供督導人員參考。

　　若有民眾反映之事項無法立即辦理情形，應再繞行至指定巡邏箱簽到後，提前於勤務結束前20分鐘返所，依規定陳報或轉報或過錄於其他資料，並將本日訪查概況記錄於日誌表中，併陳所長核閱。當日時段的勤區查察就此終了，接續擔服其他勤務。

　　【現行實務機關(2)】某派出所依各警勤區每月提報清樓專案查察處所，所內依據核定編排聯合查察勤務，執行人員A、B二人裝備齊全後，前往轄內第18勤區進行專案執行。帶班人員A見書面資料某址係出租公寓，內心已有初步想法（可能會查獲刑案），與B步行至公寓三樓按鈴，並提點B要隨時注意保持警戒。

　　三樓其中一承租人甲開門，A、B表明警察身分並告知甲，警察執行清

樓專案協請配合，甲便讓警察進入。A甫進入一看，一間20多坪大公寓竟然隔成8間房間分租，A詢問甲共有幾間承租？甲：全部都有！A指示B開始逐間敲門，請承租人出示證件並為年籍資料之登載，同時以小電腦查詢索行資料及是否為他轄之治安顧慮人口。

　直至最後一間敲門時許久未應門，A、B原本意欲離去卻聆聽到房間內有人移動之聲響，製造腳步聲偽諉離去之假象而埋伏在外；承租人乙（係他轄之毒品採驗人口）緩慢打開房門窺視警察是否離去之際，突見A抵住房門問道：剛才敲門明明在裡面，為什麼不開門？A同時看見乙房間內桌上有針筒，而針筒內有紅色液體，疑似施打毒品後殘留之血液，便強制將乙房門推入並控制乙，請乙說明注射針筒之由來。

　乙現場即稱係施打第一級毒品，A亦問乙：還有其他毒品嗎？乙稱：只剩殘渣袋！A請B以無線電呼叫所內備勤人員攜帶毒品檢驗包及相關文書資料到場支援，將乙實施逮捕並扣押針筒及毒品殘渣袋，全案依法移請偵辦。

　當代國民政府撤退來臺正於動員戡亂時期，為了管控社會治安情事所為不得已之威權措置，根本沒有任何作用法來支持當時是項勤務的執行，該勤務之法律身分不明；再者，警察法雖於民國42年6月15日施行，當代法制教育對有關組織法、作用法之概念尚未開展，執法人員乃直接援引警察法第9條、警察勤務條例第11條第1款之規範，作為勤區查察執法依據。一個法律身分不明的行政慣行，逐漸刻印在人民的腦海中，似乎完足了法的確信？持續了將近數十年[1]的行政行為，在完全沒有作用法授權的勤務方式，終究成文在警察職權行使法（以下稱警職法）中[2]，內部組織勤務方式的轉型及變革，亦於2007年7月4日總統公布新修正警察勤務條例第11條第1款「於警勤區內，由警勤區員警執行之，以**家戶訪查**方式，擔任犯罪預防、為民服務及社會治安調查等任務」後[3]，正式更名以「家戶訪查」方式執行之，使過往以查戶口的執

---

[1]　30年中的法制史簡要說明，詳參閱：陳俊宏、游志誠、陳良豪、葉佳青、曾振偉等人合著，警察情境實務—勤務篇，臺灣警察專科學校，2014年8月2版，頁213。
[2]　參照警察職權行使法第15條。
[3]　詳參閱林文全，戶口查察變革第一步—廢除家戶訪查簽章表，警光雜誌第612期，2007年7月1日。

勤手段，正式走入歷史。

現行勤區查察勤務之概念及目的，已有別於舊有帝制管控人民之思想，重新建築在逐漸演變的法制軌跡上，使得實務工作者對工作內容之概念及目的隨之轉向，勤務執行中，目的限定著查察之作為，控制原本並無完整法令授權的勤務概念，使依法行政原則普遍地、抽象地拘束著實務工作者。

現今是項勤務之實務運作，主要編排個別及聯合查察作為執行之態樣，不同勤務執行型態，法律概念之建構當有所不同，對不同執行態樣之法律定性、法定要件、法定程序及執法界限尚須分別，尤其在寓有犯罪偵查為目的之聯合查察勤務，更顯現出實務運作為因應社會快速變遷的犯罪手法、隱藏於社區中的犯罪人口所為調整勤務執行方式之脈動，而有必要重新思考執行是項勤務之適法性，並重為描述實務工作者執行時之職權思考，避免透過任意性訪查之名，行犯罪偵查之實。

不同法規範之角度作為觀察是項勤務之執行，關聯性實略有所不同，尤其在行政法規範的探討面向，逐步建構依序法治之縝密思考，對勤務執行內容有莫大助益；相對地，在刑事法規範得以探討範圍，原則上僅限定於聯合查察之態樣，例外時於個別查察發現有犯罪事證亦需連結下，展現出不同面向之思考。是以，既然執行勤務乃因應社會脈動而有所調整其態樣，則探討法規範側重之角度應有不同，且法規之分野亦需顯明予實務工作者，使之執行勤務作為時，更加貼近法治國之理念。

實務機關執行時，首重具體化之案例操作，需便於理解、便於運作之觀念，惟在勤務執行面向之現行法，卻頗為零散，如何得以建立完整井然之思考體系與內涵且實際可用，尚待綜整，本文試以實務機關實施查察之對象，輔以實務工作者實際可能面臨之真實情形，加以操作不同法規範之概念，期使實務工作者於執行時，更能契合法律之軌跡，並同時明晰勤務作為之適法性，構建趨近完整的思考架構。

第一節　勤區查察之概念及目的

　　我國勤區查察制度大多沿襲日本之理念，承繼濃厚大陸法系之思維，仍為舊有統治權得以延伸至國有領土每一個點（散在制）的概念，於國內各地普設分駐（派出）所，集合或提供作為警察勤務最基本之單位：警勤區輪值點，藉以組合警勤區來形成治安面，並供作服務站。舊有執行戶口查察勤務，當代法制建構確實未臻完備，亦因教育水準未提升之情形，形塑成警察進入家宅「查」戶口之外觀，使警察常援引具組織法性質之警察法第9條作為授權依據，天經地義地「查」，幾乎摧毀法治國家應有的法律制度，造就當代法制黑暗期，使是項勤務延續一甲子迄今。

　　然國外行政法學研究越興，學者承繼了法治人權的觀念，逐步踏上一條穩健開發法律路徑，開始區分著行政行為除應有組織法之授權外，攸關人民基本權利為干涉行政時，理應以具有規制效力的作用法，作為執行之依歸，方得加以干預或限制人民基本權利，歷經大法官第535號解釋後，警察機關順勢在立法歷程將勤區查察勤務之查訪對象，明文化在警察職權行使法中，使勤務人員執行是項勤務時有作用法授權並具正當性，此舉係一重大里程碑，執行時不再依據正當性薄弱之警察法、警察勤務條例為基礎，概念亦自「查戶口」逐漸轉化至「為民服務」為導向的勤務作為。

　　歷經重大變革的戶口查察勤務轉換為勤區查察，實施作為之目的亦隨法規方向逐漸更動，自「瞭解人口動態，**鑑別人口良莠**，掌握犯罪根源，維護社會治安，加強為民服務，增進警民關係」轉換為維護社會治安，防制治安顧慮人口再犯之目的，將原戶口查察更名為勤區查察之訪查對象，限縮在治安顧慮人口，防止特定人口再犯的工作上，成效如何姑且不論，至少不再以警察國家之姿來鑑別人口良莠，行偵防、控制、箝制、窺視人民生活、自由、言論之實。

　　目的的更弦易轍，相對應地逐步構建起警察對實施是項勤務要求法制化的腳步，立法者授權行政機關訂定治安顧慮人口查訪辦法，限縮了戶口查察範圍；然在法治目的的牽引下，制定警察勤務區家戶訪查作業規定授權規範，起身動念的行政規則，仍無法卸下舊有戶口查察所肩負之重擔，

逐漸形成立法規範與行政機關規則大相逕庭之處，使原未授權範圍突兀地明文在詭譎的規則中，蒙上一層法治黑面紗，依然進行著暗渡、隱晦行為，依附在明文規範的陳倉中，一點一滴侵蝕著法治國根基而不自知。惟是，無可否認立意良善之勤務目的，獨自使實務工作者一再走入戶口查察目的之淵藪中而不自知。

　　實務工作者對於是項勤務之概念及目的，自警察勤務區家戶訪查作業規定以觀，似乎已逾越現行法治軌跡，尤其在勤務執行時，更加無法顯見該概念及目的之端倪，例如：實務工作者執行時僅知是項勤務為任意性之行政調查，卻仍對編定查察之對象逐戶、逐口實施，遇有拒絕調查情形，於系統內註登實際訪查情形。倒果為因的勤務執行，似乎已忘卻法律概念及目的（為民服務等）牽引著執行內容，全然淹沒在執行勤務作為之實然面上，忽略了立法者授權範圍之限定，使得原本逐漸清晰的勤務概念，似乎回復到無授權依據之斯時，模糊了勤務執行應貼近法治之概念及目的。

第二節　勤務內容之構建

　　實務機關之勤務運作，大多以個別警勤區方式執行，另有編排同時執行清樓或其他專案之勤區查察，以二以上警勤區為完整裝備（攜槍彈）實施聯合查察，對特別容易孳生犯罪事件所規劃之出租公寓、場所、處所作不定期的訪查，上開分別的勤務作為有著不同目的，執行之法定職權應分別以觀。

　　單純、個別執行勤區查察之內容，主要側重在預防、調查與為民服務工作，警勤區透過家戶訪查方式與鄰里居民、地方仕紳進行實質的接觸，除有發掘急難救助個案之功能外，在社區警政思潮架構下，進一步以為民服務、警民一家、警力有限民力無窮的人力資源有效運用為目的，達成勤區查察勤務連結社會各階層人、事之機能，則執行勤務所為職權，原則係著重於行政法規範的討論範疇。

　　然兼以專案執行之勤區查察，主要側重在犯罪調查與可疑徵候訪查工作，結合二以上警勤區並攜行完整應勤裝備進行特定目的之勤務，對特定

場所、處所進行清查作為，實已蘊含實施犯罪調查的前偵查程序，執行勤務中所發動相關職權已涉及刑事法範疇，惟現行法制仍未就兼以專案執行勤區查察為明文規範，則執行人員構建是項勤務的法律思維，應與個別執行有所區別。

　　勤區查察勤務展現警察多樣性勤務面向之一種，無論個別執行或兼以專案聯合查察為內容所實施之活動，合法之前提首應探究是項勤務之定性，便於明瞭勤務活動的法律性質；復以訪查之相關要件，說明執行勤務需完足法定要件方得實施；再以實施訪查應有之法定程序為說明，加強實務工作者正當法律程序之概念；末以探討訪查之界限為結，建構該勤務內容的法律思考層次。下就簡要個別說明之：

第一項　法律定性

　　現行勤區查察已有立法者授權作為勤務之法源應無疑義，內政部就治安顧慮人口查訪項目、方式及其他應遵行事項之辦法自行訂定，已無前揭動員戡亂時期無法源或以組織法而實施是項勤務之情形。是以，現行執行勤務之法規範已具備法律保留的先決條件。現行實務運作分為二個執行面向，一係「個別」的家戶訪查，一為「兼以專案」的聯合查察，執勤方式及勤務目的各別，其定性應個別探討：

壹、個別查察[4]

　　是項勤務以家戶訪查之方式執行，而「查[5]」的措施之法律性質，究係「行政調查[6]」或「行政指導」？抑或二者性質皆有之？首自訪查的法源探討：警職法第15條置於身分查證及資料蒐集章節，訪查活動乃發現受訪查對象有無違法之虞以達防止再犯之目的[7]，所為之事實調查及資料

---

[4] 本處以國內的討論，大多以研究行政法的學者居多，惟多數說法似乎未注意到實務運作模式及思考些有異同，對執行方式及目的的不同，將牽動著法律性質，畢竟，目的就好像一個具有重力的牽引，目的不同，牽引之方向即為不同。

[5] 按：由於我國及德國法尚未將行政調查列為專章討論，僅於行政程序法第36條出現「調查」一詞矣，而教科書大多僅在各種行政行為的個別領域驚鴻一瞥，故無法從國內論著中建立行政調查之地位，惟原則上應如筆者如下之說明—事實行為。

[6] 對相對人、處所或物品實施詢問、觀察或檢驗等資料蒐集活動，謂之行政調查；詳參閱洪文玲，論行政調查，台灣行政法學會主編，行政法爭議問題研究（下），1990年，頁721。

[7] 參照查訪辦法第3條第2款、第8條。

蒐集等措施[8]，性質上應屬行政調查。然行政調查手段通常於相關法規予以規定，並以罰則來擔保調查內容的實現，尤其在「個別」行政調查時更顯實益[9]；惟警職法中並無罰則作為義務履行之擔保，亦無課予相對人一般性之忍受義務，是以，訪查措施仍屬一種純粹的任意性調查[10]。

再者，警察人員為（舊）瞭解人口動態，鑑別人口良莠，掌握犯罪根源，維護社會治安，加強為民服務，增進警民關係所為的訪查，係一種警察措施或活動，執行時雖不具有法律上強制力，但發現受訪查人有違法之虞[11]，應以勸告或其他適當方法，促其不再犯，又或以輔導、協助、勸告、建議或其他不具法律上強制力之方法實施，促請查訪對象為一定作為或不作為之行為，此際，亦同時有行政指導[12]之功能，自始具備行政警察之身分。

綜上，家戶訪查的勤務措施，現行法上應同時具有行政調查及行政指導之性質，對訪查對象之生活、習性、工作、家庭背景等事實調查及文書登載後之資料蒐集，係屬行政調查；在發現訪查對象動態資訊有犯罪之虞，所為之勸告、建議或其他不具有法律上強制力之適當方法，促請不再犯之作為，應係行政指導。實施訪查措施（行政調查或行政指導）之不同，端視執行人員之作為而有著不同的法律評價及性質，實施家戶訪查人員應予辨明。

職是之故，上揭二種作為之法律性質[13]，無論以行政調查或行政指導方式為之，原則上均為「事實行為[14]」，其理由為：

一、該作為僅能發生事實上之拘束力，其與法規命令、行政規則、行

---

[8]　例如公平交易法第26條，公平交易委員會對違反該法規定，危害公共利益情事之職權調查，屬於預防性之行政調查。

[9]　詳參閱李震山、李錫棟，論治安顧慮人口之查訪—警察職權行使法第十五條評釋，警察職權行使法實施周年之理論與實務探討學術研討會論文集，2004年12月22日，頁84。

[10]　宍戶基男ほか編，警察官權限法注解（上卷），1988年4月，頁92-104。

[11]　筆者任職於○○市政府警察局○○分局時，對（當時稱為一種戶）竊盜慣犯實施勤區查察，進入後發現屋內凌亂至極，甚有不明物品（外觀上看起來像贓物）堆置客廳，連走入慣犯房間都室礙難行，詢問受訪查人現有無工作之際，意外看見疑似安非他命吸食器（僅剩養樂多罐外觀，並無盛裝水、水管），通知所內備勤人員送毒品檢驗包前來測試，初步並未呈現毒品反應之情形。

[12]　參照行政程序法第165條以下。

[13]　延伸閱讀：蔡志方，行政法三十六講，1997年10月，頁296；林騰鷂，行政法總論，2002年10月，頁508以下。

[14]　詳參閱蔡茂寅、林明鏘、李建良、周志宏等合著，行政程序法實用，2013年11月，頁431-432。

政處分等對人民發生法律效果者不同，關注焦點置於「法效性」。

　　二、該作為仍在職權所掌事務範圍內之單方行為，與行政處分雖同為單方行為，但不具強迫、規制之性質。

　　三、該作為係行政機關得主動行為之行政作用，具有主動性。

　　四、該作為係對一般人民所為，具有廣泛之社會性，與上下級組織間之內部性不同。

　　五、該作為為非權力行為，若不服從者，一般不受行政上強制執行或課予行政罰。

　　是以，個別執行家戶訪查對記事一、二、無記事及暫住人口等查訪作為，施以勸告、建議等行政行為，乃任意性行政調查所實施的行政指導手段，依法不得施以強制力。

貳、聯合查察

　　兼以專案執行之聯合勤區查察（以下稱聯合查察），係以基層分駐（派出）所個別家戶訪查時所見易生犯罪危害之場所、處所加以層轉予警察分局後，彙整所報資料依情報蒐集、狀況判斷認需另規劃「清樓」等專案時，將特定之場所、處所、住宅要求所轄各所、隊不定期編排聯合查察，進行以寓有犯罪偵查為目的的勤區查察工作，並以主動層轉資料為基礎聯合其他警勤區作為是項勤務之執行人員。

　　姑不論[15]編排寓有犯罪偵查為目的的聯合查察勤務是否違反現行法制，此處關注焦點在勤務作為之法律性質。實務機關規劃聯合查察之基礎，來自各別家戶訪查或警勤區之情資反映、蒐集，係對於各場所、處所現實上使用時，疑似或可能有犯罪人及情事的發生，利用行政系統層報警察分局彙整，以不定期方式所實施的勤務作為，目的係為了「犯罪調查[16]」，非與個別執行之「行政調查」相同，雖同屬「調查」卻因目的不

---

[15] 按：為何先不論？是否背離本書撰寫執行勤務應已合法為前提之目的？因現實上基層實務機關仍在編排此項勤務，且各機關因此查獲案件不在少數，認為該勤務作為實質上有其功效，卻未曾考量是否已違反立法者賦予職權之目的及美意，實務機關的想法是：只要有實質效果，做就對了！鮮少在勤務編排前先審查是否違法，大多只等人民權利受侵害提起救濟且成功指謫警察不得以此方式為勤務運作時，方有停止之可能，惟此處探討的範圍並未逸脫於主軸之外，即：勤務作為的法律性質之定性。例如：警察喬裝嫖客等勤務手段，等到大法官作成第666號解釋後，方才避免該種查緝的方式（娼嫖併罰）。

[16] 本處所指之調查與規制性調查不同，如：食品衛生管理法、化粧品衛生管理條例等。

同牽引著不同法律性質，而應具備了司法警察身分。

　　另透過區別任意偵查與強制處分之標準：雙重功能訴訟行為，觀察警職法第15條[17]，訪查階段尚不得實施強制力且授權之依據並非來自刑事法職權（即非訴訟行為），似乎得以斷定聯合查察之勤務作為應屬任意偵查之範疇，而側重於行政法規範為定性時，則與事實行為無異。

　　本文認為實務機關編排此項勤務（即聯合查察），理論上應較接近刑事法規範上的任意偵查（與臨檢勤務之職權較為相似），且在行政法規範中直接具備司法警察身分，並非以預防為目的的家戶訪查，執行勤務本身應不具有強制力。況且，蒐集情報獲得一定事實之根據，聯合查察之作為幾乎可以指向係為取得「犯罪」證據，倘若仍以進行行政調查之說理潤飾該勤務作為，似乎無法自圓其說其目的究竟為何，進而牽引著法律性質及是否違法的勤務走向。

　　再者，將勤務作為定義為任意偵查尚有後續疑問，如：需有一定合法權源方得訪查處所或住宅之職權，倘肯認法規授權暗渡於警職法第15條，即與規範目的不符。若以同法第6條第1項僅限公共場所及合法進入之場所為授權，則「合法」之「法」由何而來？係立法理由中所陳明之刑事訴訟法、社會秩序維護法或行政執行法乎？本文認為「聯合查察」之勤務作為，以依據及目的似乎無法適用警職法之餘地，且無合法權源執行聯合查察勤務訪查場所、處所及住宅之前提下，原所定義之任意偵查將不合法，隨之此項勤務（聯合查察）之作為，亦指向因不合法而不得編排之結論。

第二項　法定要件[18]

　　警察職權行使法第15條第1項明文規定，乃為維護社會治安，防制特定人口再犯，方得實施家戶訪查。以執行目的來審查，法條中使用了抽象的不確定法律概念，作為家戶訪查目的之詮釋，而為了達成維護社會治安

---

[17]　按：實務機關認為聯合查察授權之依據仍來自警職法，筆者僅係以實務運作的思考立場說明，並做法條文義上的操作及定性。

[18]　此要件專指個別執行家戶訪查勤務作為之要件，並非聯合查察，先予指明。

之目的，防制治安顧慮人口再犯作爲手段之一，則「防制再犯」主要描述
達成目的與手段間關係[19]。

　　以該條文爲基礎思考，查訪要件之探討主要在「維護社會治安防止再
犯」及「對象爲法定之治安顧慮人口」上，而查訪的「比例原則」，亦應
一併論述，以下就各要件開展分述之：

壹、維護社會治安、防制再犯目的

　　首要先確定條文規範之目的，乃爲維護社會治安所發動之查訪，職司
執行家戶訪查人員原則上無須判斷，理由在於：勤務分配表[20]中排定家戶
訪查勤務，似乎即已審查維護社會治安之要件，執行人員僅係執行勤務分
配表之工作，與判斷是項勤務是否具維護社會治安之目的無涉。

　　再者，防止治安顧慮人口再犯之目的，乃基於維護社會治安的一種目
的與手段間的關係，如何判斷治安顧慮人口是否有異常舉止，同下揭臨檢
勤務判斷，在茲不贅。本文提供客觀情狀[21]，作爲穿針引線之思考：一、
不自然的遷入住居地。二、出入人口複雜。三、孤寂過著生活。四、超乎
常人強的警戒心。五、生活起居不自然。六、訪客到來的不自然。七、刻
意迴避警察。八、職場上非常態的舉止，作爲防制再犯要件之審查。

貳、對象應為治安顧慮人口

　　查訪對象須爲治安顧慮人口（記事一），至記事二、無記事及暫住等
人口類別得否查訪之爭議，及對何者爲治安顧慮人口之類別，詳參照下列
說明。

參、查訪活動應符合比例原則

　　執行家戶訪查之查訪時間，應以一般民眾作息之習慣爲編排，查訪
應於日間爲之，但與查訪對象約定者，不在此限，查訪辦法第6條定有明

19　詳參閱李錫棟，論治安顧慮人口之查訪—警察職權行使法第十五條評釋，警察職權行使法實施周年之理
　　論與實務探討學術研討會論文集，2004年12月22日，頁88。
20　勤務編排乃依據警察勤務區家戶訪查作業規定第16點編排之，該點規定原則上每一位警勤區每月家戶訪
　　查時數不得低於24小時，勤務繁重地區得報請警察局同意後酌減爲20小時，以均數來算，警勤區員警扣
　　除輪休期間，每月執勤約20-22小時，常態勤務實施期間爲2小時，等於每1.5天應該就有家戶訪查2小時之
　　勤務編排。
21　高橋昌規，新版巡回連絡，平成5年8月，頁69-73。

文。另按作業規定第39點，約定查訪者，得於22時前實施，目的在於：對民眾住居的侵擾降至最低。惟法定查訪對象係治安顧慮人口，理論上該人口的生活習性、形態，似乎與一般人民迥異，家戶訪查實施之目的既為維護社會治安並防止該人口再犯，限制一定訪查時限，或許根本無法有效預防，尤以毒品人口更能顯示在晝伏夜出的生活作息，顯現防制再犯之勤務作為無非是緣木求魚！惟任意性行政調查之作為，限定查訪時段乃為必要限制，實踐家戶訪查目的之手段不能無限上綱，方符法治國基本要求。

家戶訪查之項目主要圍繞在查訪對象之工作、交往及生活情形及其他有助於維護社會治安及防制查訪對象再犯之必要資料[22]為範圍，不得為不必要或與目的不符之資料蒐集。學者[23]認為對高度敏感資料不應列入查訪之項目，例如：工作、交友、生活作息及財務情形，尤其在（新）個人資料保護法施行後[24]，更能顯示出對個人隱私權[25]之保障。惟自實務工作者角度出發，對治安顧慮人口防止再犯主要得依據係工作、交友、生活作息及財務情形，作為判別是否再犯之重要資訊，倘不藉由查訪蒐集，僅對其他非敏感且無關之資料為蒐集，似乎無法達成該人口防止再犯之功能（目的與手段間）！

況且，查訪時似乎具有一定程度壓制性、拘束性，尤其在面訪時得觀察受訪人舉止，面對回答語為不詳或迴避時，大約得以推定受訪人是否說謊判斷之依據，這也是大多持續犯罪之治安顧慮人口均不願返回列管住居地之重要原因。本文認為，查訪項目是否具高度敏感資料似乎並非重要[26]，重要在於蒐集資料後，倘在與蒐集目的不相符之不合法利用，依法

---

[22] 參照治安顧慮人口查訪辦法第3條。

[23] 詳參閱林明鏘，警察職權行使法基本問題之研究，台灣本土法學雜誌第56期，2004年3月，頁116。

[24] 民國101年11月1日後，僅剩少數條文尚未施行。就家戶訪查之查訪項目範疇，比對個人資料保護法第2條第1項第1款、第5條、第9條、第15條、第16條、第18條及第41條規定可知，與查訪不符之項目，確實會違反該法之規定。

[25] 河上和雄，情報收集活動の限界，警察學論集27卷10號，頁183-184。

[26] 當然，自另一角度觀察，倘自身資料非自身得以控管之範圍，資訊傳遞的風險則無法控制，畢竟，在第一線執法人員就不得蒐集之項目為限縮解釋，後續便無法衍生任何資料被非法的利用。說實話，筆者擔任警勤區逾10年有餘，幾乎沒有看過任何一位同事會真實、費心整理家戶訪查資料（包括自己在內），倘資料能被有效的利用，前提乃資料是「真實的」，若資料係間接訪查所得後登載於現今勤區二代系統內而未經證實或虛偽，似乎無法得到具有實際經濟價值之結果，既無經濟價值，遑論得以轉換可計算之價金，作為洩漏資料的標的。事實上洩漏個人資料的管道，並非來自家戶訪查之資料，而係具備真實性之戶役政系統、監理系統、刑案系統等，才是國內警政機關最容易洩漏資料的區域，而非勤區查察二代系統。

制裁資料不合法利用之惡性（事後處罰），或許方能在蒐集敏感資料之手段與家戶訪查欲達成之目的間兩相衡平，亦不致過於限制「任意性調查」之範圍。

　　復以家戶訪查之方式，究竟限於直接訪查，抑或間接訪查亦得為之？倘僅限於直接訪查方式，透過間接訪查之手段是否已逾越比例原則？

　　就**事實面**而言，落實家戶訪查之勤區員警得以獲得之資訊，大多來自與住民相互信賴為基礎之「情誼」，對查訪對象生活起居，勤區員警無法任全日24小時防止再犯之工作，而查訪對象之鄰人即係警勤區蒐集資訊重要的來源；通常情形下，具有一定情誼之鄰人，遇警訪查時會主動告知有關查訪對象動態生活資訊。基此，似乎很難斷定或明顯區別此項基於情誼主動透露之資訊，究竟係合法或違反比例原則之查訪手段。

　　然就**法律面**而言，由於透過第三人所為查訪後獲得資訊並非強制性，且蒐集之情報倘係合法使用在維護社會治安及預防再犯或制止犯罪上，此種警察活動關係到查訪對象之隱私或個人資訊自決問題，未必完全無正當化之可能[27]；蓋隱私權之立場乃控制與自己有關資訊或流向之權利，對查訪對象非隱私之公共行為，係透過自身行為表現使第三人觀察而來，在與自身相關之資訊已顯露於外時，就算己身並不知曉，似乎亦無可避免將非隱私具公共性之行為資訊流向不特定人，在警察進行訪查活動透過鄰人獲知有關非隱私具公共性之生活行為時，由權利本身來看，本質上可能有一定的法治缺陷！是以，隱私權利與訪查目的及公共福祉相衡下，透過間接查訪為手段以明瞭查訪對象平日之言行，似乎亦得在容許的範圍，而具公共性生活行為之隱私權本身，當然亦受到訪查目的及公共福祉勤務作為之制約[28]。

27　詳參閱李震山、李錫棟，論治安顧慮人口之查訪—警察職權行使法第15條評釋，警察職權行使法實施周年之理論與實務探討學術研討會論文集，2004年12月22日，頁92；早坂禧子，行政調查—強制の視聟を中心にして，公法研究第58號，1996年10月，頁194以下。
28　河上和雄，情報收集活動の限界，警察學論集27卷10號，頁184。

第三項　法定程序

壹、明示身分並告知事由[29]

為免篇幅重複，詳參照臨檢勤務之程序說明，於此不贅。

貳、履行告知得拒絕訪查

據上揭家戶訪查之法律性質為「純粹的任意性行政調查」工作，亦寓有「行政指導」之意涵，復輔自警察職權行使法第15條文義觀之，並未課予相對人受訪查之義務，亦未賦予警察得違背相對人之意思強行查訪之職權，基於干預人民權利事項有法律保留原則之適用，在法律未明文授權得實施強制力查訪或課予未配合調查之罰則前，當應取得受訪者之任意性同意始得為之。

基此，執行家戶訪查應履行告知受訪者得拒絕訪查之內容，使受訪者明晰並真心自行決定是否接受訪查。倘受訪者根本性不接受訪查，又未履行告知得拒絕，而警察以近似強制力之程度進行查訪工作，已非法所許，亦悖離最基礎之規範，難謂為合法之訪查行為。

參、取得受訪人任意性同意及協助

警察查訪時應履行告知受訪者得拒絕訪查，告知後受訪者仍同意接受訪查並協助時，始為真正合法的任意性同意及協助。因社會思潮的變遷使查訪實務中，應常見拒絕訪查之受訪者，面對此種情形時，無論受訪人係擔心犯罪行為被發現或對警察相當反感，應儘量可能地瞭解原因[30]，誠懇對待以緩和受訪者的戒心，仍遭拒絕時，再當作未在家處置，並於勤區二代系統為事實之登載。

受訪人接受任意性查訪及協助，訪查人員必須在受訪人同意及協助之範圍，為必要且合目的性之查訪，一經受訪人明示或暗示拒絕性言語、舉止出現後，即應停止查訪，避免過於干預受訪人生活、意願而為違法，方符立法規範意旨[31]。至任意性同意查訪及協助內容應依前揭作業規定第

---

[29]　參照作業規定第4點。
[30]　參照作業規定第56點。
[31]　參照作業規定第2點。

3點、第6點、第27點、第28點、第29點第2項、第34點、第39點、第40
點、第42點、第43點、第58點、第60點及第62點之內容執行之。

第四項　執法界限

　　警察執行勤區查察執法界限之預設，係為保障受訪者免受國家機關之
違法干預，此積極面向界限之描述，乃基於法治國之依法行政原則與保障
人權所構建而成，對治安顧慮人口查訪之勤務（先排除記事二、無記事及
暫住人口）作為，側重法治國加以探討有四：一、勤務執行係任意性行政
行為，需於機關任務及所掌理事務權限內實施訪查，不得恣意擴張查察對
象或強制訪查。二、禁止不符合訪查目的以外之行使職權。三、訪查之內
容應具備公共性，不直接影響或未具公共性之行為，例如：鄰人為房屋漏
水修繕費用請求警勤區代向鄰居催討時，應以不介入為原則。四、訪查目
的在於防制再犯，與實施訪查之手段應符合比例原則。自保障人權探討有
二：一、訪查之手段需符合正當的目的。二、訪查時，除其他法令另有規
定外，應禁止不必要權限之行使。

　　再者就消極面向而言，尚須審查現行有效之法規範是否足以構成干預
人民基本權利之授權？某些行為或措施有無逸脫法律保留原則之範圍？倘
立法者授權行政機關自行訂定法規命令，再由該命令授權制定細節性、技
術性之行政規則，提供執行人員遵從時，該行政規則是否符合原法規命令
或法律之範疇？抑或原本授權之法律、法規命令及行政規則之範圍是否一
致（法律明確性）？最後，方得審查執行人員查訪時，有無逾越法規賦予
權限之界限。

　　本文認為，以從事逾15年實務工作為前提假設欲徹底解決上開爭
議，首要必先將無記事及暫住人口之類別查訪工作，回歸戶籍法第70條
至74條由各級主管機關或戶政事務所戶籍員實施查訪，違反協力義務
時，得依同法第68條、第77條規定處以罰緩，而非由警察機關職司大多
數戶政資料蒐集、校對之工作。

　　復續，毋寧治安顧慮人口後續訪查之方式，倘能確實防止再犯之目

的，則廢除家戶訪查制度，似乎未臻所期[32]！職是，基於人性考量下，治安顧慮人口原本交往對象大多集中在與自身相關的交往圈中，服刑後不難想像回到原本交往圈中是適應社會的捷徑，迴避警察查訪，不過是大多數治安顧慮人口及其家屬決定的較佳選項。

最後，將家戶訪查轉型為類似日本的巡迴聯絡，聯絡對象集中在對社區熱心公益、地方仕紳、友善的人身上，執行方式亦轉換成犯罪預防及為民服務工作，**專職提升社區防禦的力量**，對抗隱藏在社區中的犯罪，學者研究家戶訪查所發掘、爭論之法律爭議，可能亦全面消失[33]，法律保留、授權明確性、執法內容均無須再為考量，似乎方為治本之道，而查訪界限的模糊地帶或紅線，將自始確定不再任意跨越，無庸再尋繹法律解釋泥沼的輪迴中，將實務工作者釋放。

第三節　查察勤務之法治思考

現行實務執行家戶訪查，最主要任務在「犯罪預防」、「為民服務」及「社會治安調查」方面著手，不再以威權時代的「查」戶口索取戶口查察簽章表為形式的勤務態樣，本文仍自法規範作為觀察家戶訪查作為之基礎探討，並嘗試在現行有效的實定法中，尋繹勤務之適法性，對於實際執行內部勤務規定，原則上並非討論之範疇，以下仍透過行政法、刑事法規範來觀察，簡要說明相關內容。

---

[32] 詳參閱蔡震榮，警察職權行使法第十五條修正及相關法規比較，103年度警察執法專題研究年報，內政部警政署出版，2014年11月，頁24。

[33] 例如：檢肅流氓條例歷經大法官第384、523、636號解釋，終於在最後宣告仍然違憲情形下，一舉在民國98年1月21日該法廢止該法，將舊法稱流氓行為回歸普通法適用，而警察查緝不法工作並未因該法廢止而有所不同，反而更有時間面對其他績效評比，逐漸有效率的運用警力；而家戶訪查制度廢除，將個別職權回歸後，相信必然減輕現今已混雜不清的警察勤務、業務，讓警察回歸本業，預防犯罪工作不再以實施家戶訪查為名，行隱含有強制力職權之實。

第一項　行政法規範[34]

　　此範疇係以警察勤務條例第11條第1款之任務內容，輔以前揭第一章概念涵攝實務機關實際運作內容交互使用，謹先陳明。

第一款　犯罪預防

　　內政部警政署將臺灣本島現有人口區分為「記事一」、「記事二」及非屬前揭人口（俗稱無記事）三大類。何謂「記事一」？即警察職權行使法第15條暨子法（治安顧慮人口查訪辦法，以下稱查訪辦法）及出獄矯治毒品人口調驗資料內臚列之相關人別。何謂「記事二」？即記事一以外，但符合查贓竊盜贓物犯資料、在監在所資料、出監人犯資料、刑案資料及違反家庭暴力防治法之家暴案件加害人等五種類型之人別。何謂無記事？即非屬記事一、二之類型。以下就人別為說明其內容：

第一目　人口分類

壹、記事一

一、治安顧慮人口[35]

　　(一)曾犯刑法第271條或第272條之殺人罪者[36]。
　　(二)曾犯刑法第328條至第332條之強盜罪者[37]。
　　(三)曾犯刑法第325條至第327條之搶奪罪者[38]。
　　(四)曾犯刑法第173條第1項、第174條第1項、第175條第1項或第2項之放火罪者[39]。
　　(五)曾犯刑法第221條、第222條、第224條至第227條、第228條或第

---

[34] 以下之論述，亦以前揭註18同，原則上排除聯合查察之作為，係因該查察作為已寓有或蘊含司法警察之身分，本應逸脫於行政警察身分來討論，避免讀者混淆。
[35] 參照民國92年11月27日公布、101年1月4日修訂之治安顧慮人口查訪辦法。
[36] 此處殺人罪僅限故意犯，不含過失殺人、義憤殺人及生母殺嬰；限主動犯，不含教唆犯、幫助犯；犯罪實施階段含既遂、未遂及預備犯。
[37] 犯罪實施階段含既遂、未遂。
[38] 犯罪實施階段含既遂、未遂。
[39] 不含過失犯。

229條之妨害性自主罪者[40]。

　　(六)曾犯刑法第346條之恐嚇取財罪者。

　　(七)曾犯刑法第347條或第348條之擄人勒贖罪者。

　　(八)曾犯刑法第320條或第321條之竊盜罪者[41]。

　　(九)曾犯刑法第339條、第339條之1、第339條之2、第339條之3或第341條之詐欺罪者。

　　(十)曾犯刑法第296條、第296條之1、第302條、第304條或第305條之妨害自由罪者。

　　(十一)曾犯組織犯罪防制條例之罪者。

　　(十二)毒品危害防制條例第25條第2項所定之受毒品戒治人[42]。

　　(十三)曾犯毒品危害防制條例所定製造、運輸、販賣、持有毒品之罪者。

　　(十四)曾犯槍砲彈藥刀械管制條例所定製造、運輸、販賣、持有槍砲彈藥之罪者。

二、出獄矯治毒品調驗人口

　　此即上揭依據毒品危害防制條例第25條第2項規定：「依第20條第2項前段[43]、第21條第2項、第23條第1項規定為不起訴或不付審理之裁定，或依第35條第1項第4款規定為免刑之判決或不付保護處分之裁定，或犯第10條之罪經執行刑罰或保護處分完畢後二年內，警察機關得適用前項之規定採驗尿液。」

貳、記事二

　　一、查贓竊盜贓物犯資料。

　　二、在監在所資料。

　　三、出監人犯資料。

　　四、刑案資料[44]。

---

[40] 無論強制、加重強制、對未滿16歲者為性交或猥褻，均包含在內。

[41] 包含竊盜及加重竊盜；犯罪實施階段含既遂、未遂；親屬間竊盜及刑法第323條中竊電均不含。

[42] 僅針對施用第1級、第2級毒品調驗尿液人口。

[43] 施用第1級、第2級毒品受觀察勒戒或強制戒治。

[44] 此處所稱刑案資料，係指警察機關、司法機關曾移送之資料，與俗稱「前科」不同。謂「前科」指前有

五、違反家庭暴力防治法之家暴案件加害人。

對記事二之定義[45]，係指雖有素行紀錄，但不符合治安顧慮人口條件而言，或經以治安顧慮人口列管三年期滿除名者，由刑事單位認定之，主要以前揭條件與記事一以之區隔。列記事二人口有四種較為具體之情形：一、判決確定執行徒刑（入監服刑期滿出獄），期滿出獄之日起列管三年查訪，得改列無記事人口。二、執行徒刑宣告之易刑處分（如易科罰金）及非執行徒刑者（拘役、罰金、保安處分）而言，判決確定之日起列管二年查訪，得改列無記事人口。三、經緩起訴、緩刑者，期間未經撤銷者，得改列無記事人口。四、不起訴、無罪判決、不受理案件，應即改列無記事人口[46]。

參、無記事

非屬記事一、記事二之人口均屬之。

肆、暫住人口[47]

此類人口類別原則上無法區辨是否為上揭說明之記事一、二，依據現行警察勤務區家戶訪查作業規定第29點規定「勤區查察應對警勤區內之住所、居所、事業處所、營業場所、共同生活戶、共同事業戶及其他處所，定期實施訪查，訪查頻率得以分駐（派出）所為單位，於每年至少全面訪查一次範圍內酌予調整」，對於未設籍者應加強訪查，並建立暫住人口戶卡片，並依記事分類人口執行查訪[48]。經電腦設定為暫住人口者，係由勤區二代系統自動比對，通報戶籍地警察機關，而下列四種人口條件必

科刑紀錄，而科刑即指經法院判決，與刑案資料範圍迥異，意即：刑案資料範圍較大，前科的範圍較小，但約定俗成的說法都誤以為前科即為警察機關的刑案資料。

[45] 詳參閱：陳俊宏、游志誠、陳良豪、葉佳青、曾振偉等人合著，警察情境實務─勤務篇，臺灣警察專科學校，2014年8月2版，頁213。

[46] 按民國97年2月20日初訂，103年6月6日第5次修訂之警察勤務區家戶訪查作業規定第23點規定，記事二人口為下列之人別：
一、記事一人口經列管三年期滿除名（由刑事單位認定）。
二、因案逃亡或藏匿者遭通緝。
三、違反刑法遭移送。
四、經法院依家庭暴力防治法核發保護令之加害人。
五、違反兒童及少年性交易防制條例第22條至第29條之罪遭移送。

[47] 現今實務機關仍不時執行清樓專案，清樓的主要對象，即為暫住人口。

[48] 詳參閱：陳俊宏、游志誠、陳良豪、葉佳青、曾振偉等人合著，警察情境實務─勤務篇，臺灣警察專科學校，2014年8月2版，頁221。

須建立暫住人口戶卡片：

一、未設籍當地而於轄內活動人口（如商店、公司行號負責人、出租套房之房客等）。

二、身分不明者。

三、僑居國外人民（在臺原設有戶籍者除外），入境居（停）留期間者。

四、居住香港、澳門及大陸地區人民，入境居（停）留期間者。

第二目　屢查不遇作為

依據前揭人口類別，首要應確定何種人別的屢查不遇，方有接續之作為；次要，法令規範的作為究竟為何的二個層次，如下說明：

壹、屢查不遇之人別

以查訪辦法第2條之規定，定義為記事一、記事二之人口類別應為查訪對象，而無記事人口事實上並無法規授權，訪查對象應限定於上揭無記事或依規定撤銷改列記事人口以外之人口類別。

較有疑問的，記事二之人口某些類別並非法定訪查對象，內政部警政署仍將修法前人口類別之種類三分法[49]，轉換為不同型態（名稱）的三分法（暫不論第四種之暫住人口），而法定查訪對象實際上僅有上揭屬於記事一的人別，警察勤務區家戶訪查作業規定（以下稱作業規定）第23點對延伸記事一之記事二人口、第29點對無記事、暫住人口的訪查權限，似乎已逾越警職法（母法）授權之範圍！倘現行實務機關仍對記事二、**無記事、暫住人口**實施查訪，非探尋其他作用法規作為法源依據不可。

對此問題，目前內政部警政署，係以作業規定作為隱遁非立法者授權得以查訪之人口類別，逾越母法授權範圍及法律保留原則，已如前述，等同無法律授權之依據！自法律優位原則以觀，消極的依法行政係指一切行政權之行使，不問權力或非權力的作用，均應受現行法律的拘束，不得有違反法律之處置者而言，該原則並不要求一切行政活動必須有法律授權之

---

[49] 舊法係以戶口查察作業規定為名，區別為一種戶、二種戶及三種戶。

明文，祇須消極不違背法律之規定即可，立法者將此原則成文[50]在行政程序法第4條規定：「行政行為應受法律及一般法律原則之拘束。」而警職法中既已明定治安顧慮人口之查訪人別類型，則警政署復以作業規定擴張適用了立法者未預設之記事一、無記事及暫住人口類型，亦似乎無法得出上揭人別合法查訪之行政行為。

再者，家戶訪查實際執行勤務時同時具備行政調查與行政指導之法律性質。在**行政調查面向**：上揭非立法者預設得查訪之人別（先區隔記事二、有記事之暫住人口及撤銷列管人口有促其不再犯之行政目的外）限縮在無記事人口訪查之作為，似乎沒有達成不再犯之行政目的[51]，亦非行使行政調查職權之對象。在**行政指導面向**：查訪無記事人口原則上同時具有「助成性」、「授益性」及「規制性」指導，而此種指導可能發生於規制法令不存在之領域，抑或法定規制權限發動前之階段作為[52]，且行政指導迭以作為法規不備時之重要替代措施，因此捨棄實體法律之內容、要件規定方式，趨向程序統制方向[53]，即為可能替代查訪無記事人口合法選擇之法理基礎。

基此，上揭記事二、暫住人口之查訪，蘊含有促請不再犯之行政目的所為之任意性行政調查手段；無記事人口之訪查，乃基於「助成性」、「授益性」及「規制性」指導，似乎應在作業規定中明定對不同人口類別有不同法律執行之基礎，作為銜接落實依法行政之理念[54]，當然，上開論述過程需排除違法犯罪偵查之手段，應予注意。

---

[50] 詳參閱陳清秀，依法行政與法律的適用，載於翁岳生編行政法（上），2000年，頁147。
[51] 詳參閱蔡茂寅、林明鏘、李建良、周志宏等合著，行政程序法實用，2013年11月，頁93-95。
[52] 詳參閱蔡茂寅、林明鏘、李建良、周志宏等合著，行政程序法實用，2013年11月，頁435。
[53] 詳參閱蔡茂寅、林明鏘、李建良、周志宏等合著，行政程序法實用，2013年11月，頁436-438。
[54] 司法實務另有認為「此項行政指導於行為時雖法無明文，惟於行政法學理上，均肯認行政機關得為此行為；又此項行政指導，並無須有作用法上之授權，惟仍應遵守法律優位原則，不得逾越相關法律規定。」而無須嚴格遵守法律保留原則；詳參照最高行政法院88年度裁字第835號。亦有學者認為行政指導仍有法律保留原則之適用；蔡茂寅，行政法爭議問題研究（上），台灣行政法學會主編，2000年12月，頁589。

貳、法令授權之作為[55]

查訪辦法第8條規定：「警察發現查訪對象有違法之虞時，應以勸告或其他適當方法，促其不再犯。」暨作業規定第45點說明：「家戶訪查前，檢測查訪對象周遭環境，評估認不宜（如發覺可疑犯罪跡象）或無法實施訪查（如家戶有人居住而未予回應）時，應暫緩實施訪查，改以間接訪查方式，觀察並記錄可疑處後，建議列為上級督帶勤訪查對象，遇有相當理由懷疑可能有犯罪情事時，應依刑法及刑事訴訟法辦理。」

上開說明家戶訪查人員於現場查訪時作為有三：一係會晤訪查對象，發現有違法之虞，得直接以行政調查、行政指導之手段，勸告或其他適當方法促其不再犯。次為不宜查訪，暫緩實施並觀察、記錄建議上級另為訪查。復於無法實施訪查時，暫緩實施並觀察、記錄建議上級另為訪查。上開三種作為之後續倘進入犯罪偵查程序中，則應履行刑事訴訟程序。

第二款　為民服務

為民服務在法律上的定位，大多討論集中在上揭說明之法律優位原則適用及行政指導之作用上，一般皆不具強制性及處罰性，由於行政具備主動性的面向，原則上以簡化的函令、政策、白皮書、執行計畫的方式為之，均無不可，以下就現行實務機關家戶訪查勤務所延伸之事項，簡要說明之：

壹、召開社區治安座談會

我國實施社區警政已行之有年，而社區警政的概念必須透過警察活動加以落實推廣，最好的執行方式即為家戶訪查[56]，能夠透過是項勤務深入鄰里，並藉由召開社區治安會議，達到警民交流之目的，尤其經由會議的召開，直接面對面的懇談、溝通、反映，建立起維護治安的聯繫管道，則警察派出所所長、警勤區員警均應主動參與轄內社區會議、住戶大會、里

---

[55] 有關作業規定第25點（新遷入戶訪查）、第26點（屢查不遇治安顧慮人口訪查）、第30點（新任勤區三個月全面訪查）、第44點第1項第4款（暫住人口眾多之集合式住宅訪查）及家戶訪查通報單通報訪查未遇層轉戶政事務所等行政行為，因事涉眾多法規討論，應另予專論討論之，在此敘明。

[56] 章光明，家戶訪查與社區警政，警光雜誌第612期，2007年7月1日。

民大會或其他公開場合，解決轄內治安、交通等問題，主動參與是服務的一種形態。

貳、傳發治安簡訊／警政APP

透過現代科技傳輸，將相關治安訊息或政令宣導以簡訊方式發送，內容包括反詐騙訊息、轄區治安狀況、刑案被害人慰問、報案專線等資訊，便於居民資訊的取得，俾利獲取最新形態的問題，提供並建立警民間良好的溝通管道，形成一種現代科技的服務方式。

參、成立員警服務聯絡站

為增進轄區內防禦功能，便利民眾報案管道，內政部警政署通函要求全國各警察機關於轄內交通要道、人文匯集處所之便利商店或店家內設置服務中繼站，民眾有需要時，可透過店內電話或職員代向警察機關報案，整合社會資源，擴大服務範圍。

肆、運輸車輛無線電臺參與治安聯防

人力資源倘能多樣運用，對治安上聯合防禦的功能有著一定成效，畢竟在警力有限民力無窮的概念下，社會每一份子提供些許注意力，作為聚沙成塔的民力，將使全民得為發掘治安死角盡一份心力！內政部警政署規劃以計程車無線電臺內部人力資源參與治安聯防之工作者，其構想在於有效運用民力，協助維護社會治安，落實方式係以各警察機關分局為單位，重點的工作取向以：協尋可疑人車、協助犯罪預防宣導、保護婦幼安全及遇有治安狀況迅速通報警察機關等作為，並實際參與警察機關專案協勤，擴大成為民眾為民眾服務的理想狀態。

伍、婦孺安全保護

憲法增修條文第10條第6項明定國家應維護婦女之人格尊嚴，保障婦女之人身安全，消除性別歧視，促進兩性地位之實質平等，警察機關在未涉及實體法之行為討論下，對婦孺安全保護亦具有服務功能之面向。此項保護落實至行政院衛生福利部內保護服務司，主要針對性侵害犯罪防治法中性侵案件及家庭暴力防治法中家庭暴力案件之處理，通知警察人員及社工到場，提供實質適當之協助及諮詢並提供緊急安置，防止婦孺遭受性侵

和家庭暴力，更是警察人員捨我其誰的服務工作。

陸、組成社區服務功能

　　警勤區員警執行家戶訪查勤務時，必須查簽巡邏箱至鄰里長住所、辦公室或服務處，實質到場與當地仕紳為面對面的溝通，藉由此項[57]作為組成社區服務功能網，透過鄰里長使之為轉介點來表達轄區內是否有為民服務之事件，強化鄰里間里民的溝通橋梁。當然，發動社區熱心民眾，協助成立社區巡守隊，維護社區內治安，發掘治安死角有著一定的功能，亦得帶來服務民眾的機會。

第三款　社會治安調查

　　本文所指之社會治安調查與教科本、警察勤務條例中之治安調查不同，此處較側重實務工作者執行內容之取向，係以警勤區通常伴隨交辦公文為主軸，來說明有關社會治安調查之實際工作[58]，先予指明。

　　警察機關內部會依據個別承辦業務、勤區內事務、民眾陳情、發交發查案件、查處非主管機關行政事務等原因，由警察地區分局以交辦單方式交辦所屬業務承辦人、勤區員警執行查處工作，以現今非正式統計資料顯示（大臺北地區），每個警勤區員警每天的交辦單至少1至2件，員警執行攻勢勤務無法進行交辦公文之查處，大多選擇在勤區查察勤務，作為交辦事項執行時段。惟執行交辦公文之查處時，實有必要說明執行人員對「交辦公文」之法律性質為區分，利於執行人員查處時有不同之概念，以下就具**公法事務**之交辦公文[59]簡要區別說明之：

---

[57]　參照作業規定第33點第1項第2款。
[58]　通常情形下，基層警勤區對社會治安調查以文書交辦事項為大宗，於獲得某特定情資時，方有主動介入進行詢問鄰里調查情資真偽之作為，對於教科書內有關社會治安調查與實務工作者實際工作內容，尚有一般差異。
[59]　按：筆者必須先予說明，下列以「程序」或「執行」之分類究竟如何區辨？以行政行為時點來判斷（姑不論事後法院審查時，有關真正溯及、不真正溯及之問題），端視於該行為是否已存有「處分」加以判斷，如無處分則為程序事項，倘於行政行為先前即有一或多處分，則為執行事項，「前者」有行政程序法之適用；「後者」有行政執行法之適用，亦是此處思考分類之實益所在。

壹、程序內事項

　　現今警察分局所收受掛有文號（不分機關）之公文，原則上均應辦理，原因出於事實上[60]或法律上在現有組織編制人員可能無法負荷、擔負時，機關委託相隸屬、不相隸屬同級或下級機關或協助辦理之謂。惟仍須廓清此處為「程序內」，並非程序外或行政執行之交辦內容，並以「送達文書」及「行政調查」為大宗。依此，係以警察機關是否為主管機關作為區分之類別說明：

一、事務係警察為主管機關

　　以內政部警政署組織編制為基礎，業務與輔助單位共有10組、10室，業務單位有行政組、保安組、教育組、國際組、交通組、後勤組、保防組、防治組及勤務指揮中心及獨立於署外刑事警察局；輔助單位為督察室、公共關係室、秘書室、法制室、資訊室、人事室、政風室、會計室及統計室。原則上，各直轄市、縣（市）政府警察局及所屬分局，均相對應有業務對口，直線投射至分駐（派出）所亦有相關業務及交辦事項，可以說「每個派出所等於一個小型的警政署」！此說明之前提為：有事務管轄權限[61]。

　　警察組織上下層級基於行政監督權，原則上無論在何層級均有權限執行，其權限行使來自於警察本身，而交辦公文之形式僅係執行人員之不同，先予區辨。就警察職掌事務權限之交辦公文，大多集中在事實調查，警勤區員警依據查察之事實，填製交辦單之內容回覆，例如：民眾陳情某路段有路霸、成立巡守隊相關卷資、卡拉OK店長期製造噪音、鄰人飼養動物、計程車任意繞路等林林總總交辦單，勤區員警有義務受命執行[62]。

　　執行交辦單內容之行為，依特徵具備行政機關、公法行為、外部性、單方性及個別性等五項要素，應為事實行為，行為後通常伴隨作成行政處

---

[60] 事實上的原因相當多樣，協助其他機關時大多以警察是少數公務機關為24小時循環不間斷的單位，許多無法於上班期間送達之文書，均發文協請警察代為送達；亦有另外理由，即警察比較會找人且使命必達，送達率均較其他機關為高，只是，如此事實上之理由似乎使警察人員疲於奔命，警力無法有效專注在警察任務上。

[61] 詳參閱蔡茂寅、林明鏘、李建良、周志宏等合著，行政程序法實用，2013年11月，頁41、44；延伸閱讀：同著，頁45-50；參照行政程序法第17條第1項。

[62] 參照公務員服務法第2條、公務人員保障法第17條。

分，應屬於作成處分前之調查。執行調查時，應有行政程序法第36條至第43條之適用，執行人員得依職權調查證據，亦得請當事人自行提出證據、申請調查證據或要求當事人或第三人提供必要之文書、資料或物品，亦得實施勘驗或選定鑑定人鑑定等職權。

此處必須補充，調查事務時如遇有民眾消極或拒絕配合調查，除有上開職權外，將事實據實記錄陳報分局後，機關得斟酌全部陳述與調查事實及證據之結果，依論理及經驗法則判斷事實之真偽作成行政行為；現場訪查時，警勤區得依行政程序法第43條規定履行告知消極或拒絕配合之民眾，消極不配合或拒絕調查將受到不利處分[63]之教示，俾利交辦事項之執行。

二、事務非警察為主管機關

行政機關為發揮共同一體之行政機能[64]，應於其權限範圍內互相協助，行政程序法第19條第1項定有明文，此謂職務協助。惟受請求機關主要係提供程序內輔助性之行為，不生管轄移轉或變動之結果，與上揭有警察機關內部隸屬關係且具行政監督權不同，係警察實務人員最易混淆之處。

舉一適例說明：法務部監獄司對受刑人提出聲請（仍在程序內）假釋時，均函文警察機關由警勤區訪查鄰里、親屬並製作相關調查表，檢附刑案資料等文書回覆，作為判斷是否核准假釋之部分依據，該協助之法律性質，依該行為之特徵具備行政機關、公法行為、外部性、單方性及個別性等五項要素，亦應為事實行為；較不同之處，乃此類型行為後通常伴隨**被協助機關**作成處分[65]，調查時亦應有上揭行政調查之職權。

---

[63] 筆者於民國89年任職○○○派出所勤區，對某（舊）三種戶為訪查時，住戶均拒絕警察查訪，後依（舊）戶口查察作業規定約定查察2次亦無法查訪，遂據戶警聯繫作業規定第3點填製（舊）戶口查察通報單層轉戶政事務所處理，戶政所將該址註記為「空戶」。直至90年4月間，該址屋主因欲售屋，售屋成交後辦理過戶時，國稅局依戶政事務所檢附資料為空戶認定該址為營業用（非自用住宅）稅率，土地增值稅課徵稅基以營業用與自用稅率相較，繳交金額差距數10萬元以上，前來所內請求代為撤銷空戶。此即本處所指行政程序法第43條實際運用案例。

[64] 本處限定單純已合法之交辦，至於委任、代行、介入等，均不再詳細說明。

[65] 此種類型應屬於多階段處分，即由二個機關在協助事項內，依不同調查之事實作成一處分，例如：大法官第423號、第459號解釋；詳參閱李建良，論多階段行政處分與多階段程序之區辨──兼評最高行政法院96年度判字第1603號判決，中研院法學期刊第9期，2011年9月，頁281-304。

貳、執行事項

　　警察機關有關行政執行之事項，本處交辦單所指涉應先排除行為不行為義務及即時強制之討論（如下巡邏勤務有較為詳細之論述），理由無他，上開職權執行時並非以交辦單型式為之，此處主要針對公法上金錢給付義務之執行為討論範圍及聚焦於戶籍法事件，如下簡要說明：

一、事務係警察為主管機關

　　道路交通管理處罰條例第8條第1項第2款規定，同法第69條至84條由警察機關處罰之，且以違反第82條之攤販為大宗，除由警勤區送達裁罰書外，實務機關亦重視罰緩到繳率之問題。行政執行法第11條雖得由主管機關移送行政執行處執行之，惟攤販多數未繳納罰緩，大多無財產難以執行或執行無實益，通常警察分局以交辦單交由警勤區向義務人執行催繳。

　　警勤區就執行交辦單內容之催繳行為，係行政機關在其職權或所掌事務範圍內，為實現一定之行政目的，以輔導、協助、勸告、建議或其他不具法律上強制力之方法，促請特定人為一定作為或不作為行為之行政指導，而實務機關人員較常誤解公法金錢給付義務之行政強制執行職掌機關乃法務部行政執行署行政執行處之人員，警察機關為何仍須執行該交辦單之催繳[66]？行政執行法第6條第1項第6款規定「執行事項涉及其他機關者」，得先為或受請求協助執行，違規攤販處罰之主管機關為警察機關，據上開說明，地區警察分局以交辦單命警勤區員警執行催繳，乃法之當然，殆無疑義，惟催繳時指導作為仍須注意比例原則。

二、事務非警察為主管機關

　　事務非警察機關之執行事項與警勤區相關且較為常見乃「戶籍事件」，依戶籍法第2條、第5條規定，主管機關為直轄市政府或縣（市）政府轄區內分設戶政事務所，該法第6條至第19條分別有戶籍登記之類別，登記事項變更、更正、撤銷及廢止，有賴於戶政事務所依同法第70

---

[66] 此問題來自筆者100學年第2學期教授（交通法規與實務）臺灣警察專科學校第30期學生，於民國103年4月間已任職在○○分局永明派出所旁巧遇所提問。

條查對校正戶籍登記，而「查對校正戶籍登記」乃執行事件[67]，合先敘明。

依戶警聯繫作業要點第4點、第6點規定，警察機關須協助戶政事務所人員辦理戶籍相關事件，惟戶政事務所戶籍員通常以會辦單轉陳地區分局防治組（舊稱戶口組）就戶籍事件協助查對校正，事實上多有非以戶籍員爲主體，而由地區分局以交辦單方式交由警勤區直接進行查訪，進而將**訪查之事實**作爲戶籍事件變更、更正、撤銷或廢止之處分行爲之基礎。

姑且不論此舉係合法與否，警勤區就交辦單內容爲查訪時，多有執行機關（戶政事務所）根本未到場，警勤區之查訪反而僭越了職權分際，尤在行政執行法第6條第1項各款間，似乎無法尋繹出適法之執行。畢竟，回歸事務之本質，主體未於現場，何來協助機關以交辦單替代主體作爲處分之事實基礎之理；更況，依戶籍法第68條規定爲查證戶籍登記事項，有關機關、學校、團體、公司或人民應提供資料，警察應爲有關機關無疑；該法僅明文係「提供資料」矣，似乎在某程度而言，謂：提供資料尚不得稱即得爲替代查訪事實之行爲！倘擴大解釋警察機關提供資料包含替代查訪事實之行爲，亦與文義解釋相悖離。

第四款　身分區分綜合探討

勤區查察勤務於身分上的討論，下以執行方式不同則論討即爲不同，並於身分曖昧不明之區間，辨明如何簡要涵攝作以區隔：

壹、個別查察

個別執行勤區查察勤務之工作內容，主要任務係犯罪預防、爲民服務及社會治安調查的面向，基於「行政警察」係以犯罪之預防、鎮壓爲目的之作用，因此作用在於犯罪尚未發生之預防階段；另對於未來即將發生犯罪之處置，因係於犯罪事實尚未存在，亦屬於行政警察之領域。輔以尊重行政警察的效率性、迅速性及合目的性之論述下，其執行作爲應具備行政

---

[67]　爲何「查對校正戶籍登記」係執行事件？按同法第21條至第25條規定，申請登記人依第27條、第29條至第47條就戶籍事件爲登記時，戶政事務所登記之行爲本身即爲處分，處分後查對校正乃執行事件。

警察之身分；另行政警察之作用，可以確定立法者預設對違法行爲進行救濟程序之管轄爲行政法院。

　　復以前揭第一章之身分形成時點以觀，原則上受訪人均未違反任何實體法律，除有涉及社會治安調查之程序內以交辦公文方式，就警察爲主管機關之事務權限範圍內所爲調查，可能預爲作成處分之外，以行爲人之行爲做爲判斷身分之條件仍嫌不足，則回歸執行工作之目的及其作用，做爲判別具備身分之輔助條件時，個別查察之勤務作爲應係具備行政警察身分。

　　惟曖昧不明之概念可能發生在構建執行人員之思考架構及法規範重疊區域時產生衝突，即犯罪尚未發生之預防階段與未來即將發生犯罪之處置區間內，究竟如何辨明執行作爲之身分產生履行各個不同程序，體現法治國原則在觀念上的衝突，容後具體說明。

貳、聯合查察

　　兼有專案執行之聯合查察，係進行寓有犯罪偵查爲目的之勤區查察工作，在進入場所、處所爲調查犯罪情事及取得「犯罪」證據，勤務作爲之目的實已限縮在犯罪之解明、追訴之作用的司法警察身分，職司是項作爲似應僅有刑事法規範之適用。

　　復以前揭第一章之身分形成時點以觀，原則上執行作爲前，因情報蒐集彙整得以一窺受訪人可能涉及何實體法律，具備司法警察身分的聯合查察，有著一定標的之軌跡，則警職法第15條訪查的授權依據，似乎將無法再提供是項勤務訪查的合法權源，應聚焦於同法第6條第1項合法進入之場所實施臨檢上，作「合於何法」的解釋，提供執行聯合查察勤務作爲之法治基礎，並非一昧暗渡於警職法第15條陳倉中。

　　惟以追訴犯罪爲目的的警察作用，需受到刑事訴訟法的制約，而維護個人生命財產安全及公共秩序爲目的的行政警察作用，係適用警察職權行使法之身分差異而已。此概念在聯合查察不易區分，亦易使執行作爲人員造成觀念上扭曲，進而於錯誤行使職權致受制裁，爲實務工作者躊躇不前的最大難題；況且，許多具體個案需於現場立即判斷下，執行人員倘未具概念之建構，勢必牽引著違法結論的產生，亦在觀念上難以區隔。

參、曖昧不明之區間

　　以單一自然事實之進程來說明：執行家戶訪查合法授權之權源，需分別依不同勤務作為尋繹個別的身分歸屬，過程中可能產生曖昧不明的區間。由於受訪者面對警察訪查時，可能有多種原因使受訪人不悅甚而抗拒的行為舉止，導致受訪者以合法或不法行為作為抵制時，此際受訪者之行為在法規範評價時，警察發動犯罪解明、訴追之目的有無重疊於行政法規範有關身分概念的模糊區間中。

　　例如：不論執行個別查察或聯合查察（設已具合法權源得以實施），訪查過程中見受訪者未敢直視的眼神四處飄移，執行人員隨受訪者飄移目視觀察，突見疑似手持超級小刀，客觀上判斷僅預為攻擊，**根本不知受訪者意向為何**的情形下，警察**先行奪下小刀所發動之職權**（konkludenter Duldungsbefehl? eine konkludente, durch die Tat ausgedrückte Grund-verfügung[68]？），究竟著重在行政警察作用或司法警察作用？或根本性的無法辨明作用之身分？或受人員執行目的之牽引而有著不同法規範職權[69]之適用？在在顯示著曖昧不明的區間，事實似乎已模糊了有關不同身分界線之問題。

　　實務運作中，相關模糊及曖昧空間不勝枚舉，事實上有時根本無可判別身分，面對相對人不可預測性、緊急性之行為，事後說理可能會陷入循環論證的解釋中，造成實務工作者無所適從的概念，將原本身分區分建立的同時，似乎卻無法涵攝部分案件發生在模糊不明的區間，基此，**容筆者另以操作性概念補充說明之。**

---

[68] 視作一種默示之容忍命令（直接強制），還是一種以行為表現於外部之默示基礎處分（即時強制）；轉引於李建良，論行政強制執行之權利救濟體系與保障內涵—以行為、不行為或容忍義務之執行為探討重心，中研院法學期刊第14期，2014年3月，頁63、69。

[69] 按：所謂目的，或許說穿了僅在事後為合法的潤飾，當下執行人員的腦海中大多只剩生物本能，並非以法規範思考為基礎之作為，畢竟，在執行過程中無可避免地有許多行為，處處都有著本能的反應，既為如此，增加在事後合法論述說理上來彌補當下法規範不足的思考，或許不失使基層實務工作者達到法治國最低標準之目的（生物本能相當接近法規範的緊急情狀），只不過，這樣倒果為因的思考似乎無法通過學者思維批判。

第二項　刑事法規範[70]

　　我國行政法學者角度大多認爲，警察維護社會治安工作可區分爲「危害防止」及「犯行追緝」二大區塊，作用上分屬警察職權行使法與刑事訴訟法，刑事法學者區別爲「事前的危害預防」及「事後的犯罪偵查」，對照二方面的說法，危害防止或犯罪預防乃基於行政權維護公共秩序所發動的相關職權（行政調查），而犯行追緝或犯罪偵查係基於司法權所發動偵審相關之職權（犯罪偵查），二大區域各自獨立卻又密不可分、甚而重疊，現有文獻主要差異在於行政法對危害防止階段討論較爲縝密，刑事法[71]認爲危害預防法律保留係純粹行政權的運作，無庸特別爲法律或法院加以拘束，產生獨漏面向的探討。

　　勤區查察勤務是一種同時存有行政調查、行政指導性質之工作已如前述，側重於刑事法規範觀察時，應先釐清行政調查與犯罪偵查間關係爲何，方有穿針引線之機能，尤其二者間轉介時，執行勤務人員應有何種之思考，方得架構執行勤務可能遇見的多種行爲態樣。以執行聯合查察來說，似乎是具備著前揭行政法規範之司法警察身分概念；於刑事法規範而言，聯合查察作爲應已實質進入犯罪調查程序而有任意偵查概念之建立。例外時，個別訪查亦可能有任意偵查或發動強制處分之概念[72]。

　　然而，無論聯合查察應具備任意偵查概念有著刑事法規範制約，或於個別查察時，偶然間發現受訪者犯罪事證應直接進入犯罪偵查，刑事法制約警察活動抽象之拘束從未減弱，尤以在違法取證尙須受到刑罰制裁下，實質展現了法拘束力。以下就本書第一章說明內容逐步涵攝，並構建實務運作可能遇見具體情狀之法律思考。

---

[70] 本處以行政法規範寓有司法警察身分之聯合查察爲始論討，兼以個別查察身分之轉換，因由請參前揭註18、34，以求體系之分明，否則，無法通過需以犯罪偵查作爲的目的，從而似乎無法適用刑事法規範。

[71] 林鈺雄，刑事訴訟法（上），2010年9月，頁431。

[72] 按：此處討論筆者必須陳明：就現今刑事法學者或實務之個別文獻中幾乎鮮少著墨此區域，或許是大多未實際長期執行基層警察工作而罹於想像，使參考資料呈現近於「無」的狀態，僅得借重其他同質相關觀念輔助融合說明（行政法規範），原則上雖應置於行政法規範章節論討，惟較傾向犯罪偵查領域而於此處開展，先予說明及澄清。

第一款　案件之特定

　　構成刑事案件對「犯罪」二個重要之要素即為「被告」及「犯罪事實」，二要素以現有文獻之探討多以廣義、狹義法院來描述，鮮少著墨在警察立場，或許輔以時間軸的思考下，依次的說法可以為：警察發現並偵辦案件移送予檢察官，檢察官依據警察偵辦資料將被告及犯罪事實特定後予以起訴，繫屬至第一審法院，亦依檢察官起訴範圍為審判。以上說明應可推斷法院審判、檢察官起訴範圍的劃定，幾乎等同於警察偵辦之資料[73]，可以說成法院審酌（含起訴及審判）之範圍似乎均透過警察偵辦資料來創造的。基此，本處討論即得藉刑事法規範中法院之架構，反向建構警察作為之思考概念，就該二要素為說明開展之：

壹、被告[74]之特定

　　現行法院將被告特定之前提，乃刑罰權對象之該特定人[75]，且應先具備被告之地位取得程序主體之適格，方得將刑罰權之對象特定至該特定人，賦予相關權利或課予義務。警察對於被告之特定，大多掌握在犯罪事實顯明且有一定事證作為基礎後，概念上方將犯罪嫌疑人特定，且與犯罪事實關係密切。

　　學說[76]對於檢察官所指被告[77]提出不同之標準，警察實務運作判斷之基礎亦應得以之為例，諸如：意思說[78]、表示說[79]及行動說[80]，就立場、時間點之不同，採取觀念亦有所不同[81]。本文認為：為使執行人員現場得以簡要判斷，應以意思說為主，因法院對被告之特定大多在事後對案件及審

---

[73] 姑不論有否管轄競合或牽連管轄、訴之客觀合併或主觀合併之問題，本處著重的重點先以被告單一、犯罪事實單一作為論述基礎，並排除非警察機關移送之案件。

[74] 本處使用被告二字，對於警察機關而言應屬開啟偵查程序（Beschuldigter）之犯罪嫌疑人而言，然廣義之被告（Angeschuldigter、Angeklagter）本含有現行法對犯罪嫌疑人的概念，是以，仍以被告二字作為開展基礎，先予說明。

[75] 詳參閱林鈺雄，刑事訴訟法（上），2010年9月6版，頁155。

[76] 詳參閱陳樸生，刑事訴訟法實務，1993年1月1日，頁369。

[77] 參照刑事訴訟法第266條。

[78] 以檢察官實質上是否以之為被告者為準，亦即對何人提起公訴，專以檢察官之追訴意思定之。

[79] 以起訴書狀所記載者為準，即自起訴書解釋其所表示之真正意思，加以判斷檢察官以何人為起訴之人。

[80] 以實際上以之為被告實施訴訟行為或以之為審理對象進行程序為準。

[81] 讀者得分析比較相關實務見解：最高法院70台上101號、51台上594號判例；92台非357、95台非274號裁判。

判範圍之立場說明，而警察無法在事後逐步探討需立即知悉該概念，則應以警察現場實質上具有**意思**是否以之為犯罪嫌疑人為判別。

　　被告之特定相當重要，主要重點在於：取得法規範上程序主體之地位，同時賦予權利或課予義務，不再是單純的程序客體矣。據此，相關刑事法規範之不自證己罪、無罪推定及罪疑唯輕原則，誠然延伸具備該地位後程序主體開展的法定權義，執行人員對被特定的犯罪嫌疑人應有履行告知之義務。

貳、犯罪事實之特定

　　犯罪事實對於職司偵查權限的警察，即為待證事實，而法院對犯罪事實之特定一如上揭被告之特定般，與警察執法之角度不同。然法院審判之犯罪事實繫於檢察官起訴之效力[82]，而檢察官欲起訴犯罪事實之範圍，原則上亦在警察查獲相關事證所建構起的犯罪事實，則待證事實（即犯罪事實）應係法院及檢察官審判及起訴之效力所及範圍。

　　司法實務見解[83]意旨略以：「刑事訴訟之目的，在確定具體刑罰權之有無及範圍，案件是否同一，除確認訴訟對象外，並禁止二重起訴，以維一事不再理之原則。是訴訟對象之確立，如能達上開目的，即得為明確之辨別，從犯罪時、地等各細節，認定稍未確切，仍不礙其同一性。」惟此闡明之內容原則上均立於法院的立場，對警察現場認定待證事實並無實益。

　　則實務工作者對犯罪事實之特定，依現行法規範來說仍著重在：現場證據，透過現行法定之證據方法所取得諸如：被告、人證、書證及物證、鑑定、勘查等法定調查方法查知證據素材，來形塑、特定待證事實，透過一定程度的澄清，使待證事實越趨顯明或模糊，於顯明了待證事實後，同時應可特定一定之被告，使警察得以在現場進行簡易判斷。

參、小　結

　　個別勤區查察之勤務活動，鮮少有刑事法規範之概念，惟筆者於實務

---

[82]　參照刑事訴訟法第268條。
[83]　詳參閱最高法院92台上3839號、96台上1914號判決。

運作面對治安顧慮人口訪查時，均會察其言、觀其色，偶於訪查過程中無意間發現證據素材，透過法定證據方法（如：詢問受訪者）形塑並特定待證事實，同時，受訪者即為被特定之被告，進而即時履行法定告知義務，即為上揭說明之具體適例。

現行編排之聯合查察勤務作為，實際已涉及臨檢或犯罪調查之職權，在層報資料前，實質上已特定待證事實，執行訪查過程中發現證據素材進而特定了犯罪嫌疑人，或許只是印證層報情資屬實與否。執行人員在概念上應建構刑事法規範重要二要素，即被告與犯罪事實，作為執行之基礎架構。

職是之故，該二要素似乎難以排列優先次序，尤其在警察形塑、特定待證事實時，先透過取證作為之活動形成犯罪事實而將事實特定，斯時同時特定了被告，或為相反呈現？應可說將案件（被告及犯罪事實）特定為目的，而取證是手段，下就實務運作之取證作為延續究明之。

第二款　取證作為之區別

警察勤務執行中探討取證之手段，原則上以是否造成受處分人個人意願、意思自由與權益受到壓抑或侵害作為條件，區別為「任意偵查」及「強制處分」二大部分，然上開條件在實際執勤中並無法提供為較精確的概念，另以是否為訴訟行為做為上開二大部分思考之區隔仍嫌不足，則應否再審視更為具體之條件不無可能。

依現行法取證作為，得以後續有否明定「強制力」來具體化造成個人意願、意思自由與權益受到壓抑或侵害判斷之基礎，理由在於：具任意性的公權力或具體措施大多鮮少[84]採行壓抑個人意願之作為，僅在後續進程具有法定強制力職權時，壓抑或侵害作為方才顯明。基此，自「是否造成受處分人個人意願、意思自由與權益受到壓抑或侵害」至「是否為訴訟行為」到「職權後續有否明定強制力」之具體化過程，使實務運作判斷標準得以精確，並符合法規範。

---

[84] 例外時，大概是執行人員對法令之誤解；實際案例的上網搜尋關鍵字：「楊律師、臨檢、痞客邦部落格、2014年10月18日」，有關○○市警察局保安大隊臨檢違法被律師告。

壹、壓抑意思之解明

　　偵查活動往往直接涉及基本權利，職司偵查之機關實施時應避免侵害，在人民的自願協助下作為原則性的執行。是以，偵查手段既得藉由多種方法均可達成，必須選擇任意處分之方式為之，意即：應優先考量偵查對象出於自願或不侵害其實質權益情形下，進行證據之蒐集保全，係偵查之任意處分原則[85]。

　　判別執行人員實施手段是否壓抑或侵害個人意願、意思自由，透過觀察係直接或間接以物理力或脅迫方法，拘束著人之意思或自由使之服從[86]，倘未以直接或間接以物理力或脅迫方法來實施，則為任意處分；若施加物理力則為強制處分，提供實務工作者簡要判別。

貳、訴訟行為之區辨

　　借重雙重功能之訴訟行為（Doppelfunktionelle Prozeβhandlungen）加以說明，最主要係以「扣除法」探究取證作為係透過何法規來區別本書任意偵查與強制處分。刑事法干預人民基本權利之職權常兼具程序及實體的性質，行使職權常有侵害基本權利的客觀態樣，諸如：拘提、逮捕、羈押等，皆干預了人民之實體權利[87]（自由權），自強制處分救濟體系以觀，實質與公法探討基本權之干預相同，不僅受到法律保留及比例原則之拘束，亦開啟了違法取證之強制處分救濟管道。據此，進行本案刑事審判過程中涉及違法取證證據[88]部分，進行合法性的審查，顯著區別任意偵查或強制處分之實益。

　　警察實施之手段，依現行法雖僅於本案審理中對取證作為為事後適法性之司法監督，仍得藉司法對具體個案見解作為事中執行之參考，避免事中之違法取證將證據排除。基此，倘具備刑事法上取證之職權，應係強制處分；反之，屬任意偵查。

---

[85] 詳參閱陳運財，偵查之基本原則與任意偵查之界限，東海法學研究第9期，1995年9月，頁287；陳運財，刑事訴訟與正當法律程序，1998年1月，頁169。
[86] 詳參閱王兆鵬，刑事訴訟法講義（一），2003年6月，頁21。
[87] 詳參閱林鈺雄，刑事訴訟法（上），2010年9月6版，頁296。
[88] 例如：刑事訴訟法第131條第4項。

參、小 結

取證作為之判斷，無論自有否壓抑意思或是否為訴訟行為之條件來說明，似乎仍嫌不足使警察在作為得以當下立即判斷，本文認為，就取證手段所依據之法規作為分野反向觀察上揭判斷條件，解釋上幾乎傾向不區隔任意偵查與強制處分，而係關注後續強制力之展現，視為已違反個人意願或意思自由或已然具備了強制處分之要素。例如：警察在合理懷疑有犯罪嫌疑或犯罪之虞得發動查證身分之職權，在顯然無法查證身分時得帶返勤務處所查證身分、非遇抗拒不得實施「強制力」；又如：可得為證據或應沒收之物，得扣押之，對於應扣押物之所有人、持有人或保管人，得命其提出或交付，無正當理由拒絕提出或交付或抗拒扣押者，得用「強制力」扣押之。

基此，上揭前者以查證身分所發動之職權，尚無展現強制力，應係任意偵查，僅在符合顯然無法查證身分及抗拒之要件，賦予**強制力職權**[89]，等同強制處分；後者發現符合扣押要件之證據時，得命其**任意**提出，應係任意偵查，僅在無正當理由拒絕提出或交付或抗拒扣押之情形，後續有**強制力職權**，即係完足強制處分要素之要求，來說明如何為簡易判斷。是以，「法規範賦予強制力之職權」，係補充了、具體了刑事法規範中實務工作者現場**取證分野簡要的思考條件**，進而區別取證手段之任意偵查或強制處分領域的作為。

第三款 判斷之條件

具體化上揭取證手段的區別，以有否具備「法定強制力」作為基礎，分為任意偵查及強制處分，作為判斷具體個案之條件。惟某些特定案件類型於取證過程，因有調查與偵查的**程序轉換**，自外觀同一自然事實觀察，可能無法有效區隔法規範之職權，例如：勤區查察勤務過程中遇甫酒後之治安顧慮人口，大吵大鬧辱罵警察，剎那間舉起拳頭毆打警察，警察施以武術將之「**壓制**」，此壓制可能是管束、亦可能係逮捕，均具備強制力，

---

[89] 補充說明，實際上，取證作為會發生在遇抗拒時如符合行政檢查之法定要件上，如：警察職權行使法第7條第1項第4款。

倘為逮捕，則原本調查程序應轉換為偵查程序而適用刑事法規範[90]。

　　如此一來，加入程序轉換之條件，方足囊括可能面對各種態樣之勤務活動或行為，加以輔助判斷上揭筆者所欲區別之二大部分；況且，究竟二者間關係屬於事實上無可避免且重疊法規範的勤務活動，抑或得以法律上之界限作為建構行政權及司法權範圍不同之判別，倘無法明確分別的時間點，似乎增加著實務工作者履行正當法律程序判斷上的困難[91]。以下更具體化說明及法定要件之操作：

壹、司法警察地位形成之時點[92]

　　基於偵查法定原則之要求，職司家戶訪查人員進行查訪時，倘遇有開啓偵查原因之發生，此時，即具備了司法警察地位進入犯罪偵查的階段！例如：家戶訪查時有鄰人告知（告發）某處為賭博場所，警察前往該處所查看，在鄰人告知某犯罪事實的時點後所為的調查，實已形成司法警察之地位，已不再係單純為任意性行政調查工作（**先有司法警察地位，直接對犯罪嫌疑實施偵查**）。反之，仍屬行政調查而未具備司法警察地位。

　　單純進入治安顧慮人口家宅訪查，進入一眼即見客廳桌上放置經過改裝且有半圓玻璃盛裝空間的養樂多罐（其他情事或犯罪嫌疑），具有查緝毒品經驗之警察，約略可推知該養樂多罐應係供吸食第二級毒品安非他命之工具，進行確認的調查作為程序，已然進入犯罪偵查而具備司法警察地位（**先提升心證至犯罪嫌疑，後形成司法警察地位**）。

　　上揭說明前者先具有司法警察地位，實務工作者會關注在合法進入現場「並未」發現相關事證時應如何處置？本文認為既無證據支撐犯罪事

---

[90] 認知上揭說明後，家戶訪查人員必須明晰銜接或轉換程序，尤在符合有關進入犯罪偵查法文中「司法警察地位」及「犯罪嫌疑」之條件時，自執行家戶訪查勤務之「行政程序」轉換為犯罪偵查之「刑事程序」。惟此轉換程序之中間地帶並無法明文規定，似乎僅得由犯罪偵查之起始點作為行政行為與刑事程序之區隔及銜接，雖外觀上屬同一之自然事實，卻分屬不同之程序法領域；延伸閱讀：陳景發，論行政調查與犯罪偵查，中央警察大學法學論叢第3期，2006年11月，頁253-257。

[91] 按：筆者於本處優先將第一章法規範分野論述之程序轉換作為輔助判斷條件，後論判斷之條件，乃係描述個別勤務時，所為的必要之舉；而闡述整體勤務時之思考邏輯上，應先明晰判斷之條件的區別，方涉及程序轉換，讀者倘認有齟齬之處，在此補充。

[92] 此處必須澄清一點，行政範圍討論司法警察身分與刑事訴訟法具備司法警察地位有些微不同，關注重點：行政法規範較傾向判斷行為人行為違反何種實體法律，加以判斷身分；而刑事法規範關注焦點，較側重法律條文發動要件審查的面向。然實施家戶訪查目的之性質較傾向作成「行政行為」，惟偶然間發現犯罪事實及證據，此際，進行家戶訪查人員之地位，理應直接具備「司法警察」地位而直接發動強制處分。

實，則事後持續觀察該場所、處所即可，原則上無須爲任何處置[93]。後者先提升心證至犯罪嫌疑，實務工作者發現相關事證後，應如何偵辦？意即履行何種合法之強制處分！本文認爲現場已有基礎證據來形成犯罪事實，對「人」得實施拘提、逮捕、詢問、搜索等，對「物」得施以搜索、扣押等強制處分。

貳、犯罪嫌疑心證之判斷

已具司法警察地位爲嫌疑心證判斷之情形，大多係指犯罪偵查爲目的的聯合查察或僅係利用勤區查察勤務爲名作犯罪偵查之實的勤務作爲，例如：勤務前已經彙整情報，約略知曉聯合查察處所之標的究竟屬於何種犯罪類型，對該處所內之人、嫌疑程度判斷較爲特定，累積的心證除情報資料外，更需輔以現場發現可能證據持續作程度上的差異，來完足法定要件的要求（**先有司法警察地位，直接對犯罪嫌疑實施偵查**）。

尚未具備司法警察地位而藉由犯罪嫌疑心證的累積，可能的情形係指勤務中查訪治安顧慮人口[94]時，面臨自受訪者行爲或證據可疑到懷疑的情況（**先提升心證至犯罪嫌疑，後形成司法警察地位**）。較爲重要問題：判斷嫌疑心證時，似乎無法將刻板印象（有前科素行列爲訪查對象）從受訪者身上剔除，以較爲客觀的角度來觀察，其產生心證結果勢必影響執行人員之判斷，如何將人性自然刻板思考自勤務人員的腦海中移除，是相當困難的過程，且發動強制處分係強烈干預人民基本權利之職權，在行政調查（家戶訪查）→發現犯罪徵候（可疑）→顯明犯罪事實（嫌疑）→發動強制處分之四時點階段中，得以控制國家機關是否恣意發動強制處分之樞紐，第一個最可能控制的變數即爲「犯罪嫌疑心證」，畢竟，形成一定嫌疑心證，以現行法即代表著跨越行政與司法的重要界線（**轉換程序**）。

上揭說明，前者已具司法警察地位所累積嫌疑心證，實務工作者依然關注在發現證據並確認爲證據素材過程中，是否代表著跨越重要界線，進而遵循刑事法要件發動相關職權[95]？本文認爲，既然已具備該地位，則應

即適用殆無疑義。後者，累積一定程度之嫌疑心證，實務工作者應關注何時點有程序轉換之疑問？

參、綜合說明

按上開討論之內容，勤務中遇受訪者有犯罪情事時，應先有「進入行為」程序上如何轉換之思考；接續以現場情事發展，判斷「對人」、「對物」發動強制處分，程序上有無轉換及應履行正當法律程序等思維，輔以履行告知義務之時點，顯明「對人、對物」施以當下或後續有強制力之職權，實質已進入刑事訴訟程序，使程序轉換概念之判斷直接實現在訪查勤務中。

對「進入行為」的程序轉換，應先辨明執行訪查人員自身係執行單純且任意性行政調查之工作，抑或已接獲可信情資進入受訪者宅內的犯罪偵查，倘係前者，則有轉換程序之思考；後者，直接以刑事訴訟規範之程序為之。

進入行為之原因，倘單純執行家戶訪查勤務，偶然間基於現實情事發展及證物顯現[96]而具備司法警察地位與嫌疑心證升高後，「對人」、「對物」方有程序之轉換，而程序轉換後的判斷基準，亦以主觀上審查心證及實質被告地位是否形成，以履行告知義務顯明客觀程序轉換，作為後續發動強制處分之適法原因來完足法定要件，現場並賦予當事人應有之權利。反之，直接適用刑事法規範。

執行是項勤務發現受訪者有犯罪情事及證物時，查訪人員應有下列偵查概念並得分別依次建立及審查，以下就上揭重為排序補充及延伸說明：

一、司法警察地位形成

司法警察地位形成之機能，主要區別著調查與偵查間的不同，亦蘊含有令狀主義是否適用之判斷標準；在程序轉換上，代表著進入刑事訴訟程序不可回溯性，提供實務工作者顯明判斷之標準，明晰自身執行之地位，

進而法院可能將證據排除作成無罪判決，實際上應製作的，應為刑事法上相關表格而非臨檢表，讀者依據本書文內之說明，似乎應開始建立此處陳明法規範分野之思維。

96 按：筆者認為，於此具體情狀亦可稱為：偵查之任意處分（即任意偵查），現場逐漸顯明的犯罪嫌疑及證物，相較於強制處分前，亦係前偵查程序；林永瀚，論前偵查程序—行政調查與刑事偵查中間地帶，國立政治大學法律學研究所碩士論文，2006年1月，頁43、45、48、144、148、155。

判斷履行刑事訴訟程序始點，對法定賦予實質被告之權利義務，有實質的意義存在。而在法定原則之偵查原因有四種情形下，家戶訪查人員更能清楚自此發動係偵查職權，而非行政調查，附此敘明。

二、犯罪嫌疑心證升高

另一要素乃犯罪嫌疑，自可疑到懷疑之心證程度不一，雖法律條文規範為具備司法警察地位加以判斷，惟心證是否升高之基準，仍繫於客觀具體犯罪事證或證據，累積逐漸明朗的可疑升高為嫌疑心證，使得發動強制處分前，經此審查而違法活動受到抑制，避免淪於恣意的嫌疑將條文空洞化。

三、實質被告地位形成

查訪治安顧慮人口自可疑情狀升高為犯罪嫌疑時，即進入刑事訴訟程序，越趨發現犯罪徵候及事實與相關證據，實質被告（即條文稱犯罪嫌疑人）的地位亦逐漸形成，現場並無無法發動相關強制處分之原因，則應發動，例如：逮捕、扣押等職權。而被告地位之形成，適用法令即不再區隔相關職權，有助於執行人員在客觀上同一自然事實之有形物理力（即強制力），顯明進入刑事訴訟法之範疇。

四、履行告知義務

實質被告地位之形成，依刑事訴訟法第95條規定：實施刑事訴訟之公務員對被告訊問前應履行告知其權利之義務，二時點密不可分，外觀上易審酌、判斷執行人員之主觀，履行告知義務時亦同時賦予相關權利，實質被告地位形成後，履行刑事訴訟之正當法律程序亦油然孕生，更能明晰程序之起始點。況且，刑事偵查之強制處分發動，乃嚴重干預人民基本權利，法文中設有嚴格的事前、事後審查機制，甚以不得作為證據之法律效果，作為違法程序之懲罰，倘若行政機關以基於行政權所發動之相關手段，迴避刑事訴訟法強制處分設置之規範、要件，則刑事訴訟相關法律保留、正當程序、保障被告權益等機制將付之一炬，履行告知義務亦有著控制被告防禦國家違法行為之功能。

第四款　取證區別綜合探討

　　勤區查察勤務於取證區別之討論，以執行方式之不同作爲區隔之基礎，且於取證區別隱晦不明地帶，需辨明如何簡要涵攝作爲思維之界限：

壹、個別查察

　　個別執行治安顧慮人口之查訪，目的著重在犯罪預防階段上，原則上案件（被告及犯罪事實）並未被特定，實施勤務作爲亦未造成受處分人個人意願、意思自由與權益受到壓抑或侵害，輔以該作爲亦非刑事法規範之訴訟行爲，其未有任何強制力之取證職權，當可確定受訪者倘認此訪查作爲違法提起救濟管轄法院係行政法院，此區間應可排除爲任意偵查（即與犯罪偵查無涉）之範疇。

　　然偶有治安顧慮人口在訪查過程中，遇有可能發動壓抑個人意思自由之職權時[97]，在未採行壓抑個人意願、意思自由之處分時，得命受訪者任意提出或任意陳明，仍屬任意偵查之範圍，例如：訪查竊盜人口過程中，發現家宅內有來源不明物品堆積，內有數部汽車音響、汽車音源放大器，且廠牌均不一，音響後方排線顯然以斜口鉗剪斷痕跡，詢問受訪者該物從何而來時沉默不語之具體情狀，因嫌疑程度急遽升高使司法警察地位形成（按：司法警察地位形成未代表需立即地發動強制處分），此區間仍爲任意偵查之範疇。

　　惟隱晦不明之區間可能發生在構建執行人員之思考架構及法規範重疊區域時產生扞格，即係現場對犯罪事實之顯明之斯時，究竟如何判別取證作爲之法定發動要件屬於何法規範領域，產生了對強制力有不同程序要件之要求，來作爲適法觀念的建立。

貳、聯合查察

　　兼以專案執行且寓有犯罪偵查爲目的之聯合查察，自始未逸脫犯罪調查之思考，且勤務前已經彙整情報，犯罪類型（即犯罪事實）已受特定，僅欠缺被告方完足組成案件之要素矣。至於勤務中取證作爲尚未採行壓抑

---

[97] 對實務工作者來說，此處係指客觀上具體事實自可疑提升至犯罪嫌疑，有證據提供判斷犯罪類型之行爲或依辦案經驗判斷出受訪者參與可罰之犯罪行爲可能性，後逐漸形塑、拼湊了犯罪事實而言。

個人意願、意思自由及未符合刑事法規範訴訟行為前，應係任意偵查之範疇。仍須注意，發動任意偵查職權後，通常伴隨著強制處分作為。

然實務機關執行聯合查察對象，非限於治安顧慮人口居住之場所、處所，多以層報後指定地點實施之（暫不論授權法律是否完足之問題，詳如前述），訪查過程中，司法警察地位早已形成，對查察之場所、處所中依據具體情狀或證據來判斷嫌疑心證之高低，輔以後續是否具備強制力之職權，作為區隔任意偵查及強制處分。只是，依現行法制是項作為授權應以臨檢之職權為首要思考，實質上**與勤區查察勤務無涉**，尚難謂得藉勤區查察之名行犯罪偵查之實。

惟實務運作是項勤務時，腦海裝載似乎仍傾向各別勤區查察之思維，攜帶著預定查察表至指定地點，殊不知已實質採行壓抑個人意願之作為，妨害著受訪者意思決定自由，進入取證手段中隱晦不明的地帶，造成應轉換程序時點逐漸模糊，甚至在緊急情狀下仍不知發動強制處分，執行人員未具正確觀念勢必牽引出無法履行正當法律程序之結論。

參、隱晦不明之地帶

以單一物理事實之進程來說明：執行勤區查察勤務無論在個別查察或聯合查察方式，分別依不同取證作為尋繹個別授權分屬不同法領域，輔以其他簡易判斷條件（強制力）加以明晰，惟於緊急發動壓抑受訪者個人意願、意思自由與權益之職權，有無重疊於刑事法概念，使取證作為手段陷入隱晦不明之地帶。

例如：以聯合查察方式進入分租公寓小套房中，執行人員一人警戒、一人敲門使分租人打開房門藉以過濾身分，身分不詳男子適自另一分租房間外出，見警時**身體不自覺顫抖一下**，警戒人員見狀遂以身體區隔於走道上，男子無法走出，原訪查之一人轉身準備對該男子過濾身分，見警趨前時莫名往門口方向衝去撞擊警戒人員，客觀上根本沒有任何犯罪物證，二警察先行**制止**該男子**離去**[98]，究竟分屬任意偵查或已發動強制處分？抑或

---

[98] 以此適例與法律對話：警職法第15條係任意性行政調查，不得實施強制力，無法適用先予排除；同法第6條第1項第1款需符合犯罪嫌疑或犯罪之虞且合理懷疑，拔腿就跑理應無法判斷「犯罪嫌疑或犯罪之虞」而不符合第7條第1項第1款之攔停「人」之職權；復尋繹是否有違反社會秩序維護法得以行使該法第39條、第42條之職權，答案亦是否定；然以刑事訴訟法第88條之1第1項第3款逕行拘提，為前提係

根本性無法辨明取證手段之區別？或謂受制執行目的之牽引而行使著不同之職權？在在顯示著隱晦不明的地帶，連續的物理事實似乎亦已模糊了法律界線[99]。

實務運作經常發生相當模糊且隱晦地帶之取證作為，物理事實進程中有時根本無法判斷實施強制力究竟係管束或逮捕，面對人性慌張、逃避的天性，事後無概念構建之說理通常地陷入矛盾的職權中，造成實務工作者難以判斷的地帶，將原本取證手段所區隔建立觀念的同時，發生無法解釋或根本無授權依據的作為中。基此，**容筆者如下適例嘗試再以操作性概念補充說明之。**

第四節　以毒品採驗人口為例[100]

警察實務機關對於施用毒品之人口經法院裁定保護管束，或執行保護管束者、觀察勒戒期間、請求治療之被告或少年、強制戒治期滿、為不起訴或不付審理，或審判中案件為免刑或不付保護管束之裁定、施用第一級、第二級毒品經執行刑罰或保護處分完畢二年內之人別，皆係每月需調驗尿液之毒品人口。

警勤區對此類型人別執行家戶訪查時，大多會加強訪查之強度，除有行方不明情形外，常要求該人口每月採驗工作必須準時到驗。在訪查勤務

「偵查犯罪」及「有事實足認犯罪嫌疑重大，經盤查而逃逸」之要件，亦無可適用；末檢視其他有否違反行政法上義務之行為，當無法得出任何違反之行為，則行政罰法第34條之職權亦無用武之地。基此，為何警察祇要看見拔腿就跑的人，均會隨後追逐？正義感並無法涵攝法規範之要件。惟依據警察專業辦案經驗或判斷後，追獲此類型之人大多會破獲相關刑案，但是，並無法解釋當下發動之職權究竟是符合哪一條法律！

[99] 實務運作中最常發現的情形是：看見警察莫名其妙拔腿就跑，於此「行為」，似乎僅在發動臨檢時方有之職權，惟「莫名其妙拔腿就跑」即符合警職法第6條第1項第1款之「合理懷疑」？形成合理懷疑應有一定之可疑心證，似乎不可能以「莫名其妙拔腿就跑」即完足法定要件才是，因尚有「犯罪嫌疑」或「犯罪之虞」，「莫名其妙拔腿就跑」是何種「犯罪嫌疑」或「犯罪之虞」？

[100] 按：本處獨立探討毒品採驗人口之原因，乃現今社會毒品氾濫，可能為一般奉公守法之人民所未知，在K他命等毒品越趨易購得且交易價額不高情形下，助長了毒品傳遞的速度，而警勤區員警執行家戶訪查時，毒品採驗人口即為重點，說穿了：只要掌握該類型人口，警勤區內的人口動態、犯罪大約就控制了一半。另外，必須詳加說明本處，法文中規定以「採驗」作為毒品人口採集尿液送驗之用語，而警察實務機關大多以「調驗」作為發送採驗通知單之用語，為求精確，文內所使用之用語未使用警察實務機關之調驗，而使用法律用語之採驗，併予說明；亦有司法機關使用「調驗」之詞，參照臺灣高等法院101年度上訴字第1702號刑事判決。

監控方面較其他記事一較為落實，以免遭受上級於月報會議時提出檢討，甚而受行政懲處。以下就「採驗人口類別」、「強制採驗作為」、「行政法規範」、「刑事法規範」及「規範間之分野」等問題操作概念之。

第一項　採驗人口類別

毒品採驗人口類別，最主要以「定期採驗」及「不定期採驗」作為簡易思考之分類，原則上均以毒品危害防制條例第25條第1項、第2項作為調驗之法源，同時說明警勤區通知採驗時得以採行何種作為：

壹、定期採驗

採驗人口依毒品危害防制條例第25條第1項、第2項規定以定期通知為之，而該二項之區別主要以刑事訴訟程序是否終結，第1項之刑事訴訟程序尚未終結，而第2項之規定係程序已終結作為區隔下列人口類別：

一、付保護管束期間

(一)犯該法第10條之罪而付保護管束者（**成年**）。

1. 施用第一級毒品付保護管束者。

2. 施用第二級毒品付保護管束者。

(二)施用第一級或第二級毒品經裁定交付保護管束之少年。

二、為不起訴之處分或不付審理之裁定

(一)依第20條第2項前段。

1. 受觀察、勒戒後之**成年人**，無繼續施用毒品第一級、第二級傾向者。

2. 受觀察、勒戒後之**少年**，無繼續施用毒品第一級、第二級傾向者。

(二)依第21條第2項。

1. 施用第一級、第二級毒品，於犯罪未被發覺前，自動向行政院衛生署[101]指定之醫療機構請求治療者。

---

[101] 於民國102年7月23日已正式更名為「行政院衛生福利部」。

2.治療中經查獲之被告（**成年**）。

3.治療中經查獲之少年。

(三)依第23條第1項（依第20條第2項後段）。

1.施用第一級、第二級毒品受觀察、勒戒後，認受觀察、勒戒人有
　　繼續施用毒品傾向者[102]。

2.裁定令入戒治處所強制戒治。

3.強制戒治期滿。

三、為免刑之判決或不付保護處分之裁定

(一)於民國92年6月6日修正施行前繫屬於法院之施用毒品案件。

(二)審判中之案件，依修正後之規定應爲不起訴之處分或不付審理之
裁定者[103]。

四、經執行刑罰或保護處分完畢後二年內

(一)經執行刑罰[104]。

1.以毒品危害防制條例判處有期徒刑以上之罪，經執行完畢者。

2.以毒品危害防制條例判處有期徒刑六月以下或各罪間合併處超過
　　六月以上仍得易刑之案件，經易科罰金、易服社會勞動、易服勞
　　役、或易以訓誡者，執行完畢者[105]。

3.處有期徒刑二年以下，經宣告緩刑，未經撤銷而期滿者[106]。

(二)保護處分完畢。

上揭定期採驗之毒品人口詳列法文內容可知，原則上係以施用第一
級、第二級毒品之人爲對象，不區分刑事訴訟程序終結與否；對於施用第
3級、第4級毒品人口，本法並無定期採驗之法源，警察機關僅得對上列
之人實施採驗。

---

[102] 此處仍有第20條第2項前段區別成年人及少年不同程序之實益。

[103] 即爲上揭類型二：爲不起訴之處分或不付審理之裁定之人別，只是以時間點及是否繫屬於法院作爲案件
區隔之二條件。

[104] 以下之類型，僅臚列數種執行刑罰之類型，並非全部，先予指明。

[105] 參照刑法第11條、第41條至第44條。

[106] 參照刑法第11條、第74條、第76條。

貳、不定期採驗

不定期採驗人口類別，原則上係以毒品危害防制條例第25條第1項為主，惟例外時，第2項之人口仍包含在內[107]：

一、依第25條第1項規定之人別：如上揭定期採驗說明。
二、依第25條第2項規定之人別：如上揭定期採驗說明。

參、採驗之作為

警察機關對毒品人口採驗實施作為之法定要件不同，如下說明之：

一、定期採驗

警勤區接獲上級定期採驗通知單時，大多利用家戶訪查勤務送達該通知單，通知單之送達不得逾越內容所載之日期，使受採驗人得於該指定日期前往指定處所採集尿液送驗，而警察各分局均設有採尿室，由專人負責採集及送驗。

受採驗人應於通知單內所載指定日期前往指定處所採集尿液，作為防制毒品人口繼續施用毒品之矯治方法，定期以採驗尿液方式達到監控之目的。然毒品人口施用毒品，在現代先進國家認為乃一種病態行為，因自我控制能力不足、心靈空虛、自我否定等因素，使毒品人口無法擺脫毒品誘惑及控制而不易戒治，通常，定期採驗尿液之毒品人口若有繼續施用毒品之情事，接獲定期採驗通知單後大多會搬離現住居地或逃避指定日期之採驗，警察原則上會再行通知，倘仍未到場接受採驗且有事實可疑為施用毒品，得報請檢察官核發強制採驗許可書，以強制方式進行採驗工作[108]。

二、不定期採驗

毒品危害防制條例第25條第1項中段及第2項後段規定，對上揭採驗人口得施以不定期採驗之作為，其法定要件主要係「有事實可疑為施用毒品」來發動不定期採驗之工作。警察執行勤務時，面對符合要件之毒品人

---

[107] 該法第2項後段「警察機關得適用前項之規定採驗尿液」規定自明。

[108] 法院程序見解略以：「本件被告前曾因施用毒品案件，經臺灣臺北地方法院以98年度訴字第849號判處有期徒刑9月確定，於99年5月31日縮刑期滿執行完畢，有本院被告前案紀錄表在卷可按，是被告接受採驗尿液之時間係在施用毒品罪執行刑罰完畢後2年內，固無疑問。然依上開毒品危害防制條例之規定，必須有『事實可疑』為施用毒品，且經『通知』不到場或到場而拒絕採驗者，始得報請檢察官許可強制採尿。」參照臺灣高等法院100年度上訴字第1068號刑事判決。

口，如何判斷「有事實可疑爲施用毒品」厥爲重點！然何情形下係「**有事實**」？以下爲筆者歷年來執勤經驗簡要整理而成之事實，作爲涵攝條文中要件之判斷：

　　(一)查詢素行前科資料於近期有毒品案件遭緝獲之紀錄。

　　(二)客觀上存有或疑似有吸食或施用毒品之器具或味道。

　　(三)施用第一級毒品（海洛因）外觀事實[109]徵候：

1. 以針筒施打

　　(1)手臂靜脈血管有注射痕跡，大多顯現靜脈血管皮膚處小範圍紅色瘀青。

　　(2)手臂靜脈血管呈現大片注射痕跡且有瘀青，狀似陸續施打藥劑。

　　(3)手臂靜脈血管因長期注射硬化，以手觸碰明顯感覺靜脈血管爲硬塊。

　　(4)手指指頭縫隙有注射痕跡，因得施打部位因血管硬化無法注射。頸部靜脈亦同（較少情形）。

　　(5)大腿靜脈與鼠蹊部相對位置之有注射痕跡，大多顯現靜脈血管皮膚處小範圍紅色瘀青。

　　(6)綜合判斷：以針筒注射毒品海洛因之人口，心理層面自認係施用毒品世界中較爲高尚之人（高人一等），外觀上穿著較爲整齊，體重不因施用毒品而減輕，且較無其他不良習慣（如：喝酒、吃檳榔），使用之交通工具通常爲汽車，該人口皮膚膚質明顯與一般人較爲姣好；由於以針筒注射得將毒品完全使人體吸收，可認爲該人口有較不浪費的思考。

2. 以毒品粉末混合菸品吸食

　　(1)現行實務機關查獲該類型人口，大多使用「峰」品牌之香菸，作爲混充毒品之菸品。

　　(2)菸品因需將部分菸葉紙抽出混裝毒品後再重新加入，菸品外觀

---

[109] 吸食第一級海洛因毒品之人毒癮發作時，感覺全身自內部遭蟲咬蝕，未立即再次施用，痛苦指數相當高。

會呈現皺摺，且燃點菸頭大多會以捲摺方式封閉，防止菸葉紙及毒品外漏；點菸吸食時，菸頭會產生大火。

(3)該類人口因以吸食菸品方式，外觀上並無任何明顯特徵以供判斷，即與一般人無異！且吸食後之毒品異味，與抽菸味道幾乎一致，並無須養成噴灑香水[110]之習慣。

(4)綜合判斷：該類人口會以菸品作為吸食第一級毒品海洛因之方式，代表該人口經濟生活無虞，無庸物（毒品）盡其用，通常有雅痞之外觀。由於點燃含有毒品之菸品後，客觀上可觀察之徵候明顯不足，僅得自人口身上所抽菸品為判斷，係較難判斷是何種毒品類型；另與以針筒注射施用毒品相較，亦屬消費能力較高之人口。

(四)施用第二級毒品（甲基安非他命）外觀事實徵候：

1.臉部出現膿包（俗稱安痘），與青少年之青春痘些有不同。

2.說話時常有口臭情形（長期未睡眠導致），與一般吸菸或患病口臭不同；整個舌頭部位顏色大部分為白色，與一般食用餐點後呈白色不同，白話地說：是原生，不是汙染過。

3.為掩蓋吸食安非他命異味，毒品人口通常養成噴灑香水習慣，惟使用大多為廉價之香水，讀者可想而知，廉價香水與安非他命相互滲混後，應不難想像是「很奇怪」的味道。

4.有吸食安非他命之人，通常衛生習慣不好，臉部、頭髮常生油垢，乃長期興奮無法入睡之結果，眼神及外觀看起來無神、精神不濟、無法集中，對警察之提問會發生答非所問，行為控制能力低，常有攻擊、易怒、懷疑、神經傾向。

5.吸食、施用第二級毒品人口使用之交通工具通常未具價值，多以外觀破舊之汽機車作為代步工具，常攜帶布織背包（尤以黑色居多）斜背身後，不時以飄忽眼神觀察周遭事物。

(五)綜上說明，筆者以自身查緝經驗為基礎判斷經常施用或吸食第一

---

[110] 按：會養成噴灑香水的毒品人口，大多想抑制或掩蓋毒品所產生之異味，使味道混充後，令執勤人員產生錯覺，惟仍得由毒品人口其他肢體語言作為觀察。

級、第二級毒品之外觀徵候，涵攝至「有事實可疑為施用毒品」之法文中，提供實務工作者判斷及觀察之條件。當然，本處判斷經驗的文字傳承，絕非僅得適用於本章之家戶訪查，他種勤務遇有毒品之素行人口，亦得以之為觀察；況且，上開所提出亦非唯一或必要之判斷條件，讀者仍得依據自我執勤經驗，加以補充之。

　　(六)上揭具體化法文之不確定法律概念後，得通知符合法定要件之毒品人口到場採驗尿液，無正當理由不到場，得報請檢察官或少年法院（地方法院少年法庭）許可，強制採驗。而任意到場卻拒絕採驗者，得違反其意思強制採驗，於採驗後，應即時報請檢察官或少年法院（地方法院少年法庭）補發許可書。

第二項　強制採驗作為

　　首要，毒品人口強制採驗工作非僅限於勤區查察勤務，擔服他種勤務時迭有多見，與本勤務較為相關乃置於本章開展，與第一章陳明：**非僅得單純限定某勤務或案例中，使實務工作者得反思應用於其他勤務或具體個案，呈現舉一反三活用之思考，**尤其在臨檢勤務時加以應用，建構出實務運作之實然面向，先予說明。

　　實務工作者常於受理民眾報案後前往毒品人口家宅進行調查，通常在報案內容可窺知端倪，倘以「喧嘩鬧事」或「鄰宅有味道」加以通報，且知該地點為毒品人口居住現址，則可認定大多係施用第二級（安非他命）、第三級（K他命）。由於施用上開毒品多會製造煙霧，且該毒品效用乃使人產生興奮，有令人產生幻覺之後遺症，則一般民眾未知施用毒品徵候，報案內容將會特定類型；當然，本知悉毒品人口居住地點並依據前開說明，即可於前往處置並開展應有勤務作為之思考架構。

　　無論擔服他種勤務或執行個別、聯合勤區查察勤務之類型，皆有可能接觸毒品人口，由於施用毒品戒治根除機率相當低之前提，毒品人口依然流竄在社會中，鑑此，本文有必要詳加探討，警察面對毒品危害防制條例第25條治安顧慮人口之際，應如何妥適應用現行法及實際經驗，合法地減少毒品犯罪之淵藪，以下就「定期採驗」及「不定期採驗」人口分別說

明有關強制採驗之作為：

壹、定期採驗

　　首要，定期採驗毒品人口之對象包含毒品危害防制條例第25條第1項、第2項之人，應無疑義。現行實務運作於各警察分局設有採尿室，有專職人員負責管理，對攜帶定期採驗通知書[111]之人於採尿室內，採集該人尿液後彌封並貼以封緘，送承包廠商採用分析儀進行鑑驗，鑑驗結果送返採驗之警察分局，採尿室承辦人或刑責區依據鑑驗結果如呈陽性，則函送地檢署偵查；若呈陰性則附卷存查，俟將來定期之採驗再行通知。

　　惟實務機關內採尿室承辦人對定期採驗毒品人口，實施初次定期採驗呈陽性之結果後，偶有為獲行政獎勵[112]，在未審酌法定要件「有事實可疑」之要素，即行通知「再」定期採驗，因通知書內皆會載明無正當理由不到場者，得報請檢察官強制採驗之情形下，毒品採驗人口通常自此不再受領通知書前往採驗或不知抗拒「再」定期採驗。

　　基於**事實**上原因，該承辦人「再」定期採驗通知書，以毒品人口之認知幾乎等同檢察官核發強制採驗許可書之效力，該人口不敢不從；倘前次採驗呈陽性之結果，直接當作完足「有事實可疑」之要素即可通知再次採驗，似乎與法規範之要件不盡相符。本文認為，條文中「有事實可疑」應限定在「現在」之時點，存有可疑事實加以判斷，非以「過去」採驗結果為判斷基礎，若皆以過去之過去無限循環之採驗，似乎亦背離了不自證己罪及罪責相當原則，實務機關作法之目的似可再三斟酌。

貳、不定期採驗

　　基於上揭說明，對不定期採驗應限定於「現在」之時點，存有可疑事實加以判斷，非以「過去」採驗結果，判斷該要件應發生在實際執行勤區查察或他種勤務作為上，尤其法文中規定之「有事實可疑」如何詮釋問題，將牽引著得否發動任意到場或強制採驗之職權。

---

[111] 參照採驗尿液實施辦法第9條第1項、第11條第1項後段。

[112] 毒品人口採驗尿液呈陽性再行移送之行政獎勵相當豐厚，每送鑑驗呈陽性而移送一次，即得申報嘉獎一次，等於：坐在辦公室內打公文通知毒品人口前來採驗（讀者勿忘，此處所指係於定期採驗中有了第一次呈陽性之結果），大多會呈陽性反應，一個月一次定期採驗，一個分局列管40人，等於一個月有嘉獎40次，一年就可能超過嘉獎300次以上，可謂相當輕鬆即獲得獎勵。

　　毒品危害防制條例第25條規定，係針對施用第一級、第二級毒品人口，並不區分成年或少年，觀以分級處罰規定之目的可知：成癮性越高的毒品，級別越趨向第一級；施用人口越多，級別層次亦同，例如：原本未泛濫之K他命初始設爲第四級毒品，後因成癮性及施用人口急遽增多情形下，提升爲第三級[113]毒品。另第三級、第四級毒品並非在「強制探驗」人口之範圍，先予排除。

　　執行勤區查察或他種勤務遇有毒品人口，斯時需加以判斷法文中「有事實可疑」之要件，方得進行強制探驗，該要件係不確定法律概念，執行人員有判斷餘地，完足法定要件後之通知、報請強制探驗方屬合法。基此，該要件判斷應於現場爲之，且輔以筆者於上揭依施用毒品類型之不同，判斷不同之外觀徵候，作爲涵攝法定要件之事實基礎。

　　例如：訪查毒品戒治人時，見其精神萎靡似數日未眠，房間內亦殘有吸食安非他命之餘味（未見施用毒品器具），進行詢問受毒品戒治人口答以不知所云，另詢家屬或在場人隱約透露，其人曾於數日前外出返家即呈現這般，綜合現場一切事實，且未逸脫施用毒品之徵候，應可完足「有事實可疑」要件而即行通知到場[114]探驗尿液。

　　又如：執行他種勤務依法實施臨檢職權，對受檢人以M-POLICE掌上型行動電腦查證身分過程中，發現近期有受移送第一級、第二級毒品紀錄且爲定期探驗人口，輔觀受檢人皮膚白皙、一望即知手臂靜脈有注射痕跡，詢問受檢人手臂注射痕跡由何而來？卻無法合理解釋[115]時，綜合現場一切事實，且判斷可能施用毒品之徵候，亦應可認爲完足法定「有事實可疑」要件，即行通知到場探驗尿液。

---

[113] 按：現今社會施用第三級毒品K他命人口有增多趨勢，實務機關受理民眾報案後前往查處毒品案件時，常見施用K他命，吸食時會產生煙霧，煙霧似塑膠味道，相當刺鼻，惟施用之人雖多卻未賦予警察通知到場探驗之職權，例如：民國103年2月5日○○分局攔查黃女所乘坐自小客發現車內有吸食K他命後殘留之塑膠餘味。

[114] 毒品危害防制條例第25條第1項係規定「通知其於指定之時間到場探驗尿液」與本處「即行通知到場探驗尿液」雖有不同，惟自證據保全之目的及立法者預設之法文以觀，嗣經施用毒品之人殘留毒品於體內可能隨時已排泄，倘不即時通知採驗，則尿液排泄完畢後證據即爲滅失，得即時通知到場；併參照採驗尿液實施辦法第10條規定「得隨時採驗」。

[115] 此際，讀者得自行判斷是否已符合刑事訴訟法第88條第3項第2款之準現行犯規定，倘判斷爲準現行犯，則應接續考量同法第88條第1項之逮捕、第205條之2後段之違反意思採取尿液。

惟應注意，該即行通知到場採驗之性質**未具強制力**[116]，僅一般任意偵查手段且具行政警察身分之任意到場，當不可錯認「抗拒時」有施加強制力予受訪者或受檢人之職權，且係報請檢察官核發強制採驗許可書**必要**之前階段，併予指明。

參、採行通知之作為

現場判斷「有事實可疑」施用毒品，發動強制採驗前階段通知之到場，並無要求書面[117]之規定，執行人員得以口頭通知，並請該人任意隨同人員返回勤務處所採集尿液，製作詢問調查筆錄後任其離去。任意到場後拒絕採驗者，得違反其意思強制採驗，於採驗後，應即時報請檢察官或少年法院（地方法院少年法庭）補發許可書[118]，作為之程序方屬合法。

倘已經判斷有事實可疑施用毒品，現場無正當理由不到場，得施以勸告並告以後續將彙整資料層報檢察官核發強制採驗許可書之作為之行政指導職權，由其任意決定是否到場，**無其他法定原因切勿施以強制力**。若仍拒絕不到場，將現場蒐集完足法定要件「有事實可疑」之資料，層報檢察官核發強制採驗許可書[119]，以為合法消弭毒品氾濫之作為。

第三項　行政法規範

訪查毒品採驗人口在行政法規範之概念，依前揭說明以「行政警察身分」、「司法警察身分」之作用，具體化綜合探討如下：

壹、行政警察之作用

勤區查察勤務之任務，如：犯罪預防之家戶訪查、為民服務及社會治安調查，皆基於行政警察身分之作用。上開個別任務之手段，原則上透過行政調查或行政指導方式達成目的，性質上屬事實行為，勤務作為對人民未具有規制效力；例外[120]時，社會治安調查中所為交辦公文執行事項，仍

---

[116] 參照刑事訴訟法第88條第1項、第205條之2規定可知，通知到場並非拘提、逮捕，當無後續實施強制力之職權，則該通知之性質仍具任意性。

[117] 參照並比較採驗尿液實施辦法第9條第2項、第10條。

[118] 參照毒品危害防制條例第25條第1項後段。

[119] 參照毒品危害防制條例第25條第1項前段。

[120] 按：文內省略犯罪預防及為民服務，基於現行法規並未賦予執行人員有強制力之職權，惟社會治安調查

於程序中之調查，乃為作成處分之前階段，然調查手段有數種，諸如：取締性或規制性調查，均可能發動具規制效力之職權，皆係行政警察身分之作用。

以個別查察作為執行方式來探討，家戶訪查腹案計畫表係由各別警勤區於前一日或當日對毒品治安顧慮人口自由填註而成，進而於勤務表定時段實施，主要以犯罪預防為工作，具備行政警察身分之作用，引導該人口走向正途。然聯合查察作為執行之方式，已寓有犯罪偵查目的之前階段，與本處論討之作用未盡相符，應予辨明。

旨揭【現行實務機關(1)】實際執行內容以觀：「某派出所第21勤區員警甲，擔服當日下午15至17時家戶訪查勤務，訪查前將辦公室內電腦打開，進入內政部警政署警政e網通勤區查察處理系統（簡稱勤區二代系統），依次點入訊息通知，接收最新資料後，擬定勤區查察腹案日誌表，訂定查察地區、路線、對象及時間並輸入後列印，交遞所長核章，領用裝備、攜帶腹案日誌表及家戶訪查簿後簽出至原訂查察地區開始家戶訪查」，皆係執行勤務前階段之準備工作，實務工作者腦海中應有**行政警察身分概念**。

「訪查前，先繞行至指定巡邏箱簽到；訪查時，遞送社區治安及為民服務意見表及警勤區員警聯繫卡或其他有關治安宣導書面，過程中與居民相互寒暄，友善的詢問鄰里居民有無需要協助事項，倘能協助則立即辦理，若無法立即辦理，返所後妥適反映再予回覆」，實際執行內容**已為行政警察之作用範疇**。

「遇有拒絕訪查之住戶（毒品之治安顧慮人口），於現場說明並勸導，得透過鄰里居民瞭解原因後再次訪查，倘再次拒絕者，應將事實註記於戶卡片副頁及勤區查察腹案日誌表中，以供督導人員參考」，展現**具體化之任意性行政調查的作為**。

「詢問鄰里居民（毒品之治安顧慮人口）有無需要協助事項，倘能協助則立即辦理，若無法立即辦理，返所後妥適反映」即係上揭說明社會治安調查不同面向，警勤區亦需明晰此項辦理**究屬程序或執行事項**，以是否

過程中，極可能後續有該職權之適用，應注意相關法規。

為主管機關來構建思考架構決定分別層報之對象或機關，使執行人員更加明瞭每一個作為，並將法涵攝具體事實，廓清原已模糊的架構。

貳、司法警察之作用

由於司法警察係以犯罪之解明、追訴為目的之作用，作用在既已發生犯罪階段之對象，如：毒品採驗人口，執行為任意性行政調查之工作，內容係以犯罪預防為目的，以行政指導手段促使其不再犯，執行工作及其內容之性質均屬事實行為，皆與具司法警察身分無關。

以個別查察作為執行方式探討（在先具行政警察身分進行訪查，轉換為司法警察身分的情形），如：「訪查時偶然間發現施用毒品之器具、毒品、毒品殘渣分裝袋或注射針筒」，現場證據早已顯明，此際，行為人之行為涉嫌違反毒品危害防制條例，執行人員應明晰為司法警察之作用。

直接具有司法警察身分係指聯合勤區查察，此項勤務作為涉及犯罪偵查之內涵，尤以事前層報警察分局後統一由各分駐（派出）所警勤區聯合針對特定場所、處所執行，層報資料中含有轄內毒品治安顧慮人口居住之場所、處所，編排聯合查察並執行時，更加彰顯犯罪之解明、追訴作用之司法警察身分，惟犯罪解明尚待現場證據之呈現，作為行為人違反刑事實體法之判斷，進一步明瞭適法之職權。

據旨揭【現行實務機關(2)】實際執行內容以觀：「帶班人員A見書面資料某址係出租公寓，內心已有初步想法（可能會查獲刑案）……」，實務工作者（即執行人員）實質上已具備司法警察身分，而「與B步行至公寓三樓按鈴，並題點B要隨時注意保持警戒」亦已係司法警察之作用，腦海中「內心已有初步想法（可能會查獲刑案）」本就為犯罪解明、追訴為目的之作用，應與勤區查察勤務內涵無涉，先予敘明。

較有疑問的「三樓其中一承租人甲開門，A、B表明警察身分並告知甲，警察執行清樓專案協請配合，甲便讓警察進入……」，同為承租人之同意進入，其同意範圍應僅止於甲得行使同意權之部分，即甲之分租套房，而不及於其他分租房間，雖警察仍得於分租之公共空間行使職權，惟並未取得個別分租人之同意，難謂警察得「合法」地要求其他分租人出示

證件以供查驗[121]，應個別審酌以**避免有「無同意權人」同意而誤信有概括進入之授權**。

續以「A指示B開始逐間敲門，請承租人出示證件並爲年籍資料之登載，同時以小電腦查詢素行資料及是否爲他轄之治安顧慮人口……」之作爲，應係具備司法警察身分，然作用於犯罪偵查之手段亦有疑問。蓋警職法或刑事訴訟法進入家宅之職權皆以「合法」爲前提，倘**無法規範授權進入之合法事由，人民當可拒絕**[122]，此案例警察進入之作爲應另覓適法之事由。又，似違法進入之作爲得否「請承租人出示證件並爲年籍資料之登載……」？亦關乎**證據是否排除**[123]之重要「先決問題[124]」，然實務並不重視。

對「直至最後一間敲門時許久未應門，A、B原本意欲離去卻聆聽到房間內有人移動之聲響，製造腳步聲僞諉離去之假象而埋伏在外……」之作爲，顯然係以偵查手段爲之，此處雖無明文對司法警察作用職權如何行使，惟具備一定之任意性仍得由執行人員現場自行判斷之。然合併前揭未合法進入同爲說明時，任意性將受質疑，讀者得一併忖量適法思考之說理。

再者，司法警察作用具體化在「承租人（係他轄之毒品採驗人口）乙緩慢打開房門窺視警察是否離去之際，突見A抵住房門……；A同時看見乙房間內桌上有針筒，而針筒內有紅色液體，疑似施打毒品後殘留之血液，便強制將乙房門推入並控制乙……」事實之強制作爲，究屬何種強制處分？尤在尚未確認針筒即爲施打毒品之器具前，似乎未有任何法定強制力之職權；另由保全被告之手段探討時，亦似乎無法尋繹出適法之依據。

「乙現場即稱係施打第一級毒品，A亦問乙：還有其他毒品嗎？乙稱：只剩殘渣袋……」，乙之實質被告地位（犯罪嫌疑人）已然形成，執行人員應立即履行刑事訴訟法第95條告知權利之義務，否則，後續詢問之內容將有同法第158條之2第2項準用第1項而使證據受到排除，執行時

---

[121] 更完整的說明，請參閱臨檢勤務之探討內容。
[122] 參照警職法第4條第2項規定；刑事訴訟法雖無明文得以拒絕，惟刑法第306條有處罰侵入住居建築物罪，係抑制非法行使警察職權之制裁，此種情形已涉嫌該罪。
[123] 參照刑事訴訟法第131條第4項。
[124] 詳參閱大法官第535、572號解釋闡明之先決問題。

應一併注意；「將乙實施逮捕並扣押針筒及毒品殘渣袋……」，該作為之授權皆來自司法警察身分之作用；乙為毒品採驗人口，縱然現場未發現具體事證，倘符合毒品危害防制條例第25條第1項之有事實認為施用毒品之要件，警察得通知乙到場採驗尿液，亦係現場得合法行使之職權。

第四項　刑事法規範

訪查毒品採驗人口於刑事法規範之思考，前提必須係**出於偵查犯罪為目的**之勤務活動，方得依前揭探討區別為「任意偵查」、「強制處分」之取證手段，具體化綜合探討如下：

壹、任意偵查之取證

勤區查察勤務之任務，自偵查犯罪為目的之前提思考下，對犯罪預防、為民服務及社會治安調查之內容與犯罪偵查無涉，更與取證手段無關，首需加以排除。惟前揭陳明之社會治安調查，例外時有任意偵查之適用，諸如：交辦公文之犯罪情資蒐集或易生危害處所查報，後續可能發動具有強制力之職權，於調查之前階段，應為任意偵查。

倘若係以毒品採驗人口為對象執行，輔以觀察得實施強制採驗之職權，無論以個別查察或聯合查察方式為之，皆可能在促使其不再犯過程中，發現「有事實可疑為施用毒品」之徵候情形，應係任意偵查之地帶。

以個別查察作為執行方式探討時，側重在訪查過程**自可疑升高為嫌疑**，而有犯罪徵候或事證顯明使案件逐漸形成，將被告及犯罪事實特定，此地帶雖寓有犯罪預防目的，惟已具嫌疑之調查作為實為犯罪偵查之一環，係為任意偵查之領域。而聯合查察本就基於犯罪偵查為目的之勤務作為，本應有任意偵查之概念。

旨揭【現行實務機關(1)】實際執行內容以觀：「遇有拒絕訪查之住戶（毒品之治安顧慮人口），於現場說明並勸導，得透過鄰里居民瞭解原因後再次訪查，倘再次拒絕者……」，勤務人員應考量有否毒品危害防制條例第25條第1項、第2項之適用，符合「有事實可疑為施用毒品」要件之過程，尚未發動後續具有強制力之職權（即強制處分），應為任意偵查之概念。餘未涉及犯罪偵查之取證作為，非本處探討範圍，併予指明。

　　旨揭【現行實務機關(2)】實際執行內容以觀自：「某派出所各警勤區每月提報清樓專案查察處所，所內依據核定編排聯合查察勤務，執行人員A、B二人裝備齊全後，前往轄內第18勤區進行專案執行。帶班人員A見書面資料某址係出租公寓，內心已有初步想法（可能會查獲刑案），與B步行至公寓三樓按鈴，並題點B要隨時注意保持警戒」及「三樓其中一承租人甲開門，A、B表明警察身分並告知甲，警察執行清樓專案協請配合，甲便讓警察進入。A甫進入一看，一間20多坪大公寓竟然隔成8間房間分租，A詢問甲共有幾間承租？甲：全部都有！A指示B開始逐間敲門，請承租人出示證件並為年籍資料之登載，同時以小電腦查詢素行資料及是否為他轄之治安顧慮人口」，直至「最後一間敲門時許久未應門，A、B原本意欲離去卻聆聽到房間內有人移動之聲響，製造腳步聲偽諉離去之假象而埋伏在外；承租人乙（係他轄之毒品採驗人口）緩慢打開房門窺視警察是否離去之際……」之勤務作為，皆屬任意偵查之取證手段。

　　本文認為，聯合查察在警職法中較屬於臨檢之職權，在實務運作仍有執行時，尚須明晰運作之概念。

貳、強制處分[125]之取證

　　查察勤務中涉及強制處分之職權，係被告及犯罪事實被特定之情形，後續施以個人意願、意思自由等壓抑手段，且符合訴訟行為之概念並具強制力，皆得依法行使之。

　　以個別查察毒品採驗人口之執行方式探討，勤務前實已顯明及特定案件，於判斷符合法定之「有事實可疑為施用毒品」之徵候，經通知任意到場後，無正當理由拒絕採驗得強制為之，此強制作為即係處分之一種，與刑事訴訟法第205條之2後段不同，差異在於：後者需經拘提或逮捕，而強制採驗非經拘提或逮捕為前提，雖同為強制處分，惟實務工作者仍須辨明職權之不同，防止日後訴訟中受採驗人對當時履行之程序產生爭執，亦於當下誤認係實施拘提或逮捕。聯合查察之思考亦如上述。

　　旨揭【現行實務機關(1)】實際執行內容以觀：原則上勤務作為均未

---

[125] 有關強制處分相關細部之規定，請參閱以下章節有更詳細之說明，並對個別法定要件深入探討，在此敘明。

涉及強制處分之職權，勤務內容皆具任意性，予以排除討論。

旨揭【現行實務機關(2)】實際執行內容以觀：「三樓其中一承租人甲開門，A、B表明警察身分並告知甲，警察執行清樓專案協請配合，甲便讓警察進入……」，該作為實際上已涉及強制處分之同意搜索，亦有前揭司法警察作用下同意權行使之問題，實務工作者於此在刑事法規範之認知，應形成刑事訴訟法第131條之1之概念。

再者，「突見A抵住房門……；A同時看見乙房間內桌上有針筒，而針筒內有紅色液體，疑似施打毒品後殘留之血液，便**強制**將乙房門推入並控制乙……」之作為，實已涉及強制力，惟此階段似乎根本無適法之授權，除符合逕行拘提、逮捕或保全證據之強制處分外，在未發現（僅嫌疑）犯罪事證前，此項作為係警察最經常使用的手段，縱有合法調查之權限，事實中未符合法定要件實施之強制作為應如何解釋及說理，實成為實務工作者的難題。本文認為，就此種情形下所發動之強制作為，解釋上僅得遁入刑事訴訟法第131條第1項第3款之逕行搜索，惟「有明顯事實足信」之要件得否涵攝至「最後一間敲門時許久未應門，A、B原本意欲離去卻聆聽到房間內有人移動之聲響，製造腳步聲偽誘離去之假象而埋伏在外；承租人乙（係他轄之毒品採驗人口）緩慢打開房門窺視警察是否離去之際……」之事實內，實尚待斟酌[126]。亦即，除案例更動符合其他強制處分外，該作為似乎未有適法之授權。

另「乙房間內桌上有針筒，而針筒內有紅色液體，疑似施打毒品後殘留之血液……」之事實，執行人員現場根本無法即時確定該針筒即為施用毒品之器具，當下其實無法對物施以扣押，僅得透過「請乙說明注射針筒之由來……乙現場即稱係施打第一級毒品……」對犯罪嫌疑人詢問之方式，暫時確認應為施用毒品之器具後，方得實施扣押，後續「A請B以無線電呼叫所內備勤人員攜帶毒品檢驗包及相關文書資料到場支援……」僅係再次確認為刑法第38條第1項第1款、第2項、毒品危害防制條例第18條第1項前段應沒收之物之扣押矣，發動扣押之概念亦屬強制處分。

---

[126] 按：筆者遍尋法院判決，幾乎未有法院針對此項事實為明白司法表示，但實務運作經常在未發現具體事證前以此方式查獲案件，實務工作者不可不慎。

「請乙說明注射針筒之由來……乙現場即稱係施打第一級毒品，A亦問乙：還有其他毒品嗎？乙稱：只剩殘渣袋……」，此項之詢問已涉及**本案犯罪事實**，應有刑事訴訟法第一編第九章被告訊問之適用[127]，其自白須符合任意性之要求，本質上仍屬強制處分之概念，惟為確保自白任意性，對犯罪嫌疑人之詢問倘施以強暴、脅迫、利誘、詐欺、疲勞訊問或其他不正方法，任意性受到心理或物理的扭曲或壓抑，依法不得作為證據[128]，執行人員建構之思維得更加清晰。另須說明，執行人員已具備司法警察地位從事犯罪偵查（聯合查察），當「請乙說明注射針筒之由來……」之斯時已提升至犯罪嫌疑，除乙得任意說明針筒用途外，乙之實質被告地位亦已形成，確認乙之人別後應**即行告知**，後續乙陳明之「乙現場即稱係施打第一級毒品，A亦問乙：還有其他毒品嗎？乙稱：只剩殘渣袋……」內容，在日後訴訟中被告陳明之證據方得使用[129]；若未履行告知，但犯罪嫌疑人具備任意性之陳明，除不適用其他證據排除法則，而需以權衡方式檢視公共利益與人權保障[130]外，該證據應被排除。

第五項　法規範間之分野

上揭依據實際上對毒品採驗人口之查察作為具體執行過程分別說明，惟規範間分野是否足以提供實務工作者於執行時得當下判斷之條件？又規範間分野之始點是否清晰？緊密連結或競合程度究竟為何？自有加以說明之必要，以下就第一章探討之架構涵攝具體化說明之：

壹、分野始點之建立

無論自行政（行政警察、司法警察）或刑事（任意偵查、強制處分）法規範探討，均存有前偵查行為之概念，差異在於：法規範體系建立之

---

[127] 參照刑事訴訟法第94條至第100條之3規定，司法警察（官）準用之條文置於第100條之2；筆者必須提醒讀者：許多實務工作者皆認為「人別」（即犯罪嫌疑人之年籍等相關資訊）詢問，仍於緘默權效力範圍，實則錯誤之思考！同法第94條規定目的之一係基於「人不可能不犯錯」之前提下，容許國家機關所屬人員在查驗過程中有犯錯之機會，惟係錯誤應即釋放，使侵害或干預人民基本權利減至最低之情形，並未將人別詢問一併囊括至本案犯罪事實之緘默權內，況且，不自證己罪原則效力範圍亦僅在「本案事實」，未擴及至人別詢問之範圍，應予釐清。

[128] 參照刑事訴訟法第98條、第156條。

[129] 參照刑事訴訟法第158條之2第2項。

[130] 參照刑事訴訟法第158條之4及其立法理由；最高法院92年台上4003號、93年台上664號判例。

邏輯脈絡不同，惟分野始點應無不同，即應控制在刑事偵查核心事項──「嫌疑」為條件，客觀事實之嫌疑心證不同對應影響著始點的不同。

旨揭【現行實務機關(1)】實際執行內容以觀：「遇有拒絕訪查之住戶，於現場說明並勸導，得透過鄰里居民瞭解原因後再次訪查，倘再次拒絕者……」，執行人員泰半開始有存著可疑的心態，斯時，隨著不同具體個案對犯罪類型解釋行為人之行為，或辦案經驗判斷當事人可罰行為之可能性作為事實之根據，輔助形成嫌疑之心證，作為偵查程序始點之建立。另始點之建立自行政法規範說明，始點前具行政警察身分，始點後為司法警察身分；自刑事法規範而言，始點前可能涉及任意偵查之取證，始點後應有強制處分之適用。

旨揭【現行實務機關(2)】實際執行內容以觀：「所內依據核定編排聯合查察勤務，執行人員A、B二人裝備齊全後，前往轄內第18勤區進行專案執行。帶班人員A見書面資料某址係出租公寓，**內心已有初步想法**（可能會查獲刑案），與B步行至公寓三樓按鈴……」，執行人員主觀上已知係犯罪偵查為目的之執行，此際雖無任何客觀上犯罪徵候，惟行使之職權依據目的為犯罪調查應無疑義，則上開勤務活動應係偵查程序之始點。

貳、始點判斷之條件

偵查程序起始點判斷之條件，執行人員必須依循條文中之軌跡加以判斷，依前揭順序得為「先具備司法警察地位」或「先提升心證至犯罪嫌疑」作為思考架構的判別，以下具體化事實說明之：

旨揭【現行實務機關(1)】實際執行內容僅在：「遇有拒絕訪查之住戶，於現場說明並勸導，得透過鄰里居民瞭解原因後再次訪查，倘再次拒絕者……」較屬於先提升心證至犯罪嫌疑問題，至始不可能先具備司法警察地位，倘依具體情狀形成犯罪嫌疑心證所為之調查，方為實際進入偵查程序。

旨揭【現行實務機關(2)】實際執行內容以觀：「帶班人員A見書面資料某址係出租公寓，內心已有初步想法（可能會查獲刑案），與B步行至公寓三樓按鈴……」，此際之訪查作為已形成司法警察地位，後續相關

勤務作爲，諸如：「三樓其中一承租人甲開門，A、B表明警察身分並告知甲，警察執行清樓專案協請配合……」、「A指示B開始逐間敲門，請承租人出示證件並爲年籍資料之登載……」、「最後一間敲門時許久未應門，A、B原本意欲離去卻聆聽到房間內有人移動之聲響，製造腳步聲僞謊離去之假象而埋伏在外……」及「承租人乙（係他轄之毒品採驗人口）緩慢打開房門窺視警察是否離去之際，突見A抵住房門問道：剛才敲門明明在裡面，爲什麼不開門？」等，係涉及累積了多少犯罪嫌疑心證問題，仍爲犯罪調查之作爲[131]。

參、分野之程序轉換

　　轉換程序的思考主要避免嚴重干預或侵害人民基本權利的偵查活動，使之受到更嚴密的控制、更嚴格法定要件的審查，讓分野始點建立明晰之判斷條件，而非恣意的發動，使毒品採驗人口之犯罪行爲受到國家制裁時，能更符合憲法正當法律程序的要求。執行人員必須明瞭自始點後，應履行刑事法之相關程序（亦即具備司法警察身分），取證手段上必須遵循刑事法相關法定要件，尤其在不同具體個案對犯罪類型解釋行爲人之行爲，或辦案經驗判斷當事人可罰行爲之可能性作爲根據時更顯實益。

　　旨揭【現行實務機關(1)】實際執行內容以觀：「遇有拒絕訪查之住戶，於現場說明並勸導，得透過鄰里居民瞭解原因後再次訪查，倘再次拒絕者……」，執行人員似乎應開始思考分野始點建立之判斷條件，是否有轉換程序之時點。

　　旨揭【現行實務機關(2)】實際執行內容以觀：「承租人乙（係他轄之毒品採驗人口）緩慢打開房門窺視警察是否離去之際，突見A抵住房門問道：剛才敲門明明在裡面，爲什麼不開門？A同時看見乙房間內桌上有針筒，而針筒內有紅色液體，疑似施打毒品後殘留之血液，便強制將乙房門推入並控制乙，請乙說明注射針筒之由來……乙現場即稱係施打第一級毒品……」，明確顯示取證手段已涉及強制力職權，此段過程代表實際進入刑事程序中，需符合相關法定要件，尤其在「乙現場即稱係施打第一級

---

[131] 據前揭說明可能無法律授權或違法之探討，與此處說明始點判斷之條件需抽離分開觀察，因討論之標的根本性的不同，乃是否有進入之授權與法規範判斷始點之條件係二事。

毒品……」之際，實質被告地位已然形成，同時應履行告知義務。

第五節 結語

勤區查察與警察所有其他法定勤務般同具有多樣性，於法規範有著不同工作內容及職權，發動職權要件及法律效果均不同。反之，勤務中亦可能面對犯罪偵查情形，倘執行訪查之際，偶然間發現受訪者之犯罪事實，應有轉換不同程序之思考；惟以犯罪偵查為目的所實施之聯合查察，原則上與該勤務職權無涉，理應直接適用臨檢或刑事法相關規定。

以現行實務機關運作方式，上級警察機關仍保留相當空間給予執行人員作為運用，尤其在訪查戶數、時段、內容益能彰顯。惟針對記事一、記事二、新遷入戶等表格及電腦輸入時間，仍係繁瑣龐雜之資料建立，倘一疏忽即可能遭受行政懲處。更有甚者，大量交辦公文之執行，束縛著、排擠著原先預定家戶訪查的行程，觀其源頭乃警察主辦、協辦業務之繁瑣[132]，造成警察協辦、協助項目過多，導致現行警察員額既已不足而增加勤務之負擔。

再者，執行訪查記事一、記事二等有素行紀錄之人，立場本就處於對立狀態，即便立法者出於善意之立法，賦予警察人員任意性行政調查職權，卻無法抹滅對受訪者之刻板印象（即警察已知受訪者前科素行紀錄）。況且，列管時間長達二至五年，受訪者縱已回歸正常亦覺不便；若仍處於違法狀態之受訪者以迴避訪查回應警察，實際預防成效似乎受到一

---

[132] 自民國102年的強冠油品事件，至103年9月陸續之頂新集團黑心油品發生後，行政院長江宜樺立即指示相關具有司法權限之機關進行查緝，受指示之機關即訂定查緝計畫，細究根源，原主管機關並未盡到完全責任，尤其在專業人才的培養及考銓制度的建立，並未以長遠計畫為政策之擬定。雖時任內政部警政署主任秘書（蔡義猛）於行政院會議主張表達反對成立「食安警察」（民國103年10月13日，中央社新聞），卻仍無法阻止行政作出立竿見影（民國103年10月21日）的指示，尤其是臺灣現在是「法治」國家而非「警察」國家的基礎思考下，動員警察人員來查緝根本性與治安及交通無關且非專業領域的工作，無異是異中求同，如果加上此項因素動員勤區查察人員進行全面性普查有關油品製造據點，似乎與警察本業完全無關，倘未令主管機關分權負責，工作最後又落到警察肩上來擔負，是否可將相關行政法規之主管機關全部修法為警察機關，則行政院之部會將完全喪失原本應有的分權功能，僅剩內政部即可之思維（署名：吳英雄，「我是刑警，我要吐槽江院長！」，自由時報，民國103年10月23日），治標不治本的政策走向，似乎也值得讓讀者討論相關社會議題；陳明宏，行政機關應破除依賴警察之迷思，警光雜誌第700期，2014年11月，頁58-59。

定抑制。另一方面，警察自身無法跳脫書面資料之框架，既然無法達成一定正面制約之目的，勤務作為似乎應朝向前揭以「巡迴聯絡」方式執行，增加其他社區成員自我防禦力量，對熱心公益、警察充滿善意之聯絡作為，或許不失另一種勤務方式的思考面向。

　　自治安顧慮人口之受訪者面向為思考，似應交由矯治機關進行矯治，分屬「專業」之功能亦得彰顯，意即由警察人員提升社區內其他人員防禦之力量，矯治機關於保護管束期間進行實質修復式正義的矯治工作，兩者力量交互影響下，各司其職，共同建立不同（受訪者、社區內其他人員）削減或增加之力量，將社會犯罪與守法間失衡狀態儘量恢復於常態，提升以道德制約違法行為，使警察在執行勤區查察勤務的法律爭議減至最低，甚而至始沒有爭議、違法之虞。

　　由於警察任務多樣，社會構成員相互間組成、建立或對等之關係複雜，行政機關權限相互交錯常有多見，在現行有效法制設計上，有時難以區隔（如前揭家戶訪查究係戶籍員或警察），原則上應依各機關法定職掌所司，依法調查證據、認定事實、適用法規，進而作成合法且適當的決定或行政行為。是以，是項勤務無可避免地，其「名義上」仍走向以戶籍資料確認之舊有思維，倘人別錯誤並非法定對象時，亦無法朝向正確面向的執行，當然，另在人別確認之際，似乎將僭越戶政機關的法定職權[133]，警察理應重為思考是項勤務的存廢與否。

　　至現行執行家戶訪查，發現受訪者自可疑轉換為犯罪嫌疑時，不同法規範間應有轉換程序之思考。自行政調查之訪查職權，執行人員偶然間見有可疑情事或徵候，逐漸在不同時間點顯明犯罪嫌疑，心證程度已然提升，被告實質地位逐漸因犯罪事實而明朗化，以履行告知義務作為實際被告地位形成之判斷條件，後續發動之強制處分應依刑事法規範程序為之，使實務工作者得以判斷「何時」應履行「何種」正當法律程序、有何職權

---

[133] 本處所稱僭越，倘「增加」戶警聯繫作業要點之條件，會得出訪查過程中無可避免涉及戶籍事項之作為，係合法之結論。惟以母法（戶籍法）以觀，戶警聯繫作業規定依據母法之授權，似乎已逾越母法授權之範圍；假設既已逾越，縱然再增加該作業要點為判斷之條件，亦無法得出警察得合法行使戶籍確認之職權，觀以戶籍法第2條、第70條至第74條規定自明。另自行政協助角度觀察（行政執行法第6條），亦無法得出警察人員得以實施戶籍調查為基礎之適法結論（協助前提有法定要件，並非全面性的協助）；參照前揭有關戶籍法之說明。

之概念，作爲輔助思考之架構，來面對不同且多樣的犯罪類型。

　　綜合上述討論之內容，諸如：行政調查轉爲犯罪偵查、累積可疑心證至嫌疑等，不僅僅在執行查察勤務，前揭概念亦可擴張至警察所有勤務，甚至只要涉及「依法」發動之職權，均有適用之空間！**惟多數實務工作者較缺乏連結不同事實的能力，且易發生侷限於此處討論之內容，僅得應用於家戶訪查作爲之思維，尙待舉一反三的連結。**

　　許多客觀上係一自然事實的動態，實蘊含多重法律之規範，而法規範之目的，皆以存在於組成社會分子之「人」爲對象，受規範之「人」會有得以觀察的行爲舉止，其舉止即爲法律欲加以制約之「事」，某些事倘涉及道德層次，則法不加以介入；反之，已違反法律層次之事，若不即時藉由公權力加以制約該行爲，社會安寧秩序將受到破壞，原本平穩狀態可能無法回復。惟是，執行公權力的實務工作者，腦海中究竟必須裝載何種資訊，在不同勤務方式執行的面向中，抽絲剝繭地透析出各部法令間共通之條件，實踐於正當法律程序，使辛苦建立的法律制度得以落實，方足爲法治國家眞正的執「法」者。

第三章

巡邏勤務[1]

1　本章論述內容，得相互交叉閱讀第二章以下之內容，相同的法律概念原則上得以互相運用，惟重複問題及法律概念有特別重要需釐清外，不另贅述，使讀者培養舉一反三的思考。

概　說

　　「巡邏」是警察勤務條例法定的六大項目之一，亦是實務機關最為綿密編排的一種勤務作為，與之相較其他勤務，執行時在空間上得涵蓋所轄單位[2]全部之範圍，效率上係反應能力最為迅速的勤務種類，亦為見警率最高的勤務作為，具備足以嚇阻犯罪最齊全之裝備，基於上開空間、見警率、反應能力、裝備等因素，**理論上最能達成全能警察概念的勤務種類**。

　　【現行實務機關】警察甲甫自家戶訪查勤務結束，提早15分鐘返回派出所內整理資料，準備按照勤務分配表中下一班次之勤務服勤，一看勤務表發現，原本預定下一班次的備勤勤務已變更為「金融線巡邏」勤務。甲悻悻然地前往值班台，向值班人員索取槍櫃鑰匙，前往槍械室途中繫起槍腰帶。進入槍械室後，拿取自己保管的槍支、彈匣（拉滑套確定彈倉內沒子彈），再往子彈櫃拿出子彈，分別將子彈裝入彈匣中，並將槍證、彈證置放於槍、彈櫃中。甲轉往無線電櫃、小電腦櫃、防彈衣架車、應勤裝備櫃（指揮棒、反光背心、舉發單、異議表、蒐證器材、安全帽、透氣雨衣等）置證並拿取穿著，整裝待發。

　　發動警用機車，跟學長乙對看一眼，心中：「嗯！出發」，前往第一家金融機構，乙熟練地將固定在信用合作社外巡邏簽章箱內巡邏簽章表拿出，背對著牆壁開始簽名，甲便左右觀看是否有可疑的人、車。乙以有默契的眼神告訴甲換人！二人隨後調換了位置。外面簽章表簽完後，二人一同進入信用合作社內再次巡簽設簿的櫃檯，一樣的方式如同機械人般的執行——巡簽、換位！但眼神沒有停止關注可疑的動作，信用合作社的員工打了聲招呼，倒了水慰勞警察的辛勞，甲、乙客氣地推辭。

　　無線電突然響起呼叫的聲音！121、121……2號呼叫，乙拿起無線電：121回答。無線電內說：121……麻煩你到○○路○○巷○弄○號前，有人打架……，處理完畢後無線電又傳來：121……麻煩你到○○路○○巷○弄

---

[2]　此處所轄單位係指各警察單位的轄境，例如：警察局下之保安（大）隊之轄區，即係警察局下指定之分局；分局內之警備隊，即係警察分局下指定之分駐（派出）所；各分駐（派出）所，即係巡邏線的區分，原則上其範圍能「涵蓋所轄」之謂。

○號前，違規停車。再傳來：121……麻煩你到○○路○○巷○弄○號前，民眾需要警方協助……狗叫太吵……機車搶奪案……車禍……家暴……攔截圍捕……民眾鑰匙忘記帶……溪裡青蛙太吵[3]……，無線電呼叫不絕於耳！甲乙心裡納悶著：今天的事怎麼這麼多，巡邏表根本沒有時間簽完。

返所後拿起記事簿，登載著密密麻麻的民眾年籍資料、簡要處理情形，拿起電話撥給勤務指揮中心逐一回報處理情形，仔細將正確資料回報。其中有一件家暴案件特別嚴重，當時已通知備勤人員前往醫院查看，甲乙也在附近將違反保護令的先生先行逮捕，由所內其他人先行偵辦，原本「金融線巡邏」勤務一點都不「金融」！原來，勤務執行過程中塡滿著各種事件處置，這──才是現行警察機關的巡邏。

各縣市警察局之實務運作，對於巡邏有著不同的執行內容，以：是否爲臺北市政府警察局（以下稱北市警局）爲區分條件，北市警局是專責勤務，除有立即需要警察到場或備勤警力不足之情形外，大多注重在犯罪預防的工作上；然非臺北市之巡邏警力人員非僅執行犯罪預防等工作，尙兼有「線上備勤」勤務之編排，負責處理通報各種事件及後續偵辦、調閱錄影監視畫面、訪查、稽查取締等多項工作[4]，全數加諸職司是項勤務「個別」人員身上，顯現出基層分駐（派出）所服勤之人員，須往通才（通通什麼都要會[5]）之思考方向前進，否則無法面對是項勤務的繁瑣、多樣之內容。依此，筆者不論高調，僅詳實描述實務機關眞

---

[3] 104年4月16日後網路瘋傳一紙公文，環保署發文予警察機關對於蛙叫與噪音管制法未合（非營業場所），將此噪音事件「推向」警察機關要求處置，筆者服務於景美溪畔管轄之派出所亦曾受派過處理景美溪畔蛙叫鳴聲而有同感。當時，筆者於無線電內收獲指示，立即向勤務中心反映：「請派翻譯人員到場……」，對此種事件無言以對；有幸，內政部警政署立即作出新聞稿回應不予處置之結論，而環保署接受媒體查證時亦覺不妥，試問：公文發函時，環保署之官長應有逐層批示承辦人之簽見，批示時有否思考「發文不妥」？

[4] 警察實務機關曾有一句口號：「一種勤務多種功能！」此句話代表著許多含意，一係實務機關員額的不足；二係需要警察處理的事件過多；三係協助業務過於繁雜；四係警察實務機關不須專才，而須通才等，此種思維在現今機關內編排勤務分配表可見一斑。

[5] 按：下豪大雨過後，某些老舊車輛的警報器因雨量過大產生短路現象，不斷鳴叫干擾附近鄰人安寧，巡邏人員獲報至現場無法聯繫上登記名義人（即車主），拖吊人員亦無法立即趕赴現場，協助打開引擎蓋將短路的警報器拆除連結電瓶之線路！現場人員如未具備一般電機知識，大概只能讓警報器鳴叫至車用電瓶沒電爲止吧！惟筆者未任警職前曾從事汽車修配業，尋覓至警報系統連接替代蜂鳴器的前方喇叭線路後（通常都在車輛前方水箱罩內，可以手電筒照射即知位置），以一字螺絲起子將連結處剝離，使電流不再通過喇叭，這樣，替代警報器之蜂鳴器的喇叭就安靜下來了，妨害安寧事件也立即的解決，完全不需要其他人員或單位支援即能解決，謂「通才」之例。上開案例乃合法之作爲，以下將之以相關法律爲論述，仍不悖離合法之前提。

正執行巡邏勤務的現行運作情況，供讀者在思考上能更多面性的觀察。

　　巡邏勤務的落實執行，確實能發揮一定程度治安、交通的效用，等同於完成大部分的警察任務，但如何有效運用勤務策略，執行面仍應建立在「合法」爲前提加以探討。本文希冀具體化現場人員職權之界限，依循法律之軌跡，不再抽象描述所謂的「執勤技巧或要領[6]」，與法律對話中朝著理論與實務運作之衡平與交集。

---

[6] 實務機關各級官長常使用「執勤技巧」作爲概括之論述，惟似乎少見得具體清楚指明法律規範爲何？應如何執行？執行之界限爲何？之疑問。

第 ❶ 節　巡邏之概念及目的

　　巡邏任務之基礎概念，得自實務運作本身意義、本質作爲構建之方向，主要係指：六大法定勤務項目中是最快速熟悉轄區路況、明瞭轄內人文背景、第一線接觸民眾及危害防止與犯行追緝等工作之概念，而擔任巡邏任務之人員，究竟必須裝載何種「法」概念來執行勤務，況且現行實務運作已有別於教科本或法條所描述之內容，其概念及目的應與時俱進隨之變換，來符合實務機關之需求。

第一項　勤務之概念

　　自警察勤務條例第11條第2款規定：「巡邏：劃分巡邏區（線），由服勤人員循指定區（線）巡視，以查察奸宄，防止危害爲主；並執行檢查、取締、盤詰及其他一般警察勤務。」觀之，是項勤務不僅有基於行政權發動之職權，亦有司法權調查犯罪之機能，倘若加入爲民服務，實際運用法律最爲廣泛即爲巡邏勤務，尤其在「檢查」、「取締」、「盤詰」之作用更顯一斑。

　　實務工作者對於是項勤務概念之理解，乃於轄區內重要治安場（處）所蒞巡簽到及暫時之守望，保持一定危機意識巡視、監察各種形態的治安狀況，線上擔任立即反應警力，受命或支援處理事故及有關警察之工作內容。易言之，基層員警認爲該勤務之概念即爲包山包海、囊括所有事件[7]，皆交由線上警力的勤務活動。

　　筆者融合實務運作與法律對巡邏勤務的理解，本質上屬於主動之勤務活動，執行人員外觀上展現一種積極的行政行爲，與其他勤務之特性較有不同；在維護社會治安及公共秩序維持之特性，需以連續24小時不中斷方式編排之，來宣示巡邏之本質，有著普遍、攻守並濟的勤務態樣，是世界先進國家咸認最主要的警察勤務方式，多數人力資源亦投注於此，使

---

[7]　謂所有事件，即指組織法規範中警察法第2條有關警察任務已包山包海。

得執行時有著多樣性的變化，我國警察勤務條例第12條第2項亦有明文：「前項共同勤務得視勤務人數及轄區治安情形，採用巡邏及其他方式互換之。但均以巡邏爲主。」來彰顯共同勤務的編排，皆以巡邏爲主要內容，現行法與世界先進國家思維相互接軌。然主動、積極的警察活動，常有侵害或干預人民基本權利之作爲，概念上亟需建立一個足以容納現行實務運作的法律思考架構，使巡邏勤務面對多樣案件時得以包攝，方能圓滿、順遂達成勤務目的，並重新描述巡邏的概念。

第二項　勤務之目的

　　執行警察勤務之目的是爲了達成警察任務，而警察任務的核心作爲可透過巡邏勤務來彰顯，即達到：消滅不法行爲發生的機會，使執行人員在落實勤務時，得消弭原本已經或即將創造出來的不法，作爲所有警察勤務種類的磐石。學說[8]曾描述「巡邏的基本目的，在於消滅完成不法行爲的實際機會」，此項詮釋出巡邏勤務是警察能力的表徵及維護治安的力量，尤其在反面論述即顯現上揭說明之主動性、遍在性及攻守並濟的形態。惟某些學術所討論的勤務功能，因現今社會型態的丕變使實務運作效益將大大減低，尤自實務工作者角度更加清楚現實上並無法達成，是以，原既存目的已隨著時代演變產生不同思維之更動。

　　學說[9]認爲因應巡邏勤務，其職責以預防非法行爲、維護社會治安、保護人民安全及爲民服務[10]作爲執行之實際內涵，該內涵具體化爲危害防止、犯行追緝、處理事故、保護安全、執行各種法令、秩序維護及市容整理等任務上，對特定之人物、財產、地方或情事加以保護，使巡邏人員多方防制危害之發生。

　　然現今實務工作者執行巡邏之目的，主要著重在服勤之**目的**[11]，與發生紛爭或突發事件解決的**能力**之二面向[12]，此二面向實際上表達了該勤務

8　詳參閱梅可望譯，警察行政（O.W. Welson, Police Administration），1959年10月，頁93-94。
9　詳參閱鄭裕坤，警察行政學教範，1980年4月，頁95以下。
10　詳參閱蕭玉文，警察勤務實用論，2012年8月，頁2-132。
11　單純服勤面向即指巡邏勤務的攻守並濟作用，與實際執行工作內容接軌。
12　發生紛爭或突發事件解決之能力面向，係指現今實務機關運作巡邏勤務實際內容，主要處理線上通報所發生之事件或爭執應如何解決而言。

可能需要全面才能的執行人員，方能發揮該勤務最大的法效益！畢竟，基層單位之分駐（派出）所內有著個別與共同勤務，按勤務分配表輪流交替互換實施規定下，每位人員皆可能分別或輪流擔服巡邏勤務，對此執行之面向應有一定程度的分類，方得逐步重新導向隨時代變遷的巡邏目的[13]。

第二節　勤務內容之構建

　　現行基層分駐（派出）所、分局偵查隊、犯罪防治組（外事）、警備隊、交通分隊，乃至警察局交通大隊、保安大隊、刑警大隊等皆有編排是項勤務，雖各單位執行目的各別，惟勤務內容之構建，同時有著一致性的思考。例如：交通分隊編排巡邏之目的，以防制車禍發生為主，觀察交通流量並回報或疏導為輔，而分局偵查隊巡邏之目的，主要防制熱點發生犯罪，惟建立勤務內容之概念，並未因單位不同、執行目的不同而迴異，在行使職權亦應同時有一致性之思考。

　　巡邏活動之**規制作用**，常干預或侵害人民基本權利，國家行為本應受現行成文法之拘束，則履行正當法律程序乃基本要求，行使以執行檢查、取締、盤詰及其他一般警察勤務之職權加以展現，巡邏中呈現各種態樣之活動內容，仍得透過行政法、刑事法規範為基礎來觀察。以下就具共通性之條件，側重在行政法規範以「定性」、「要件」、「程序」及「界限」為層次探討，建構是項勤務之架構。

第一項　法律定性

　　巡邏勤務之法律定性，主要以執行「勤務內容」及「勤務作為」分別以觀，於勤務內容之面向涉及**內部執行勤務本身**；而勤務作為以**干預外部人民基本權利**之作用，二者在法律上有不同評價。依此，如何執行、有何權限原則上僅涉及內部組織事項；職權之行使已涉及規制效力，為外部作

---

[13] 本處探討著重在實務機關的角度，聚焦在如何能把巡邏勤務發揮最大功效，落實勤務的執行方法上，畢竟，學理探討縝密的思維，如果實務機關無法運用或執行時，或許等同於烏托邦的社會型態，原則上無法在現實中達成乃同樣的道理。

用事項，建構是項勤務定性，有著本質上的不同。易言之，以法律分類來說，組織法面向較傾向內部之規定，而作用法面向乃係外部法規範，二者相輔相成、相互羈絆，原則上缺一不可。

壹、勤務內容

巡邏內容之規劃屬於內部規範，各警察機關因層級的不同，實際工作內容有著不同工作之規劃，執行方式有著些微差異！例如：各縣（市）政府警察局所屬保安（大）隊係屬**第三層**巡邏網，實際執行之工作內容除於指定分局轄境內巡邏外，更重各項績效評比作為工作內容導向，原則上不處理巡邏轄區內事故；各所屬警察分局由偵查隊或警備隊職司**第二層**巡邏網工作，分別在轄內各分駐（派出）所機動巡邏，原則上亦不處理轄區內事故；而各分駐（派出）所擔任**第一層**巡邏網工作，職司各項通報緊急處置屆場，倘先行到場之巡邏係第二、三層警力，則交由第一層警網人員做後續協助或辦理之事宜[14]！

自警察勤務條例第11條第2款以觀，該勤務執行內容（使用交通工具、簽巡巡邏箱等）本身未具備法效性，即事實上的行政行為，由於仍屬權限內所掌事務範圍之單方行為，行政機關得主動為之，顯見勤務本身係非權力行為而無關人民是否服從問題。依此，無論規劃或執行第一、二或三層巡邏工作內容不同，但執行巡邏本身是一種「事實行為[15]」，殆無疑義。

貳、勤務作為

勤務作為係指上揭警察勤務條例第11條第2款中涉及檢查、取締、盤詰之職權，執行時應援引各別之作用法，諸如：警察職權行使法（以下稱警職法）、道路交通管理處罰條例（以下稱道交條例）、社會秩序維護法（以下稱社維法）、行政程序法、行政罰法、刑法、刑事訴訟法（以下稱刑訴法）等規範。而有關檢查、取締或盤詰之權限展現在勤務作為上需另

---

[14] 實務機關雖未明定處理層級，但係一種潛規則，仍以第一線行為地或結果地有事務管轄權為主；通常情形下，保安大隊或警備隊人員屆場先行介入，派出所警力若到場後，除有特別情狀需以優勢警力在場維持秩序外，現行實務機關大多以派出所人員作為接續案件的處置。

[15] 詳參閱前揭勤區查察勤務有關個別查察之定性說明。

有作用法之明文來對人民產生規制效力，該作為體現在法律上定性不一。

有關巡邏中行使檢查、盤詰[16]職權，或取締過程皆為一個程序，程序中可能有多個行政行為，除法定得獨立提起救濟外，程序後作成處分或視為終結時，對行使職權之方法、應遵守之程序或其他侵害利益之情事得一併救濟，是程序行為理論。而隱藏在程序中所為之「檢查」（以警職法第7條第1項第4款、第8條第2項）、「取締」[17]（主要以道交條例第7條至第7條之2）及「盤詰」（主要以警職法第6條、第7條及第8條），自程序行為理論[18]觀察各個行為，出自一個個別或無法切割的程序，過程中縱有實施勸導[19]，皆不影響為處分之性質。依此，巡邏中執行檢查、取締、盤詰等權限之職權，皆應具有處分之性質。

第二項　法定要件

巡邏勤務，係以查察奸宄、防止危害為目的的編排或執行（即上揭有關勤務內容），條文中使用了不確定的法律文字來作為執行巡邏勤務之法定要件，筆者認為「查察奸宄、防止危害」是勤務目的之詮釋而非法定要件，在實務運作上如何呈現法定要件之審查、比例原則有一定的困難，造就實務及學說鮮少著墨的結果，一併模糊了實務工作者在執行面主動打擊、消滅犯罪的概念。是以，僅就實務運作之面向加以適度描述。

---

[16] 按：此處會產生學說上爭議，就攔停之公權力具體措施之法律性質，實質上係具備處分要素無疑；惟自程序行為理論開展（原則上一個程序只會出現一個處分，盤詰只會出現一個依警職法第29條異議紀錄之處分書），攔停則為事實行為，筆者為確定並限縮討論範圍，直接以程序行為理論來具體說明，否則將出現上開說明的爭議，而不論整個盤詰過程到底出現幾個處分行為；所謂行政機關之行政行為，係指行政機關於特定行政程序中所為對外發生效力而非屬「終結程序之實體決定」之行為，參閱行政程序法第174條立法理由第2點；最高行政法院94年度裁字第150號。

[17] 按：筆者僅舉出較常行使之職權，並非有意排除如：社會秩序維護法等法規範，其他相關之法定職權礙於篇幅，無法個別探討，讀者得自行思考以「法效性」判斷是否具備處分之六特徵，倘未具法效性則為事實行為。

[18] 參照行政程序法第174條。

[19] 按：讀者應明晰實施勸導職權之前提，係已違反行政法上之義務（要件已該當），與程序行為理論對「不服行政機關於行政程序中所為之決定或處置」是否有處分之性質無關，條文中「僅得於實體決定聲明不服時一併聲明」，係為解決一整個程序倘提起救濟，於同一程序中一併聲明不服有訴訟經濟之目的不同，意即：「已違規後實施勸導」與「取締程序之性質」分屬二事，本文所指係「取締程序」為處分之性質，祈讀者勿混淆。

壹、查察奸宄、防止危害之目的

警察機關維護社會治安、預防危害、摘奸發伏的主要手段，大多透過巡邏來達成執行之目的，該目的為發掘存在之危害，預防並遏止犯罪，維持法治與社會秩序，保護人民之生命及財產，所盡一切之努力皆需透過該勤務加以彰顯，足見巡邏是警察機關展現能力之重要作為[20]。現行編排是項勤務皆以24小時不間斷為原則，以地區特性、治安及交通事故分析、面積、巡邏要點等，透過統計數據顯現出犯罪、事故熱點來加強巡邏密度，並以勤務分配表編排及更動呈現該法定要件，使執行人員無須自行判斷。

再者，查察奸宄、防止危害乃體現警察維護社會治安的一種目的與手段間之關係，執行勤務以共同服勤為原則，由服勤人員按勤務分配表交替互換[21]，均以編排巡邏勤務為主[22]，而採行巡邏之方式，實務運作係以步巡、車巡[23]之方式，隨時視需要彈性調整巡邏區（線），於定時或不定時交互行之[24]，並得因應治安需要，運用組合警力組成機動隊，於指定地區執行巡邏且達成取締、檢肅、查緝等法定任務[25]。依此，巡邏勤務之實施，得依巡邏速度、沿途觀察等手段，達成勤務目的兼以完足抽象的法定要件。

貳、執行權限之內容[26]

現行巡邏勤務之執行權限（可區別為一般警力及組合警力[27]），仍以前揭之檢查、取締、盤詰等權限加以說明：

---

[20] 詳參閱蕭玉文，警察勤務實用論，2012年8月，頁2-130。
[21] 參照警察勤務條例第12條第1項。
[22] 參照警察勤務條例第12條第2項。
[23] 參照警察勤務條例第13條第1項。
[24] 參照警察勤務條例第13條第2項。
[25] 參照警察勤務條例第14條。
[26] 具體執行權限之要件，其實個別規範在其他法律中，由於與臨檢勤務重疊性高，為免疊床架屋，請讀者自行參閱臨檢勤務。此處所指：權限之內容之要件，皆係完足個別檢查職權之要件後，實施警察勤務條例中法定權限之實務運作而言，意即：符合檢查、取締及盤詰要件是什麼動作或概念。
[27] 一般警力與組合警力編組、執勤方式及目的些有不同，自警察勤務條例第11條第2款及第14條規定即知。

一、檢　查

抽象「檢查」之權限具體化在查證身分、直接強制及即時強制[28]等職權執行之作為，原則上宜先以：初始引發檢查要件之人、物為標的優先實施檢查[29]，依次以產生**危害程度高低**遞次檢查，依序以危害物**距離遠近**遞序檢查，以不同依次、依序之條件來判斷達到安全之動作。

執行檢查時受檢人反抗是常見情形[30]，執行人員應注意受檢人眼神，逐漸將視野擴及並聚焦於手部位置。任何危險物在無人之行為舉止施加動能前，該「物」一點都不危險，且按常理推斷受檢人身體「第一個」移動的器官，大多為眼神，除了眼神飄忽不定產生迴避、恐懼、害怕等生理反應外，原則上受檢人取物前必先以眼睛確認「物」在何處，方有後續取得該物之手部動作。例外的情形係受檢人原即熟悉該物藏匿位置，透過手部摸索確認攜物後直接實施攻擊。是以，弭禍於機先，洞悉人類的行為模式，區辨舉止的先後次序，理應得以增加執行檢查人員避免遭受攻擊的概念。

而面對多人需檢查時，應有優勢警力作為檢查之概念，主要情形係指多人共乘一車、群眾鬥毆現場，甚而聚眾活動場合[31]亦可能為一定之檢查。多人檢查的場合中，執行人員大多行使扣留危險物或扣押之職權，在符合法定要件的前提下，原則上所有在場警力應能綜觀受檢人為宜，在各別警力對個別受檢人實施檢查前，應先控制個別受檢人暫時離去、奪去武力之能力，且有贍餘空間對實施之危害源加以壓制。另檢查應於現場為之，如有不適當情形得變更檢查地點至勤務處所或安全地點為之。實施檢

---

[28] 上揭查證身分、直接強制及即時強制即為具體化之職權；敏銳的讀者理應開始有觀念上的衝突，筆者於第二章原本陳明不區分權限或職權之用語，因何於此處區別為「組織權限」及「作用職權」，主要在於依據法律之性質不同，前者描述警察勤務條例中有關巡邏勤務之權限，後者為警職法在權限中得以實施之作用職權，二相勤務之比較下，巡邏所運用之手段（職權）干預人民基本權利較為強烈，用語部分有區隔之實益。

[29] 實施檢查實蘊含有命相對人容忍執行行為之內涵，因無須履行告戒等程序，可謂是對人民權利干預最為強烈者，發動即時強制之職權時，必須是一種最後手段；李建良，論行政強制執行之權利救濟體系與保障內涵—以行為、不行為或容忍義務之執行為探討重心，中研院法學刊第14期，2014年3月，頁67-68。

[30] 按：依據統計，與警察發生衝突或抗拒大多是：輕罪或違反輕法之人（2015年1月19日臺中清泉崗機場槍戰）；反之，犯重罪之人受警察發動強制力時，大多不會抗拒（2015年1月24日警察拂曉攻堅擒獲陳福祥），讀者必須有此概念，後章亦有更詳細之說明。

[31] 讀者可參考於2015年2月1日蘆洲地區遶境放鞭炮，警勸導遭踹倒之新聞。

查之內容或動作，則以上揭個別檢查受檢人概念來架構。

二、取　締

實務運作對於取締之概念，較停留在製造道路危害之交通工具，適用法令以道路交通管理處罰條例及其他行政法規爲主；至其他常見乃製造噪音之事件，適用法令爲噪音管制法及社會秩序維護法；另有關非警察爲主管機關之行政違章事件[32]，直接介入之時機幾乎消殞[33]，大多僅立於行政協助之地位，協助取締工作。

道路交通違規事件之取締，整體來說是爲了懲罰過去違反行政法義務之行爲人作成處分，而處分前有一個行政程序需要完成，取締人員自身作爲，本應符合行政程序規定[34]，諸如：「開啓程序」、「調查事實及證據」、「陳述意見」、「期日及期間」、「送達」、「救濟」等概念，且需注意有否特別規定作爲優先適用[35]。建立概念後，取締之工作作爲方有合法之可能，期符保障人民權益。

製造噪音事件取締時，依現行實務運作，受理報案後均先行派遣線上巡邏警力到場，並非聯繫環保（噪音管制法）員（環保噪音檢測人員）！按違反社會秩序維護案件處理辦法第11條規定：「本法第72條第3款所稱噪音，係指噪音管制法令規定之管制標準**以外**，不具持續性或不易測量而足以妨害他人生活安寧之聲音。」有關噪音事件係指噪音管制規定或標準以外之聲音，方屬社會秩序維護法製造噪音處罰之範疇，應有優先次序之分，意即：噪音管制法優先於社會秩序維護法，則環保檢測人員應優先於警察人員至現場判斷該噪音究屬何法令之範圍，倘非環保法規之噪音，方屬警察機關管轄，未知取締製造噪音首要通知巡邏人員到場有何法令

---

[32] 過往時代中，警察依據警察法第9條第1項第7款規定有關保安、正俗、交通、衛生、消防、救災、營業、建築、市容整理、戶口查察、外事處理中，諸如非警察機關職掌之衛生、消防、救災、營業、建築、戶籍查察等，均涵括在警察職權並實際負責通報、撰寫違章內容之工作，該文書會成爲其他機關作成處分之事實依據。

[33] 以前勤區員警尚須負責查報違章建築、營業項目不符、環境衛生等非主管機關之職掌項目。

[34] 違反道路交通事件，在母法道路交通管理處罰條例中並未有相關程序之規定，作成處分的程序法即爲行政程序法，有著一般成文、不成文之原理原則、應履行程序事項等拘束，實務機關人員大多不知取締交通事件應履行之程序即爲該法，理論上來說這是法學緒論ABC的問題；參照中央法規標準法第16條。

[35] 例如：給予受處分人對違規事件陳述意見後認爲符合行政罰法第1條、第19條規定之行政裁量時，依法得實施勸導（姑不論特別法之違反道路交通管理事件統一裁罰基準及處理細則第12條第1項各款是否有優先適用餘地之爭議）。

依據？現行實務運作方式由何而來？更況，警察機關根本沒有專業檢測工具[36]，僅剩交通指揮吹哨後造成耳鳴障礙的耳朵，來提供是否不具持續性且不易測量而足以妨害他人生活安寧的判斷工具矣！

三、盤　詰

巡邏執行盤詰之權限，與臨檢勤務息息相關，行使職權之發動要件審查、執行程序、法律效果、執法技巧等，為求行文簡鍊、撙節篇幅，故不一一詳述。

四、小　結

上開說明皆以組織權限為基礎，搭以具體職權之法定要件來探討執行巡邏過程中之權限，如何合法地行使職權。然而，巡邏得行使之權限不僅於此，具體化在**作用**法之權限[37]尚有：查證身分、鑑識身分、蒐集資料、通知、管束、驅離、直接強制、物之扣留、保管、變賣、拍賣、銷毀、使用、處置、限制使用、進入住宅、建築物、公共場所、公眾得出入場所或其他必要之公權力之具體措施[38]等，倘干預人民基本權利，諸如：人身自由權、財產權等，應更加謹慎執行。

由於組織法及作用法之權限具體化程度不一，實務工作者應關注在作用法之權限，即現行法**作用權限**中有接續**作用職權**的實質規定者，方屬警察得以行使之職權，否則，以組織法之權限作為干預人民基本權利，與現行法制有違。

---

[36] 民國96年7月間下午23時許在○○市○○區立農街一段巷弄內三樓民宅報案，四樓住戶長期製造腳步聲吵鬧之聲音，筆者前往三樓報案人住處查看並仔細聆聽樓板約20分鐘，四樓住戶所發出之聲響，並非一般人排斥而尚得容忍之範圍，告知報案人結果及救濟途徑後，即上樓按鈴，四樓住戶甫開門便看見該住戶鋪設大面積橡膠墊於樓板，減低步行之聲響，筆者看著住戶已極盡能事不影響三樓住戶所為的隔音措施無言以對，返回勤務處所將所見之事實登載於工作紀錄簿內，未詎，三樓報案人卻因此陳情，筆者擅打報告陳報分局督察組後即結案，此窘境想必為執法時可能遭遇之困境（面對已依法處置卻受無理民眾陳情）。

[37] 按：此處仍稱為「權限」之用語，乃於警職法中各項職權分訂在各章節，仍有相關要件需符合始得發動，而該法第2條僅係說明警察於行使職權時有何權限，須區辨非有此權限，即得行使該職權，具體而言，該條文應為組織權限並非授權作用職權之依據。

[38] 參照警職法第2條第1項。

參、巡邏活動應符合比例原則

國家機關之行為，除應符合形式正當，更應實質必要，執行勤務無可偏廢，基此，在編排勤務時間，原則上應係24小時不間斷的，以滿足社會對於治安之期待與需求。然勤務24小時不間斷有否違反比例原則？筆者翻閱書籍，似未見學者或司法實務對「執行巡邏勤務時間」表示意見，較常見於相關職權（如勤區查察勤務）方有論討之實益。本文認為，為維護社會治安、預防危害、摘奸發伏的主要手段，維持法治與社會秩序，保護人民之生命及財產，應不分晝夜、不間斷，編排勤務時間為連續24小時，並不生違反比例原則之問題。

復以巡邏**勤務作為**觀之，大多具有一定程度壓制性、拘束性及強制性，以組織權限之檢查、取締、盤詰為例，法定要件散見在各別條文中，雖少見立法者直接將比例原則明文化至法律本文，惟仍有警職法第3條第1項之適用，即：「警察行使職權，不得逾越所欲達成執行目的之必要限度，且應以對人民權益侵害最少之適當方法為之」，執行人員的思考架構得以「執行正當目的為何」、「現有何種必要手段得選擇」及「目的與選擇之手段間有否均衡」作為審查，例如：獲報某甲抱瓦斯桶準備自殺，警察到場後假設已符合管束之法定要件，接續應審查比例原則[39]。

據上揭具體個案為例實際操作，「執行**正當目的**」為：執行管束有救護其生命及瓦斯桶爆燃可能引發公共危險之正當目的。「現場有何種**必要手段**」得選擇：1.勸誘自行交付危險物；2.命令交付危險物；3.施以強制力奪取危險物等手段之選擇，且為必要。「**目的與選擇之手段間有否均衡**」：仍於談判過程中應先選擇「勸誘自行交付」之手段，倘某甲有情緒失控等情狀，得視具體事實命令交付或施以強制力奪取，依據程度之不同，思考目的與選擇手段間之衡平。透過上開來描述具體個案，作為操作比例原則審查之思考，使實務工作者能更有系統的建立，並得當下作為判斷之準則。

---

[39] 無論組織權限、作用權限、作用職權運用在巡邏勤務中相當多元，筆者無法一一論述個別職權之比例原則應如何依具體事實來審查，僅為實務工作者構建一簡要思考架構，即先合法（符合法定要件）再講求方法（比例原則），至細部具體個案之比例原則說明如後。

第三項　法定程序

　　由於實務運作在內部執行與外部作為之構思並不相同，內部執行大多涉及勤務內容之規劃，屬於細節性、技術性面向；外部作為已干預基本權利，相互間應履行正當程序之內容理應有所不同，則法定程序即可獨立審視，避免混淆。

壹、明示身分並告知事由

　　詳參照臨檢勤務之說明，於此不贅。

貳、勤務內容[40]

一、勤務規劃

　　學理上討論巡邏**勤務規劃**乃重要之課題，與實務機關的思考僅係執行一種例行性之工作不同，實務運作在人員編制充足時，編排了循環不間斷24小時之巡邏勤務，雖謂如此，學理思維及實務規範[41]中仍有其重要的程序依循，諸如：巡邏網之規劃，應依地區特性及治安、交通事故資料分析，劃分巡邏區，選定巡邏要點。實務工作者應知曉所轄之地區特性，於每日舉行之勤前教育應公布邇來治安、交通統計資料，著重治安要點作為選定巡邏箱裝訂位置，藉由上揭資訊作為審查規劃程序，方不易迷失、輪迴於呆板的例行性工作。

　　現今各分駐（派出）所「實際」編排勤務分配表之人員，大多賦予專責人員負責編排，表定勤務內容係依據各分局日報、周報會議中，各組（室）主官（管）提出邇來轄內治安、交通狀況，針對某時段、路段、案件類型分析做成統計資料，彙報予各與會人員，俟會議完畢後各所（隊）主官（管）即有特定資訊交付初排人員作為編排之準則，輔以轄區面積、巡邏密度及立即反應時間，劃分若干小巡邏區線。實務運作較常編排巡邏種類為一般巡邏線、日間金融機構巡邏線、夜間超商巡邏線、防搶巡邏線、機動派出所巡邏線等；另對於特定區域、對象、標的的巡邏種類，

40　現今實務機關在執行巡邏勤務前幾乎未實施勤前教育，於此，均以實務立場撰寫實際情形，故並未將勤前教育納入說明。

41　內政部警政署函頒「巡邏勤務手冊」，1990年8月27日。

如：百貨商場步巡巡邏線[42]、舉家外出巡邏線等，作為不同功能及類型之勤務編排，使有依循之程序。

巡邏勤務工具的選擇，並無程序的硬性規定，為擴及轄區及保持機動性應須適當配置及規劃，原則上大多以機車及汽車巡邏為主，對於其他種類之徒步、腳踏車、騎馬、船艇及空中直升機等巡邏方式已不多見，除有特定需以徒步進入特定區域及特種蘊有表演意味之馬術外，鮮少應用於現今巡邏勤務上。以機車及汽車為工具之巡邏，各有其優缺點，在機車巡邏方面：反應速度較為快速、對狹窄巷弄較易巡行、油料較為節省等優點；而面對不良天候有其侷限性、注意周遭及路況較費心力而易疲勞等缺點。使用汽車巡邏方面：較不受天候影響、執行人員駕駛較不易疲勞、裝備承載空間大較為齊全等優點；然面對民眾常有隔閡、乘坐時較為輕鬆致精神不易集中觀察、受限於特定道路之進入、使用經費較高等缺點。

本文認為，勤務規劃的法定程序厥在於：自由性與羈束性為何？亦即警察機關對勤務規劃是否擁有「絕對」或「相對」自主權？倘為相對自主權，則何時有例外之羈束？相同探討實益亦與下述巡邏箱規劃有關。

二、巡邏箱規劃

現行巡邏勤務之執行，以設置巡邏箱供人員巡簽治安要點為主，巡邏箱之數量大約8-20處，散布於巡邏區線各重要地點，執行人員巡簽時，大多應作短暫3-5分鐘守望勤務，規劃時應對治安要點之簽章處妥適編訂[43]，有更動應陳報分局行政組備查。然討論巡邏區（線）設置巡邏箱以供人員到巡簽至之紀錄，無可避免必須重提血淋淋教訓！民國94年4月10日，新北市政府警察局汐止分局橫科派出所員警洪某及張某，執行巡邏未能提高警覺、裝備不完全（未著防彈衣）的情形下，遭王氏兄弟一路跟隨至偏巷內，趁執行人員巡簽巡邏箱之際，王氏兄弟發動突擊，造成員警洪某及張某分別死亡及重傷，此案件顯見小地方鬆懈的執勤態度，卻在存活與死亡

---

[42] 例如：臺北市政府警察局信義分局三張犁派出所曾針對百貨公司林立處、世貿展覽館等易生竊盜案件之場所，編排巡邏人員自派出所以步巡方式進入商場內設置特定地點簽巡邏表之勤務。

[43] 內政部警政署函頒「巡邏勤務手冊」，第二章第四節之七「巡邏線上應於適當位置設置巡邏箱，並置巡邏簽章表，考核員警執勤情形」，1990年8月27日函頒。

間有著大分別。基此，內政部警政署[44]於民國96年5月22日函頒訂定執行巡邏簽章作業程序規定，作為巡簽巡邏箱之基本程序規範，該程序乃欲達成安全之目的。

在人員方面首重敵我危機意識[45]的建立，面對越習以為常的慣性行為，越容易降低危機意識，上揭巡簽巡邏簽章表即為適例！沒想到簡單、短暫的停留，疏於觀察的習性中發生了一生的憾事，可見，執行勤務的每個程序都有可能受到攻擊，而訂定標準作業程序之目的，係使執行人員做到最低限度的標準，或許，並非實務工作者常解為：SOP根本沒用……之言談。反觀，現今實務機關執行巡邏簽章時，確實因制定標準作業程序而改善了許多不良習性，諸如：面對巡邏箱位置簽章、一人簽章一人等待、偏僻地點鬆懈觀察等舉止，等於以血的教訓換取寶貴經驗，此亦是巡邏勤務中重要的命題[46]。

有疑問的是：轄境內某些民眾常因自身與人發生爭執，或與鄰人屢生不快情事，常有前來「要求」於自址前新增巡邏箱[47]有否應遵循的程序規範？對此，警察有無必要對「個案」之申請[48]為審酌？抑或人民未具有權利申請？筆者就實務運作常受困擾[49]事項，特就人民有否程序請求權尋繹巡邏箱設置相關之適法性來說明：

(一) 自憲法概念以觀

國家有提供客觀法秩序（即組織、程序）予人民之義務，該內涵係以組織、程序、保護義務及制度性保障為內容，人民欲請求國家為給付時，

---

[44] 內政部警政署101年1月20日警署行字第1010040754號函修正警察機關設置及巡簽巡邏箱實施要點，詳細內容在茲不贅；本文此處最主要關注重點在於：敵我觀念的建立。

[45] 詳參閱陳俊宏、游志誠、陳良豪、葉佳青、曾振偉等人合著，警察情境實務—勤務篇，臺灣警察專科學校，2013年8月初版，頁3。

[46] 按：每一個分類，筆者僅提供觀念的思考，畢竟，在每個「具體個案」所發生的問題大多無法分析出「通案」的標準流程，重點應該在：趨近於正確的觀念下，建構一個足以面對大多數不同案例及其問題與解決方法的思維上，避免僵化了執行人員的思考模式，使不同的案例能有不同的應對方式，這或許才是教育的本質，因為，有時僵化了思考面對不同情狀時，可能連基本的求生反應都沒有，這絕非教育學程所樂見。本文內的標題，亦僅提供方位的思考軌跡，並非解答，只要有了思考軌跡，獲得趨近正確的解答是必然的，但未有此軌跡，獲得之解答亦未必正確，在教育過程中較難的部分是建立完整的架構，至於細項的規定，只要查閱工具書即能獲得，惟未獲思考軌跡前如何能找到正確解答，仍舊是一個相當困難的問題矣。

[47] 按：此處的巡邏箱，倘更改為錄影監視系統之鏡頭裝設及上揭勤務規劃等問題，論計之法理亦應相同。

[48] 詳參閱101年1月20日警署行字第1010040754號函修正警察機關設置及巡簽巡邏箱實施要點。

[49] 此處討論之範圍，應先排除春節期間開放受理「舉家外出巡邏簽章設置」之種類，先予陳明。

原則上必須具備主觀公權利，始有請求給付之權利。惟巡邏箱（錄影監視系統）之設置，原則上並非客觀法秩序之內容，至多僅能說明在設置後具有反射利益[50]，且巡邏箱設置目的乃依據內政部警政署函頒之巡邏勤務手冊中載明為考勤之用，應非主觀公權利得以請求給付之內容[51]。

就規範目的理論[52]探究，如法律係為公共利益或一般國民福祉而設之規定，但就法律整體之結構、適用對象、所欲產生之規範效果及社會發展因素等綜合判斷，可得知亦有保障特定人之意旨時，個人主張其權益受有損害，應許依法請求救濟。首要必須探討巡邏勤務手冊是否為「規範目的理論」之「前提」，而前提乃指**法律**，該手冊自始均非中央法規標準法第2條、第4條、第5條之法律！倘人民主張此理論作為向警察機關申請之理由，尚待斟酌。

(二) 自行政法概念以觀

組織法：按警察勤務條例（以下稱勤務條例）第11條及巡邏勤務手冊[53]僅具有內部效力，如何設置巡邏箱位置乃機關之裁量，除有舉家外出開放申請外，一般人民並無法依據個案提出申請。

作用法：巡邏箱之功能及目的，未涉及人民**直接**之基本權利，僅係對勤務考勤之用，不會有規制效力，且援引巡邏勤務手冊設置規定時，其法律性質應屬於行政規則（即組織性規章）[54]之一種，復於平等原則的討論下，基於行政自我拘束原則之運用，該規則將產生間接的對外效力，則警察機關在享有設置巡邏箱位置之裁量（要件一），需有行政先例之存在

---

[50] 所謂反射利益即為：警察人員執行巡邏勤務巡簽時，必親臨現場，於巡簽現場所為任何公法、司法上的行政行為，均非為了私人而是公益，私人住宅附近治安或交通偶因此而受益，亦僅是反射獲利，非屬有主觀公權利得要求警察機關於申請人自宅設置巡邏箱之類型；詳參閱羅明通，從衛爾康事件論公法上請求權與反射利益之分界（上）（下），司法周刊第746期、第747期，1995年12月。

[51] 詳參閱陳俊宏、游志誠、陳良豪、葉佳青、曾振偉等人合著，警察情境實務—勤務篇，臺灣警察專科學校，2013年8月初版，頁60。

[52] 詳參閱大法官第469號解釋理由書有著精闢的說明；學者稱為保護規範理論：吳庚，行政法之理論與實用，2004年1月，頁716；吳庚，行政爭訟法論，2008年3月，頁158-160。。

[53] 大法官第535號解釋之標的乃針對警察勤務條例第11條第3款之臨檢勤務，與此處討論的巡邏勤務大相逕庭，姑不論大法官解釋究屬通案或個案何種效力（第177號、第185號解釋），惟仍須注意上揭解釋範圍係限縮在「臨檢」勤務，其解釋效力應無擴大至「巡邏」勤務；當然，該號解釋指明警察勤務條例兼有組織法及行為法之性質，原則上在解釋上應同時具有通案及個案效力，比附援引或類推適用至巡邏勤務上或有適用，惟前提乃與解釋標的、範圍相同始有類推適用之餘地。是以，是號解釋之範圍臨檢與巡邏勤務應分別討論其效力；詳參閱大法官審理案件法第5條第1項第2款、大法官第572號解釋有關「先決問題」闡述甚明。

[54] 吳庚，行政法之理論與實用，2004年1月，頁302。

（要件二），且該行政先例為合法（要件三）時，如曾有開放人民申請之行政先例且合法時，除有正當理由得拒絕外，並無裁量之餘地，應一律受理申請。

依此，巡邏箱設置乃警察機關之裁量，設置之目的為考勤之用，一般情形下人民並未具有主觀公權利，無法請求國家為給付；另在巡邏勤務手冊之規範，其法律性質屬組織性規章，不具有對外效力，僅於特定情形下始具間接對外效力，人民方得依行政自我拘束原則之三要件請求設置（年節舉家外出開放申請）。

三、路檢點規劃

實務的巡邏勤務，通常有排定路檢點，以每二小時編排半小時，倘為三小時則設置二不同時段各為半小時之路檢點，若係四小時亦有二不同時段各為半小時之路檢點。本文探討之範圍，著重在「路檢點設置」、「全面性攔檢」的程序上，至其他路檢可能發生狀況，暫不詳述。

警察職權行使法第6條第1項第6款、第2項明文「行經指定公共場所、路段或管制站」得對行經之人查證身分，其指定應由警察機關主管長官為之，實務機關均以此作為設置路檢點之依據，原則上並無疑義。然**常因交通績效評比**[55]，向所屬勤務中心報告後，即行變更原本排定之路檢

---

[55] 筆者於民國102年3月15日參與臺灣警察專科學校情境教學中心舉辦之「臨檢問題面面觀圓桌論壇」所提出實務機關遇見的難題，以下為登稿之全文：

各位長官各位老師大家好，我是專13期的學長，在這地方我擔任基層工作的時間是15年，從基層員警的工作上發現了一些問題，在這邊跟各位做一個報告。第一個是路檢的部分，我們提出來的是路檢跟臨檢的部分，第一個路檢的部分是在到達路檢點之前，在實施路檢的時候，我們實務上所產生的問題。我們在巡邏的2個小時中，中間會有半個小時，設定路檢點的問題，在路檢點的時候，常常因為一些事實狀況，而需要變更路檢點。所以我們現行實務機關操作的模式，用巡邏警網向勤務中心來報備，然後馬上變更路檢點來實施，但是警察職權行使法第6條第2項它規定的，同條第1項第6款的職權，其實是應該要經過地區警察機關的主管長官為主。可是現行的運作，報告路檢點變更，僅向勤務指揮中心報告完就立即開始實施，那這麼做其實有一點違反法規指明同意設置路檢點的部分，主體是誰？主體是地區的分局長，這是在還沒有實施路檢之前的問題。接下來，跟行政程序法第15條有關於權限委任的性質其實也不太一樣，意思就是說，到底分局長有沒有委任勤務指揮中心去做這件事，其實會影響到我們在那邊執行路檢的適法機制，這是一個前面最根源的問題，而且也違反了禁止再授權。立法者在警察職權行使法第6條第1項第6款與第2項，是授權給地區主管機關來做指定的一個動作，立法者並沒有在法律裡面告訴你可以再授權到勤務指揮中心去，我們實務機關是很常遇到這種狀況的，這是第一個問題。而這個問題衍生下來的問題是：如果警員雖然經過勤務指揮中心的同意，但是地區分局長並沒有同意的狀況下，再接下來所實施的盤查行為，如果現場民眾要求值勤員警開立異議書，而且對此提起救濟的時候，變更路檢點之後，事實上並沒有經過地區分局長的同意，然後你實施盤查行政行為的適法性是有問題的。第二個問題所涉及到的第三個問題，如果你變更路檢點的目的是為了交通舉發，到了易取締交通違規的地點之後，接下來的問題是，我們設置路檢點第6條第1項第6款，加上第6條第2項的部分，這是為了什麼，就是為了預防犯罪。可是問題是當你變更路檢點的部分，其實你是要去交通取締，因為各縣市或警政署

點，至易取締交通違規地點實施路檢時，依現行法並無授權勤務中心代為決定，此際，變更路檢點所實施交通取締或查證身分，**即有違法**之虞。

或許獨立觀察路檢點行使職權之外觀，尚符合警察職權行使法之規範，惟未經地區分局長許可所變更之路檢點，目的根本性地有別[56]，且路檢點之設置前提：乃「防止犯罪，或處理重大公共安全或社會秩序事件而有必要者」為限，該不符設置目的之變更路檢點程序作為似乎有待斟酌。

再者，基於維護治安目的所行使查證身分職權與基於維護交通秩序為目的之攔停，得否依據警察職權行使法第6條第1項第6款、第2項之規定，據以實施全面性攔查，誠有疑義！首要，基於治安目的設置之路檢點乃「防止犯罪，或處理重大公共安全或社會秩序事件而有必要者」為限，或基於維護交通秩序為目的之要件以「已發生危害或客觀合理判斷易生危害之交通工具」為全面性之攔停，與立法目的、要件皆有未洽[57]。另例行性擴大臨檢勤務為全面性縮減車道的措置，亦與現行法制未盡相符，意即警察職權行使法根本沒有授權警察得實施全面性攔檢，執行程序似乎已違背了大法官第535號解釋之實質內涵。

四、控管情緒[58]

現任實務機關的基層執行人員，有一定的執勤經驗後，通常看待案件的執著程度與一般人相較，會降低原本不平衡的情緒。執勤前，執行人員難免有著不同情緒，受影響包含：個人、家庭、工作、升遷等因素，但需認清處理案件無須投入太多的正義感、使命感或情緒在其中，否則，**過多的情緒將是一場災難**！更何況，暫時的表面事實並非真的事實，現場當事

都有訂定交通績效評比的計畫，針對重點違規部分，都有訂定相關規定，員警就會跑到容易違規的地點作取締。那這變更路檢點，跟警察職權行使法第6條第2項，或者甚至於第1項的部分之目的有別，到底可不可以站在那個地方，這有延續性的問題。第三個問題的第二個，取締之後你所開的紅單，也就是行政處分，會不會因為沒有適法性和目的性，而變成無效。因為在行政程序法第111條第1項第5款裡面有規定，其他重大明顯瑕疵的部分，亦會形成行政處分無效的事由。所以從最先前的變更路檢點，一直延伸到第二個實施盤查的行政行為，還有最後一個開單的動作，都是有關於適法性的問題。或許單獨來看整個道路交通取締所衍生出來的紅單，也就是行政處分，單獨來看或許它沒有違法，可是事實上，在路檢規定的時段裡面，員警本來就不應該出現在這一個地方，而後來延伸出來的行政行為，就會有很大的問題，這是第一個問題。

[56] 目的根本性有別的具體事件又如：實務機關藉由基於維護治安所裝設之錄影監視系統畫面，擷取交通違規攔查不停後，作為逕行舉發之填製舉發單的事實基礎前。

[57] 詳參閱蔡庭榕、簡建章、李錫棟、許義寶等合著，警察職權行使法逐條釋論，2005年2月，頁141。

[58] 情緒確實會因程度的高低對同一事件產生分歧的法律判斷，尤其在不確定法律概念及概括條款更見一斑，相信讀者可自行想像，情緒確實會成為影響執法標準的重要依據。

人的情緒亦非朝夕所引發，警察在法律上負有客觀性義務[59]：有利不利一律注意！至於何者有利、不利，執法人員心中自知即可，除有為解釋、教育、依法之目的外，本文不建議隨意於現場論斷是非對錯，尤其是情緒常牽引著認定事實，進而影響法律之適用。

　　然穩定情緒有多樣方法，通常以深呼吸的生理作用能和緩情緒的起伏，惟透過外觀動作輔助內在方式，似乎使不安定之情緒油然而生、形諸於外。筆者以實際經驗分享：外觀舉止均係透露內在思維，藉由外觀行為的觀察，似乎得以一窺內心世界！一昧追求外觀舉止的穩定，在生理無法控制的恐懼、興奮、鄙視、雀躍等行為時，應無法斷然拒卻彰顯相關情緒感覺，往前追溯發生之源頭，應係「內在」因素所引發！是以，情緒穩定的建構，似乎應框架於**內在之思維**，而並非倒果為因，努力以外在動作安定內在心寧。基此，內在價值觀等靈性思維之建立，將會彰顯於外在情緒控管上，意即：內心情緒越平靜，外在舉止越穩定。

　　服勤前的穩定情緒有多種優勢，一、對外在事物反應之觀察力、敏銳力、洞悉力能提升。二、面對不同事件有較佳的判斷能力。三、長時間服勤體力得以適當調配。四、對事件當事人情緒較能感同身受，處理案件能力較佳。五、**較為公允的執法，手段亦較柔軟**。六、發生突襲、攻擊事件的反應能力較強。上揭說明僅為例示，並非絕對之優勢，當然亦需考量其他有關於本身、對造當事人、案件及經驗等條件，如果因自我情緒管理失控，導致當事人權益受損或處理案件偏頗，嚴重者需面對冗長之訴訟及懲戒，將得不償失。更何況，「民眾權益」為何要因執法人員的「自我情緒」而受損？應是值得每位執勤人員深思之課題。

參、勤務作為

　　巡邏勤務作為大多與人民密切相關，勤務中行使職權仍有一定程序尚須履行，倘該**作為目的係為作成處分**，應遵循行政程序相關規範，例如上揭說明之「開啟程序」、「調查事實及證據」、「陳述意見」、「期日及期間」、「送達」、「救濟」等程序概念。

---

[59] 行政程序法第9條、刑事訴訟法第2條均有明文。

　　若作為目的係為防止一定危害、即時介入、緊急情狀時，行使職權可能為程序內作為，亦可能係一種執行作為，適用之法令雖有不同，惟其思考模式並無二致。依此，即時強制之作為，原則上並無程序之概念，實務工作者於此處之概念構建上，僅需依次遵循「法定要件」及「比例原則」來審查。至其他作為待如後探究。

　　此處必須特別說明，警察係執法人員，認事用法乃理所當然，雖法律條文數量龐雜，惟認知越多的法律條文，對於執法時的建構能力越能彰顯！提供正確的法令見解，應是現今實務機關加緊腳步的必要學程，無論在經驗傳承或是實務機關內自學，皆應有：法令是每位執法人員後盾的想法，倘不知法當無後盾可言。以下累積彙整筆者實際的巡邏經驗，對服勤中應注意之程序事項分別說明。

一、出發與收勤之作為

　　勤務出發與收勤時之作為，原則上係打開無線電後向勤務指揮中心報告「入網」或「離網」矣，此動作的實際作用，較傾向管制巡邏警網出、入勤是否正常之目的！然現代科技進步，警用裝備亦隨之提升下，巡邏人員早已配備移動式查詢系統，內建GPS衛星定位記錄著巡邏警網的位置，以無線電回報的功能逐漸式微。

　　收勤後較須注意之事項為：應於出入登記簿內記載返回時間，在勤務中處理事故時，應詳載人、事、時、地、物等資訊於工作紀錄簿內以供查考，或日後在本案、他案相關訴訟程序中作為文書證據[60]素材之使用。

二、立即反應之作為

　　所謂立即反應，係指巡邏勤務中對人、事、物的任何反應，並非單指面對案件的反應，合先指明。以下就過程中**先論**執行人員間的立即反應，

---

[60] 此處並非討論刑事訴訟法之範疇，主要係指行政法上的證據問題，例如：巡邏人員對於交通事項依據道路交通管理處罰條例第7條之2、第60條第1項、第2項及其他交通違規條款規定為逕行舉發時，實務機關以所見違規、不服取締稽查逃逸之事實登載於工作紀錄簿上，此時，登載於文書上採為製單舉發之事實基礎，該文書紀錄即為證據之一種，其他法規亦有相關規範！以下簡單說明相關法規：行政程序法第36條以下、行政罰法第34條第1項第2款、行政執行法第13條第1項第2款以下、行政訴訟法第133條以下、第237條之9、違反社會秩序維護法案件處理辦法第30條第2項等，以資參照。基層實務機關人員大多不重視工作紀錄簿的書寫，尤以甫畢業之學子更甚！人員書寫之斯時心態大多認寫太多根本無用，以上揭法條以觀，倘未於簿內載明詳細事實經過或根本未記錄，日後調閱相關文書紀錄時，亦有侵害人民權利之可能。

後論執行人員面對受付任務指派的立即反應，此二分類實務尚有不同作爲，簡要分述之：

(一) 執行人員間的立即反應

首要，勤務中因使用交通工具的不同應有不同立即反應，例如：以汽車巡邏時，執行人員均於車內處於較爲鬆懈狀態，原則上無須時刻對人員相互間爲立即反應；而機車巡邏時，車輛行進間保持一定適當距離、聆聽無線電通報、觀察後視鏡[61]、人員相互間發動攔查、簽巡巡邏簽章、案件處理時站立位置等情形須有立即反應的能力。（下以經常使用之機車交通工具爲例）

以機車爲巡邏工具時，巡邏網各別二人間行車須保持一定的適當距離，究竟多少距離並無程序之要求，理由在於：適當距離須取決之條件相當複雜，有道路設施、車流量多寡、執行人員駕駛經驗、交通號誌等變數，均可能使適當距離拉長或縮減，惟適當距離的重要觀念，需建構在「安全」之上，方能形塑立即反應的適當距離。若欲強令描述二車間之適當距離，似乎應保持10-20公尺，目的在防止二車間追撞或趕赴緊急事故現場的安全駕駛行爲。

再者，巡邏中常有攔停交通工具之情狀！發現受檢車輛時，前後二機車之前車，得以靜默地自道路內側逐漸超越受檢車輛約半個車身靠近，後車見前車準備攔停動作之際，應主動趨前至受檢車輛後方落後半個車身，配合前車將受檢車輛順向往外側車道攔停，行進間的二車應隨時注意防止受檢車輛衝撞、後方其他交通工具的反應距離，除有法定事由得以實施追逐、追捕外，**均應留有受檢車輛「逃逸」的空間**[62]，防止自身及其他民眾遭受波及或危害。

另在攔停受檢車輛後，需注意受檢車輛是否停止後再駛離？如是，攔

---

[61] 在上揭汐止分局橫科派出所案例中，倘巡邏人員有養成觀察後視鏡的習慣，或許能發現後方王氏兄弟雙載之機車始終跟追，應終能避免憾事；附帶一提，倘養成此習慣後，實務機關督察單位有時會以跟車方式督導勤務，執行人員亦得發現官長自後跟隨。

[62] 前述符合要件即先合法！後述「均應留有受檢車輛逃逸的空間」即爲講究方法（比例原則），一段連續文字的論述，在法律世界中有著不同意涵，意即是否符合要件與符合比例原則，原則上兩不相牟得以分別討論；亦有次序之別，必先符合法定要件，方有比例原則的討論。因何須留有受檢車輛逃逸的空間？成語有云：「窮寇莫追！」倘若執行人員眞欲發動追逐、追捕，其前提乃執行人員並未受有傷害，未留有逃逸空間定使執行人員受到正面衝突，難有無傷情形，既受有傷害如何追緝？

停人員應以不下車為原則！倘否，執行人員前後包夾停止後得先後依次下車，並行走不同路徑趨前實施盤查，且觀察附近周遭環境、人員，以達執勤安全之目的。至於如何判斷受檢車輛是否會停止後駛離，主要在於受檢人的怪異舉止、停車方向等客觀事實作為條件篩選，尚需一定經驗的累積。

(二) 受付任務時的立即反應

勤務中受付任務前，必先有任務的傳遞，現今傳遞的管道，主要以無線電、行動載具等方式作為交付的途徑，巡邏人員應隨時監聽無線電通報、呼叫。然而，雖常有騎乘時因風、雨致未能聽聞無線電內容之情事發生，惟一旦養成習慣，呼叫代號時即會觸發自身反應，增加注意力於聆聽內容，則應有立即回覆無線電內容及複誦交付內容與地點之動作。另須注意，倘受付任務之情形非單獨巡邏警網得以處置，除勤務指揮中心有義務調配附近警網支援到達外，受付任務人員亦得請求勤務指揮中心、線上人員支援到場，方得弭禍於先覺[63]。

受付任務後，巡邏人員應立即趕赴現場，馳赴途中應注意交通安全，倘係緊急事件應併開設警示燈及鳴放警報器。路途中勤務人員得於腦海開始建構任務內容可能屬於何種案件之類型、最快速到達路線為何、現場可能發生何種狀況、如何處置該案件等自我模擬提問，以完備現場處置對策

---

[63] 通常實務機關人員對此種預判都太過輕忽，（以下均為訪問現場人員後之真實情形，並非新聞播放警察神勇攻堅緝獲持槍歹徒）民國103年3月6日臺北市某分局接獲警民連線的保全系統報案（內容僅警報器鳴放，實際情形未知），該店係販賣洋酒，遭持雙槍歹徒闖入強盜，將店主綑綁一旁，分局警備隊巡邏員警二人接獲勤務指揮中心到場處理，僅見店面鐵捲門拉下，按鈴許久未見店主前來開門，員警一人逡往後方防火巷察看，另一人在店門守候。員警自店家後門猛敲許久，方見老闆娘打開門鎖開門，面露驚恐並以手勢（比數字七，實際欲表達係「有槍！」）告知，員警「以為」老闆娘請其入內，員警一進門即見一歹徒以雙槍各別指著員警及店主，員警立即拔槍、拉滑套、上膛並喊：「不要動！」二人對峙約1分鐘許，歹徒便將槍械置於地上投降（事後詢問歹徒為何投降，歹徒說：「沒必要搞這麼大，只是強盜未遂而已！」），員警立即上前壓制逮捕，另一名員警原仍於店前，等到屋內員警已壓制後，方走入店內發現剛才生死一瞬間的對峙情形。此案重點在於：一般裝設警民連線情形，警察人員到場後大多會發現是「誤鳴」或「誤觸」警報！於受付任務時已逸脫員警原本的想像，到達現場處置時先預設結果為：「誤鳴」或「誤觸」，與預設結果不同情形時大多無法反應，即無法弭禍於先覺。或許，警察人員就算面對一般可能結果之情形時，均不可等閒視之掉以輕心。
現場發生歧異情形整理約略如下：
一、在一般營業時間，為何發報店家會降下鐵捲門？
二、按鈴許久無人應門。
三、原本按鈴無人應允情形，自後門猛敲後竟有人開門？
四、老闆娘為何面露驚恐？以手勢比「七」是何涵義？
上揭均得以預判此案件並非單純預設係誤鳴之結果，執行人員以經驗累積後，應會有敏銳的先覺發現一切狀況都不對勁、不合乎邏輯。

及面對突發狀況的立即反應。

　　巡邏警網到達現場後，對於不同案件的解決途徑應有立即反應的能力，否則，案件當事人對自身權益現場提出適當質疑時，警察避而不答或答非所問，執法之公信力或多或少將遭受非難，甚而使民眾權益遭受損害，國家賠償責任將由此而生！現今實務機關倘未對案件有基本法學之分類，恐無法立即反應民眾申告的多樣性，此應係教育、訓練重要之一環[64]。

三、支援（含攔截圍捕）之作為

　　勤務人員常有相互支援之情形，尤其在發生刑案之際，外部巡邏警力（非轄區人員）一部分經勤務指揮中心派遣前往攔截點實施圍捕外，一部分外部線上巡邏警力支援刑案現場的工作，以下分別就實務操作「支援攔截圍捕」及「支援刑案現場」之程序簡要論述之：

(一) 支援攔截圍捕[65]

　　以臺北市政府警察局為例，各分局及其所屬所、隊會在勤務分配表中排定各時段、各單位、各警網之攔截圍捕點，當發生刑案時能立即、有效對犯罪嫌疑人可能逃逸路線佈下巡邏警網攔截之勤務作為，該作為由線上巡邏專責擔服，於收聽無線電受勤務指揮中心統一調度時，應立即回覆無線電[66]，並當下馳赴攔截圍捕點，對無線電通報圍捕特徵之人、車進行攔查[67]。

　　勤務人員執行攔截圍捕時間之長短，原則上無法訂定絕對標準，有時趕赴現場即發現攔截對象，有時在案發後數小時因其他原因攔查後始發現通報之案件[68]行為人，在在顯示攔截圍捕作為執行之勤務內容，確實在程

---

[64] 此處討論當然包含了封鎖現場、犯行追緝、急救傷患、保全證物的立即反應能力，容後於支援（含攔截圍捕）一併說明之。

[65] 詳參閱內政部警政署90年7月4日警署刑偵字第8974號函頒「警察機關執行圍捕任務規範」之執行圍捕作業程序。

[66] 實務機關無線電通報的內容大多以顯明特徵來陳明，當然，倘非線上巡邏警力已到達刑案現場，並詢問被害人相關資訊初報勤務指揮中心外，攔截圍捕點警力根本無從得知攔查之相關特徵，亦因此馳赴刑案現場人員之反應相當重要。

[67] 此項法定職權較傾向於犯罪偵查的面向，畢竟實務機關勤務指揮中心在通報為刑案之攔截圍捕時，大多係重大刑案，如：搶奪、強盜、殺人等暴力犯罪，相關法令參酌第四章有詳細的說明。至現場攔查特定人、車之技巧，亦併參酌第四章之說明。

[68] 民國100年9月12日凌晨2時許在臺北市中山區發生槍擊事件（關鍵字：中秋節槍擊事件），警局勤務中心通報追緝相關車輛及犯嫌後，於同日5時35分許於同市文山區木柵路五段、軍功路口受萬芳派出所

度上能發揮打擊犯罪的功能。惟現今臺灣本島道路巷術設計，峰迴路轉、羊腸小徑林立，編排有效的攔截圍捕點非屬易事、掛一漏萬，倘若早已勘查逃逸路線，用以躲避警察追捕情形時，該作為當無法彰顯其成效矣。另攔截圍捕勤務係由勤務指揮中心視情形統一收勤，若未獲收勤指示，不得擅離攔截點。

(二) 支援刑案現場[69]

線上巡邏亦常支援刑案現場，到達後應對「初步明瞭案情」、「封鎖現場」、「犯行追緝」及「救護傷患」有基本的概念。首要，初步明瞭案情是最基本、最快速掌握案情的方式，主要以諮詢被害人、報案人、周遭民眾、鄰近營業店家為方法，至調閱錄影監視系統畫面係事後蒐集證據素材的問題，原則上並非到達現場人員之立即任務。

次要，在封鎖、管制現場工作，視現場狀況應有三道封鎖線區隔之簡要概念。第一道封鎖線內應係犯罪現場，主要以勘查、鑑識人員方得進入；第二道封鎖線應係管制工作現場，保留一定空間予案件相關人員等候、置放工具、器材等；第三道封鎖線作為區隔上開非上述人員（含媒體[70]）等。惟現場有時無法完全劃分及區隔三道封鎖線，現場人員應視現狀做出最佳判斷，至少封鎖二道封鎖線為宜，而封鎖線之範圍，亦應隨現場調整。另災害現場[71]應視現場究竟由何引起的危害，來作為條件判斷，較容易決定管制或封鎖之範圍。

在犯行追緝[72]之議題，巡邏到場後最常發生的狀況，即係現行犯、準

巡邏員警曾鴻堯等人緝獲，並現場發現車內有制式手槍二支，全案經協調由犯罪行為地之中山分局將犯嫌解送及證物攜回，統籌由該分局移送，調查與查獲時間間隔超過3小時，有時確實無法正確說明圍捕時間長短、攔截區域大小的條件，究竟如何區辨之所在。

69 內政部警政署，警察機關分駐（派出）所常用勤務執行程序彙編─處理刑案現場作業程序，2012年4月，頁274。

70 許多刑案現場情形均有媒體記者欲取得第一手畫面、照片，通常若管制現場之警察人員制止媒體進入時，媒體朋友有時會主張新聞自由、民眾有知的權利及封鎖之法源依據等理由質問管制人員，並企圖趁勢進入，多數情形管制人員並無法回答，惟刑事訴訟法第231條第3項規定甚明。

71 民國103年8月1日高雄發生全國震驚的丙烯外洩氣爆事件，不少現場管制人員（無論警、消）殉職，此事件並非概念不夠，只是在資訊未完整確認及呈現時做了「當時」的最佳判斷及管制、封鎖！如同以下的形容：人的經驗就像一張白紙，逐漸累積的經驗刻劃在白紙上，在白紙上根本未曾出現過的刻劃，如同沒有經驗般！白話來說：現場管制人員根本無法立即判斷外洩氣體究竟為何？抑或臺灣史上根本未曾發生丙烯氣爆事件，無從學習，而且，人類的經驗通常來自慘痛代價換取而來，現場如何獲得足夠資訊來判斷管制範圍、方式等問題，如果根本沒有經驗，或許苛責同時會感到沉重的悲傷。

72 內政部警政署，警察機關分駐（派出）所常用勤務執行程序彙編─逮捕現行犯作業程序，2012年4月，頁289。

現行犯的問題！究竟應如何判斷？簡要的判斷方式即「現行犯」**絕對是犯罪行為人**，且犯罪實施中或實施後即時被發覺者為現行犯[73]！然「準現行犯[74]」**得為犯罪行為人或犯罪嫌疑人**，後者範圍較大！通常實務工作者並無判斷之準則，尤在民國103年7月8日施行之提審法後，實施逮捕之職權應更審慎、慎重，否則，當受逮捕之人請求面見法官成功審查逮捕為違法時，逮捕人員馬上會面臨刑法第302條之私行拘禁罪訴追，不可不慎。至如何執行犯行追緝之任務，原則上並無統一之程序！似乎僅能以經驗的累積來思考，諸如：行為人可能逃逸的路線、實施犯罪的交通工具、可能的地緣關係、現場人員的描述等相關資訊，來整合線上巡邏警力的追緝方向。

　　發生刑案但非生命、身體、自由等受侵害之現場，原則上並無救護傷患之任務；反之，即可能有傷患需要救助，應立即通知救護車到場將傷患送醫診治。然而，倘面對幾乎不可能存活狀況時[75]，實務機關通常的想法均為：先送醫再說！避免遭家屬誹議、指謫而惹禍上身。此幾乎不可能存活的犯罪現場仍須儘量送醫的理由有：警察、消防人員並非專業人員得以判斷是否死亡、遭家屬強烈質疑送醫有存活之可能性……等有送醫之正當性。然依法加以思考，倘人死亡後已非權利主體，遺體轉變為「物」，且係犯罪現場之證物，而證物須被保全以供還原部分犯罪事實，倘有即時勘驗之必要，如任意送醫，將導致證物、跡證可能在送醫救護過程中受到破壞，此供以不同思考。

　　綜上，上揭說明之「初步明瞭案情」、「封鎖現場」、「犯行追緝」及「救護傷患」類型，並非絕對應如何或有次序之分，到場支援之線上巡邏警力理應有此基本思維，且於現場任務分工時，除以所轄派出所為主外，其他警力對其他無人負責事項應主動擔負，觀念上切勿存有「這是○○派出所的事」而怠於分工、消極以對！

---

[73] 刑事訴訟法第88條第1項、第2項。

[74] 刑事訴訟法第88條第3項第1款、第2款。

[75] 砂石車輾過頭顱破裂、槍擊頭部已無呼吸心跳、自高樓躍下肢體四分五裂、身體發黑發臭、上吊後已脫肛、溺水身體已浮腫等等情形。

四、狀況查察之作為

執勤人員應對各種事物、狀況培養敏銳力，查察內容約略可區別為對人、事、時、地、物、交通工具、車輛、場所之查察，該查察之方法、判斷條件與臨檢有密切關聯性，本文置於第四章臨檢勤務有詳細說明。

五、聯絡報告之作為

巡邏中聯絡報告之工作，除前述出勤、收勤時試通無線電外，於勤務時段每20-30分鐘時距內，各分局勤務指揮中心亦得抽呼線上警網位置、勤務狀況、勤務績效，逐步檢視該時段警力運用之妥當性；另警網處理事故到達或離開現場，亦應以無線電回報；受命立即反應、機動支援時，到達及完成任務亦然，白話地說：有事就回報。

處理案件的報告紀律，應有初報、續報、結報之概念，甫抵達現場窺晰案件之初始，即應將初略獲知資訊初報予勤務指揮中心，倘係緊急或重大狀況時，為爭取時效得越級向權責單位直接通報，再依警察機關指揮系統回報；再者，攔截圍捕時追逐路線、地點、逃逸方向、犯嫌特徵等，亦須使收聽無線電各巡邏警網、勤務指揮中心獲知第一時間資訊，提供其他圍捕警網行進之方向，方符聯絡報告之目的。

六、現場協調之作為

自警察機關內部分工之概念說明，每一派出單位（即派出所）皆有各別轄區，實務運作認為現場協調之慣例[76]，應以管轄之派出所警力為主，由所轄線上巡邏資深人員或單位主官擔任現場協調並分配任務，警察均應培養現場協調之能力，處理案件並非一昧以溫情勸誘方式，恝置依法得發動之職權於不顧，使公權力及機關蒙塵，亦使現場根本無協調能力之窘境顯露於其他行政機關矣！

---

[76] 此處使用「慣例」一詞，主要係實際轄區警力較支援警力對地形、特性、居民、人文均較為熟稔下，約定俗成（不成文）地接受轄區線上巡邏警力資深人員指揮，況且，發生刑案後受理人員亦係管轄派出所，通常情形下支援警力並不會逾矩，倘強令說明是否有明確規範，請參閱：犯罪偵查手冊。惟該手冊中並未明文交付或受付警力之任務分工，才使用慣例這個名詞。

第四項 執法界限

以實務工作者的角度來談，巡邏究竟需要什麼形式的勤務內容？必須明晰何種概念？此概念之界限為何？厥為執行人員重點之思維。是以，巡邏勤務之界限，係透過外部作用職權干預人民基本權利面向加以觀察前，必先明瞭實際執勤內容不可。

首要，應認知該勤務屬於主動的執勤方式[77]，目的大多係達成預防犯罪之機能！惟實務運作已**逐漸轉化成為線上處理事故之警力配置**[78]，輔以勤務時間以觀，除有編排同類型之巡邏勤務但無須接受指派處理事故外[79]，欲達到學理謂完美預防式的勤務境界似乎已然消殞，則描繪勤務界限之概念，應建築在「線上受派處理事故之勤務內容」為前提加以探討。次要，該勤務主要執行方式，自警察勤務條例第11條第2款得一窺端倪，該法執行檢查、取締、盤詰及其他一般警察勤務權限與警職法之職權相較主要涉及人、場所、交通工具尚不盡相同，面對不法行為之執行作為，職權界限將限縮在各別法定要件上。

再者，預防危害之界限應得構建在：**消弭於機先**的概念上，俗話說「星星之火，足以燎原」，尚未引發更大事故時，執行人員應洞悉、窺視可能引起的星火，在第一時間化解爭執，或許是避免擴大事端的不二法門，此第一時間之判斷即須累積大量的實務經驗。筆者曾分享一個觀念：警察人員在處理民眾事件時，**並非處理「該案」**，而係**安撫、控制民眾不安的情緒**，只要民眾的心（情緒）穩定[80]後，案件後續發展，或有受理

---

[77] 蕭玉文，警察勤務實用論，2012年8月，頁2-145至2-151；鄭文竹，警察勤務，2006年12月，頁187-189。

[78] 按：為何轉化？請讀者接續本章有關實務機關受理報案類型。

[79] 筆者曾任職於○○○政府警察局○○分局○○派出所，是所所長挑選勤務較為落實之人員納入小組執行「防搶巡邏」勤務，專職線上查察奸究，不接受指派事故處理，亦無須巡簽巡邏簽章表及路檢！該所線上查獲刑案之大宗，大多來自該勤務的落實，惟機動督導人員蒞所執行督勤任務時發現，該勤務無法受上級之監督（無處理事故、無庸巡簽巡邏簽章表及實施時段路檢），於督導報告指明：不受監督之勤務不得編排，請檢討改進！所謂魚與熊掌無法兼得，該所改進未編排是項勤務後，巡邏線上查獲之案件銳減，畢竟，巡邏人員處理事故後時間已少，基於人性的考量，再欲要求查緝線上刑案，執行人員根本分身乏術，得以查獲案件的可能性無非是緣木求魚。

[80] 筆者曾任職於○○○政府警察局○○分局○○派出所，接獲一中年女子報案在市場購物時遭竊賊割開背包後竊取皮包，內有相當價金、身分證件、支票等物品，慌張之情溢於言表，遂陪同現場詢問、調閱附近錄影監視系統、查看周遭垃圾桶等作為無功而返，歷時約2個小時，詢問及安撫情緒後方知該女子係某銀行分行之經理，現場處置登載受理民眾報案紀錄簿後出借雨衣陪同返家。事後該女子認為警察人員服務態度良好，遂上內政部警政署網站請求嘉勉，結果是：筆者服務態度良好，嘉獎一次。本案描述重點

報案、提出告訴等法律救濟，原則上已不再重要，而安撫心靈能使危害消弭於無形，這或許在警察養成教育、常年訓練中，缺乏灌輸的一種精髓概念。當然，立即性的危害仍須強制性的介入，許多法規範之立法（即發動要件）均著墨於當下危害的防免，除人民有自力救濟[81]的權利外，執行人員應建構危害的防免對策或防止其擴大之思維。基此，執法界限之辨明，實蘊有人性之考量，而職權行使之界限，應依據具體個案審查法定要件。

在法律保留原則之面向探討，立法者預設了要件於法明文中，即可作為審查執行職權有無逾越行使之界限。以前揭檢查、取締及盤詰之權限說明，立法者將該各權限之職權散見在不同法規中，並對**不同事務**為**不同職權要件**之設計，使執行人員發動職權時需遵守不同要件。例如：警職法第7條第1項第2款對人檢查、第8條第2項對交通工具檢查之職權，對**人**部分係以「有明顯事實」、「攜帶危險物」及「傷害人（含自殺及他人）之生命或身體之危險行為」為界限；對**交通工具**部分係以「異常舉動」、「合理懷疑」及「危害行為」加以判斷，倘未符合要件所為檢查，除有其他法定事由外，皆係逾越了界限。意即，對人之檢查可簡要區分為「人」、「事（有明顯事實、傷害人之生命或身體之危險行為）」及「物（危險物）」，倘未具備任一要素所實施之職權即為違法。至對交通工具檢查，要件之審查方式亦同。職是，行使職權係以個別法規之要件作為執法之界限，此界限即具羈束性，係控制在合法範圍之準則。

於法律優位原則之面向探討，要件中之不確定法律概念或概括條款具有判斷餘地，惟此並非漫無邊際，亦非出於恣意。以上揭說明為例：對**人**部分係以「有明顯事實」、「攜帶危險物」及「傷害人（含自殺及他人）之生命或身體之危險行為」；而對**交通工具**部分係以「異常舉動」、「合理懷疑」及「危害行為」皆為不確定法律概念，何謂明顯事實？危險物？危險行為？如何具體化於通案說明實為難事，僅得自司法實務之見解一窺端倪，本文將會以分布於各章之案例作為引介，並另為說明。

在於：安撫報案民眾的心理才是重點，至於後續失物是否能物歸原主或爭執已不再是焦點，倘執行人員皆能以感同身受之立場來面對民眾，警察大多不會成為轉移憤怒、攻擊的對象。

[81] 例如：刑法第21條以下的法規阻卻違法事由。

第 三 節　巡邏勤務之法治思考

　　巡邏勤務究竟如何建立一個合法且足以囊括所有案件之執勤架構非屬易事，尤其面對法律、事實不同的具體個案，似乎更加難以區辨！惟本書第一章介引之思考及分類涵攝該勤務時，即以法規範為框架，使勤務作為有法令之支持，可於干預人民基本權利時，透過履行正當法律程序之法治要求，使人員無庸置疑地、快速地執行勤務活動，達到執行勤務的實質目的，使勤務過程皆有法律之支持，以下結合第一章自不同面向探討之。

第一項　行政法規範

　　現行巡邏之實務運作，內容大多專以簽巡簽章表、事件處理為主，此面向著重在行政機關內部事項之討論；反觀行使法定職權係與人民權利、義務息息相關，此範疇中執行檢查、取締及盤詰之權限，原則上皆無法作為干預基本權利之授權，自行政法規範之角度，得運用[82]職權之分類**必須放大**為：行政罰、行政秩序罰、行政刑罰、行政執行、行政（司法）協助、行政指導、紛爭調解等類型，方得構建執行時之多種思維，否則僅限定在個別職權探討，將出現無法包攝巡邏處理多樣事件而產生停滯。

　　以警察勤務條例第11條第2款與實務運作相互對照[83]勤務功能及其目的，建立新的法治思考可區分為三個部分，即「**預防危害**」及「**處罰不法**」；當然，亦有處於中間類型之「**紛爭調解**」，作為介入事件處置之法律面向，構建不同職權的行使。以處罰不法之類型為次區分，得以調查違

---

[82] 此項以下的分類，係以較為粗略的方法將相關行政法規區隔，所使用的法律名詞亦以較為建議的思考作為區分，詳細部分應參酌相關行政法、警察法規書籍，於此不贅。

[83] 讀者可對照本書第二章勤務查察章節之編排，將發現筆者於此章有關巡邏之行政法規範論述係以自己的分類作分類作章節編排之順序，乃該勤務條例第11條第2款「巡邏：劃分巡邏區（線），由服勤人員循指定區（線）巡視，以查察奸宄，防止危害為主；並執行檢查、取締、盤詰及其他一般警察勤務」所述之工作內容，並無法作為授權執法之依據，而有關「查察奸宄、防止危害、檢查、取締、盤詰」等權限，行使時係具體化於作用法規之職權中，使筆者重新思考文內之架構應聚焦於作用法規上，貼近與實務工作者行使之職權，方重新作為思考之分類，在此陳明。

反法令作為第一條件，復以是否為主管機關[84]作第二條件[85]來篩選，對不法行為之取締或查緝，明瞭有何職權及履行何種程序，來作成決定或公權力具體措施，同時履行何種之告知義務，作為初始類型化之思維。

第一款　預防危害

巡邏勤務主要之目的，係主動地發動警察攻勢之作為，除有防止危害之機能外，查察奸宄更顯其要。預防危害之面向乃基於國家之一般統治權，專以維持公共秩序，加以命令、強制，並限制其自然之自由的作用，尤其在犯罪尚未形成或發現前，施以一定勤務作為，得預防或消弭一定危害之產生。依現行法規定，預防危害之授權大多援引在「非處罰人民的即時作為」上，至行為有否處罰之依據，暫非所問。

壹、行政執行[86]

行政執行，旨在強制人民履行其公法上義務，屬行政權之一種作用，其特點在於行政機關得逕行以自己名義實施強制執行，無須如民事強制執行，事先須取得司法機關之裁判，以之作為執行名義始得施以強制執

---

[84] 此部分的討論重疊性相當高，有時在事務上難以區分到底這些常見事件類型上，需以何種條件作篩選，方得將多種行政事務及其規為澈底之分類，畢竟，多如牛毛的行政法規，於不同時點之立法，尋繹既存隨之更動的法規亦屬難事。例如：道路交通管理處罰條例（以下稱道管條例）於民國57年2月5日制定並修法迄今，而行政罰法於民國95年2月5日始施行；道管條例授權制定之違反道路交通管理事件統一裁罰基準及實施細則（以下稱實施細則）第12條得實施勸導明文，與行政罰法第1條、第19條產生扞格！（白話地說：警察人員勸導交通事件的職權係新臺幣3000元以下，或是實施細則所列舉的16款違規項目方得實施？）倘以立法例來說，只要涉及違反行政法上義務而受罰鍰、沒入或其他種類行政罰之處罰時，適用該行政罰法！且實施細則並非法律，雖在特別事件上應優先適用特別法（中央法規標準法第16條），惟基本法之立法例乃行政法規最大之範圍，任何行政法規在符合適用要件時均不能逸脫行政罰法的範圍，結論即為：特別法與基本法適用選擇時，應優先適用基本法而並非特別法。惟實務機關自始僅墨守特別法優先適用之說法，似乎從未有基本法之考量。

[85] 上揭之分類僅係筆者為提供執行人員，於現場得以簡略分類之思考類型而非絕對，倘欲詳細區分，則應單獨分別說明。惟筆者實際執勤時，常遇有一事實卻可能同時符合二以上法規之職權或處罰規定，為提供簡易之判斷，乃以調查違反法令及主管職權之機關作為思考架構之條件。

[86] 行政執行有廣、狹之分，詳參閱蔡震榮，行政執行法，2002年9月，頁2-3。
一、廣義之行政執行：
廣義之行政執行，係指行政機關對於不履行義務者，以自身之手段強制其履行義務或達成履行義務之相同狀態，或為排除急迫危害之必要，直接對人民之身體或財產加諸實力，以達成行政上之必要狀態稱之。於此意義下，行政執行包括對違反行政義務者與非違反行政義務者所採行之強制手段。
二、狹義之行政執行：
狹義之行政執行，係指對不履行行政義務之人民所實施強制手段之執行，於此意義下，行政執行僅止於對違反行政義務者之執行；我國行政執行法第2條規定係採廣義之概念。

行[87]。本處探討應排除公法上金錢給付義務之執行內容[88]，與警察機關有關行為不行為義務執行、即時強制等職權較為相關，其中行為不行為義務執行方法區分為間接強制及直接強制。

執行人員須辨明，行為不行為義務執行與即時強制最大區別在於：指遇有急迫情事，由行政機關直接採取必要之強制措施排除危害，無須先以行政處分課予人民義務，尚且無須踐行法定之催告，即得實施即時強制[89]；然行為不行為義務之執行，須依法令或本於法令作成處分後[90]，經處分書面定期間履行，逾期仍不履行，方得為間接或直接強制。當然，巡邏時之執行，面對單一自然事實可能同時符合多種法規範之職權得即時介入，執行當下通常無法以多面向之法律觀點為觀察，惟此處仍限縮在「執行」範疇探討，主要展現在下列具體職權上：

一、查證身分之職權

查證身分之作用，實際是一**種執行行為**[91]，原則上該作為並非達到處罰人民之目的來作成處分，尤其在僅有客觀之可疑更顯一斑，其性質內容介於行政執行之行為不行為義務及即時強制之中間類型[92]，惟本質上仍符合行政執行之三要素[93]，諸如：一、行政執行本質上係行政機關所實施之強制手段。二、行政執行係人民違反行政義務或雖未違反行政義務但有義務為公共利益而忍受犧牲時，由行政機關施行強制力的一種狀態。三、行政執行是行政機關執行職務的一種行為。實務工作者常見之誤解，即無法

---

[87] 李建良，論行政強制執行之權利救濟體系與保障內涵—以行為、不行為或容忍義務之執行為探討重心，中研院法學期刊第14期，2014年3月，頁9。

[88] 為何稱原則上？因仍有例外情形，如：依道路交通管理處罰條例第8條第1項第2款規定警察機關職司該法第69條至第84條之處罰，實務機關均會要求基層派出所就特定攤販違規大戶未繳納罰鍰催繳之行政行為，即係公法上金錢給付義務之執行之一種。

[89] 李建良，論行政強制執行之權利救濟體系與保障內涵—以行為、不行為或容忍義務之執行為探討重心，中研院法學期刊第14期，2014年3月，頁12。

[90] 參照行政執行法第27條。

[91] 稍加敏銳之讀者應可發現，筆者於此文內所載與前揭「勤務作為之定性」有不同論述。本處所指警職法中之作為，本身是一種執行行為，而執行過程仍是一種程序，與勤務作為之定性探討標的仍有不同，指涉及其範圍亦不同。

[92] 按：警職法為何屬於中間類型？乃行為不行為義務履行之前提，為依法令或本於法令之行政處分，負有行為或不行為義務，但依該法所為之攔停，並非有「依法令或本於法令之行政處分」；而得發動即時強制職權之前提，乃為阻止犯罪、危害或避免急迫危險，而有即時處置之必要為前提，惟依該法發動攔停之職權，立法者已預設在「阻止犯罪、危害或避免急迫危險，而有即時處置之必要」之前階段即得實施，既與前者及後者之性質迥異且難以區分，筆者將其性質暫予獨立觀察，避免混淆。

[93] 李惠宗，行政法要義，2007年2月，頁511。

將該法與（行政）執行行為相互聯想及涵攝，導致建構職權時產生邊緣化之思考。

巡邏的預防危害工作常透過查證身分加以實踐，藉由法定措施：攔停、詢問及令其出示身分證明文件之手段，具體了勤務作為。然對於危害，筆者粗略區分為（雖有重疊之處）「行政上危害」、「刑事上危害」及「非行政刑事上危害[94]」，現實上不同危害之狀態，在法律上即時介入作為之意義尚不盡相同。例如：在「行政及刑事上之危害」，立法者將職權預設在危害發生前、後，要件橫跨在**已發生危害**或客觀合理判斷**易生危害**，或合理懷疑其**有犯罪之嫌疑**或**有犯罪之虞**之基礎上，執行人員在發動攔停人、交通工具時，僅需關注在其他臟餘之要素，例如：「合理懷疑」。然危害的發生，有時難以透過客觀上可觀察之事實、舉止為判斷之依據，通常伴隨著執行人員主觀經驗認知之輔助，來形塑受檢人客觀上之舉止究竟屬於要件中何種要素，藉由查證身分作為加以防止危害的發生或擴大。

二、直接或即時強制之職權

另行政強制部分，亦屬警察人員現場重要職權。例如：巡邏勤務執行中，常見於盤查時查獲槍械、毒品等案件，現場人員面對「到底」是否為真槍**前**，現場犯罪事實隱晦不明；又如裝有可疑粉末之塑膠袋，未以毒品檢驗包確認是否為毒品**前**，根本無法進行合法的逮捕[95]，惟實務運作大多在尚未確認犯罪事實形成與否之斯時，即先發動了逮捕。本文認為，未有一定之事證能確定或形塑犯罪事實前，得先發動直接強制[96]或即時強制之職權（即：實施扣留），嗣確認為真槍、為毒品後，再合法地實施扣押及逮捕，適時地行使此項職權，不僅能合法預防危害，更能避免錯誤的逮捕或扣押（如果槍並非真槍或無殺傷力手槍、毒品僅是砂糖），上開說明主要與阻止犯罪有關之行政執行。

---

[94] 例如：人民在行使民法上自助行為時，行為客體之自由受到拘束、財產受到押收，此際，仍為一種危害；參照民法第151條以下、民事訴訟法第537條之1以下。

[95] 犯罪事實應依證據認定之，無證據不得認定犯罪事實，刑事訴訟法第154條第2項定有明文，既槍械可能是假槍，毒品可能是太白粉、鹽巴，現場未確認前根本「沒有證據」，無證據即無「犯罪事實」，無犯罪事實便無「現行犯」，無現行犯地位之「逮捕」合法嗎？

[96] 參照警察職權行使法第21條、行政執行法第32條、第28條第2項各款。於臨檢勤務有更詳細的說明。

再者，有急迫危險之危害，警察依法亦得行使直接強制或即時強制之職權，例如：阻止犯罪或急迫危險。實務工作者最常誤解之處，即製造「**危害**」等同違法之觀念。於此，筆者仍須強調：行為人之行為製造一個危害，與行使職權應分別觀察，不同之處在於：一、危害狀態是行為人所製造，不一定有違反實體法[97]。二、警察行使直接或即時強制之職權，係依現場客觀事實加以判斷及決定，**原則上與是否違反實體法律無涉**。三、行為人製造危害狀態倘有違反實體法律應依法辦理外，並不會影響現場行使職權之適法性。四、製造危害與行使職權之「人」，根本性地不同。依此，實務工作者似乎應改變原舊有「**什麼東西都混為一談**」之泥沼概念，方得以明晰何時、應發動何種職權之法律架構。當然，巡邏勤務人員接獲案件通報前往處理，通常情形均同時負有危害防止[98]之義務，除已發生犯罪或違序行為依法處置外，現場應有危機意識地判斷後續是否或可能有危害狀況延續進而排除！例如：鬥毆現場人群並未散去、尚未引爆瓦斯自殺、道路競駛飆速、不明氣體外洩、禁止戲水區域遊玩、青少年深夜聚集等現實存有客觀危害情狀，為一定處置或作為時就是一種行政執行。

舉一適例：民國97年7月間，獲報前往○○分局○○派出所轄內中和街某住宅，現場發生精神病患搶奪警槍未遂、家暴毆打渠母、持刀抗拒強制就醫等危害狀態持續之情事。筆者原係線上巡邏支援警力人員於屋外戒護，由所轄派出所備勤及巡邏人員於二樓進行談判，期使該男子放下刀械接受強制送醫，斯時現場單位共有衛生所、○○（818）醫院醫師、當地里長、社工及警察，歷經一個半小時和平對談均無所獲。筆者現場立即取代轄區資深員警，**先行協調聯絡消防隊噴水車，對屋主**（渠母）**書寫同意書**（攻堅遇緊急情形時將以水攻），**並協請里長為見證簽署，同時對現場警力分配任務**。該男子見警大動作上樓，開始扔擲酒瓶、菸灰缸、垃圾桶等物，同時拿起插於褲內開山刀、彎刀、西瓜刀揮舞作勢攻擊，順勢將手中西瓜刀射向筆者未果，筆者立即指揮在旁已整裝待命消防隊員向該男子噴射水柱，歷經短時間三次噴水攻堅[99]，二樓住處已成集水區，樓梯形成

---

[97] 例如：行為人拿刀靠著脖子欲自殺，刑法或其他法律並無處罰「自殺罪」。

[98] 參照警察法第2條之警察任務。

[99] 觀察敏銳的讀者將發現，實務機關宥於僵化之觀念，腦海中建立的警械種類只有警棍、警槍，惟此案例

瀑布景時，聽聞男子大喊：「我投降了！」筆者**命令該男子於二樓處脫下上衣並原地環繞一圈**[100]，檢視該男子身上確無刀械等危險物品時，始命令男子下樓接受在場醫師、衛生所護士以救護車護送強制送醫，整個過程歷時約5分鐘即結束鬧劇，即係行使直接或即時強制職權之具體展現。

於上揭具體案例中就危害防止之工作可區分為「已發生一定行為後之危害防止」及「未發生一定行為之危害防止」，前者著重在避免擴大原行為的危害；後者著重在對事件消弭的敏銳觀察力！此共通面向即**「人」的客觀行為**！直白地說，警察人員大部分處理的事件均係「人為」，小部分係「天災」，原則上天災無法預估危害的範圍，但人為所引起危害之變數卻能由現場處置人員適時介入後逐漸減低，如同法律上賦予直接或即時強制之職權，使現場警察得以彈性運用；況且，提高危機意識的經驗別無他法，似乎僅有透過累積相關經歷或經驗傳承之輔助，在事件上嗅出星星之火的危害，避免產生燎原之結果。

三、維護秩序之職權

維護秩序職權之面向，通常伴隨產生「非行政刑事上之危害」，大抵係警察最不熟稔之民、商事法範疇，常見情形乃財務管理公司進行債務催討時，多數債務人會報案請警方到場維持秩序，而屆場之警力即為巡邏人員。到場警力應先依次建立如下觀念：一、現場是否有危害存在。二、倘無危害，後續是否可能產生危害。三、倘可能產生危害，自身有何職權。四、該職權之法定要件為何。五、符合法定要件之職權發動時，比例原則之審查。六、行使職權前之法令架構為何。由於民、商事法主要規範私人與私人間之問題，有人與人間之身分、財產關係，亦有人與物間之關係，究竟警察介入或處置時應如何分類、建構。一般財務管理公司（俗稱討債公司）拿著票據債務人所開立之本票影本（姑不論影本於票據法上之效

中精神病患抗拒強制送醫過程僅係「抗拒」，並非故意妨害公務，若貿然使用警槍可能造成嚴重傷亡！此際，較安全、適當之方法，即選擇其他器械（直白地說：開槍不適當，就玩水槍好了），雖消防局所屬之消防車並非警察機關配備警械種類及規格表中其他器械之噴射器械高壓噴水車，但無論在行政程序法第19條、行政執行法第6條規定均定有行政協助之法明文，請求消防局所屬機關於本案中協助為強制送醫之方法並非違法。上揭說明主要提供基層人員處理事故使用強制力時，並非僅有警槍、警棍得以選擇之觀念。

[100] 此處涉及執勤安全的概念，倘已知情資判斷現存危害，執勤人員即應有確認身上仍有無危險物之必要概念，否則，偽詐陳稱的投降之舉，將大大增加現場人員之危險。

力），在票據債務人住居所進行催討，債務人若心生恐懼，即係刑法恐嚇罪[101]？實際上除有其他該當之行爲外，原則上根本沒有違法，一般人誤解法律甚深。由於票據行爲已是人民生活之慣行，某些涉及民、商事法範疇之行爲，並非警察機關「應」處理之事務，惟到場後仍應有**預防危害**之思維[102]（含前述有關民法上自助行爲）。

言論是一種溝通工具，自部落群中發展出自己的語言或溝通模式後，逐漸改良了生活，亦建立起群中的階級地位，進而發展出自我、家庭、社會、國家等概念[103]；而群體中藉由表現的方式，來達到表達、傳遞、追尋、結合群體的力量，表達了主觀公權利及客觀法秩序的概念並實踐。是以，在展現表現自由之集會遊行場合，聚集群眾，大多強調集體意志，意志的展現即透過言論[104]作爲工具，向社群表達想法、願望等，其以走上街頭、媒體轉播、書寫文字、輸送資訊等手段爲之。基此，表現自由占有人類生活相當的區塊，憲法保障表現自由與其他重要權利等量齊觀[105]，亦是警察機關常見預防危害、行使維護社會秩序[106]職權之具體情狀。然巡邏人員針對少數人偶發性的聚合，於現場應如何執行？

巡邏人員到場後，對少數人[107]聚合有偶發性抗爭、張貼標語、舉牌等行爲，得先詢問行爲人聚集原因、訴求等內容，初探聚集事件發生部分之

---

[101] 參照刑法第305條。
[102] 預防危害、維持秩序之作用，依法得在場之授權依據，主要依現場事實作爲判斷之條件，倘事實較側重在預防行政法上之危害，得以行政程序法、行政執行法、社會秩序維護法等爲依據；若事實較側重預防刑事法上之危害，則得以刑事訴訟法爲授權，視事實之變動而有所不同。據筆者現場執勤之經驗，現場後續可能有危害之事實，通常橫跨法規範之領域，大多無法強令區分得以直接適用何法令作爲警察於現場預防危害或調查之依據，依此，本文僅提供查閱授權法令之軌跡，使發生不同之具體事實給予實務工作者加以判斷之空間。
[103] 社會上任何活動均以人爲本，人與人尚未熟識前，乃透過語言之表達溝通加深彼此的意象，在接續頻繁交往過程中逐漸熟識，建立互信的情誼，依此類推方式，擴及至家庭、社會、國家與國際。是以，表現自由的範疇應係憲法上人民重要的基本權利，而其核心，更係以表現自我爲依歸，該範圍及核心構成民主社會追求進步的重要力量來源，惟言論自由就像雙面刃般，係溝通、進步的重要利器，也可成爲攻擊他人的武器，視利用者如何使用矣；詳參閱拙著，論憲法上表現自由之集會遊行，臺灣警察專科學校警察法規課程補充講義，2013年4月29日，頁9。
[104] 言論自由的形式，係依據林子儀大法官的分類；林子儀，自由言論導論；許宗力，談言論自由的幾個問題，李鴻禧等著〈台灣憲法之縱剖橫切〉，2002年12月，頁117-133。
[105] 參閱大法官第445號、第509號、第718號解釋。
[106] 本書將聚眾活動置此之原因，乃集會遊行之前提已有一核准處分，現場維護秩序之警察人員，實際上係一種行政執行，執行內容爲核准處分之內容，併予此處簡要說明，讀者得於此處建立屬行政執行之思考。
[107] 臺北市政府及其市議會均設有陳情、請願專區，筆者曾任職於所轄信義分局○○派出所，擔服巡邏勤務時常受派前往該處對少數人聚集事件爲處置，倘有擴大情事，立即回報派遣支援警力到場。

始末，分析研判[108]是否可能擴大事端，此階段的作為係現行法規最為模糊之職權[109]。然而，少數人的聚集場合通常不會過於長久，現場警察的聆聽與勸導離去，大多會在情緒發洩、媒體拍攝完畢或有代表接受陳情後自動散去，此際，勸導離去之職權未具備強制力，得以行政指導為補充，實施勸導時應保持感同身受之立場，對聚集民眾切勿以指責、謾罵等情緒字眼、手段表達「強勢執法」立場，除有明顯而立即危險[110]的言論或行為需加以即時介入外，沒有表現自由的言論，或許就沒有人類歷史逐漸累積的足跡，現場警察對此應有更大包容的認知[111]。

貳、行政（司法）協助

預防危害之概念亦會展現在行政（司法）協助之事件上！行政機關基於行政一體，為達成任務，請求另一行政機關於授權範圍內，給予必要之協助，並未變更或移轉事件管轄權之謂[112]，警察應先就二種職務協助為區別，究竟係「**程序內**」或「**執行時**」協助[113]！以下僅提供二點作為釐清不同處之觀點：一、於程序中必須為權限範圍內之協助，至有否隸屬關係在所不問；然執行時貴在迅速、有效，原則上權限範圍[114]外之協助具有法

---

[108] 得判斷之條件為：一、聚集人數多寡。二、周遭路人的態度。三、聚集事件原因。四、現場是否有媒體拍攝。五、聚集民眾的情緒、行為。六、聚集民眾表達言論所使用之工具。七、是否可能有代表接受陳情。八、聚集時間的長短等條件。

[109] 為何係最為模糊之地帶？現今作用法規之立法例大多以程度不一危害，作為發動相關職權之前提，白話地說即：「鮮少法律條文是針對沒有任何危害情況，即賦予警察得以介入之職權。」大多皆以有危害情形時，警察介入行使職權方為合法，或許，警察法第2條之任務對於預防危害之觀念似乎應輕輕放下，過早介入只會換來更多違法行為及責難的聲音；詳查詢104年6月12日韓國人李尚彥發表簡短聲明後，持永豐銀行股東委託書欲進入股東會時，遭到現場警察之阻止，據維持秩序之指揮官表示，進行提審程序時，法官曾問：「李尚彥拿合法的股東委託書進入會場，你憑什麼不讓他進去？現場蒐證錄影帶看不出來他們（李尚彥等）有違反社會秩序維護法！」此案例亦可能係長官懼怕事端擴大（李尚彥進入股東會鬧場），而受輿論苛責之「預防危害」違法之適例。

[110] 按：該理論似乎可理解為言論自由的基本原則，並非一種審查標準，而其「客觀」意義在於：除非系爭言論可能引起的弊害是非常迫切的，尚無機會讓公眾討論前即會發生危害的狀態，才能將系爭言論可能引發的危險，視為明顯而立即的危險。而如果在言論發表後，實際危害發生前，還有時間透過討論或辯論方式將虛偽的錯誤加以揭露，或經由教育過程來避開邪惡，係對此言論可能帶來的弊害的最好救濟方法，意即經由更多的言論來治癒，並非強迫沉默（即Free marketplace of idears test），惟上開理論仍缺少表意人的「主觀」論述。此項「主觀」的論述，由「直接煽動原則（dirct incitement）」所填補，該原則認為：除該言論係以煽動他人從事立即之非法行為或以產生非法行為為目標，從其主張確實可能產生或煽動立即非法行為者，方得對之限制或處罰；林子儀，言論自由導論，〈台灣憲法之縱剖橫切〉，2002年12月，頁174-176；延伸閱讀：許宗力，比例原則與法規違憲審查，〈戰鬥的法律人—林山田教授退休祝賀論文集〉，2004年1月，頁228。

[111] 本處探討圍於篇幅，僅蜻蜓點水稍加說明，尚祈見諒。

[112] 李震山，行政法導論，2007年10月，頁101以下。

[113] 按：讀者可自行參閱本書勤區查察勤務中有關社會治安調查之思考。

[114] 參照行政執行法第6條。

定事由，仍得請求由無權限、無隸屬之他機關協助。二、如有必要支出費用，於程序中因機關相互間各具權限[115]，該費用得平均或協調承擔[116]；惟執行時，必要支出費用均由請求機關給付[117]。

巡邏人員於「程序內協助」大多集中在取締噪音或違法丟棄垃圾的案例，屬於較為常見預防危害之情形。取締噪音方面已如前不贅述；環保人員依廢棄物清理法執行取締[118]時，常有民眾拒絕出示證件配合稽查而請求警察到場協助，屬於程序內之協助，主體仍為環保人員，相關職權需依行政罰法第33條以下規定行使之，而警察僅係該法第34條第1項第4款協助行使強制帶返指定處所職權之人員矣。

「執行時」預防危害之協助，大多涉有處分為前提之執行，例如：斷水斷電措置、違建之拆除等，由於違反行政法上之義務人，並未對該義務履行，主管機關為確保履行義務內容之實現，通常有抗拒之預警情資狀況下，行文予警察機關請求協助執行，確保執行之成效。依此，巡邏人員接獲通知到場時，仍須具備「非主管機關」之概念，除有特殊、法定情形外，尚不得反客為主地介入協助執行之事件。

以民國104年3月20日[119]新聞報導引起軒然大波之內湖警分局疑似縱放山老鼠事件為例，現場漂流木保管人出示在臺東核准撿拾漂流木之證明[120]，現場獲得資訊顯示，該證明僅說明核准撿拾漂流木，其法律性質應係行政處分，則現場協助之警察人員，應明晰居於「**執行**」之協助，現場主要判斷之機關，乃臺北市政府工務局大地工程處之人員。再者，森林法第2條之主管機關：「在中央係行政院農業委員會；在直轄市為直轄市政府；在縣（市）為縣（市）政府。」係由臺北市政府所屬林務局林區管理處（或臺北市政府工務局大地工程處）負責辨別有無竊取或侵占森林主副

---

[115] 參照行政程序法第19條第1項、第2項。

[116] 參照行政程序法第19條第7項。

[117] 參照行政執行法第6條第3項。

[118] 此處，執行協助人員尚須明晰，環保人員取締是一種程序事項，而履行程序之目的乃為作成處分，則巡邏人員到場係「程序內」之協助，並非「執行時」之協助，尚須辨明。

[119] 該件實際發生日期在民國104年3月12日，後由臺北市議員高嘉瑜召開記者會提出質疑。

[120] 森林法第15條第5項規定：天然災害發生後，國有林竹木漂流至國有林區域外時，當地政府需於一個月內清理註記完畢，未能於一個月內清理註記完畢者，當地居民得自由撿拾清理。簡要說明請參閱：http://www.justlaw.com.tw/News01.php?id=814。

產物問題及其相關案件處理[121]，倘警察先於其他機關到場[122]無權判別，應依行政程序法第17條第1項規定，先行通知相關局處到場「**辨別有無竊取或侵占森林主副產物問題及其相關案件處理**」。又，主管機關後續辨別現場保管人提供之資證[123]、作成會議之決議事項，倘並未涉及不法情事應予放行，警察現場並無介入認定之職權。若經主管機關判定疑似涉及竊取或侵占森林主副產物，則現場協助之警察應發動犯罪調查之職權接辦後續事宜[124]，以明權責。至現場人員提供之書面、書面與漂流木間關係、漂流木種類、數量等，依現行法視之，除行為人有刑事責任外，似乎與警察職權無涉[125]，即係一種預防危害之行政協助適例。

另本文謂：司法協助，係指行政程序法、行政執行法以外行政機關有協助之義務，例如：（民事）強制執行法第3條之1。現行分局承辦人接獲民事法院執行處公文時，因對強制執行法陌生，可能不知法院執行處核發執行命令之主體仍為執行處人員，相當機械地以交辦公文方式分發所轄分駐（派出）所執行，當執行該命令內容有紛爭於現場異議時，警察根本沒有任何權力對異議處置，沒有處置實權的警察，或許僅能眼巴巴看著危害程度升高至違法時，方得介入並行使警察相關職權。惟仍須分別：這是一種預防危害協助之展現，非反客為主的執行[126]。有時，警察人員基於正義感使然，突躍於主管事務機關之前與民爭鋒，尚須避免。是以，**行政協助與司法協助**之法令、時期、授權等均不相同，本文提供實際案例作為思考之區分條件，或許協助其他機關時，方得明瞭「**哪些事該警察做，哪些事根本不該警察來做**」！警察官長才懂得拒絕。

---

[121] 詳參照漂流木處理分工表。

[122] 警察於現場調查之授權，係基於森林法第32條第1項之規定，惟仍須辨明警察並非主管機關，乃處於協助之地位。

[123] 依據民國100年6月27日行政院農業委員會農林務字第1001741204號函修正規定。

[124] 此案例處理之法律思維，相當接近警察獲報前往處理廢土事件，較為不同之處乃警察係居於「程序內協助」，非「執行時協助」。

[125] 此處，應說明實務機關最困惑之處，乃判斷是否為漂流木或種類，應無關刑事責任，則與警察無關，易言之：有國有、公有、私有註記、烙印者仍不得撿拾，現場經主管機關判斷後，即應初步認定有犯罪嫌疑（參照森林法第50條以下），警察機關應即時介入為犯罪調查，否則，未經判斷及確認前，應與警察職權無涉。

[126] 於此有一相當常見但特殊之例外案例，○○分局承辦人與○○地方法院民事執行處發生爭執，承辦人詢問如何處置？筆者協助分局承辦人撰寫法律意見書回覆監察院、○○地方法院、內政部警政署、○○市政府警察局，以下係當時回覆之原文，讀者亦可思考行政協助與司法協助間之差異：2010年2月19日。

案例事實：

甲男（住嘉義）與乙女（住臺北）生有一子丙，離婚訴訟後法院判決離婚，附帶請求對於未成年子女權利義務行使負擔之內容及方法，判令丙由甲男監護，乙女於取得執行命令後，每月得與未成年子女假日會面交往一次，似甲男未遵行確定判決之內容，乙女遂向強制執行法院聲請，以該確定判決應履行作為義務為給付內容之強制執行，於每月一定期日為交付未成年子女與本生母親會面交往。執行法院來函「要求」警察機關針對是項執行命令執行（經函覆婉拒後仍「命」警察機關執行），乍看之下，執行法院行文予警察機關為一般定期強制執行，相當合乎常理，但仔細端詳卻發現問題所在，本文試以法律面就法論法，探討案例事實職權之蹊。

回覆內容：

首要，應先釐清系爭事實，本質上是否屬行政事件職務協助事項？抑或單純民事協助事項？系爭乃民事訴訟之原因所起，係依據民法、民事訴訟法確定私權紛爭衍生債權人未履行確定判決之強制執行事件，應可區隔並無適用行政法上行政職務協助之餘地。既可得確定適用法令之區隔，續以探討警察機關於強制執行法（以下稱本法）之「義務」所在。

本文以執行主體、協助機關區辨及強制執行救濟等，輔以文義解釋、體系解釋簡要探討發動強制執行時，警察機關「協助義務」之定位及範圍。

一、執行主體

強制執行係債權人依據執行名義，聲請執行法院，對債務人實施強制執行。因此強制執行之主體包括執行法院，以及債權人、債務人。前者稱為執行機關，後者稱為執行當事人（張登科，強制執行法，2007年9月修定版，頁73）民事執行處置法官或司法事務官、書記官及執達員，辦理執行事務，由法官或司法事務官命書記官督同執達員辦理之，本法第2條、第3條第1項定有明文。是以，可確定強制執行事件主體係執行法院及執行當事人，於強制執行之開始係法官或司法事務官命書記官督同執達員辦理之，發動職權主體可確定係：執行法院。

至人員係如上述，應到場為強制執行。系爭執行法院辦理交付子女或被誘人強制執行事件時，應注意遵循交付子女或被誘人強制執行事件作業要點之相關規定。又書記官於權限內之事務，應互相協助，觀護人、執達員、法警，亦同，法院組織法第109條定有明文。

二、協助機關之區辨

按實施強制執行時，為防止抗拒或遇有其他必要之情形者，得請「警察或有關」機關協助，機關有協助之義務；就行為不行為請求權執行，債務人應為第128條第1項及前條第1項之行為或不行為者，執行法院得通知「有關機關」為適當之協助，本法第3條之1第2、3項、第129條之1定有明文。

查上開均係85年經立法院三讀通過新增修條文，立法機關有意將強制執行事件區隔不同機關之協助義務。是以，「警察或有關」機關文字置於總則規定之，「有關機關」文字置於行為及不行為請求權專章規定之，則警察機關協助義務之範圍要件乃防止抗拒或遇有其他必要之情形，而遇有其他必要之情形，係遇見有抗拒之可能，得請求協助，其能預籌警力，警察機關負有協助義務範圍應可確定於強制執行事件之「防止抗拒或遇有其他必要之情形」，始有協助之義務，且無法單獨執行債權人所聲請之執行命令，係如下述。

按「有關機關」之協助，係如債務人仍不願履行，或子女、被誘人無配合意願者，得依強制執行法第129條之1規定，洽請子女就讀學校、兒童福利機關、少年福利機關或其他社會福利機關為適當之協助，實地瞭解債務人及子女或被誘人之狀況，予以適當之心理輔導，於必要時，得請求該等機關協助執行，以勸導債務人或子女、被誘人配合履行，交付子女或被誘人強制執行事件作業要點第4點定有明文，司法院明定有關機關乃學校、兒童福利機關、少年福利機關或其他社會福利機關，非警察機關；亦仍須符合防止抗拒或遇有其他必要情形之前提要件，始克相當。

三、強制執行之救濟

當事人或利害關係人，對於「執行法院」強制執行之命令，或對於「執行法官、書記官、執達員」實施強制執行之方法，強制執行時應遵守之程序，或其他侵害利益之情事，得於強制執行程序終結前，為聲請或聲明異議；前稱聲請及聲明異議，由「執行法院」裁定之，本法第12條第1、2項定有明文。是以，系爭執行案件於執行現場，「執行主體」未到場，如有對執行命令發生主爭之當事人或利害關係人，協助之「警察機關」何來對當事人或利害關係人之執行程序或侵害情事聲請或聲明異議「裁定」之職權？

四、文義說明

立法者有意區分「警察」與「有關」機關之協助義務，分別於條文中明定「警察」或「有關」機關之協助義務，然協助義務之發生，仍有其前提，即防止抗拒或遇有其他必要之情形者而言，系爭事實係執行一般事項，就債務人是否履行其行為義務，警察機關無權置喙，更有違立法者區隔「警

參、行政指導

謂行政指導，指行政機關在其職權或所掌事務範圍內，為實現一定之行政目的，以輔導、協助、勸告、建議或其他不具法律上強制力之方法，促請特定人為一定作為或不作為之行為，行政程序法第165條定有明文。警察預防危害時，倘危害程度不高無須強制介入得以選擇之職權，當以行政指導為優之選項，由於警察主管、協管法規、勤業務繁多，重疊性亦高，現場以行政指導方式為之，作為本身較具柔軟性，更能使受指導之人接受指導方式。

巡邏勤務人員在預防危害之面向得實施行政指導之例，如：受竊之居家，輔導該住戶申請治安風水師檢測居家安全；路檢點見行人違規穿越馬路前，勸告行人勿擅自穿越；見吸菸男子準備丟棄菸頭時，約束該行為等事實，幾乎得以統稱為「行政指導」！當然在某程度而言，機關人員倘負有應作為義務（裁量權收縮至零）時，重疊性的行政指導亦應收縮至零，即不得行使該職權[127]。有時，警察人員給予民眾形象過於剛烈，適當的行

察」與「有關」機關的協助義務。

五、體系說明

　　體系編排上，就警察機關按其性質而編排在第一章總則，以彰顯於所有種類之強制執行事件均有其適用，惟其前提仍在「防止抗拒」或「遇有其他必要」之情形下，復於本法第129條之1規定之「有關」機關應採限縮解釋，係因該條規定乃債務人應為第128條第1項及第129條第1項之強制執行時，始為適當之協助。是以，第128條第1項及第129條第1項之有關機關協助執行法院執行，非警察機關之法定義務，協助事件之機關應為「有關」機關顯而易見，否將立法者區分協助前提要件及「警察」與「有關」機關形同具文，此函文容有誤會。

六、結論

　　系爭就交付子請求權之未成年子女會面交往強制執行事件，命警察機關為一般事項執行，其似有誤解，如下分論之：

（一）民事強制執行事件之主體已如前述，執行法院由法官或司法事務官命書記官督同執達員辦理之，及債權人、債務人構成強制執行事件之三角關係，然警察或有關機關乃附隨於執行主體之下，且前提要件為防止抗拒或遇有其他必要情形，始有協助之義務，就系爭執行事件「命」警察機關為執行主體，似有越俎代庖之嫌。意即叫一個沒有權限及協助義務的機關來執行，似由解律法律所賦予執行法院的職權。倘執行系爭一般定期未成年子女會面交往之交付事件係「遇有其他必要」之情事，警察機關就所有強制執行事件可能均有其適用，似警察機關應可取代執行法院乎？又，此協助義務乃法律上之義務，倘因執行法院人員因時、地不克或不便到場，係事實上而非法律上之義務，應予釐清。

（二）就執行命令而言，執行之範圍可得確定應無疑義，惟當事人或利害關係人對實施強制執行之方法、強制執行時應遵守之程序，或其他侵害利益之情事，現場為聲請或聲明異議，如何處置？且於交付子女或被誘人強制執行事件作業要點第8點（二）、2說明，僅直接強制下，始有警察機關協助法定義務產生，有意區隔上開「警察」與「有關」機關，如巴西吳小弟弟跨海訴訟事件，就債務人不願交付情形，亦有遭抗拒之虞，由執行法院人員指揮警察機關，應為妥適，非謂執行一般事件即滿足法定要件義務，即得容任斷章取義。

[127] 行政裁量（有學者稱為「裁量餘地」，為避免不諳法律者混淆，即採取臺灣大學法學院李教授建良之用語為「行政裁量」）：其概念區分為兩類型，一為原則上無自由裁決的空間，對此有以「羈束行政」謂

使行政指導之職權亦無不可。

　　警察預防危害之作爲，常有行政指導之外觀，可自受理報案、乃至提供適當法律意見，甚而在災害現場指引無辜民眾逃生路徑，均可視爲行政指導，惟大多實務工作者對此項職權仍屬陌生，尚未建立法治思考架構前，通常無法知曉該職權行使之界限及其重要性。筆者認爲，實務工作者尚須釐清處在於：「事實發生與法律間」之涵攝過程，在行使任意性職權時，需清楚明瞭自身正爲「輔導、協助、勸告、建議或其他不具法律上強制力之方法」加以實現「一定之行政目的」，在預防危害工作即能進一步探知。

第二款　處罰不法[128]

　　巡邏勤務執行時，常需作成不法行爲處罰之形式外觀，對於違法事實除有實施勸導之職權外，仍應依法作成處分或具體公權力之措置。然違法行爲係對於過去之行爲加以處罰，並非對未履行義務或確保義務之履行所爲之執行罰，其種類得依立法者預設不同之處罰，分別行使職權，尤其在程度較爲嚴重之刑罰規範，執法作爲受到規範密度相對較高，以下就處罰不法之種類分別簡要說明：

壹、行政罰[129]

　　行政罰，乃爲維持行政上之秩序，達成國家行政之目的，對違反行政上義務者，所科處之制裁[130]，依此意涵應包含已違反行政法上之義務爲前提、係對過去違反行政法義務之制裁、制裁對象爲一般人民、原則上由行

之，而其（指羈束行政）所作成之處分稱爲「羈束處分」；另一爲與法定要件該當時，行政機關仍得依照個別具體情狀，就法律效果是否發生或如何發生給予裁度推量，即「裁量」。

　判斷是否有行政裁量，應視行政機關是否享有裁量權，如係上開「羈束行政」作成之「羈束處分」，則無行政裁量（亦可稱無裁量權），如若有「授權裁量」等字樣，當可確定行政機關具有裁量權。爲此類規定殊屬少見，較常見乃法律條文中之構成要件及法律效果間有一「得」字，通常表示立法者授權行政機關與法定要件該當時，得依具體、個別情況，決定是否採取法律效果或採取何種法律效果。

[128] 此處所稱處罰不法，乃爲了簡易思考之目的，使讀者明晰自身行爲「正在」處罰之程序中，雖違反刑罰之行爲人，並非警察機關之權限，惟現場調查證據及事實與移送，仍與警察有關。

[129] 延伸閱讀：黃俊杰，行政罰法，2006年3月；林錫堯，行政罰法，2005年10月；蔡震榮、鄭善印，行政罰法逐條釋義，2006年1月；李惠宗，行政罰法之理論與實例，2005年8月；李震山，行政法導論，2007年10月；陳新民，行政法學總論，2005年9月。

[130] 吳庚，行政法之理論與實用，2007年，頁486-487。

政機關爲之之要素。按行政罰法第1條規定可明確指出，違反行政法上義務而受「罰鍰」、「沒入」或「其他同種類行政罰」處罰時，適用本法之法文，此處以違反道路交通事件[131]爲例具體化行政罰之概念！

巡邏人員對違反道路交通法上義務之駕駛人進行稽查時，部分駕駛人會質以「你（執行人員）哪一隻眼睛看到我違規」或「你（執行人員）有什麼證據證明我違規」爲由詢問執行人員，實務人員常莫衷一是地迴避。本文以實務工作者較不熟稔之涵攝執法過程，建立「舉發作成前」及「舉發作成後」二大部分之程序，並以行政處分或具體公權力措施**作成之時點**爲區隔。

「舉發作成前」：巡邏人員見駕駛交通工具之道路使用人有違規情形加以攔查，乃「行政程序之開啓[132]」，攔停後應告知駕駛人攔停或違規之事由[133]，執行稽查之警察因目視駕駛人違規乃依職權[134]調查違規事實，現場不受當事人主張之拘束並給予陳述意見[135]之機會，倘駕駛人主動提供於交通工具內裝設之行車紀錄器爲證或執行人員要求播放時[136]，應給予澄清！若無[137]，除有得以勸導之違規事實外[138]，應斟酌全部陳述與調查事實及證據之結果[139]，作成舉發通知單[140]，駕駛人對警察所爲舉發若有意見得先行向舉發機關陳情[141]或申訴，警察係執法自有權加以取締。

---

[131] 延伸閱讀：大法官第604號解釋。

[132] 參照行政程序法第34條、道路交通管理處罰條例第7條第1項、警察職權行使法第8條第1項、行政罰法第34條第1項第1款。

[133] 參照警察職權行使法第4條第1項、行政罰法第33條。

[134] 參照行政程序法第36條。

[135] 參照行政程序法第39條、第102條。

[136] 參照行政程序法第37條、第40條、第42條。

[137] 駕駛人雖無意見，仍未解免行政機關就違反行政法上義務行為人之故意、過失負舉證責任，參照行政罰法第7條立法理由三；延伸閱讀：最高行政法院98年判字第1374號、高雄高等行政法院92年度訴字第1059號、最高行政法院100年8月份第2次庭長法官聯席會議等有詳細的說明。

[138] 參照違反道路交通管理事件統一裁罰基準及處理細則第12條各款、行政罰法第1條、第19條。甚為可惜係內政部警政署仍認爲得以實施勸導項目依然聚焦在該細則第12條各款，均未考慮民國95年2月5日正式施行之行政罰法，亦未比較如何優先適用上揭法令，僅於該細則各款間打轉，似乎未能提綱要領；詳參閱王卓鈞發行，警察實務103年警察幹部常訓教材—交通違規稽查與輕微違規勸導之要領，2014年7月，頁177-187。

[139] 參照行政程序法第43條。

[140] 舉發通知單之法律性質，實務機關人員大多認係行政處分，惟依道路交通管理處罰條例第8條規定，仍須由主管機關做成裁決書，此裁決書具有罰鍰之法律效果，與舉發通知單有別！

[141] 參照行政程序法第168條。

　　「舉發作成後[142]」：警察作成舉發通知單之斯時，於爭訟中[143]乃立於證人地位陳述駕駛人違規事實[144]，立法者原已預設行政機關就違反行政法上義務行為負舉證責任[145]，提起撤銷訴訟之人亦得提出反證[146]；當然，除上揭負舉證、反證之行政機關或當事人外，法律亦無免除行政法院應依職權調查證據之義務[147]，綜合全辯論意旨及調查證據[148]之結果，以判決為之，則警察係立於證人地位，就過去違規事實加以稽查並作成處分矣。

　　再操作實務運作具體說明[149]上揭觀念，例如：接獲舉報前往處理「違

---

[142] 此處排除違反道路交通管理事件統一裁罰基準及處理細則第65條、第65條之1、第66條不服裁決處理之類似程序重開（行政程序法第128條）問題討論。
[143] 參照道路交通管理處罰條例第87條、行政訴訟法第237條之1至之9。
[144] 參照行政訴訟法第142條。
[145] 參照行政罰法第7條立法理由三。
[146] 參照行政訴訟法第136條、第176條、民事訴訟法第277條、第278條以下。
[147] 參照行政訴訟法第133條、第141條。
[148] 參照行政訴訟法第188條、第189條。
[149] 實務機關處理違反道路交通事件時，提出質疑的民眾越來越多，如果是你（讀者）遇見如下陳情人（現任檢察官）將如何回應？2015年○月○日陳情內容，同年○月○日陳情人第2次陳情時，由該分局警務員詢問筆者相關疑問：

陳情標題：有關○○○派出所員警違法行為。
信件內容全文（不含個資及可辨識之特徵）：
陳情書　陳情人於民國104年○月○日，駕駛自小客車欲前往○○市○○醫院就診，途中因腸胃炎導致腹瀉之故，故先將自小客車停放於○○醫院門口紅線處，而先前往醫院如廁，而副駕駛座上尚有外籍女性友人（下稱女性友人）。陳情人於當日上午11時35分許將上開自小客車停放於○○醫院門口紅線處，自陳情人如廁結束出來上午11時50分許，看到該車擋風玻璃上已夾有一張「違規停車逕行舉發」單（詳如附件1），陳情人對於此一違規舉發並無意見，因本人確實違規在先，然而事後聽女性友人轉述，當我進入醫院之後，有一位員警（○○○派出所，編號：○○○）前來詢問她：「車主是誰？」女性友人答：「車主是我的男朋友，他進去醫院拿藥，等等馬上就出來。」員警問：「那妳可以移車嗎？」女性友人搖頭答：「沒辦法。」員警似乎因為聽到該女性友人口音不像台灣人，便接著問：「妳是哪國人？」女性友人答：「日本人。」員警接著說：「拿出妳的護照給我看看。」女性友人答：「我沒有帶。」員警說：「那我要拍照取締。」而後離去。陳情人欲再一次重申，對於交通違規遭舉發一事，毫無怨言，亦無質疑之處。然而陳情人對於員警後續的舉動，深感疑慮，何以該名員警可以請求該女性友人出示護照等證明身分之文件？其所依據的法源為何？根據我事後（同日下午1時50分許）前往○○○派出所詢問該名員警（編號：○○○）之結果，該名員警認為他是依據警察職權使法第七條有關「盤查」的規定，並且一再用不客氣之口吻詢問我：「為什麼我不能查詢她的身分？」我認為警執法確實非常辛苦，但是必須依法為之，且不能逾越法律所為之解釋，以免過度侵害人民之權益。又按照大法官釋字第535號解釋，臨檢盤查需要有「相當之合理懷疑」始得發動，進而查驗人別身分，但前提必須要有「客觀的事證」來支撐此一相關之合理懷疑。試問該名員警當時係依何種客觀事證認為我的女性友人有進行查驗身分之必要？況且其當時所為者並非臨檢盤查，僅是一般的交通違規舉發，故其所為查驗人別身分之行為顯非法律所賦予之權限，其所請求女性友人出示護照之行為，顯係違法行為。若該名員警係以其為外國人之身分即認為可以無端查驗其身分，豈非認為所有入境我國之外國人皆為「潛在之犯罪嫌疑人」？又外國人前來我國，無論目的係來觀光或就學，其動機不外乎喜愛台灣的風土民情，並且認為台灣人民溫厚純樸。然經由此一員警所為之舉動，使該女性友人深感震驚，認為其並無為任何違法或不當之行為，何以須遭到員警請求出示護照之行為？故該名員警不但影響他國人民對我國良好之印象，亦會對我國警察單位之執法感到失望。尤其是地處在○○○路、○○○路一帶，外國觀光客人潮眾多，該名員警之行為，顯然有損我國之形象，實屬不當。陳情人陳情之目的，不外乎希望基層員警瞭解執法之合法性界線，蓋若警察可以無端的在路上擅自盤查任何人，請求出示證件，對人權自屬嚴重之戕害，亦非全民之福。謹請求該名員警瞭解其行為係屬不當，並懇請相關單位給予應有之懲處，以示懲戒。

規停車」情事，通常對違規車輛處置有三種方式：

一、確認違反道路上標誌、標線時，填製逕行舉發通知單（俗稱白單）置於車輛明顯處後，拍攝違規事實照片數幀，沖洗照片後書寫於照片上相關違規車號等資訊，統一送分局製發舉發通知單（俗稱紅單），連同照片寄發受處分人。

二、確認違反道路上標誌、標線時，違規車輛有需立即移置情形，通知拖吊車並於現場等候，倘拖吊車內並無員警在場，則現場查詢車號（受處分人）之車主年籍資料，直接填製舉發通知單（俗稱紅單），拖吊人員將執行拖吊聯單內容直接登載舉發通知單聯號於內，完成彌封車輛手續、拍照後，將違規車輛拖離違規現場。

三、確認違反道路上標誌、標線時，惟違規車輛之駕駛人立即移置車輛，執行人員得對之實施勸導或現場舉發[150]。

上揭實務機關處理違規停車的三種方式，皆得以**行政處分作成之時點**切割為「舉發作成前、後」二部分來思考，舉發作成**前**有行政程序法之適用，決定舉發或作成處分**後**，即得開始執行。以上揭方式一為例，則「**填製逕行舉發通知單（俗稱白單）**」為行政處分作成之時點，該時點之前需履行行政程序；該時點之後得開始執行（如危害程度較高，執行拖吊車輛）。基此，巡邏人員取締違反道路交通事件，舉發前乃基於法定職權所為調查並作成通知單予當事人；舉發作成後在事後爭訟角度觀察警察執法之斯時，執行人員現場舉發係證人地位，不僅負有舉證義務，亦需履行正當法律程序始稱合法[151]。

然警察在行政罰之案例，當不限違反道路交通管理事件，倘為彼我不同主管機關（同上揭行政協助之思考），執行時亦應得建立該有的具體操作，例如：某營業曳引（砂石）車已進入某隱密空地，該車已將曳引尾車內之廢棄物傾倒半數於該空地上，巡邏人員獲報前往查緝不法，現場人

---

[150] 上揭說明，姑不論逕行舉發通知單係何種法律性質？執行拖吊究係間接、直接或即時強制之行為？拖吊人員執行係基於何種法律地位？現場是否有通知違規車輛之駕駛人義務？以粉筆書寫於地面是否為基礎處分送達之程序？等爭議，本文著重在實務機關究竟如何合法處置。

[151] 違反道路交通管理事件提起爭訟，自民國100年11月23日修正道路交通管理處罰條例第87條、第89條後，所有有關刑事訴訟法之法理、原理、原則終回歸適用行政訴訟法，原「嚴格證明」、「罪疑唯輕」等實施刑事訴訟之原則，均已不能適用於道路交通管理事件，原則上行政訴訟法立法例類似民事訴訟法之處分權主義及辯論主義，執法思維應隨之更動。

員應先分辨係**違反何實體法**（一）？一係道管條例，另一係廢棄物清理法，競合處罰部分[152]亦應一併於審查時考量。再以道管條例之**主管機關法**（二）分別為公路主管機關及警察機關，而廢棄物清理法之主管機關，中央為行政院環境保護署，直轄市為直轄市政府，縣市為縣市政府等加以判斷。基此，巡邏勤務人員對於廢棄物之認定、違反法條、法律效果等，應候主管機關人員屆場認定廢棄物之種類，後續若有犯罪事實依法偵辦外，應交由直轄市、縣市政府環境保護局人員接續辦理[153]，至是否舉發違反道路交通管理事件則視競合處罰之規定辦理，等候主管機關判斷過程中，應於現場安全維護，防止非本案之治安事件發生。

貳、行政秩序罰

　　本文對行政秩序罰之內容，乃專指有關違反社會秩序維護案件而言，大多數學者[154]並無特別列舉，僅以「行政罰」作為涵括之描述。惟社會秩序維護法主管機關為警察機關及地方法院簡易庭[155]，判斷違反行政法上義務行為究屬一行為或數行為時，獨立分類尤其重要。對警察機關而言，應有必要將行政秩序罰作為單獨命題來討論，原因在於：一行為同時違反社會秩序維護法及其他行政法上義務規定處罰時，已裁處拘留，即不再受罰鍰處罰[156]，然為數行為分別違反社會秩序維護法及其他行政法上義務規定時，應分別處罰[157]！此處之區分有顯著的實益。

　　例如：巡邏勤務人員接獲通報某處有違規攤販，該攤販的一營業行為[158]原則上同時該當道路交通管理處罰條例第82條、社會秩序維護法第79條第1項第1款之處罰規定，到場人員應如何認事用法？是舉發交通違規即可，抑或進行社會秩序維護法之調查？本文認為執法方式之思考有三：

---

[152] 此處的競合處罰，係指行政罰法第24條至第26條規定，因該案例傾倒廢土的行為只有一個，在一事不二罰的概念下，原則上一個行為只能處罰一次，惟同一行為同時違反數法規時，警察如何作成決定或後續處置，皆是重要的觀念；另參照行政罰法第24條之規定。

[153] 此處舉例之目的僅在使執行巡邏勤務人員，在服勤前有簡易的思考、條件作為篩選，至詳細處理流程或相關法規應以專文撰寫，篇幅有限在茲不贅。

[154] 陳敏，行政法總論，2003年1月，頁689-690；黃俊杰，行政罰法，2006年3月，頁20。

[155] 參照社會秩序維護法第43條、第45條。

[156] 參照行政罰法第24條第3項。

[157] 參照行政罰法第25條。

[158] 執行警察勤務時，常遇有外觀上一自然事實，同時有二以上法令各別規定，執法人員在判斷時，到底應如何適用？基層員警常有相當疑惑。

一、依特別法優於普通法[159]原則適用，對攤販取締得優先適用道路交通管理處罰條例，於不聽禁止之要件完足後，得逕以社會秩序維護法辦理。二、按社會秩序維護法第79條第1項第1款係處新臺幣三千元以下罰鍰或申誡之法律效果，乃警察機關主管事項作成處分之職權，非行政罰法第24條第3項**裁處拘留**之事項，不受「不再受罰鍰」處罰之範圍，應依法定罰鍰最高額規定裁處，則回歸社會秩序維護法辦理之，惟仍須完足該法之法定要件。三、自執法之適當性來說[160]，倘以道路交通管理處罰條例舉發之手段即達行政目的，毋須科以更重之社會秩序維護法處罰，避免失之均衡。是以，法律競合之事件常見在警察實務機關處理案件上，究竟如何適用相關法律問題，或許才是重視如何「用法」之所在！當然，巡邏中有許多外觀單一自然事實，上揭思考係提供讀者一個脈絡，非僅恣意毫無理由的判斷。

參、行政刑罰

　　行政刑罰，係指廣義的行政罰或行政制裁，對違反行政法上義務行為，應科處死刑、無期徒刑、有期徒刑、拘役、罰金、褫奪公權及沒收等刑名之制裁者，由法院適用刑法總則[161]之規定，以刑事訴訟程序為判決，該違反行政法上義務之行為，不僅反道德或反倫理的程度較高，產生的結果對社會構成之損害或危險程度亦較大，雖謂行政刑罰，原則上並非一般行政法討論之對象[162]。

　　警察機關執行巡邏勤務時，常遇有行政刑罰偵辦最為繁複且與警察相關之類型，即取締濫倒廢土（黑蝙蝠專案）或破壞國土案件！廢棄物清理法第45條、第46條、第48條等均有處無期徒刑、有期徒刑、罰金等刑罰，該法立法目的主要為有效清除、處理廢棄物，改善環境衛生，維護國民健康而制定，寓有強烈公益性質之法律，其法律效果除有上揭刑罰規

---

[159] 參照中央法規標準法第16條。
[160] 臺北高等行政法院98年簡字第136號。
[161] 刑法第11條，是一個穿針引線至其他實體法規的重要條文，通常情形下，外觀混有罰鍰及刑罰的法律不在少數，惟大多僅有構成要件及法律效果的條文，在總則性的規定則因立法技術而回歸至刑法總則適用。
[162] 陳敏，行政法總論，2003年1月，頁689-690；不同見解：黃俊杰，行政罰法，2006年3月，頁20；延伸閱讀：李建良，行政法基本十講，2013年9月，頁90-91。

範，尚有公法之罰鍰、停工、停業等處分，就整部法令之法律性質而言應屬公法（公益目的），只是處罰手段包含有刑罰，而巡邏人員查獲後整個程序（含犯罪工具之處置[163]）應依刑事訴訟法為之。

依此，只要涉及刑罰處罰之法律條文（即法律效果），皆與行政刑罰有關，無論程序或救濟規定，原則上均明定於刑事訴訟法中。實務工作者最缺乏之觀念，大多在新修正的條文中，例如：民國103年1月29日立法院新修正通過有「王貴芬」條款之醫療法第24條、第106條，該法第24條第2項、第4項規定：「為保障病人就醫安全，任何人不得以強暴、脅迫、恐嚇或其他非法之方法，妨礙醫療業務之執行，致生危害醫療安全或其設施。違反第2項規定者，**警察機關**應協助排除或制止之；如涉及刑事

---

163 民國97年4月16日97年高等行政法院法律座談會提案法律問題六：

法律問題：甲未經許可，於民國96年3月1日以乙（不構成共同違章行為人）所有之挖土機盜採砂石，經主管機關查獲，依土石採取法第36條規定處甲罰鍰新臺幣（下同）100萬元，並限期令其辦理整復。嗣甲未依期限辦理整復，主管機關除處甲100萬元以外，對於沒入挖土機部分，可否不對乙為之而直接在以甲為受處分人之裁處書上逕為沒入之處分？

討論意見：

甲說：肯定說

按「沒入之物，除本法或其他法律另有規定者外，以屬於受處罰者所有為限。」「不屬於受處罰者所有之物，因所有人之故意或重大過失，致使該物成為違反行政法上義務行為之工具者，仍得裁處沒入。」固為行政罰法第21條及第22條第1項所規定。惟自上開第21條條文及同法第1條：「違反行政法上義務而受罰鍰、沒入或其他種類行政罰之處罰時，適用本法。但其他法律有特別規定者，從其規定。」等規定，可知倘個別行政法基於達成行政目的之考量，而特別規定得就非屬於受處罰者所有之物裁處沒入，自應依其規定。依土石採取法第36條規定：「未經許可採取土石者，處新臺幣100萬元以上500萬元以下罰鍰，直轄市、縣（市）主管機關並得限期令其辦理整復及清除其設施，屆期仍未遵行者，按日連續處新臺幣10萬元以上100萬元以下罰鍰至遵行為止，並沒入其設施或機具。……」之文義即知其係基於維護自然環境，健全管理制度，防止不當土石採取造成相關災害，以達致國家永續發展之目的，而特別規定對於凡屬未經許可採取土石之行為人，經限期命其辦理整復而未遵行者，即得沒入其所使用之設施或機具，不以該設施或機具屬於受處罰者所有為限。是土石採取法為行政罰法第21條所稱之特別規定，自應優先適用。本件甲使用之挖土機雖非其所有，惟主管機關依土石採取法第36條之規定仍得逕以甲為受處分人對之為沒入挖土機之處分。

乙說：否定說

按土石採取法第36條雖規定主管機關得沒入該條所規定之設施及機具，惟該設施或機具是否屬於受處罰者所有始得沒入，土石採取法並未明定。查沒入為行政機關基於行政法令之規定，剝奪人民物之所有權，具有行政罰之性質，則沒入之物，自須於屬於違反行政法上義務而受處罰者所有，始具有懲罰作用，並避免行政處罰之牽連、波及效果，藉以保障人民之財產權。行政罰法之所以於第21條規定沒入之物，原則上以屬於受處罰者所有為限，並於同法第22條設定得對第三人之物沒入之要件，即本斯旨而定。按行政罰法第22條第1項：「不屬於受處罰者所有之物，因所有人之故意或重大過失，致使該物成為違反行政法上義務行為之工具者，仍得裁處沒入。」雖對於非屬受處罰者所有之物得予擴大沒入，惟該條既以所有人有故意或重大過失為要件，屬於對所有人之處罰，則主管機關為沒入處分前自應斟酌所有人有無可歸責事由。又「行政機關裁處行政罰時，應作成裁處書，並為送達。」行政罰法第44條定有明文：其格式依行政程序法第96條之規定，並應記載處分相對人之姓名、出生年月日等足資辨識受處分人之特徵。是以本件主管機關如要沒入挖土機，應查明乙確該當行政罰法第22條第1項之構成要件後，對乙為沒入之處分，不得直接以甲為受處分人在對甲之裁處書上為沒入處分。

初步研討結果：

多數採乙說。

責任，**應移送該管檢察官偵辦。**」又，第106條第1項至第4項規定：「違反第24條第2項規定者，處新臺幣三萬元以上五萬元以下罰鍰；如觸犯刑事責任者，應移送司法機關辦理。毀損醫療機構或其他相類場所內關於保護生命之設備，致生危險於他人之生命、身體或健康者，處三年以下有期徒刑、拘役或新臺幣三十萬元以下罰金。對於醫事人員執行醫療業務時，施強暴、脅迫，足以妨害醫事人員執行醫療業務者，處三年以下有期徒刑、拘役或新臺幣三十萬元以下罰金。犯前項之罪，因而致醫事人員於死者，處無期徒刑或七年以上有期徒刑；致重傷者，處三年以上十年以下有期徒刑。」為實務工作者最不熟稔之新修正規定。

　　民國104年3月13日晚間新北市蘆洲地區福田診所[164]，發生因粘姓女子病患不滿賴姓女醫師為全球人壽保險公司提供理賠意見，致伊住院日數過多無法申請理賠之官司敗訴，懷恨在心自彰化趕往求診時毆傷女醫師，到場之巡邏員警係甫畢業一年餘之人員，並將雙方帶返勤務處所，**全案原由偵查隊小隊長主導朝向告訴乃論之「傷害罪」為處置**，現場協辦人員急電，筆者告知「勿僅」依刑法傷害罪為處置，否將深陷刑罰，主辦人員聽從協辦諮詢後之意見，全案依醫療法、刑法傷害罪隨案移送地檢署偵查。本案重點在於：全案應如何處置方為適法？基於上揭醫療法第24條第2項、第4項、第106條第1項、第3項之規定，粘女確實已涉及刑事責任，據該法第24條第4項規定「應」移送該管檢察官偵辦，現場處置人員並無任何裁量權；又，粘女顯係現行犯，巡邏人員帶返所之舉，渠之實質被告地位已然形成，**等同：逮捕**，按刑事訴訟法第92條第2項前段規定，仍須解送予地檢署。依此，據現行法之規定，只要涉及醫療事件有刑事責任，現場人員斷不可以告訴乃論之傷害罪（俗稱搓湯圓）方式處置，否將可能擔負刑法第163條之公務員（故意或過失）縱放人犯罪之刑事及國家賠償責任，不可不辨。

---

[164] 讀者得自行以關鍵字搜尋：蘋果日報、2015年3月22日、怨理賠敗訴婦扯髮揍女醫，即得一窺全案之事實。

第三款 紛爭調解

　　人類世界中，總會爲了並非順應自己心意之事物、言語、管理、教育等而起爭執，爭執過程中總朝著自己決定或所爲方向是最佳選擇來說服他人，當他人提出與自己標準不一或自己錯誤的說法時，即時地提出抗辯，依此之抗辯理由大多均未周詳考量或順應原本提出決定來作爲立論之基礎，在比對前後說法不一時，紛爭即會產生！有時，無謂的爭執說法，無法使以一般人之標準來接受。辯論過程中言論價值或高或低，當無言以對之際，人類最深沉的本能將會出現：以暴制暴！失去理性的爭執，演變成爲暴力相向的場景比比皆是，社會新聞屢見不鮮，請求警察協助調解紛爭的報案鈴聲在警察勤務中心此起彼落，受派前往調解即爲巡邏勤務之人員。

　　紛爭調解之類型，通常介於「預防危害」與「處罰不法」間或涵蓋本文陳明之二分區塊，理由在於：紛爭之起卸，客觀上通常存在著危害及不法，產生危害或不法之行爲人，有時僅爲了出口氣而製造輕微之危害或不法行爲，巡邏人員究竟應爲或應有何種作爲，方符法治之期待。另何類型之紛爭得以調解？現場爭執程度如何，得介入調解？應如何進行調解？皆係重要之課題，本文以實際經驗與法律之對話，對此作一概括性之說明。

　　謂紛爭調解，原則上係指有二造當事人之爭執事件，於單純無相對人之不法，並不符合「調解[165]」之概念。依現行法制警察並無明文得以調解之權限，惟若得居中使二造當事人約定，互相讓步，以終止爭執或防止紛爭發生[166]，亦非法所不許，且係警察最經常實施之作爲，雖約定俗成稱爲：**調解**，觀其性質應屬「行政指導」之職權，應先予釐清。

壹、紛爭調解之類型[167]

　　依現行法制，得以實施紛爭調解類型之架構，原則上可區分爲三大部

---

[165] 參照民事訴訟法第403條第1項各款之概念即知，發生爭執之事件必有二造當事人，於一定法律關係下產生歧異之意見，進而有所爭執；另有云者：法院於兩造法律關係有爭議時，在未起訴前從中調停排解，使爲一種合意，以避免訴訟之程序也，詳參閱王甲乙、楊建華、鄭健才等人合著，民事訴訟法新論，2005年1月，頁572。

[166] 參照民法第736條。

[167] 得參考內政部警政署，警察機關分駐（派出）所常用勤務執行程序彙編—受理民事諮詢案件協助程序總說明作業程序，2012年2月。

分，乃「行政不法」、「刑事不法」及「行政、刑事以外之私權」。於行政不法方面，除有調查或判斷未構成法定要件外，原則上皆無法居中調解，例如：鄰居發生**私權爭執**中相互推擠並未成傷而報案，依社會秩序維護法第87條第1款有對「加暴行於人」之處罰規定，復依同法第39條開始調查者，**除有調查或判斷未構成法定要件外**，該法並無賦予警察有任何不爲處置之裁量[168]，是謂對該行政不法之行爲，無法居中調解，得以調解標的應係「私權爭執」而非「加暴行於人」。

刑事不法方面得以居中調解案件之類型，係指告訴乃論之罪[169]，因案件之程序要件必須完足（即告訴乃論需爲告訴），則現場即得進行調解，但須澄清一點：所謂不告不理[170]之適用乃指「法院」，並非所有訴訟程序均得援引該原則，意即警察「沒有」不告不理原則的適用。依此，仍須注意行政罰法第26條第1項前段規定之刑事優先原則，倘一行爲同時觸犯刑事法律及違反行政法上義務規定者，依刑事法律處罰之；依該條第2項規定之意旨，爲免行政不法之裁罰罹於時效，得同時於告訴乃論之罪提起告訴後偵辦時**另卷陳送**裁罰，或未提起告訴**另行移送**有關違反行政法上義務之行爲預予作成裁罰。

行政或刑事以外之私權類型案件，現場得以行政指導手段爲之。首要判斷：單純民事關係可區分爲「契約關係」及「非契約關係」，而非契約關係原則上亦可分爲「侵權行爲」、「無因管理」、「不當得利」。自第一條件以觀，警察機關較常見受通報前往處置之事故，大多聚焦在**契約關係**上，諸如：私人借貸不清償[171]、房屋租賃未給付租金[172]或承租人不見

---

[168] 依現行警察機關運作，通常均會迴避社會秩序維護法之規定，理由無他，乃辦理社會秩序維護法之案件相當於刑事案件，辦理時間長且無獎勵（除有附隨刑案，如：妨害風化之裁處），現場既無人員受傷，則漠視或忽略該法仍應加以調查之義務。行政不法得以實施勸導之手段，與此處無涉，併予敘明。

[169] 按：此處必須說明刑事訴訟法之訴訟要件，乃指使整個刑事訴訟能夠合法進行並爲實體判決（Sachurteile）所需具備之前提要件，意即係整個訴訟程序的合法與否之要件，告訴乃論之「告訴」應係積極的訴訟要件（positive Prozeßvoraussetzungen），未經告訴即無法合法地進行訴訟；詳參閱林鈺雄，刑事訴訟法（上），2010年9月，頁239。

[170] 參照刑事訴訟法第268條、第379條第1項第12款。

[171] 參照民法第474條、第480條。

[172] 參照民法第421條以下，尤以第439條。

蹤影留下物品[173]、市場買賣糾紛[174]、合會會首不見蹤影[175]、贈與後請求返還[176]等情形，上述均非警察機關事務管轄範圍[177]，警察人員到場[178]得就**是否有契約關係**作為第一個判斷之條件。具有商事法契約關係大多集中在票據法、保險法領域，有關討債公司行使票據權利已如前述，於此不贅；而與警察有關之保險法領域常見情形係交通事故：肇事車輛對於受損害者的理賠，巡邏人員前往現場處理交通事故時，對兩造駕駛人願以保險契約作為弭平爭執的手段，應有一定的架構來說明。原則上就交通肇事事件，保險法之保險理賠區分為「**人身**」及「**財物**」保險，各種險種契約內容諸如：意外險、第三責任險、酒駕肇事險等，其內容均可能涉及人身及財物項目得以理賠，通常仍須以保險條款內容分別觀之，而並非一般警察人員口中隨意說出：意外險就是賠對方，乙式車體險就是賠自己……之粗略概念，端視當事人與保險公司簽定之保險契約內容而定，處理人員應有一定認識。另在處理後書寫相關文書紀錄時，應詳實填寫處理經過，避免因文書所載資料不全而有國家賠償[179]責任。

再者，在**非契約關係**中常見的案件類型，大多以侵權行為或無因管理為大宗，例如：現代人常有飼養寵物，交寵物醫院後死亡（先不論有否毀損罪或動物保護法）；又如寵物走失後由非飼主代為飼養數日，飼主發現寵物請求返還（先不論有否侵占遺失物罪）等情形，警察受理後通常派遣巡邏前往瞭解，原則上警察到場後得提供相關法律見解予在場人。過程中若雙方自行談妥條件、消弭紛爭而**書寫相關書類**時尚須注意：向鄉鎮市調解委員會申請調解作成調解筆錄[180]及向法院聲請調解[181]或向法院起訴後和解[182]，方有既判力及確定力，兩造雙方於警察機關或現場所書寫之和解

---

[173] 參照民法第97條、非訟事件法第66條，租賃人得向法院聲請公示催告確定後，將物品以廢棄物丟棄。
[174] 參照民法第345條以下。
[175] 參照民法第709條之1、第709條之7。
[176] 參照民法第406條、第416條。
[177] 參照民事訴訟法第1條以下。
[178] 通有民眾的想法：吃案，接續即會受到民眾陳情及行政調查。媒體有時會將錯誤的法律見解傳播，民眾接受到此錯誤訊息裝載於腦海中對警察質疑時，初步簡要分類建構在警察人員腦海的民事法體系，才是保護自己的最佳方法。
[179] 參照國家賠償法第2條。
[180] 參照鄉鎮市調解條例第17條。
[181] 參照民事訴訟法第416條第1項。
[182] 參照民事訴訟法第380條。

書，僅係和解契約[183]，並無既判力及確定力，意即：若自行書寫和解書之清償內容，日後若不足以彌補所受損害，當事人亦得向民事法院再行起訴請求清償或賠償（直白地說：可以再要錢），並無一事不再理[184]原則之適用，不可不辨。

貳、介入調解之時機[185]

發生刑事不法且屬於告訴乃論之事件，首要應判斷行為人的行為屬於何法規範之罪名，例如：親屬間竊盜、公然侮辱、傷害、毀損或強制觸摸[186]等，確認犯罪事實後，即得以介入並居中調解，過程相當於談判。

對非行政及刑事之私權紛爭介入，最重要判斷時機之概念，乃先排除現場有行政及刑事之不法行為，倘有無法居中調解且不法之情形，應先為該部分處置，而非僅就「私權紛爭」居中調解，此係刑事優先原則，通常現場進行協調之警察大多忽略了得以調解案件之類型。

再者，有時現場並無介入調解之時機，例如：處理人員自身法律素養、表達能力、處事經驗不足、二造當事人情緒尚未平穩、現場有傷患急需送醫、製造危害尚存在等情形，原則上皆無法居中調解，尤在現場雙方爭執不休時，更難以尋覓介入之時機。是以，倘危害或不法行為使調解並無介入之時點，則應依法行使相關職權，嗣事後情緒平撫時視時機再予試行。

參、調解之作為

首要，筆者仍須陳明：調解作為（手段）係行使行政指導之職權，以「輔導、協助、勸告、建議或其他不具法律上強制力之方法，促請特定人為一定作為或不作為之行為」，輔以「當事人約定，互相讓步，以終止爭執或防止紛爭發生」相互觀照，得居中調解之作為相當多樣，惟**不得涉及強制力**。

---

[183] 參照民法第736條。
[184] 參照民事訴訟法第253條。
[185] 依據前揭分類，已先排除有關行政不法之問題，在介入居中調解時機之討論時，當然不會將該不法列入探討，讀者應逐漸建立閱讀之思考（為何不討論行政不法介入之時機）。
[186] 讀者仍須辨明，性騷擾防治法第25條第1項之強制觸摸罪，依該條文第2項規定屬於告訴乃論；至被害人未提起告訴是否仍須依同法第20條或社會秩序維護法第83條第3款規定辦理，則屬另一問題。

　　巡邏人員到場後，有傷患應先救護，倘無則先行明瞭現場發生之事件，刑案部分原則上得以調解係「告訴乃論」之罪。現今實務運作對當事人現場未提出告訴，除有現行犯已逮捕之情形外，以便宜方式登錄兩造資料、填寫工作紀錄簿等作為，得以解釋及應用的法條，多以刑事訴訟法第237條第1項「告訴乃論之罪，其告訴應自得為告訴之人知悉犯人之時起，於六個月內為之」作為處置方式之立論，來替代警察機關**並無不告不理原則**適用之說法。

　　現場居中之調解主要目的在終止爭執或防止紛爭發生，執行時以輔導、協助、勸告、建議或其他不具法律上強制力為手段，執行之內涵實際上涉及「人性」、「表達」、「法律」三思考層次。在**人性**方面：每個人對事件所發表之立論基礎大多基於自身有利之立場，當己身受到質疑或衝突時，堅守原言論或加入其他條件建立利我之立場，係為人性，斯時皆以自我為中心，以為心中所想及言論間同一之論述得以自始使立場無誤[187]，惟廓清事實後逐漸演變不利於己時，人性好辯之一面即為顯露，此際，居中調解之人員如何作為？面對兩造雙方之爭執，原則上得**暫**以社會階級[188]（Social class）作為觀察角度之切入點，現場先聆聽兩造對事件之說法，進而判斷雙方表達方式、內容等屬於社會中何階級，**當事人之一方或雙方表達事件越趨清楚、有條理，調解人員實施行政指導之方向應越趨「法規範」之解釋；反之，應趨向「人類之慣行」**，至如何明瞭人類之慣行，乃自身累積之經驗、閱歷所組成，非朝夕得以一窺或明瞭，亦即，越有學識涵養之人進行調解，越需說「法」，反之則以拉近彼此關係勸誘其同理心。

　　表達方面：取決條件相當複雜，筆者僅就可能較顯而易見判斷的基礎來說明。於「成長學程」方面，在非高等教育學習過程中，若積極參與相關口語競賽，初始雖以背誦方式不解其義的表達，仍得培養公開陳述之勇氣；進入高等教育之學習，已結合思考與口語應相互一致之表達方式，意

---

[187] 民國104年3月29日藝人李○蓉參訪陸軍601旅，拍攝阿帕契直升機上傳facebook事件，初始回應之內容恰得形容此處人性之表現，在未知要塞堡壘地帶法或其他法律規範（內亂罪或外患罪）前，通常情形下一般人皆認為：事件應無觀念市場中言明地如此嚴重。

[188] 讀者勿作他想，筆者僅為較為精準描述所為之判斷條件，並非將社會階級化；宋明順，教育大辭典，2000年12月。

即：有時腦海中所想與口語上表達，在此學程中理應逐漸相互一致，使進行紛爭調解時，能有效吸收兩造當事人表達之資訊，進而彙整於腦海中發現**衝突點**及相關**法律爭點**後，清楚表達予爭執之當事人知曉利與弊，讓雙方忖量是否相互讓步以終止爭執。於「人生資歷閱歷」方面，累積經驗（含資歷及閱歷）之多寡，亦決定表達能力程度高低與否之一條件，即累積越多處理事件之經驗，越容易表達出接近核心問題，而在紛爭調解處置上，表達能力的好與壞，通常能決定兩造當事人之事件得否相互讓步而得到終止紛爭之結果。

建立**法律**架構方面：依法行政的前提下，以腦海中建構之法律概念進行糾紛調解，較能分析過程中之利弊予當事人，使雙方明瞭自身權益與救濟途徑，通常得令紛爭暫時停歇，尤其在警察展現高度法律專業情形下，將能取信於當事人。當然，展現高度之專業前提：仍須於勤餘研讀相關法律書籍及司法實務見解，補充紛爭調解之能力及概念，訓練即時表達之方式，方得使產生衝突之當事人相互讓步，終止紛爭。

第四款　身分區分綜合探討

巡邏勤務有關身分之探討，在法律屬性不同之具體個案的前提下，必須觀察行使不同的職權（如前揭說明），大多無法以單一角度切入加以判斷具備何種身分之變數，意即：執行巡邏有多重身分，該身分判斷取決在行使何種職權之基礎上，而行使何種職權亦繫於事實，方能使身分區分越趨顯明。再者，自巡邏主要任務：由服勤人員循指定區（線）巡視，以查察奸宄，防止危害爲主，並執行檢查、取締、盤詰及其他一般警察勤務之展現，同時有行使相關預防危害、處罰不法及紛爭調解之職權可能，則身分之釐清，亦需以行使之各別職權詳加判斷。

壹、預防危害

延續前揭說明，巡邏時對於預防危害之職權可約略區分爲三大部分，各爲行政執行、行政協助及行政指導。行政執行區分爲查證身分、直接或即時強制及維護秩序；行政協助區分爲行政協助及司法協助；至行政指導不無區分之必要。而有關身分區分之探討，係集中在逐一行使之職權，謹

先陳明。

一、行政執行

　　判斷行政執行之身分，應關注行為人之行為及對國家機關違法行為事後救濟之管轄法院為判斷，尚須輔以是否為犯罪預防、鎮壓或犯罪之解明為目的的行使職權，加以觀察行政執行時係具備何種身分、探究應履行何種程序。自不必要區分論之角度，主要著重在國家公權力行為毋須強令區隔，僅需評價現行法制下干預或侵害人民權利有否足夠之法律授權即可，本文認為於思考架構上仍以區分為宜（如第一章論述），詳細論究於下：

　　「查證身分」職權發動要件之審查，以合理懷疑有犯罪之嫌疑或有犯罪之虞為要素，受檢人有否犯罪行為事實上隱晦不明；然「有犯罪之嫌疑或有犯罪之虞」包含實際有、否犯罪之行為，尚無法清楚判斷具備行政或司法警察身分。又，國家機關行使該職權時，人民認為違法欲提起救濟，立法者預設為**行政法院**，則「查證身分」職權應係具備**行政警察**之身分。惟在犯罪預防、鎮壓或犯罪之解明為目的所行使人別訊問之職權，似乎已非單純查證身分，似乎無法單獨[189]與之相較，在此指明。

　　即時強制之職權，大多行使在阻止犯罪或急迫危險情形，原則上作用在犯罪尚未發生之預防階段，包含未來即將發生犯罪之處置，行為人可能尚未違反實體法，惟就職權本身有預防危害之機能，有具備行政警察身分餘地。再者，人民認為違法行使職權而提起救濟，立法者預設予行政法院，實際顯明了具備行政警察之身分。況且，該職權係基於國家之一般統治權，對人民加以命令、強制，並限制其自然之自由的作用，應係具備行政警察之身分無疑。**直接**強制之職權，雖殊途同歸同屬行政警察之身分，惟論證過程尚有不同，理由在於：行政執行法第9條第1項至第3項規定對

---

[189] 按：何謂單獨？警察職權行使法第6條第1項第1款規定「合理懷疑有犯罪之嫌疑或有犯罪之虞」皆得發動查證身分之職權，而犯罪之嫌疑乃指已發生犯罪，原則上應具備司法警察身分，惟同款中另有犯罪之虞乃指未發生犯罪，應具備行政警察身分，則同款皆得發動該職權之要素，並無法有效區隔或區分身分關係之謂，否則，同一款之作用倘同時具備行政及司法警察身分，易混淆實務工作者之概念，職是，此處將之排除。

執行行為之程序得提起聲明異議[190]，後續仍得依法提起行政爭訟[191]，則該職權行使之目的，原則上與「阻止犯罪或急迫危險情形」無涉。是以，前述職權皆具備行政警察之身分。**實務運作上較為特別之處**，係實施緊急措置之強制力時，實質通常伴隨著證據顯明形成犯罪事實來發動強制處分[192]（或同時進行），例如：**攔停車輛後，駕駛人打開車窗，執行人員一眼即知副駕駛座椅上有一把狀似真槍，先進行危險物扣留（即時強制）確認為真槍後實施扣押（強制處分）**，實施扣押之際即具備司法警察身分，此時，行使職權與身分關係似乎無法釐清。

至「維護秩序」之職權，行為人未涉及實體法之違反，現場狀態需尚平和，原則上國家機關單純維護秩序之行為違法程度相當低，立法者似乎並未預設任何救濟途徑[193]，無法判斷警察維護秩序之身分。惟自廣義的行政警察之概念以觀，係指維持公共之安全及秩序，乃基於國家之一般統治權，對人民加以命令、強制，並限制其自然之自由的作用下可推知，維護社會秩序有公益之目的，則該職權係行政警察身分作用之展現。

二、行政協助

協助可區分為行政及司法協助，協助人員應有「程序內或執行時」協助之概念，程序內或執行時之協助各有不同，已如前述。然而，區分究竟是行政或司法協助最主要之實益：釐清事件本身究竟屬行政或司法事務，進而判斷救濟主體、途徑及法院，簡要地說，事件源始依據之基礎法律關係來自行政事務，則屬公法（行政）協助；反之，事件源始依據基礎法律

---

[190] 按：此處執行行為之聲明異議，乃對「程序事項」不服之救濟，而執行行為之異議之訴，乃指「實體事項」不服之救濟。通常的理解可以訴訟標的作為區分，倘提起救濟之標的係實體事項，於執行程序中亦具備訟爭性，需以異議之「訴」為之；若提起救濟之標的係程序事項，原則上為符合行政執行之效率性，該法第9條第3項明文不因救濟而停止執行，需以聲明異議為之。

[191] 詳參照97年12月26日最高行政法院第3次庭長法官聯席會議（三），其決議意旨略以：一、行政執行法第9條並無禁止義務人或利害關係人於聲明異議未獲救濟後向法院聲明不服之明文，仍得依法提起行政訴訟。二、執行行為究屬何種行政訴訟類型應依個案認定，倘具行政處分之性質，應依法踐行訴願程序。

[192] 發動強制處分之際，已有犯罪解明之意思，當為犯罪偵查、逮捕及其他有關司法事項之作為時，即具備司法警察身分。

[193] 有權利受到侵害，得請求法院依正當法律程序公平審判，以獲得即時有效之救濟，係憲法第16條訴訟權核心內涵，詳參照大法官第243、295、378、382、418、430、436、448、462、491、507、512、610、629、654、665、681、684、691、695、704、720、725號等解釋；易言之，警察在現場維持秩序之作用職權似乎鮮見，僅得於警察法第2條、第10條一窺端倪。

關係來自私權紛爭，而為司法協助[194]（因審判權不同）。惟協助本身在身分區分論之角度，執行作為皆為公權力之展現，係基於國家一般統治權而為之行為，因而具備行政警察身分。

據上揭說明，協助時需明晰程序內或執行時之協助地位，行為人未有不法或危害之行為，倘認權利受到侵害欲提起救濟，原則上被告非警察機關，則立法者預設之救濟途徑與身分並無關連。然就自身執行行為在廣義行政警察之概念中，無論協助作成處分、其他公權力具體措施或執行，協助之作為皆具有維持公共安全及秩序為目的之一定作用，且非犯罪偵查，則協助「程序內或執行時」之思考，應具備行政警察身分。

三、行政指導

行政指導之職權不得行使強制力已如前述，其法律性質為事實行為，係以輔導、協助、勸告、建議或其他不具法律上強制力之方法加以實現一定之行政目的為內容之作為，受指導之行為人原則上並未違反實體法律，無法判斷是項職權之身分。惟指導本身是一種公權力之具體措施，似乎顯明著行政警察之身分。再者，行政機關違法指導行為後，相對人亦因指導內容而為作為或不作為致權利受到侵害，行使是項職權得否提起行政爭訟迭受關注[195]，依修正之行政訴訟法第8條第1項前段規定，自得向行政法院請求作成行政處分以外之其他非財產上給付[196]，則警察行使是項職權時應具備行政警察身分。

貳、處罰不法

處罰不法之職權，得以區分為「行政罰」、「行政秩序罰」及「行政刑罰」三大部分，行使職權時之身分，依現行法、訴訟標的及事件屬性的角度稍有不同，尤自訴訟標的的更弦易轍[197]，將產生不同身分之評價。

---

[194] 如上揭註109之案例。
[195] 詳參閱蔡茂寅，行政法爭議問題研究（上）—行政指導，台灣行政法學會主編，2000年12月，頁592；陳春生，行政法（下冊）—事實行為，翁岳生主編，2000年7月，頁768。
[196] 提起救濟之內容，對行政指導與行政爭訟、國家賠償或信賴保護間之關係，詳參閱：李建良等六人合著，行政法入門，2006年1月，頁336。
[197] 按：以訴訟標的來看，提起救濟之人對於主張標的的不同，確實會影響著身分判別的結果，理由在於：立法者預設了救濟的不同途徑，依據當事人主張之標的而有不同的救濟方式、類型，審查違法行為的思考脈絡亦有不同。

例如：某甲酒後駕車經警攔檢後，得酒測值為0.3mg/l，依現行法係違反刑法第185條之3第1項第1款之不能安全駕駛罪，應將案件移送檢察官偵辦。假設，提起不同訴訟類型時，不同審判權之訴訟標的得分設二大部分[198]，一為「偵查中」爭執警察攔查違反程序規定，取得酒測值未具證據能力應予排除；另一提起「訴願、行政訴訟」爭執警察攔查違反實施程序規定之酒測違法，依法均得提起上開二訴訟，同時皆以攔查違法之事實為爭執時，提起訴訟類型的不同，身分則有所不同。易言之，倘人民提起救濟之途徑選擇在司法權之偵查、審判中爭執，則警察執法時應係具備司法警察身分；反之，選擇行政法院之確認行政行為違法為爭執（未合於法令實施酒精濃度檢測），則警察執法時應係具備行政警察身分之謂。

一、行政罰

　　行為人處以行政罰之行為，首需觀察主管機關是否為警察機關？倘非警察為主管機關，則非探討之範圍，先予澄清。

　　警察巡邏遇有行為人違反道路交通管理處罰條例（以下稱道交條例）係採罰鍰之「行政罰」，以道交條例第87條、法院組織法第9條第2款[199]、第14條、行政訴訟法第237條之1等觀之，立法者預設予普通法院行政訴訟庭為其救濟方式，且自執行目的及作用以觀，乃為維持公共之安全與秩序，係基於國家一般統治權之作用，具備「行政警察」之身分，應履行**行政程序**。

---

[198] 這樣思考方式係立於提起違法救濟之人，假設自己是該人委任之辯護人，如何洞悉事件爭點，選擇在何種審判權提起救濟對當事人較為有利之概念；於後確定在何審判權提起訴訟，應如何選擇提起之訴訟標的。此處加入的條件，不僅有行為人之行為、立法者預設之救濟途徑及行政警察之職權概念作為決定及篩選，更加入受處罰人可能提起不同救濟途徑及訴訟標的之時，連帶影響著適用法規所預設救濟途徑的不同，導致警察身分隨之變動，因違法行為之救濟通常係以當事人如何提起、提起何種類型及訴訟標的，方能獲知如何應變。

[199] 讀者應辨明，法院組織法係設置「普通法院」之法源，然行政法院組織法為設置「行政法院」之授權依據，乃司法二元主義劃分所致，惟行政訴訟庭雖設置於普通法院，仍無礙係行政事件而有行政訴訟法之適用；相關法律條文：行政法院組織法第3、4、5、7、10、10-1、10-2、15、18條、行政訴訟施行法第10條至第11條等，詳參閱李建良，行政訴訟審級與交通裁決事件審判權之改制──2011年行政訴訟新制評介，台灣本土法學雜誌第192期，2012年1月，頁1-22；尤其在上開李師文內頁22所附之附錄三圖表，更能立即明瞭現行法院組織與行政訴訟之審級構造。

二、行政秩序罰[200]

巡邏勤務中發現違反秩序罰之行為，依法得發動社會秩序維護法之調查職權，該法劃分處罰機關係以各別條款中法律效果而定，惟救濟之決定機關皆屬地方法院之職權。如：對聲明異議不服者，以書狀敘明理由經原處分機關向該管簡易庭為之，或對簡易庭就第45條移送之案件所為之裁定有不服者，得向同法院普通庭提起抗告；此際，雖確定皆得向法院提起救濟，仍無法獲知「辦理或作成」秩序罰之警察究屬何種身分？應遵循何程序？

現行實務運作辦理違反社會秩序維護法案件，皆「比照」違反刑事案件為程序之進行，在分駐（派出）所移送書面之陳報單內，使用了同一格式之表格，得分別圈選「刑事案件或違反社會秩序維護法案件」更顯其「比照」之意。惟實務運作之比照似乎並無法律之授權，尤在律師到場後有否在場權，及對現行違反社會秩序維護法行為人有否委任辯護之權利[201]，顯示出實務機關混淆了對於執行時之身分及應履行之程序問題。

依據該法第19條規定，處罰種類為拘留、勒令歇業、停止營業、罰緩、沒入及申誡，於專處或選處罰緩或申誡、專處或選處罰緩或申誡處分之併宣告沒入、單獨宣告沒入及專處或選處罰緩或申誡處分有應免除處罰者，係由警察機關作成處分；上開作成處分以外之範圍，則由地方法院簡易庭裁定之。簡言之，拘留、勒令歇業及停止營業之處罰皆由簡易庭為之，至其他種類亦得為之；而警察機關僅得就罰緩、沒入及申誡（上開皆含專處或選處）作成處分。既該法裁處機關如何區分取決於該法分則之處罰方式（法律效果），則警察辦理該法案件之身分，亦可能因不同處罰種類而具備不同之身分，進而履行程序時亦有所不同。

---

[200] 欲理解本文內之分類，尚須區辨秩序罰與秩序行政之問題，尤其回溯行政處罰法制師承之對象，即德國行政法實務及理論中有關上開二者之分野，方得明晰。礙於篇幅僅簡要說明：秩序行政之作用，在於行政秩序之回復及維持，恢復被破壞之公益狀態，有「向將來」之屬性，主觀上不以行為人有故意或過失為前提；秩序罰則係對過去違反行政秩序行為之處罰，可分為「行為妨害人」（Verhaltanstörer）與「狀態妨害人」（Zustandstörer），主觀上應具備故意或過失，作為初步之思考分類。

[201] 此盲點發生在2013年12月11日之實務機關中：時任行政院長江宜樺先生與其妻李淑珍一同前往觀看「看見台灣」之紀錄片，華隆自救會百名成員與聲援之清大女生孫致宇到場，該女大生以紅白拖鞋突襲發表談話中之江先生，旋即遭警方帶返勤務處所查處。未久，義務律師（不知名）即抵達大同分局偵查隊，初步詢問後便以大於一般說話聲量對現場警察說：「你們警察都這樣啦！每次都把人帶回來後才在翻法條……。」現場警察無人回應、鴉雀無聲；消息來源：現場聽聞之偵查佐，2014年2月。

　　按該法第43條規定由警察機關作成「處分書」、第45條規定由簡易庭裁定之以觀，警察依第39條調查案件時，原則無法由違序行為人之行為加以判斷其身分，亦無法以處罰種類之不同割裂其身分，造成判別上之矛盾。本文認為，違反該法案件無論警察機關或簡易庭作成裁處，救濟時終究受到司法審查，依同法第92條規定：「法院受理違反本法之案件，除本法有規定者外，準用**刑事訴訟法**之規定。」從而判斷行使調查職權、作成處分或移送簡易庭之警察，皆具備「司法警察」之身分，應履行該法之程序；至該法未規定者，僅得類推適用其他法律作為準據[202]。

三、行政刑罰

　　行政刑罰係對行為人科處死刑、無期徒刑、有期徒刑、拘役、罰金、褫奪公權及沒收等刑名之制裁，有刑法總則之適用，亦以刑事訴訟加以判決，則警察機關遇有行為人之行為違反行政法規，該處罰係處上開刑名者，應具備司法警察身分，需履行刑事訴訟程序。

參、紛爭調解

　　警察行使紛爭調解之職權，**本質**上是一種「行政指導」，無論係輕微不法或苛責程度較高處以刑罰之告訴乃論行為，仍無解於行使職權之本質。是以，巡邏人員現場進行紛爭調解時，應具備行政警察之身分，有行政程序法之適用。

肆、曖昧不明之區間

　　巡邏勤務執行干預人民權利、義務之職權，據上揭說明得建立三大區塊：即預防危害、處罰不法及紛爭調解，依法發動職權各別，應關注在作用職權上而非組織權限，先予陳明。然行政執行、行政協助、行政指導、行政罰、行政秩序罰、行政刑罰等職權，立法者預設司法介入審查國家違法行為之審判權不一，造成判斷身分關係，無法以單一標準及條件建構一體系之思維，僅得就各別職權觀察並加以定義，如此一來，造就判斷職權

---

[202] 處罰違反社會秩序維護法案件行為人之行為，雖有六大種類，惟行為之情節相對於刑事法而輕微，亦於本法第92條準用刑事訴訟法之主體亦係法院前提下探討，現行違序行為人於警察調查、移送期間嚴守本法規範之解釋下，無法得出有「辯護權」；惟自人權保障之立場出發，類推適用程序上之規定亦無不可。另於調查至移送期間係實質之拘禁，尚須明晰有提審法之適用。

形成曖昧不明的區間，使執行人員易造成誤解，導致侵害或腐蝕人民權利而不自知。

　　預防危害之行政執行職權中，於提起不同類型之訴訟提出同樣之抗辯，即產生不同身分及程序之思考，除前揭案例外又如[203]：某甲因行跡可疑受巡邏人員攔查，認警察違法臨檢因而抵抗造成警察受傷，警察依法逮捕並以妨害公務罪移送法辦，某甲以同一理由分別於二類型之訴訟進行救濟，一係「違法臨檢」之「訴願」，另一於「偵查中警察違法臨檢」之「無罪抗辯」，卻有不同身分之思維。更具體地說明，某甲提起訴願審查之標的係「警察違法臨檢」（**行政警察**之身分），而偵查妨害公務之標的係「某甲有無違法」（**司法警察**之身分），提出救濟或調查期間以同一理由抗辯，卻因審判權之不同而大異其趣，身分概念亦隨之不同。某甲有無違法之偵查中，妨害公務之前提係「警察需**合法**臨檢」下，違法臨檢當然不構成妨害公務，亦未造成順遂地執行公務之法益侵害，則警察違法臨檢之同一理由在不同審判權之程序中抗辯，反而呈現出完全不同身分，產生了曖昧不明之區間[204]。處罰不法及紛爭調解亦同。

　　筆者建議在建立思考模式時，以立法者於法律中預設救濟途徑之審判權依社會變遷當有所不同，似乎無法確立，惟自廣義與實質的行政警察概念探討，維持公共之安全及秩序，乃基於國家一般統制權之概念下（目的論）尋繹身分，或許仍得提供些許思考軌跡加以判斷。

第二項　刑事法規範

　　巡邏是一種主動之攻勢勤務作為，範圍同時涵蓋「事前的危害預防」及「事後的犯罪偵查」，刑事法聚焦在犯罪發生前、後的偵查作為及判斷，如何建立對犯罪之案件為有效且簡易的思考、篩漏流程，並儘量貼近實務運作所有可能處理案件類型，於相關實體法及程序法交互探討下，逐

---

[203] 此案例相當於聲請大法官第535號解釋之基礎事實，只是，該基礎事實並非經由行政法院，聲請之路徑係透過妨害公務之刑罰判決（普通法院）確定。

[204] 敏銳讀者應得具體地明瞭，先前本書第一章對於身分區分論中是否區分身分之問題會有更深入、更具體的瞭解，雖有「實際尚無庸區分，於概念上仍區分」之結論，惟立於實務運作思考「概念上仍區分」真正意涵，應係指受到何審判權之審查，作為概念上的區分。

步開展與建立巡邏勤務與刑事法規範之架構。

　　刑事訴訟，乃國家對行爲人之行爲發生犯罪結果，侵害了法律所保障人民的利益而處以刑罰，作爲懲治過去犯罪行爲，然該訴訟程序，因時空背景不同的關係而轉變。如清律時代面對刑事案件，乃採下揭圖表右面部分之「糾問制度」，主要職司偵查、審判之國家機關人員，均屬同一人，亦如教科本所述古代之「包公審案」，在實施刑事訴訟時僅有二面關係，即「法院」與「被告」，該時代亦未有當事人（訴訟主體）進行之概念，亦在被告權利的保護上，根本無此觀念及思維，而後逐漸演變成爲我國現今的刑事訴訟程序，如下圖示。

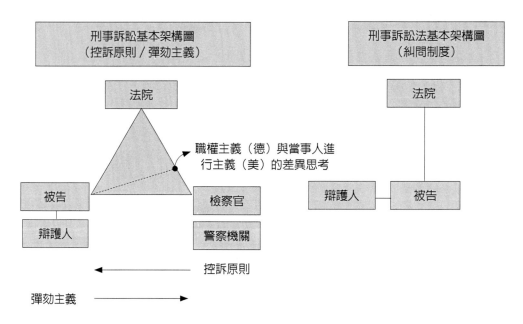

　　巡邏人員面對事件之處置上，應先區辨「事件中之行爲」是否爲「犯罪行爲[205]」，倘未發生犯罪結果之行爲，則非本處探討之範圍，先予釐清。若現場處置人員發現犯罪結果之產生，亦有可歸責之犯罪行爲，警察應即時介入調查；此際，現場人員思考之基礎，應先自「實體法」角度爲建構，審查是否違反實體法律？何法？法律條文爲何？條文中之個別要素

---

[205] 如何判斷「犯罪行爲」，請讀者自行參照前揭第二章勤區查察勤務之刑事法規範中所謂案件之特定。

是否完足？有否具備條件關係及因果關係等問題。

　　現場人員確認係發生刑事案件後，緊鄰著加以判斷相關程序規範得否發動刑事訴訟法強制處分之職權，無論實施保全證據或被告之手段，仍須符合職權之要件始得爲之；此際，現場人員思考之基礎，應自「程序法」角度爲建構，審查實施強制手段時，有否符合該法規範？何種強制處分？各別處分之法定要件爲何？法定要件是否完足等問題。

　　上揭思考之分類，乃多數刑事案件犯罪事實明確較易判斷；當無法推斷犯罪事實形成與否時，得以程序法輔助現場執行人員進行判斷。當然，原則上實體法與程序法係相輔相成，二者缺一不可，但切入角度仍有些微差異，例如刑事訴訟法上現行犯與準現行犯間之差異：「現行犯」係眞正違反實體法之犯罪行爲人爲前提，得逕行逮捕；然「準現行犯」之地位判斷，可以是眞正犯罪行爲人或案件發生時符合該特徵之人（具備時空密接性），亦得逕行逮捕，另逕行拘提[206]之思考類同。是以，本文探討的思考分類，**仍須放大**至可涵納勤務中所有可能面對案件之職權上，否則亦將陷入無系統層次的零散資訊，甚爲可惜。

第一款　案件之特定[207]

　　首要，警察應著重犯罪「案件」之特定，即「被告」及「犯罪事實」，已如前述（前揭第二章），勤務人員在判斷特定之被告及犯罪事實仍需實體法爲輔助，行爲人有「犯罪徵候（嫌疑）」前提下，被告及犯罪事實之二要素應已形成而被特定，該二要素轉換爲實體法之概念，即構成要件該當性，而依現行思考可區別爲「客觀」及「主觀」構成要件。易言之，訴訟法探討案件之特定更易於實體法上，係指客觀及主觀構成要件。

　　行爲人違反現行有效刑罰法律，因行爲反道德及反倫理程度較高，國

---

[206] 參照刑事訴訟法第88條之1，而該法第76條之主體，原則上係法院，並非警察機關（除警察在執行拘票外），用法時不可不慎；詳參閱拙著，被告之傳喚及拘提，臺灣警察專科學校第102學年第1學期刑事訴訟法補充講義，2013年11月25日。

[207] 按：本文探討本章與第二章有不同之處，第二章主要對「案件之特定」爲基礎之說明，有一定思考架構後，爲免疊床架屋，直接將被告及犯罪事實之特定（程序法概念）以實體法各罪之要素一併融合說明，以下就犯罪行爲、結果、條件關係、相當因果關係及行爲人故意或過失之論討，皆蘊含被告及犯罪事實；因由乃：實務工作者於實務運作較無實體法體系之概念，遂輔以夾敘刑法各罪中構成要件之訴訟法二要素。

家必須動用死刑、無期徒刑、有期徒刑、拘役、罰金、褫奪公權、保安處分等制裁犯罪行為人，於法條中明定構成要件及刑罰效果之法律，均係違反實體法之事件。無論在何種刑罰中規範，只要行為人之行為屬於犯罪，產生一定犯罪之結果於行為客體上，行為與結果間具有條件關係及相當因果關係，且行為人於行為時具有故意或過失，對犯罪行為及結果有意並使其發生，即得稱為違反「實體法」。

則警察判斷刑事案件，係以「犯罪行為」、「犯罪結果」、「條件關係」、「相當因果關係」、「行為時具故意或過失」等[208]構成要件之各別要素及其法律效果為解析，以刑法第320條之竊盜罪為例，建立實務工作者現場審查有無違反實體法之架構，簡要分述如下：

壹、犯罪行為

刑法第320條第1項竊盜罪，法條中指明**犯罪行為**係「竊取」他人動產（**犯罪事實**），而竊取係指未經他人同意，破壞他人對動產之持有，並置入自己持有支配之下，倘非竊取的行為，即非竊盜罪，例如：發現自己遭竊車輛停放路旁而駛回並非竊取行為[209]。實務機關較常認定「竊取」有誤之處，乃專門收撿資源回收物之人，對客觀上原所有權人將生鏽鐵條置放於家宅之外，該收撿回收物之人撿拾鐵條自行離去，巡邏前往現場處置人員為治安績效評核（治安穩定度）關係，大多認定**非竊取**，而係「侵占遺失物罪」。

然謂侵占遺失物之行為，乃指物之離其持有狀態，非出於本人之意思者而言，如本人因事故，將其物暫留置於某處而他往，或託請他人代為照管，與該行為意義不符[210]；則上揭行為人認鐵條係回收物而取之行為，應

---

[208] 本處探討之項目，即刑事訴訟法第161條第1項之犯罪事實，前四項稱為「客觀構成要件」，第五項稱為「主觀構成要件」，而檢察官就被告「犯罪事實」負舉證責任，即為此五項，比附援引立法者在公法上行政機關亦負舉證責任之明文（行政罰法第7條第1項），原則上係指違反行政法上義務之行為出於故意或過失，即「主觀構成要件」部分。

[209] 實務工作者較常對事實基礎雷同，卻產生迥異結果之案例誤解，例如：警察依法查扣（姑不論查扣原因）後保管中之車輛，車主前往保管處「竊走自己所有物」不構成竊盜罪？竊盜罪保障之法益乃合法持有之狀態，警察既已依法查扣，該車輛持有狀態依法已移入警察實力支配之範圍，雖受查扣人係真正所有權人，仍難謂非竊取，因而應構成竊盜罪，不同之處應予以釐清。

[210] 參照最高法院50年台上2031號判例；延伸閱讀：黃惠婷，竊盜罪與侵占脫離物罪之區別，台灣法學雜誌第122期，2009年2月，頁109-114；林大為，竊盜罪與侵占罪之區辨，東吳大學法律學研究所碩士論文，2006年6月。

係竊而非占（不法所有意圖非此討論範圍），有此項判斷迥異的結果，答案當然出現在警察機關每週必檢討竊盜發生數的抑制能力。甚而有時會以「詐欺罪[211]」、「普通侵占罪」辦理，實務運作似乎誤解法令甚深。是以，判斷**犯罪行為**，對標準紛亂不清的實務工作者，是目前處置事故相當重要的概念。

貳、犯罪結果

本條規範犯罪結果乃須發生動產持有狀態受到破壞之實害，意即發生他人動產持有狀態移轉置於行為人實力支配之下，無論動產處於有監督權人之緊密、鬆弛關係中，動產之所有與持有（監督）權[212]遭受破壞而言。犯罪結果是否發生（即既遂、未遂），實務機關常有判斷有誤之情形，例如：民國102年11月間某分局延平派出所人員接獲書店報案，巡邏人員前往處理學生（**被告之特定**，即犯罪嫌疑人）在店內發現老闆娘見自己竊盜（**犯罪事實**）時，將先前隱匿在衣著內部的書本丟棄在書店內後逃逸，書店老闆娘追出將躲在書店後方防火巷逃避追緝的學生留置在現場等候警察，現場警察竟告訴老闆娘認為學生還未「著手」竊盜且未產生犯罪之實害，**因書本仍在書店內**？

竊盜罪既遂與未遂之區別，應以所竊之物已否移入自己權力支配之下為標準，若已將他人財物移歸自己所持，即應成立竊盜既遂罪[213]，至其後將已竊得之物遺棄逃逸，仍無妨於該罪之成立[214]。上揭案例中學生已將書本隱匿在自己身體，**犯罪結果**之動產持有狀態已產生現實上的變動，即：當書本已藏匿於學生衣著內部，書本隨時可能被竊離書店，實際上已置於學生實力支配之範圍，造成書店難以追回之危險，應已發生犯罪實害之結果，無論採任何學說及實務見解該行為均應已「既遂」無疑，無奈前往處理之巡邏人員現場判斷「未著手」，似乎更顯實務機關人員對於犯罪結果概念之謬誤。

---

[211] 參照最高法院33年上1134號判例。
[212] 姑不論竊盜罪保護法益學說與實務間的爭議有：所有與持有權保護說、監督權保護說、所有權保護說等，此處僅以文義解釋為探討之範圍；延伸閱讀：蔡聖偉，財產犯罪：第二講—竊盜罪之客觀構成要件（上）（下），月旦法學教室第73期、第75期，2008年11月、2009年1月，頁48-56、頁47-58。
[213] 竊盜罪既遂、未遂的標準學說上素有爭議，有移去說、穩固支配說、區分說。
[214] 參照最高法院17年上509號判例。

參、條件關係

　　所謂條件關係係指事實對於結果之發生，不可想像其不存在，每一個具有條件關係的事實都與結果的發生有關，而彼此間等價，學說又稱為等價理論。此條件的範圍係以「科學」為基礎，即教科本中稱「非P則非Q」，也就是說不能以假想的因果關係來排除對於結果的條件！例如：高雄某大廈電梯故障，嫁來臺灣的大陸女子攜子外出乘坐電梯，其子遭電梯夾住後開始往上層移動，該女子護子心切欲以一己之力解救時，不慎掉落梯井中，此事件造成二個生命消逝。此際，造成死亡結果的責任應由誰擔負（**被告之特定**），係電梯維修員？職掌保養工作的大廈管委會主委？在科學論證中，電梯維修員與管委會主委均具有條件關係之人，死亡結果一定與具**條件關係**之人有關，只是最後需對死亡結果負責之人，尚須具備**相當因果關係**。

　　竊盜罪之條件關係，主要指動產自監督權人移轉（行為）至犯罪行為人實力支配（結果）之下，主要關注在犯罪行為與犯罪結果間，倘未具有條件關係則不成立竊盜罪。例如：甲放置於機車上安全帽遭某乙（**被告**）竊走（**犯罪事實**），某乙竊走甲安全帽又遭某丙竊走，則**本案**之竊盜罪的條件關係乃建立在甲與乙之間，並非存在於甲與丙！有時，巡邏人員處理類似案件，篩選未具有條件關係之人有著恣意、主觀的判斷，作為發動強制處分之依據，發動職權作為時不可不慎。

　　較常使用「條件關係」概念之實務工作者，應係各分局所屬之偵查隊，於繕打刑案移送報告書時，作為篩漏移送之被告或犯罪嫌疑人即需此概念，例如：派出所查獲車內人員甲、乙、丙持有毒品，對「**持有毒品案**」若甲於偵詢時承認該毒品為其所有，原則上甲具備持有毒品之條件關係，為案件之犯罪嫌疑人，乙與丙則為證人；倘無人承認，則甲、乙、丙三人對該毒品均具備條件關係，皆為犯罪嫌疑人，實務運作將三人皆列犯罪嫌疑人移送。至甲、乙、丙三人是否「**施用**毒品」所為自願或強制採驗尿液當非所問，係另一案件。當然，查獲案件之巡邏或其他勤務人員，具備概念後能更清楚地判斷。

肆、相當因果關係

謂相當因果關係，係指依經驗法則，綜合行為當時所存在之一切事實，為客觀的事後審查，認在一般情形下，在此環境、有此行為之同一條件，均可發生同一結果者，則該條件即為發生結果之相當條件，行為與結果即有相當因果關係。反之，若在一般情形下，有此同一條件存在，而依客觀之審查，認為不必皆發生此結果者，則該條件與結果並不相當，不過為偶然之事實而已，其行為與結果間即無相當因果關係[215]。

以上揭學生至書店內偷書案件，倘若該學生（**被告**）遭發現後並非將書本丟棄於店內，而係攜出（**犯罪事實**）後棄置於馬路上，適逢著同校校服之學生拾起，巡邏人員恰巧到場瞭解案情後，見拾起書本之學生疑似犯嫌，旋即前往詢問，可能發生了誤認之情形，此誤認經查證書店老闆娘或調閱附近錄影監視系統後放行，即係**不具相當因果關係**之謂。

伍、行為時具故意或過失

依刑法第13條第1項規定，所謂故意：係指行為人對於構成犯罪之事實，明知並有意使其發生者；同法第14條第1項，所謂過失[216]：係指行為人雖非故意，但按其情節應注意，並能注意，而不注意者而言。故意或過失是專門處理犯罪事實認知之問題，**與處理之不法所有意圖不同**！而所謂故意或過失，即係明瞭本身從事何種犯罪事實，並期待犯罪結果的發生；而過失犯尚有不同，主要依據行為人應注意或認知情節，發生怠於注意的犯罪結果。

竊盜罪並無過失犯之處罰[217]，僅對於故意竊取他人動產之行為有著刑罰規定，先予說明。而行為人（**被告**）竊取行為（**犯罪事實**）的當下，明知該動產係他人持有或所有，有意將動產置於自己實力支配之下，以作為之行為[218]移轉動產持有或所有權利外觀的現實狀態，巡邏人員處理竊盜案件時，行為人大多於行為時具備故意。以同書店案例說明：學生竊取書店

---

[215] 參照最高法院76台上192號判例。
[216] 過失犯判斷重點依序為：預見可能性（應注意）、迴避可能性（能注意）及違反注意義務（不注意）。
[217] 參照刑法第12條第2項。
[218] 原則上竊盜罪沒有不作為犯，除有一定保證人地位負有監督義務外，有可能成為不作為竊盜的共同正犯，其餘現實生活中鮮少有真實之不作為竊盜案件的發生。

內書本行為時，理論上早已知曉該書本並非自己所有，書本仍在書店內，老闆娘對該書本在未結帳前有客觀持有及所有狀態，學生（**被告**）有意將書本置於己身衣物中並使之掩蔽（**犯罪事實**），使老闆娘持有或所有之合法權源遭受破壞有難以追回之危險，構成竊盜罪主觀構成要件之故意而言，到場人員詢問犯罪事實內容時，對被告之訊問法定程序應予遵守，併此敘明。

陸、小 結

巡邏勤務對於案件之特定，在具體化被告及犯罪事實過程中，無可避免需透過刑法的概念加以判斷，倘無犯罪行為、犯罪結果、條件關係、相當因果關係及行為時具備故意或過失，被告地位不可能形成，事實即非犯罪，尤其現實中發動強制處分常在一刹那間決定，未建立事前架構，相當容易忽略造成錯失先機或違法。

現行警察對案件之特定，常莫衷一是地理解，在刑法對應刑事訴訟法之區間，有著與法院認知相距甚遠的結果，而分屬各直轄市、縣市政府警察局法規室人員，對基層法規系統化的統一建立卻不如預期，造成實務運作違法事件層出不窮，法院不斷替警察找台階下久了，乾脆朝向認定違法方向為裁判是較為輕鬆，也不容易寫出不合乎法理的裁判理由，成為學者撰寫評釋的標的，應是身為警察的我們值得深思的課題。

基此，上揭概念與二要素缺一不可、相互交融，在現場特定、形塑待證事實，具有密不可分的功能，使警察對於具體個案有更快速、更清晰之思考，實踐對人民實質的權利保障，才是法治國家所樂見的警察作為。

第二款 取證作為之區別

巡邏勤務中處置之案例相當多樣，面對具體危害個案常常使用相當於強制力之手段，前揭第二章曾說明「取證作為之區別」以：是否造成受處分人個人意願、意思自由與權益受到壓抑或侵害，區別為任意偵查與強制處分二個部分，輔以訴訟行為作為次要思考條件，於此所欲延伸為現行法更具體之職權，主要聚焦在取證作為（程序法）上。取證作為之手段上，某程度必須與刑法**合併觀察**，某部分得以**獨立探討**行使刑事訴訟法相關職

權，在手段上選擇應視強制處分之要件，實施中須注意手段的比例原則。

　　然在與刑法**合併觀察**部分，判斷上揭之犯罪行為、犯罪結果、條件關係、相當因果關係及行為人故意或過失等完足犯罪嫌疑後[219]，即得發動強制處分，例如：現行犯之逮捕之前提，係事實有犯罪行為並且產生犯罪結果，具有條件關係及因果關係，行為人行為時具有故意或過失，始能稱為「現行犯」，現場並無無法逮捕之原因時，應逕行逮捕之。

　　另可**獨立觀察**行使強制處分職權之適例[220]：司法警察偵查犯罪，有事實足認為犯罪嫌疑重大，經被盤查而逃逸者（但所犯顯係最重本刑為一年以下有期徒刑、拘役或專科罰金之罪者，不在此限），得發動逕行拘提。觀之前提乃偵查犯罪，意即：某事件發生是一個犯罪行為；復加以判斷「有事實足認」，係指客觀上**可以推斷**某人嫌疑重大，但**並非確信**該人即為真正犯罪行為人，亦尚未確認與發生之犯罪事實有關；末以「經被盤查而逃逸」之要件，顯示被盤查人可能與犯罪事實具有密切關聯，得發動強制處分。上揭說明均顯示是獨立觀察程序法發動要件之審查，尚未確信受逕行拘提之人為犯罪事實中之真正犯罪行為人，即得先行發動[221]。

　　是以，巡邏中關於取證作為的區別，透過以「是否造成受處分人個人意願、意思自由與權益受到壓抑與侵害」具體化至警察較常發動「通知」、「拘提」、「逮捕」、「搜索」、「扣押」之職權，作為區辨任意偵查與強制處分概念上之差異，為求讀者全面且迅速的掌握，筆者以圖示加以表達並說明之（請見下頁插頁）。

---

[219] 讀者如果是實務工作者，看見這樣的條件篩選必定無法接受，大多會認為：現場哪裡來那麼多時間判斷？筆者認真地說：通常根本不需要篩選！因為，假設老公某甲當著警察打老婆的事實，其實已經包含犯罪行為（某甲打老婆）、犯罪結果（老婆受傷）、條件關係（某甲揮手）、相當因果關係（某甲揮手打到老婆）及故意或過失（某甲故意或過失「打老婆」）等刑法（實體法）判斷的條件，而某甲一定是現行犯，此種情形即為筆者所說：「根本不需篩選」，需要篩選的時機，大多在發生腦海法學概念產生猶豫或衝突的時候。

[220] 參照刑事訴訟法第88條之1第1項第3款。

[221] 實務工作者實際操作模式皆非以「逕行拘提」為名發動，大多以攔停後查證身分方式進行犯罪事實之詢問。具體說明一例：某甲著白色印有「台灣加油」之T恤在甫放火現場遊蕩，警察正詢問附近鄰人有否發現可疑人，鄰人A說明有可疑男子提著桶子在附近出沒，該男子著白色T恤印有中文字，但不確定該文字內容如何。

　　警察見經過詢問現場之甲，見甲之特徵相當符合鄰人A所指稱之特徵。通常情形下，警察旋即趨往攔停甲，並可能加以詢問：「你住哪裡？在這裡做什麼？有沒有證件可以讓我看一下？」順道一併觀察甲之外觀有否犯罪痕跡或物品，藉由警察職權行使法賦予之職權先行調查。

　　倘甲符合逕行拘提之要件時（經被盤查而逃逸），警察開始追逐時即稱為：逕行拘提。**惟現場警察仍未確認甲是否即為真正犯罪行為人之謂。**

壹、通知、拘提、逮捕（對人）

　　取證作爲具體化的手段選擇大多在程序法中規範，於保全證據及被告之目的拘束下，法規範有不同職權之設計，在刑事訴訟法（以下稱本法）第一編第八章是說明被告之傳喚、通知、拘提、逮捕、通緝、解送及即時訊問等問題。上開圖表上方乃學者對於傳喚及通知所整理的思考步驟；下方係整個章節法律條文的簡要圖示，主要仍以實務操作的時間爲量尺（標準、條件），建立警察在發動強制處分時的思考邏輯，幫助實務工作者建立一個強制處分的基本架構。

　　發動強制處分一定會有一個起始點，此時點以主體可分爲「檢察官」、「警察機關」、「自訴人」[222]，前二者屬第二編起訴二元主義中的公訴程序；第三者屬第二編的自訴程序，自訴人得以決定何時以自己名義起訴。此處暫且不論自訴，仍以編列於公訴爲軸說明之。

一、通　知

　　本法第71條之1係警察機關專用的條文，乃司法警察（官）因調查犯罪嫌疑人犯罪情形及蒐集證據之必要，得使用通知書通知犯罪嫌疑人到場接受詢問[223]。較特別地是，1982年增修後原警察機關得以通知的對象僅限於犯罪嫌疑人，但實務的運作則包含犯罪嫌疑人以外的其他訴訟關係人，於2003年時增修本法第196條之1第2項證人亦得爲通知的對象，在體例上編入證人的章節作爲準用的條文，依現行法可以確定通知之客體爲：犯罪嫌疑人及證人。

　　本法規定通知犯罪嫌疑人的方式：「得」使用通知書[224]，實務的操作模式有時書面通知、有時口頭通知，理由在於：犯罪現場之嫌疑人可能逃逸，無法立即取得該人之陳述；證人可能受傷亟需送醫診治，無法當下隨同返回勤務處所製作相關卷資等；另有警察績效制度之評核，每月每人需

---

[222] 此三者原則上均屬於訴訟主體，發動提起訴訟的權利時，以國家機關而言係依據職權判斷提起公訴，以私人（自訴人）而言與民事訴訟法上處分權主義相當類似，係以自己名義提起訴訟。

[223] 依據我國舊法的規定警察機關並無此項權限，但警察事實上擔任第一線的偵查者角色，通知或約談訴訟關係人到案的實務早已行之有年，遂於1982年增修本條文，但爲了避免擴張警察機關的權限，使用了與傳喚、訊問不同的用語，以通知、詢問作爲區隔。

[224] 學者認爲，通知犯罪嫌疑人的方式「應」使用通知書；詳參閱林鈺雄，刑事訴訟法（上），2010年9月6版，頁338。

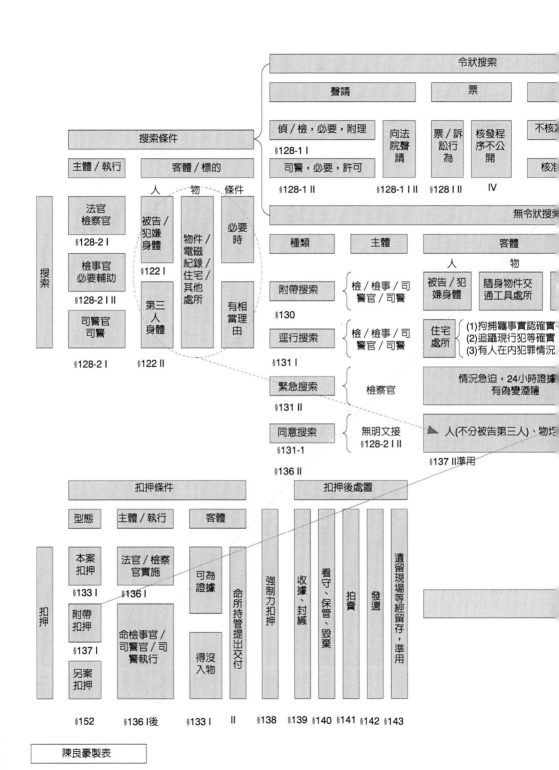

陳良豪製表

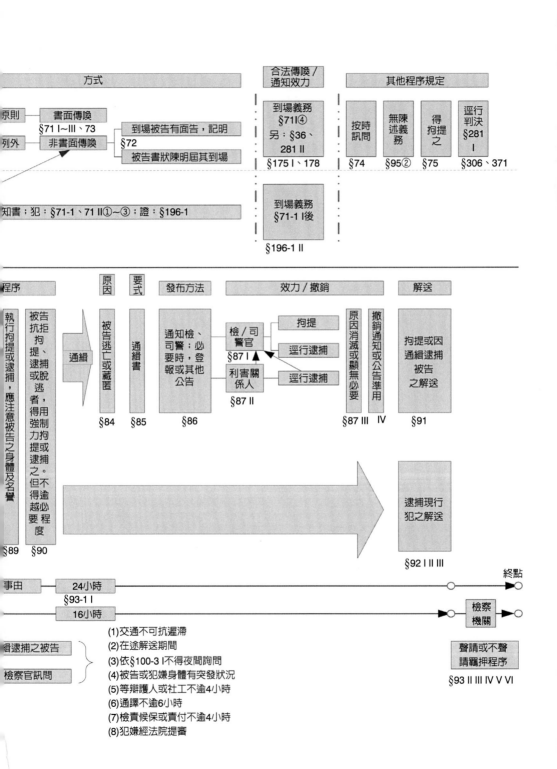

原則　—　書面傳喚 §71 I～III、73　—　到場被告有面告，記明 §72

例外　—　非書面傳喚 §72　　　　　　被告書狀陳明屆其到場

知書：犯：§71-1、71 II①～③；證：§196-1

到場義務 §71 I④ 另：§36、281 II §175 I、178

到場義務 §71-1 I後 §196-1 II

按時訊問 §74

無陳述義務 §95②

得拘提之 §75

逕行判決 §281 I §306、371

程序

執行拘提或逮捕，應注意被告之身體及名譽 §89

被告抗拒拘提、逮捕或脫逃者，得用強制力拘提或逮捕之。但不得逾越必要程度 §90

原因

通緝

被告逃亡或藏匿 §84

要式

通緝書 §85

發布方法

通知檢、司警；必要時，登報或其他公告 §86

效力／撤銷

檢／司警官 §87 I

利害關係人 §87 II

拘提

逕行逮捕

逕行逮捕

原因消滅或顯無必要 §87 III

撤銷通知或公告準用 IV

解送

拘提或因通緝逮捕被告之解送 §91

逮捕現行犯之解送 §92 I II III

事由

24小時 §93-1 I

16小時

緝逮捕之被告

檢察官訊問

終點

檢察機關

(1)交通不可抗遲滯
(2)在途解送期間
(3)依§100-3 I不得夜間詢問
(4)被告或犯嫌身體有突發狀況
(5)等辯護人或社工不逾4小時
(6)通譯不逾6小時
(7)檢責候保或責付不逾4小時
(8)犯嫌經法院提審

聲請或不聲請羈押程序 §93 II III IV V VI

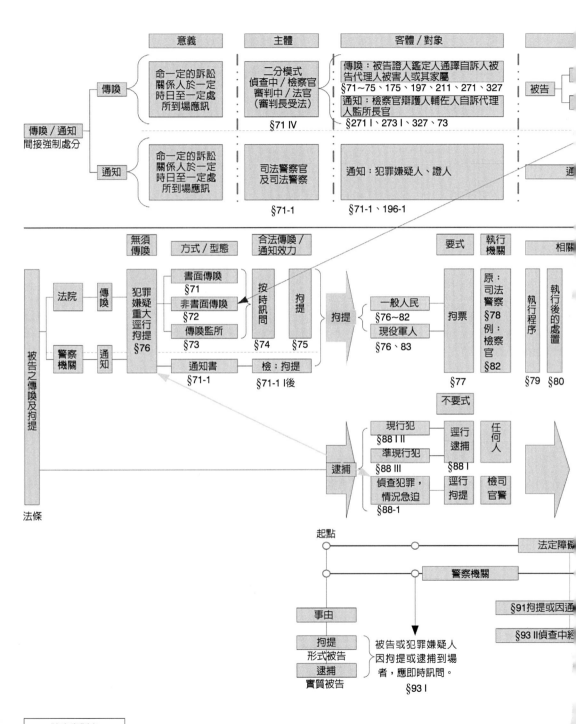

陳良豪製表

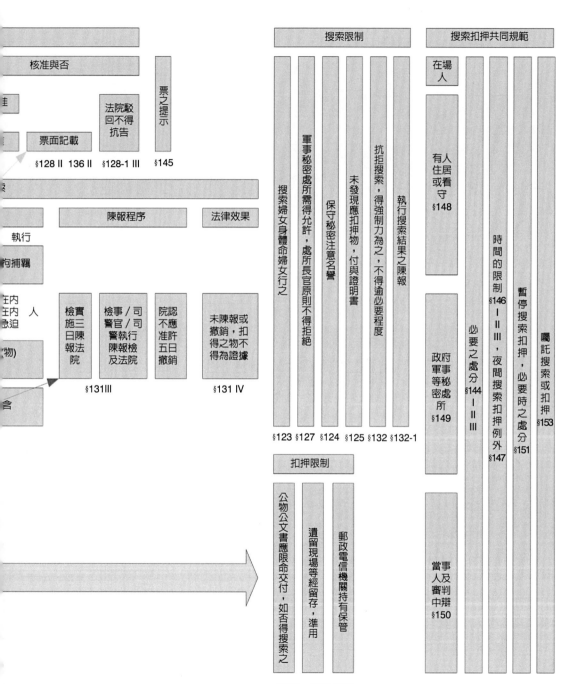

核准與否

票面記載　　法院駁回不得抗告　　票之提示

§128 II　136 II　§128-1 III　§145

陳報程序　　　法律效果

執行

拘捕羈

住內
住內
急迫

物)

檢實施三日陳報法院　檢事／司警官／司警執行陳報檢及法院　院認不應准許五日撤銷　未陳報或撤銷，扣得之物不得為證據

§131III　　　　　　　　　　　　　　§131 IV

含

搜索限制

搜索婦女身體命婦女行之　軍事秘密處所需得允許，處所長官原則不得拒絕　保守秘密注意名譽　未發現應扣押物，付與證書　抗拒搜索，得強制力為之，不得逾必要程度　執行搜索結果之陳報

§123 §127 §124 §125 §132 §132-1

搜索扣押共同規範

在場人

有人居住或看守 §148

政府軍事等秘密所 §149

當事人及審判中辯 §150

必要之處分§144 I II III

時間的限制§146 I II III，夜間搜索扣押例外§147

暫停搜索扣押，必要時之處分 §151

囑託搜索或扣押 §153

扣押限制

公物公文書應限命交付，如否得搜索之　遺留現場等經留存，準用　郵政電信機關持有保管

§126　　§134 §135

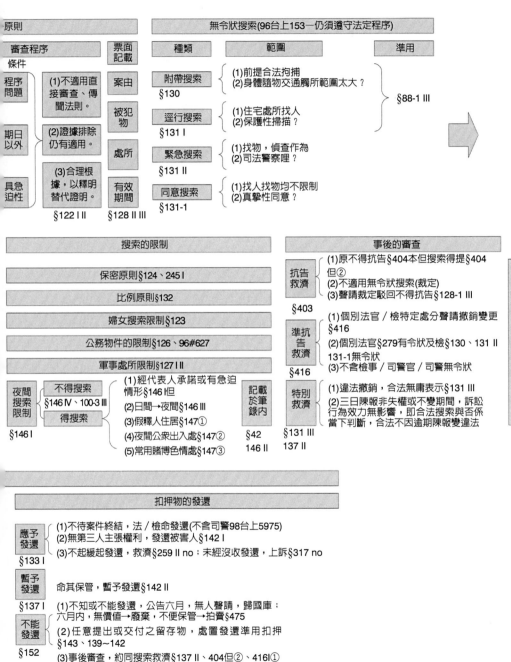

無令狀搜索(96台上153—仍須遵守法定程序)

原則

審查程序		票面記載
條件	(1)不適用直接審查、傳聞法則。	案由
程序問題		被犯物
期日以外	(2)證據排除仍有適用。	處所
具急迫性	(3)合理根據，以釋明替代證明。	有效期間
§122 I II		§128 II III

種類	範圍	準用
附帶搜索 §130	(1)前提合法拘捕 (2)身體隨物交通觸所範圍太大？	§88-1 III
逕行搜索 §131 I	(1)住宅處所找人 (2)保護性掃描？	
緊急搜索 §131 II	(1)找物，偵查作為 (2)司法警察哩？	
同意搜索 §131-1	(1)找人找物均不限制 (2)真摯性同意？	

搜索的限制

保密原則§124、245 I

比例原則§132

婦女搜索限制§123

公務物件的限制§126、96#627

軍事處所限制§127 I II

夜間搜索限制 §146 I	不得搜索 §146 IV、100-3 III	(1)經代表人承諾或有急迫情形§146 I但	記載於筆錄內 §42 146 II
	得搜索	(2)日間→夜間§146 III	
		(3)假釋人住居§147①	
		(4)夜間公眾出入處§147②	
		(5)常用賭博色情處§147③	

事後的審查

抗告救濟 §403	(1)原不得抗告§404本但搜索得提§404但② (2)不適用無令狀搜索(裁定) (3)聲請裁定駁回不得抗告§128-1 III
準抗告救濟 §416	(1)個別法官／檢特定處分聲請撤銷變更§416 (2)個別法官§279有令狀及檢§130、131 II 131-1無令狀 (3)不含檢事／司警官／司警無令狀
特別救濟 §131 III 137 II	(1)違法撤銷，合法無庸表示§131 III (2)三日陳報非失權或不變期間，訴訟行為效力無影響，即合法搜索與否係當下判斷，合法不因逾期陳報變違法

批評：裁處、競合不明等

扣押物的發還

應予發還 §133 I	(1)不待案件終結，法／檢命發還(不含司警98台上5975) (2)無第三人主張權利，發還被害人§142 I (3)不起緩起發還，救濟§259 II no；未經沒收發還，上訴§317 no
暫予發還 §137 I	命其保管，暫予發還§142 II
不能發還 §152	(1)不知或不能發還，公告六月，無人聲請，歸國庫；六月內，無價值→廢棄，不便保管→拍賣§475 (2)任意提出或交付之留存物，處置發還準用扣押§143、139~142 (3)事後審查，約同搜索救濟§137 II、404但②、416I①

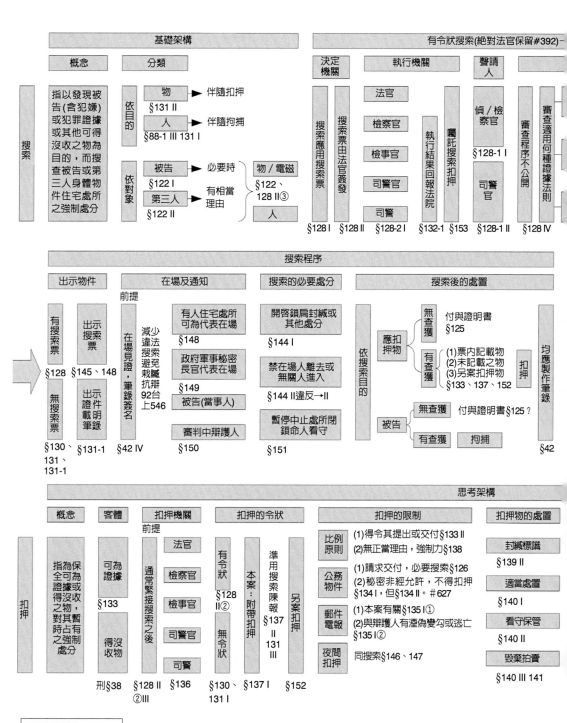

陳良豪製表

有刑案績分，通知一件是一件，卷資完備移送即有核分！基於以上之實務運作，法明文規定通知係「得」使用通知書，在分駐（派出）所無由以機關名義發出書面通知書之前提，第一線人員為爭取破獲分數，當然使用了口頭通知犯罪嫌疑人或證人到場接受詢問，以寬鬆的文義解釋將得到係合法通知到案的結論！

另種情形是警察合法拘提或逮捕犯罪嫌疑人、通緝犯、被告時，如有本案或本案以外的實際或幽靈抗辯，為滿足地區分局偵查隊或地檢署檢察官的需求，自會盡其所能將相關訴訟關係人全部以「口頭」通知到場說明，以便符合調度司法警察條例第10條及檢察官與警察機關聯繫辦法第7條規定檢警共用24小時的規範，只是在短短的16小時內必須完成所有的文書、通知訴訟關係人、移請偵查隊偵辦等庶務工作，實在難以想像警察怎麼有這麼厲害[225]的能力！

通知效力係按本法第71條之1第1項規定，經合法通知，無正當理由不到場者，得報請檢察官核發拘票，意即其法律效果與傳喚同；惟最引人詬病地係：同條文第2項準用前條第1項第1至3款規定，並未準用第4款，既通知書未載明其法律效果得拘提之，受通知人如不知或不願接受警察機關詢問，將造成拘提時有突襲性，顯屬不當[226]。基此，通知是取證作為侵害較輕微的一種手段，當欲達成保全被告之目的並未急迫情形下，該職權是第一個可以選擇的取證作為。

二、拘 提

拘提意義乃：於一定期間內，拘束被拘提人的自由，強制其到達一定處所接受訊問，並有保全被告及保全、蒐集證據為目的的強制處分，而拘

---

[225] 筆者於民國90年間在某分局派出所內擔任刑事專案人員配合刑事局某隊查緝毒品，在夜間21時許逮捕二個犯罪嫌疑人交易毒品後，連續配合受逮捕犯嫌自願搜索三個不同住處，又緝獲一千人等共計七人，搜索完畢已屆翌日1時30分，帶返所後已經2時30分，分別讓該七人簽署不同意夜間偵訊後暫予休憩（什麼資料都還沒做），直到該日上午8時許才開始詢問，此時依據本法第93條之1與第100條之3第3項規定，夜間不偵訊僅得扣除夜間部分（當日日出依氣象局公告是5時53分），所以在移送給檢察官前的警察機關有16小時時間，已用掉超過7個半小時，只剩不到8個小時，下午4時許先行報告檢察官實際情形，檢察官指示其使用的8小時中6小時全部給筆者偵辦案件，等於要將犯嫌及卷宗解送給檢察官最晚的時間是當日22時許，整個派出所內偵辦此案件的人員達8人，結果解送至檢察官時已經是23時許了，檢察官等到當時已經快要氣炸了，還好有事先報備，否則警察官長可能要用潛規則向承辦的檢察官表達歉意，最後，就只有擔任派出所專案人員解送後順便聆聽檢察官說話2小時作結；當時，筆者已經41個小時沒闔過眼，多數曾任派出所專案人員或偵查隊的警察大多有此經歷！犧牲奉獻，莫過於此。
[226] 詳參閱林鈺雄，刑事訴訟法（上），2010年9月6版，頁338；褚劍鴻，刑事訴訟法，1998年，頁140。

提的種類包含一般拘提及逕行拘提，此不同點乃後者無須經傳喚或通知程序，即可實施的強制處分；而拘提的對象在前者除鑑定人[227]外包含被告及證人（含鑑定證人），後者僅得對被告發動。

　　拘提之法定原因（即要件）有一般拘提及逕行拘提，一般拘提的要件主要指被告或犯罪嫌疑人經合法傳喚或通知，無正當理由不到場者而言；然逕行拘提乃不經傳喚且被告犯罪嫌疑重大為前提，並具有法定事由，該法定事由之目的均為保全被告及證據而設，其原因已如上述。

　　拘提之決定機關與多數的強制處分相同，採取二分法模式，偵查中為檢察官，審判中為審判長或受命法官。拘提的執行機關，乃依據本法第78條規定係警察機關，必要時得於轄區外執行拘提或請求當地司法警察協助，而決定機關有權限制執行機關執行拘提的期間。而審判長或檢察官得依本法第82條規定以囑託方式為拘提，在具特別身分的拘提時，如軍人，應以拘票知照該管長官協助執行[228]。拘提本身即有強制力，相較於通知具備任意性不盡相同，執行拘提或逕行拘提時，在有保全被告可能逃逸、保全或蒐集證據可能滅失的急迫情狀發生，倘以通知而無法達到保全被告之目的，符合要件下當可選擇拘提為取證之作為。

　　較為特別是本法對於**逕行拘提**有二個條文，係第76條及第88條之1，在適用前提皆未經傳喚即得逕行拘提，立法者為何對逕行拘提有分別二個條文？是有意的區別，還是無意的立法？究竟如何解釋此二條文間的差異，乃實務工作者發動不要式拘捕時容易產生適用上[229]的問題，以下分述之[230]：

(一) 就主體而言

　　本法第76條僅針對被告犯罪嫌疑重大，並未規定得以發動逕行拘提的主體，反之，第88條之1係賦予檢察官、司法警察官或司法警察為發動

---

[227] 本法第199條規定鑑定人不得拘提，乃鑑定人具有可替代性，與證人之不可替代性不同。

[228] 其餘的拘提程序事項茲不贅述。

[229] 按：因何將逕行拘提置放於此處討論？真正的原因乃此二條文已經過知有犯罪嫌疑的時點，惟因犯罪嫌疑重大即得逕行拘提而發動強制處分，代表著沒有傳喚的效力即得拘提，是以，如有此項各款情形時，應置放於傳喚前作為審查較為妥適。

[230] 此問題的討論上，學者間鮮少發表之間的差異性，但在執行機關而言，相對變得重要，畢竟，發動強制處分侵害或干預基本權不可謂不大，在履行法定程序時，執法人員更應明瞭自己的權限範圍，避免無端的侵害人權事件發生，尤以人數最為龐大職司刑事訴訟之警察機關。

的主體，同為發動逕行拘提的分別條文，似乎有著差異！

於法律條文的解釋，對於上開的主體以「當然解釋」之法學方法，對於未限定主體的條文，理應在刑事訴訟之該管公務員，均應得發動逕行拘提；以「限縮解釋」之法學方法，既本法第88條之1定有主體之明文，則第76條應限縮在檢察官、司法警察官及司法警察以外之人員，即「狹義法院」矣；以「反面解釋」、「限縮解釋」及「比較解釋」[231]所獲得的結果，亦會得出僅狹義法院得以發動本法第76條逕行拘提之強制處分。上開使用了四種解釋方法，其中三種均可得出此二條文規範之主體應有不同的結論。

(二) 就客體而言

本法第76條規定逕行拘提之客體為「被告」，而第88條之1第1項之客體雖未明文限定，但由各款可知以共犯嫌疑重大、脫逃者、事實上犯罪嫌疑重大及重罪為要件，緊鄰著、趨近著犯罪嫌疑人的地位，其法條預設之客體亦有不同，況且於初始立法即以在法院為「被告」，於警察機關為「犯罪嫌疑人」之二分法，益證有所不同。

(三) 就體系而言

在本章的體系架構，第76條乃附隨於傳喚效力後之情形，而發動傳喚乃廣義法院的職權，本條文理應為法院行使之職權；而第88條之1乃附隨於現行犯條文之後，顯而易見地在體系的解釋上，警察機關既無傳喚的職權，亦非拘提的決定機關，僅有通緝犯、現行犯逮捕之權限，難以認為有第76條逕行拘提法明文的職權，惟於執行拘票之拘提時方有適用。

(四) 就法規範目的而言

本法第76條之目的，在於保全被告及證據的功能[232]，惟第88條之1第1項各款僅有保全被告的功能，在法規範目的的適用上亦有所不同。

(五) 就適用時機而言

本法第76條並無任何期間範圍限制，僅以知有犯罪嫌疑為始點之後

---

[231] 此三種解釋均以二條文作為相對應或比較的基礎，在相對應的解釋中，以第88條之1為基礎比較第76條的反面所得出的結論；而兩相比較下，亦可得出相同的結論。

[232] 該條文各款即明定了相關要件，明顯可看出要件的目的為何？尤其以第3款與之比較即可知；詳參閱林鈺雄，刑事訴訟法（上），2010年9月6版，頁340註8。

的問題，意即被告犯罪嫌疑重大而有法定情形之一者，得不經傳喚逕行拘提；而第88條之1僅指偵查期間為範圍具有法定情形且情況急迫時，方得發動逕行拘提之強制處分，則偵查機關在偵查期間如有上開法定要件時，均得發動。

(六) 小　結

上開說明應可肯認本法第76條及第88條之1確有不同，且立法的目的使之有各自適用的範圍，否則新增修之條文將形同具文而無存在的價值；於主體面向，原則上偵查機關於進入審判前的偵查作為應已告一段落，具有第76條逕行拘提要件早已不復存在，益證該條文適用範圍應僅限於發動傳喚二分模式的檢察官、審判長及受命法官；於體系面向，第76條緊鄰著傳喚區塊，法明文規定不經傳喚即得逕行拘提，亦可反證警察機關未有該條文權限；於適用時機面向，得以行使第88條之1的期間範圍僅限於偵查中，警察機關的偵查作為，如有該條文法定情形，方有發動逕行拘提之職權。是以，警察欲發動逕行拘提時，僅得依本法第88條之1規定作為合法、適法的事由。

此處延伸，實務機關最關注的問題應係逕行拘提後人別訊問，倘該人並非真正緝捕對象，警察人員是否有釋放權限？就本法第88條第2項、第94條以觀，輔以舉重以明輕原則下，應有釋放之權；惟自第92條第2項似檢察官始有權限，因法無明文賦予警察有此權能，此模糊地帶即係實務機關最為害怕任意發動強制處分之區域！

三、逮　捕

實務工作者對於逮捕權限之印象，大多限縮於現行犯得逕行逮捕之概念，在通緝經通知或公告後，得拘提被告或逕行逮捕較為陌生，又逮捕與拘提似乎呈現出同一自然事實，外觀相同而難以區別，究其原因乃立法用語未能統一，本文限縮在實務工作者最熟悉的現行犯之逕行逮捕探討。

現行犯意義：乃正在實施犯罪行為，而該行為形成一定的危害，如不加以即時制止，則危害有可能進一步的侵害或擴大，有必要施加武力或實力制止該危害繼續侵害或擴大，制止方式可說就是：逮捕！該職權屬無令狀之性質。較為特別地，現行犯的逮捕並未限定實施或發動的主體，與通

緝犯限定在利害關係人有別。歷史源由暫不贅述，惟主要的出發點還是來自危害發生當下，警察不可能隨時且立即的出現，倘不賦予現場遭受危害之人或第三人有法定逮捕之授權，將產生實施逮捕之人同時也違法的情形（至少有刑法第302條或第304條的妨害自由罪）。更何況，逮捕是嚴重限制人身自由的一種形態，已觸及到憲法第8條有關人身自由的核心領域，法無明文規定時，人民或警察將無所適從。

何者為現行犯？仔細觀察會發現現行犯的逮捕有二個目的，一係消弭現行的危害，一係保全證據（即被告[233]），亦即承認人民在國家不及保護時得以實施自力救濟的權利，或消弭正在發生的危害狀態且為保全被告作為犯罪訴追，而在本法第88條第2項，立法者就現行犯有加以定義為：犯罪在實施中或實施後即時發覺者[234]，與實體法上判斷告訴乃論或非告訴乃論及請求乃論無關，較有爭議的在於即時的概念，學者[235]認為即時係指時間的密接性，即犯罪甫實施後之態樣[236]，原則上密接著現行犯在實施中的時點。

本法第88條第3項以時間作為量尺（條件）判斷準現行犯，該定義以被追呼為犯罪嫌疑人及因持有兇器、贓物或其他物件或於身體、衣服等處露有犯罪痕跡者為要件，在邏輯上應密接或重疊著前述有關「實施後即時發覺」的條件，與現行犯較為不同之處，即：準現行犯地位之判斷與「真正」的犯罪人無關，僅單就法定要件為判斷，並擴張實施後即時發覺即得掌握概念。是以，依次的概念為：犯罪在實施中→實施後即時發覺→被追呼為犯罪嫌疑人（因持有兇器、贓物或其他物件或於身體、衣服等處露有犯罪痕跡者），而最末者是否為「真正」的犯罪人原則上在所不問。至現行犯的效力，其逮捕賦予任何人皆可實施，另因偵查犯罪情況急迫得逕行拘提說明已如前述，在茲不贅。

---

[233] 被告係取得法定證據方法之一種方式，保全被告亦有順送國家刑罰權實現的功能，如現行犯不令加以逮捕，國家刑罰權的對象如不確認，將難以實現。

[234] 延伸閱讀：大法官釋字第90號第1點。

[235] 褚劍鴻，刑事訴訟法，1998年，頁166。

[236] 延伸案例：陳良豪，臺灣警察專科學校102學年第1學期刑事訴訟法講義，第十堂刑事訴訟架構簡介〈案件單一性同一性及強制處分總論〉，2013年11月18日，頁9註15。

貳、搜索、扣押（對人、物）

　　由本法第122條第1項、第2項之規定可知，搜索客體為被告或犯罪嫌疑人之身體、物件、電磁紀錄及住宅或其他處所，主要關注於**被告或犯罪嫌疑人本身**，而第三人亦可能為客體，惟搜索第三人時，以可信為被告或犯罪嫌疑人或應扣押之物或電磁紀錄存在時為限，意即對第三人搜索時仍環繞於存在被告或犯罪嫌疑人之犯罪事實範圍內，直白地說：搜索第三人的目的，仍是找出被告或犯罪嫌疑人或與其相關證物，而**人或證物在第三人之身體、物件**[237]**、電磁紀錄及住宅或其他處所而言**。蓋扣押客體，依本法第133條第1項規定，可為證據或得沒收之物，得扣押之，主要判斷在「可為證據」或「得沒收之物[238]」，原則上不區分被告、犯罪嫌疑人或第三人，因搜索是扣押的手段，且搜索已經透過特定的法定客體篩選後，扣押範圍已被限定之謂[239]。

　　搜索及扣押，是警察人員在刑事訴訟法上重要的強制處分職權，無論搜索「人」、「物」或扣押「物」均需依法為之。以下就搜索、扣押分別簡要說明之：

一、搜　索

　　搜索，係指為發現被告或犯罪嫌疑人或犯罪證據或其他得沒收之物之目的，而搜查被告、犯罪嫌疑人或第三人之身體、物件、電磁紀錄、住宅或其他處所之強制處分。以下就搜索之「種類」、「程序」、「必要處分」、「限制」等簡要分述之：

(一) 搜索之種類

　　現行法規範搜索之類型不一，分類上為了能更清楚的區別警察人員（自己）到底在搜索什麼，明白搜索之種類係為迅速明瞭如何合法地執行當下取證作為。

---

[237] 參照最高法院92台上2195號、92年台上5047號、92年台上5921號、92年台上6119號、94年台上2550號判決。

[238] 參照刑法第38條。

[239] 在學者的想法，一定先有搜索才有扣押；在司法實務者的眼中，原則上搜索與扣押之強制處分可分開觀察。詳參閱林鈺雄，刑事訴訟法（上），2010年9月6版；黃朝義，刑事訴訟法，2006年9月。

1. 以搜索目的區分

(1)偵查搜索

為了發現犯罪證據或得沒收之物所實施的搜索，自後伴隨著**實施扣押**犯罪證據或沒收之物，意即：此處搜索的目的係找尋「物」。巡邏人員處理事故或盤查人車，對合理懷疑有犯罪或犯罪之虞之人實施查證身分，盤查過程中[240]依據具體情狀（犯罪徵候），通常會找尋受檢人之犯罪證物，惟本法賦予警察實施偵查搜索之職權，僅限於令狀[241]（持搜索票）或附帶搜索[242]，而附帶搜索之前提乃受搜索人受逮捕、拘提、羈押時方得執行。實務工作者盤查時欲偵查搜索，一般都是透過命其交付應扣押物或自願搜索的迂迴方式，來迴避要式行為的審查。

(2)拘捕搜索

為了發現被告或犯罪嫌疑人所為之搜索，隨即伴隨著**拘提逮捕**之職權，此時的搜索係拘捕的執行方法，亦即搜索的目的係找「人」。巡邏人員得發動此項職權情形有令狀、無令狀[243]（逕行）搜索，實務運用大多發生在現行犯逃逸的追緝過程，尤以受追緝人遁入現場鄰人家中或有事實足信[244]為有人在內犯罪而情形急迫者，得發動拘捕搜索。

2. 以搜索對象區分

依搜索對象可區分為被告或犯罪嫌疑人，亦可能對第三人執行之，受搜索對象之不同，立法者設計法定要件亦有不同，有關此區分方式之簡要說明已如前述，在茲不贅。

3. 以搜索人或物區分

對人之搜索，主要限定在被告或犯罪嫌疑人或第三人對該人之身體、

---

[240] 此處必須特別說明，通常認真擔任警察工作超過一定年資後累積的經驗判斷，出錯的機率較低，筆者從事警察工作六年後自己統計，依法攔停人車後經查詢有刑案紀錄者超過九成，亦即：筆者攔停並不是恣意、隨性的發動；另一方面，自身累積判斷的經驗基礎是正確的，再觀察一定的犯罪徵候，想進一步求證受檢人的「徵候」之原由，附隨後續可能發動的偵查搜索。當然，有些不諳法規的警察很常淪於恣意，在新聞媒體報導或遭訴的案例大多是判斷失敗的，小部分是經驗沒錯但恰巧搜不到東西。

[241] 參照刑事訴訟法第128條以下。

[242] 參照刑事訴訟法第130條。

[243] 參照刑事訴訟法第131條、第131條之1。

[244] 參照刑事訴訟法第131條第1項第3款，此款常為實務機關濫用！例如：在旅（賓）館內開home party吸食毒品，當人員破門進入搜索時，並非以拘捕為目的，而係偵查為目的的搜索；又如：對賭博電玩場所破門查獲，該款立法真正的目的，原則上應係防止有相對人被害且情形急迫而言，非無相對人的犯罪。

物件或實體電磁紀錄實施；對物的搜索包含上揭範圍，法條亦將住宅或其他處所納入。巡邏人員可能執行搜索之種類，原則會限縮在拘捕搜索[245]，詳如前述。

4. 以搜索有無令狀區分

有令狀之搜索，乃持向法院聲請核發之搜索票執行，個案中得以搜索之範圍，取決於搜索票內所載案由、人別、地點、執行內容及其他有關於本案犯罪證據，當然，於執行搜索時，有本案漏未記載之附帶扣押[246]，亦有非本案之另案扣押[247]得以執行，可說係偵查及拘捕搜索合併之類型，隨後通常伴隨扣押及拘捕之強制處分。

無令狀之搜索，通常限定在具有緊急情狀，有附帶搜索[248]、逕行搜索[249]、緊急搜索[250]及同意搜索[251]等類型，巡邏人員在符合程序法發動搜索要件時，得以依具體情狀依法地實施無令狀之搜索[252]。

---

[245] 大部分情形，除配合搜索外，巡邏勤務時不可能隨身攜帶搜索票，會使用搜索明文僅係逕行搜索及自願搜索矣。

[246] 參照刑事訴訟法第137條。

[247] 參照刑事訴訟法第152條。

[248] 參照96年台上1630號判決，並比較98台上2281號之不同。

[249] 參照96年479號、94年台上3062號、98年台上137號；對98台上7883號認為為違法。

[250] 參照刑事訴訟法第131條第2項。

[251] 事實：民國103年2月25日臺北市政府警察局中山分局執行巡邏勤務攔停一輛自小客車，駕駛將車窗打開後巡邏人員立即聞到車內濃厚的塑膠味（K煙），要求當事人配合「檢查」！車內共有男女各一名，檢查男性駕駛人後，現場人員要求隨同至對向超商內廁所檢查同車女性，女警受派支援到場進入廁所檢查，該女子脫得僅剩內褲，女警要求將內褲脫下，該女子說：「有必要嗎？」女警回答：「妳不是很配合嗎？」黃姓女子不得已將內褲脫下讓女警檢查陰部及肛門是否藏有毒品。黃姓女子不甘心受辱，遂向媒體記者披露，執行人員各受小過以下行政懲處。

討論重點：
此案例事實應聚焦在「同意（無令狀）搜索」的探討（其他搜索種類均不合法）！
一、以搜索種類來說，無論有無令狀之搜索，均無逸脫刑事訴訟法第122條之對象，意即同意搜索之前提，客體會限縮在被告、犯罪嫌疑人或第三人，以現場情狀來判斷，黃女之地位應同時處於犯嫌及第三人（身上可能有協助駕駛人藏匿之毒品—第三人，亦有可能係供自身使用而藏匿之毒品—犯嫌），執行人員已將黃女視為搜索對象並可能符合法文規範。
二、同意搜索，需經受搜索人自願性同意，刑事訴訟法第131條之1定有明文，而「同意」應有範圍，並非漫無邊際，黃女對於身體隱私部位之搜索作為已對女警提出意見，顯而易見已非同意之範圍，執行人員應立即停止搜索。
三、實務機關常見的疑問係：既然認定為犯嫌執行搜索了，未發現證據來支撐犯罪事實時，得否任其離去？相當然爾，未實施逮捕，原則上本應任其離去，逮捕後自行釋放方有刑法第163條第1項公務員縱放「人犯」罪問題，這亦是本章在分類上以「違反實體法」及「符合程序法發動要件」分別討論之目的所在。刑法上的評價為依法令之行為，不罰，而得阻卻違法（第21條）。
上開說明已儘量朝向立於警察機關可能合法途徑之立場討論，仍然無法得出符合法規範之搜索！此種在實務機關常見情形，惟無論自身執行或支援到場協助搜索人員，應均有同意搜索之基本認知。

[252] 舉一適例事實說明：
民國103年6月17日夜間22時40分許，筆者接獲同事在大安區來電詢問，文山區轄內發生幾起機車竊盜案

(二) 搜索之程序

首要，倘有令狀，執行搜索時應將搜索票提示[253]予住居人、看守人或可為代表之在場人[254]；倘為無令狀之同意搜索，應出示證件[255]表明身分[256]予受搜索人。次要，於搜索、扣押時，應通知適當之人在場[257]，如協助法院或檢察官執行搜索之巡邏人員，搜索扣押勘驗筆錄作成時，應命在場人簽名[258]。

(三) 搜索之必要處分

搜索時常遇有突發狀況，為避免執行搜索受到阻礙，執行人員得為必要之法定處分：一、得開啓鎖扃、封緘或其他必要處分[259]。二、得封鎖現場，禁止在場人員離去，或禁止依該法第143條所定被告、犯罪嫌疑人或

件，經調閱錄影監視系統發現犯嫌，再查閱相關資料得知犯嫌為特定○○人現居大安區，同事前往大安區該址查訪時突見該犯嫌正騎乘機車返回住處，一查為已報竊贓車，同事僅有一人立即撥電話返回所內請求支援，同時在後跟隨犯嫌，聯絡支援中犯嫌一閃進入屋內，巧飾敲門故意不回應，試問：如何合法逮捕，偵辦並移送？

筆者電話內建議：
一、現場適用法令：
　　(一)拘提或逮捕：按刑事訴訟法第88條第2項規定，該犯嫌騎乘已報竊之贓車，係現行犯無疑，現場並無法逮捕之原因，得實施逮捕！問題是：犯嫌已遁入家宅根本無法實施逮捕；次按同法第88條之1第1項各款規定，此案件事實涵攝後不符合發動逕行拘提要件，無法合法對之逕行拘提。結論：得實施逮捕。
　　(二)搜索：現場並無任何令狀，僅得選擇無令狀搜索無疑。而無令狀搜索有附帶搜索、逕行搜索、緊急搜索及自願搜索類型，當中得合法地實施僅逕行搜索，審查同法第131條第1項要件，至少符合第2款「因追躡現行犯，有事實足認現行犯確實在內者」，得發動「拘捕搜索」。
　　(三)搜索方式：現場犯嫌拒絕開門，筆者請同事聯絡屋主及鎖匠前來，屋主到場後說明並無鑰匙，鎖匠前來即將屋鎖開啓，同事及支援警力亦守候在現場一哄進入逮捕犯嫌，此作為符合同法第132條「抗拒搜索者，得用強制力搜索之。但不得逾必要之程度」，現場將犯嫌、贓車帶返所偵辦。
二、返所偵辦作為：
　　(一)繕打偵查報告，將緝捕之事實詳實說明，並將筆者建議之法律條文撰寫入內，供法院審酌參考。
　　(二)按同法第131條第3項規定，製作逕行搜索卷資，與偵辦本案卷資分別陳送。
　　(三)將本案區分為：原文山區已發生數件機車竊盜案件確認犯嫌為該人，與當晚查獲之案件與之區隔，分別於詢問筆錄內敘明，並將上揭分別案件之證據區分，以求犯罪事實之明晰。
三、該案件即時詢問筆者，使整個查緝過程、發動強制處分能以「合法」為前提，並非以過往土法煉鋼方式任意為之，供讀者作為巡邏勤務發動強制處分思考之脈絡。

[253] 參照刑事訴訟法第145條。
[254] 參照刑事訴訟法第148條。
[255] 參照刑事訴訟法第131條之1但書。
[256] 參照警察職權行使法第4條第1項。
[257] 參照刑事訴訟法第148條至第150條。
[258] 參照刑事訴訟法第42條第4項。
[259] 參照刑事訴訟法第144條第1項。

第三人以外之人進入[260]，亦得命其離開或看守至執行終了[261]。三、搜索暫停中止，必要時應將該處所閉鎖，並命人看守[262]。

(四) 搜索之限制

執行搜索並非漫無目的無限制，例如：搜索，應保守秘密[263]，並應注意受搜索人之名譽。據此，應保守秘密的原因乃無論搜索該人身體、物件，對其所居之住宅或其他處所，均可能造成受搜索人之名譽損害，執行時應儘量低調進行。

實施強制力搜索時，應符合比例原則[264]；對婦女實施搜索時，原則上應命婦女行之[265]，避免瓜田李下之嫌；對公務物件於必要時得搜索之[266]；對軍事應秘密之處所搜索時，非得該管長官允許，原則上不得實施搜索[267]，皆為執行搜索時之限制。

搜索較特別係維護人民夜間住居之安寧，對有人居住或看守之住宅或其他處所原則上不得於夜間[268]入內搜索或扣押[269]，例外經住居人、看守人或可為其代表之人承諾或有急迫情形，均得實施之；另有例外情形乃針對易犯罪場所、特定隱晦犯罪處所在開放時間內得以實施[270]。

二、扣　押

謂扣押，其目的有二：一係防止證據遭到湮滅（保全可為證據之物），另係保全將來沒收之執行（得沒收之物），原則上只要執行扣押人員認為可為證據[271]或應沒收之物者，均得實施該職權。而扣押亦可附隨於

---

[260] 參照刑事訴訟法第144條第2項。
[261] 參照刑事訴訟法第144條第3項。
[262] 參照刑事訴訟法第151條。
[263] 參照刑事訴訟法第124條。
[264] 參照刑事訴訟法第132條。
[265] 參照刑事訴訟法第123條。
[266] 參照刑事訴訟法第126條；大法官第627號解釋。
[267] 參照刑事訴訟法第127條第1項；例外的規定在第2項，素有尹清楓條款之稱。
[268] 參照刑事訴訟法第146條第4項、第100條之3第3項。
[269] 參照刑事訴訟法第146條第1項。
[270] 參照刑事訴訟法第147條。
[271] 何謂可為證據？舉一適例：民國101年9月9日新北市政府警察局○○分局○○派出所獲報某地有兄弟打架，經前往發現，弟以掃把木柄毆打兄，兄以徒手反制，兄成傷但並無生命危險，兄現場亦向警察說明：家務事不需警察處理。試問：該木柄掃把是否為法定之「證據」？是否「應」實施扣押？
　　一、刑法第277條第1項規定，傷害他人身體者為傷害罪，而弟以掃把木柄作為傷害兄之犯罪工具，當然係證明犯罪事實中之客觀傷害的行為！結論：係可為證據之物。
　　二、依題示，兄現場並無生命危險，輔以刑法第287條規定傷害罪為告訴乃論，亦參刑事訴訟法第133條

搜索之有無令狀之分類，即有令狀與無令狀之扣押；原則上有令狀扣押乃附隨於搜索票[272]內，而無令狀扣押乃本案或另案之附帶或另案扣押，當然，在符合「一目瞭然原則」下搜索後的扣押，亦係合法實施扣押[273]之職權範圍。

「附帶扣押」係指執行合法搜索或扣押為前提，原則上在警察機關概念或執行時不區別究竟有無令狀[274]，而在司法實務中[275]傾向認為扣押可與搜索分別探究，只是，倘於無令狀扣押討論時，直接實施合法搜索即可，無須有附帶扣押之概念。當然，另種說法係早已包含附帶扣押及另案扣押之職權。

「另案扣押」係指實施合法搜索或扣押時，發現與本案無關而另案應扣押之物，惟法條中並未限定於本案應扣押物發現前或後，實施另案扣押職權最重要的前提在於：合法。至扣押相關程序及限制、處置，大多與搜索雷同，請自行參閱相關法條（上揭圖示亦有詳細說明）。

參、解明與區辨

巡邏作為具備主動性、積極性之特徵，無論在事前的危害防止或事後的犯罪偵查，看似簡單地、短暫地執行檢查、取締、稽查等活動，實質上相當容易干預或侵害人民的基本權利，尤其在事前危害的偵查手段，執行警察職權行使法為主之勤務活動，確實難以「有否壓抑或侵害個人意願、意思自由」判斷為任意偵查或強制處分。另一方面，取證作為之職權同時有實體及程序之性質[276]，依法行使職權之客體涉及人民實體權利，自訴訟行為合法性之審查，區辨任意偵查或強制處分則較為簡易。

以上說明取證作為的職權有通知、拘提、逮捕、搜索及扣押之態樣，

第1項之規定，「得」扣押之，現場處置人員有裁量權，依法得不實施扣押。

三、倘未實施扣押，現場處置人員仍須將該木柄拍照存檔，以備日後兄前往提出告訴（同法第232條、第237條）時，作為併卷之附件。（日常用品成為犯罪工具時，警察對之實施扣押可能會徒增困擾，筆者同事曾扣押「磚頭」後交地檢署，被○○官罵到臭頭；另參閱王兆鵬，刑事訴訟法講義，頁215以下）

[272] 參照刑事訴訟法第128條第2項第2款。

[273] 王兆鵬，刑事訴訟法講義，頁217以下。

[274] 此處的說明呼應前註釋中「在學者的想法，一定先有搜索才有扣押；在司法實務者的眼中，原則上搜索與扣押之強制處分可分開觀察」這句話。

[275] 參照最高法院96年台上1630號判決。

[276] 詳參閱林鈺雄，刑事訴訟法（上），2010年9月6版，頁296。

以後四者執行時，皆有壓抑或侵害個人意願、意思自由之狀態及實施物理力之外觀，無庸置疑地屬於強制處分探討之範疇。

　　然而通知究竟是一種任意偵查或強制處分？純就本法第71條之1之條文內容觀察：司法警察官或司法警察，因調查犯罪嫌疑人犯罪情形及蒐集證據之必要，得使用通知書，通知犯罪嫌疑人到場詢問，受通知的嫌疑人有權拒絕警察之通知，警察在合法通知後，無正當理由不到場者，方得報請檢察官核發拘票。報請核發拘票前，似乎沒有涉及壓抑或侵害個人意願、意思自由之狀態及實施物理力之外觀，理論上來說應為任意偵查；惟就訴訟行為面向來說，通知係刑事訴訟法法定職權，後續亦得報請核發拘票，本質上即為強制處分，惟因限於合法通知到場後的短暫詢問，干預及侵害程度相當低微，有學者傾向解釋為：間接的強制處分，有疑問乃**警察實務運作**之通知：

　　一、巡邏到達刑案現場後發現某甲可能為犯罪嫌疑人，當下對某甲發動查證身分之職權，警察通常為了避免現行犯及逮捕的判斷錯誤，大多數會選擇「請」某甲至勤務處所說明，惟名義上多數以警察職權行使法第7條第2項「要查又證」身分為之，理由係：不配合得施以強制力，此強制力並非逮捕（懼怕錯誤的逮捕）。以上為任意偵查？強制處分？

　　二、某甲為犯罪現場之行為人，警察到場後受被害人指認某甲為犯罪嫌疑人，實務工作者認為僅限當著警察面前為犯罪行為才是現行犯（如：當著警察的面打老婆），未當面的犯罪行為皆非現行犯，內心真實的想法是「後續帶返所的偵辦作為很麻煩」，儘量不帶返所。於此前提下，警察認定現行犯有誤的情形未施以逮捕，現場之通知為任意偵查？強制處分？

　　三、警察遇有可能嫌疑人之現場，為盡速釐清案件事實及恢復現場寧靜之狀態，通知現場之可能嫌疑人至勤務處所說明，現實上通知之手段可能會以：「你如果不來就死定了！我會馬上請示檢察官核發拘票……。」或以半推半就上巡邏車方式，施以事實上壓抑其意思自由、意思決定的「通知」，是任意偵查？強制處分？

　　上揭較有爭議的實務運作[277]，執行人員似乎忘卻通知之本質並未具備

---

[277] 通知的實務爭議做法並非空穴來風，現今實務運作（尤以臺北市以外之縣市）通常忽略了該職權之本質

強制力，顯明在本就施以有形或無形之物理力即為實施強制力之展現上，但是警察施以事實上強制力，與通知當下、本身職權探討是否具備「壓抑或侵害個人意願、意思自由」之條件有別，亦與訴訟行為救濟體系有著相當差距，使究竟為任意偵查或強制處分之取證作為判斷更加困難。

　　警察對相關人行使通知之職權，無論書面或口頭之通知皆無強制力，除經合法通知後無正當理由得依法聲請拘票拘提外，所有事實上強迫、半強迫、半推半就（壓抑或侵害個人意願、意思自由）的通知手段均不合法，人民受此不合法之通知，當有權利拒絕國家違法之行為[278]。惟現今文獻或司法實務見解鮮少對警察違法通知到場作為後，製作相關人偵詢筆錄之證據適格表示意見或評價，加以導正取證作為，避免暗渡陳倉或膨脹了通知之職權範圍。是以，除拘提、逮捕、搜索、扣押之職權顯然為強制處分外，對於通知職權應認知為間接之強制處分，前四者有強制力，後者無強制力，不得為任何壓抑或侵害個人意願、意思自由之取證作為。

　　相當特別地是，上揭第一種藉由非刑事法規，乃事實上達到與通知有同樣效用之方式是否為強制處分？亦或任意偵查？本文認為，警職法所為查證身分職權之目的，與犯罪偵查取證作為之通知有別，雖外觀及目的有事實上（事後）的同樣效用，惟警察之取證作為隱遁在警職法中並未違法時，似乎難以檢討該事實上通知是否同樣合法或違法，尤其現實上透過警職法迴避實質被告地位之形成，形同免除了履行告知之義務（本處探討的係實務常見發生之情形，卻鮮少為人所知）。

第三款　判斷之條件

　　實務運作對取證作為有著很深的誤解，實務工作者從未區別調查與偵查之不同，在調查與偵查（取證）作為可以為一定排列思考組合，一為單純各別之二種（調查與偵查），另係自調查至偵查之面向，共有三個思考

並未具備強制力，當然，民眾的法律知識水準也是推波助瀾的一大幫手，只不過，目的正當不能證明手段合法，公權力應該先管好自己。

[278] 警察違反程序之規定，同時亦違反刑法（實體法）第302條之剝奪他人行動自由罪，實務工作者常忽略學者撰寫文章或教科本「程序違法」，等於同時違反相關實體法之規定。

點[279]尚需探討，有關調查部分已如前揭說明，此處聚焦於偵查及調查至偵查的二個思考點，加以具體化司法警察地位形成之時點與犯罪嫌疑心證之判斷。

壹、司法警察地位形成之時點

巡邏形成司法警察地位相當常見，例如：無線電通報發生刑事案件並開始執行攔截圍捕作為，對通報內容說明特定特徵之對象加以搜尋，或至攔截圍捕地點執行之際，當下之勤務作為係已形成司法警察地位（先有司法警察地位，直接對犯罪嫌疑實施偵查手段）。實務工作者較常分辨不清之處有二：一、司法警察地位形成之時點相當模糊。二、具備司法警察地位後所為的取證作為之授權，原則上均來自刑事法規範而非其他法規依據，如：巡邏警察置攔截圍捕點見一男子符合無線電通報查緝對象之特徵將之攔停，未詎，該男子拒絕停車並逃逸，警察隨即在後「追逐」！此追逐倘符合法定要件即為刑事法之取證作為（逕行拘提或逮捕），已非單純行政調查階段，至逃逸而被追逐者是否為真正犯嫌暫非所問。

現今社會吸食K他命或其他毒品之情形相當氾濫，吸食者在外觀上會呈現某些可觀察且特定之特徵（已如前述），尤其在吸食前、後臉部變化顯然不同，巡邏人員將之攔停並詢問，透過詢問受檢人面對提問皆無法合理說明，警察判斷「應係毒品人口並持續有吸食傾向」之內心初步產生結果時，即係司法警察地位形成之時點（先提升心證至犯罪嫌疑，後形成司法警察地位），後續所為之取證作為原則上皆來自於刑事法之授權依據，可能執行拘提、逮捕或搜索、扣押等強制處分。

上揭說明最主要係區別調查與偵查分水嶺，在有相關事證前提下，巡邏過程中之取證活動對應於法規範的意義為何，尤其在形成司法警察地位之時點後，整個取證作為的走向，應遵循著刑事法規範的程序規定，無由胡亂以不符合法定要件之行政檢查替代作為實質上之搜索、以查證身分之強制力替代拘提或逮捕，剔除後才能使執法當下的思考更趨近法律規定。

---

[279] 有讀者或許會問：第四種自偵查至調查面向？當然沒有！在犯罪偵查之事實調查階段，除同時發現有其他事實屬於行政調查之外，已為實施犯罪偵查時，同一事實就不可能回頭調查違反行政法上義務之行為，並無該面向存在。

貳、犯罪嫌疑心證之判斷

「嫌疑心證」之前提係：犯罪，則累積嫌疑之心證判斷得藉由實體法加以澄清，似乎最能具體化形成嫌疑進而累積心證的過程，使巡邏人員在「知有犯罪嫌疑」法定要件的描述上，更能明晰行政與刑事的分水嶺，倘已形成犯罪嫌疑，後續所為之取證作為應遵循刑事法相關規定。

例如：巡邏警網受通報抵達搶奪之犯罪現場，發現事實：據被害人陳稱犯罪行為人約為20-30歲，騎乘黑色重機車，身著短袖紅色POLO衫、藍色牛仔褲、綠色布鞋，自被害人背後以徒手拉扯掛於脖子之金項鍊得手後，往〇方向逃逸無蹤。此犯罪事實中有關「犯罪結果及行為人故意之要素」是確定的，無庸以之為條件作為判斷嫌疑之心證；另一方面，由於犯罪行為人已逃逸，周遭實施攔截圍捕之警網依據通報內容所為的查緝作為，不確定的要素有「犯罪行為（人）、條件關係及相當因果關係」，則犯罪嫌疑心證判斷的內容即為：不確定之**犯罪行為（人）**、**條件關係**及**相當因果關係**等，來確認攔停過程所累積犯罪嫌疑心證的質化程度（先有司法警察地位，直接對犯罪嫌疑實施偵查手段），進而決定後續的取證作為。

另一種累積至有犯罪嫌疑心證，來自基於行政權所發動較低度的勤務作為，例如：巡邏時見一男子騎乘機車，車載有一熱水器將之攔停，警察問：熱水器哪裡來的？（行為客體）該男子不回答。警察不斷提出問題間男子斷續回答，逐漸顯明熱水器係鄰近巷弄內拆除而來（犯罪行為）之事實，經前往查看確認拆卸地點後（條件關係及相當因果關係），詢問屋主該熱水器是否為其所有？檢視後確為其所有（犯罪結果），再詢該男子拆卸熱水器是何用途？答以：以為沒人的所以拆了拿去賣（故意）！警察依法加以逮捕（先提升心證至犯罪嫌疑，後形成司法警察地位）。

是以，無論先具備司法警察地位後的嫌疑判斷或逐漸累積嫌疑心證後具備司法警察地位，此命題皆為獨立探討之要件，係進入犯罪取證作為之重要依據，也是實務工作者最模糊而難以描述、量質化的文字，本文藉由實體法之要素加以形塑，界定了調查與偵查分水嶺，並儘量清楚劃分實務工作者實際執行面應注意之程序轉換，使取證作為更能合乎法規範之要求。

參、小　結

　　以上所探討之內容，指巡邏勤務中處理報案事件，如何區辨調查與偵查之分水嶺，且著重以犯罪偵查起始點：「知有犯罪嫌疑」為中斷之時間點，分割為調查及偵查二大部分，藉由實體法之要素來補充程序要件之描述，使現場人員能更快速、明確判斷是否已進入偵查領域，確知進入偵查後進而在取證作為手段之選擇，不會胡亂無由地藉公法隱遁司法取證行為，讓應履行之正當法律程序確實轉換至刑事法規範。

　　再者，現場人員利用實體法之要素作為具體化犯罪嫌疑心證要件之審查，形成司法警察地位後，取證之作為仍得藉由該實體法之犯罪行為、犯罪結果、條件關係、相當因果關係及行為人行為時故意或過失等要素加以判斷，分別依次建立及審查，以下再延伸說明之：

一、司法警察地位形成

　　該地位形成之機能，主要係判別調查與偵查間不同的重要指標，當然亦蘊含令狀主義適用與否之標準，而在程序應轉換後之思維，乃代表著事實進程進入刑事法規範具備不可回溯性，使干預或侵害基本權利之取證作為，限制於刑事法中所賦予之職權，作為現場發動之準則，更能明晰自地位形成時點後，程序（含保全被告或證據之作為）原則僅有刑事法得以選擇。

二、犯罪嫌疑心證升高

　　嫌疑心證之升高，主要詮釋客觀具體犯罪事證或證據逐漸明朗，係自可疑至懷疑階段之進程，有著抑制發動強制處分職權的功能。涵攝至巡邏處理事故過程中，藉由實體法要素來累積嫌疑心證，使後續發動強制處分時，更能清楚知道己身究竟可對現場之人或物實施何種合法之職權。

三、實質被告地位形成

　　實質被告地位之形成與嫌疑心證之升高有著絕對的關係[280]，該二命題差異係立場之不同；犯罪嫌疑心證係指現場警察，而實質被告地位係指在

---

[280] 按：法律論述中常有一體二面之關係，好似手心與手背般，於此以嫌疑心證之累積為實質被告地位（亦即犯罪嫌疑人）形成之條件，心證程度越高，實質被告地位越清晰明顯，越容易判斷，使該二命題互相牽引，相互羈絆。

場人民，絕對關係是建立或對應在：心證升高至犯罪嫌疑時，實質被告地位油然而生，倘現場無法累積一定心證至嫌疑（某人涉案程度之高低），則對現場人的部分即無形成實質被告地位，後續當無發動刑事法相關職權。

四、履行告知義務

　　實質被告地位形成後，爲了合法繼續取得證據（證詞）時，國家負有義務對該人履行相關權利之告知，該人明瞭自身權利後，在蒐證過程中使陳述之內容具備任意性，經過法院勘驗蒐證畫面證明其任意性後取得證據能力，得據以證明犯罪事實存否作爲裁判之基礎，亦能在客觀上明顯知悉正在進行刑事訴訟程序，提供一個客觀判別的動作給予司法作爲審查之依據，要不，相當可能發生審判時**事後**司法權[281]僭越或取代**事中**屬行政權之裁量餘地之情事（即：行政裁量權原則不受司法審查[282]）。

第四款　取證區別綜合探討

壹、任意偵查

　　巡邏勤務中，無論係主動、積極的勤務作爲，如：見可疑人車攔停、因交通違規的取締稽查，或被動、消極的處理具體個案，如：鄰居放音響太大聲、竊案搶案之現場，都有可能涉及取證作爲，而許多警察活動在實務工作者的腦海中並無顯明分界的區別，實際用法時判別標準亦相當紊亂或無標準，以刑事法觀察警察取證之作爲，倘未造成受處分人個人意願、意思自由與權益受到壓抑或侵害（強制力），亦非訴訟行爲時，該勤務活動即得以認知爲任意偵查，惟仍須排除非基於犯罪偵查爲目的之作爲（單純交通違規）。

　　然而，通常在任意偵查之勤務活動，以有否實施強制力及訴訟行爲之

---

[281] 事後諸葛大家都會，亦能找到較合理的做法，惟有時司法權進行偵查或審判時，會忘記將自己置身在該案件之現場，認真體會在極短時間內如何做出最正確的執法判斷，如果自己在當下都無法做出趨近於法律的判斷，要如何能苛求警察就「一定」能合法？讀者可自行查閱此案例：民國103年2月16日15時20分許，桃園市政府警察局楊梅分局永安派出所警員葉曠、犯業務過失致人於死罪，處有期徒刑陸月；詳參閱：臺灣桃園地方法院103年度曠訴字第19號刑事判決。

[282] 司法權例外得審查之裁量權，原則上有三：裁量逾越、裁量怠惰及裁量濫用之情形。

條件作為區別時，主要係展現在可疑至懷疑、調查至偵查的進程中，例如：某甲因外觀特徵、行為顯著與一般人不同被巡邏警察攔停後，警察發現手臂有注射針頭後之痕跡，請其出示身分證明文件，某甲拿證件是微顫抖的取出。此階段警察皆未行使強制力，亦不屬於訴訟行為，則該案例依警職法所為之查證身分職權係屬任意偵查之範圍。

隱晦不明之區間可能發生在事實上無法區辨的自然進程中，即現場發動職權在不同法律同時皆有規範之情形，例如：警察在犯罪現場詢問某甲姓名、年齡、籍貫等問題時，同時符合警職法第7條第1項第2款及刑事訴訟法第94條，仍然難以區別該自然事實的進程究竟屬於任意偵查或強制處分。

貳、強制處分

巡邏勤務中，對於取證作為需有法定證據方法之概念，而法定證據方法有二大部分，為對人及物之證據方法，惟無論對何部分原則上皆有強制力之展現，除有前揭通知職權為間接之強制處分外，其餘均為直接之強制處分，則前述說明取證作為（如：通知、拘提、逮捕、搜索及扣押），皆係強制處分探討之範圍，使主動進擊之勤務活動亦通常伴隨著強制力的展現。

然實務工作者無論在勤務作為或處理個案時，自身是否發動強制處分，經常在執行當下僅以本能反應而無實質判斷，尤其在受派至血跡斑斑現場發現滿身是血的某甲，持刀衝向警察準備加以制止之情境時體現無遺，警察實施強制力為制止之斯時，即係發動強制處分（逮捕）；另於現場詢問鄰人犯嫌或地點為何之勤務活動，應為任意偵查範疇。

實務機關側重發生案件的解決面向，過程中對自然事實的描繪方法，只是一幕幕從未重疊且未曾停歇的畫面，但法規範賦予之職權常有重疊之處，在不同職權之行使原則上應履行不同程序之要求概念下，取證作為隱晦不明的地帶油然而生，對應在轉換程序之時點逐漸模糊[283]，同樣有強制

---

[283] 例如：在殺人犯罪現場奪取犯嫌手中之刀是一個自然事實，但在法規範職權之重疊卻無法區辨！「奪取犯嫌手中之刀」是強制力的逮捕、證物強制力之扣押、亦是瘋狂施以管束，履行之程序各別，原本皆未重疊的自然事實，在法律的世界裡竟然難以區分，陷入隱晦不明的地帶。

力之外觀卻發生不同法律解讀的隱晦空間，使取證作爲難再稱爲：強制處分／任意偵查。

參、隱晦不明之地帶

警察在取證作爲的進程中，通常是一種自然物理事實，有時一執法作爲卻蘊含二以上法律授權，不同依據之法律效果、違法與否、證據評價等皆截然不同，可是單純的科學觀察只有「一種自然物理事實」，呈現在壓抑人民之個人意願、意思自由與權益及訴訟行爲爲條件加以審查時，著實令實務工作者對應法律規範涵攝客觀作爲陷入了隱晦不明之地帶。

如以上揭例：「受派至血跡斑斑現場發現滿身是血的某甲，持刀衝向警察準備加以制止」來說明，倘警察施以武力壓制某甲並加以奪刀，取證作爲的物理事實，依現行法應同時符合管束、扣留及逮捕、扣押等規定；假設取證作爲係違法情形時，透過即時強制或強制處分職權取得兇刀爲證據之評價，論述過程及結果卻不盡相同[284]，加深實務工作者在執行中之疑惑，顯示事後司法審查取證作爲增加了實務運作的不確定感，造成警察執法當下隱晦不明的地帶。

現實上可觀察的自然物理狀態之連續進程，法規範卻是抽象文字描述中概括且重疊的片段拼圖，執法過程有時無法將自然事實定位在正確的法規範之中，雖然目的解釋得以補充並廓清事實與法規範意涵，然而目的論係主觀意識，在無法證明及顯示供以檢驗，仍會造就出取證作爲的隱晦不明地帶，繼續不自覺地干預或侵害基本權。

---

[284] 該案件透過違法之即時強制爲證據評價時，該兇刀有著必然發現之特質，依現行法會審酌人權保障及公共利益之均衡來決定證據能力，其結果大多不排除；惟透過違法之強制處分爲證據評價，發生逕行搜索逮捕犯嫌後實施扣押兇刀，則所扣得之物可能被排除而不得作爲證據。詳參照刑事訴訟法第158條之4、第131條第4項。

第四節　以受理報案類型為例[285]

　　內政部警政署爲管控直轄市政府、縣（市）政府警察局110受理報案
專線，特別將報案內容及線上巡邏處理情形分門別類，列管民眾報案的類
型，主要以「有效」及「無效」案件作爲第一個條件區別，在有效案件中
亦區分爲「爲民服務」、「治安事件」、「交通事件」、「災害事件」、
「社秩案件」、「一般案件」、「重大刑案」等類型。本文透過實務機關
之分類來說明發生具體案件可能涉及或得運用多少概念，使實務工作者能
有更爲迅速、簡要地建立思考，隨時合法介入、處置這些存在於社會的
紛擾事件。以下就○○○政府警察局自民國96年至102年受理民眾報案案
件[286]統計表爲案件分類的基礎，逐步具體運用前揭說明的概念：

○○○政府警察局受理民眾電話報案統計表

	96年度	97年度	98年度	99年度	100年度	101年度	102年度
爲民服務	89,393	111,141	121,527	141,714	158,770	197,418	235,619
治安事件	81	88	38	40	43	57	48
交通事件	195,061	209,620	220,392	243,044	266,283	294,795	323,134
災害案件	4,672	4,866	5,452	5,942	5,437	6,127	6,737
社秩案件	50,657	57,006	73,730	74,247	57,790	61,907	57,313

---

[285] 巡邏勤務的本質已因現今社會環境變遷下，逐漸調整爲線上處理案件爲主，在預防犯罪面向的功效逐漸
式微，巡邏密度的多寡、見警率的提升、預防式的巡檢，已無法滿足現今受理報案的數量，或許，全新
面向的巡邏勤務，將逐漸轉變中。
[286] 此處係僅有向警察機關報案的數據，其他如：市民1999專線、直接到所報案、直接打電話至所轄派出
所、未報案之黑數等，均不在統計範圍內，亦即，實際報案的數據可能是數倍。

○○○政府警察局受理民眾電話報案統計表（續）

	96年度	97年度	98年度	99年度	100年度	101年度	102年度
一般案件	23,877	23,842	22,538	24,197	24,918	21,463	21,669
重大刑案	78	45	745	1,648	223	60	45
有效案件合計	363,819	406,608	444,442	490,832	513,464	581,827	644,565
無效案件	338,130	312,295	311,767	317,152	280,109	308,056	285,470
總計	701,949	718,903	756,189	807,984	793,573	889,883	930,035
備註							

第一項　案件類別之界定

壹、為民服務

　　實務機關將案件列入此類別的情形，原則上未涉及任何不法行為，僅係單純回應人民之請求，亦與權利義務無關者，例如：小孩上課快要遲到請警察幫忙按門鈴、協助送醫、急難救助、指導、紛爭調解、法令諮詢等。另一部分是現場警力未作任何處置或民眾無須後續處理之案件，實務運作皆會列入為民服務的統計數據，例如：停放於畫有禁止臨時停車標線擋住家門出入口，警方到場後先為查詢並聯繫車輛所有人或使用人前來駛離，原則上得直接執行拖吊，惟聯繫移置也是恢復交通秩序多種方法中之一，在聯繫不到的情形方執行拖吊並不違法。是以，此項類別與補充條款相似，亦與一般案件之類型為區隔，在不合於其他類別之餘，即以為民服務為結。

　　此項案類既然屬於補充類型，則行政法規範之三面向（即：預防危害、處罰不法及紛爭調解）皆需兼顧，因不具強制力且多以行政指導方式

展現，其本質在行政行為的討論係一種事實行為。另一方面屬於警力未作任何處置或無須後續處理之為民服務時，應有預防危害之思考，此面向為：現場仍得執行查證身分、即時或直接強制及維護秩序之職權。另處罰不法應與為民服務較無關聯。

　　而刑事法規範之取證作為與為民服務間有些微之關聯，例如：案件發生時民眾通常因調解後暫息糾紛，就算不再計較，亦應告知自行將現場現有之證據素材加以保全，以免後續的證明上陷入舉證所在、敗訴所在之窘，同時身兼教育者並展現警察專業之一面。

貳、治安事件

　　謂治安事件，係指聚眾活動之集會遊行，並非與「治安」真正相關，其意涵是聚眾活動失控後容易衍生嚴重的社會治安事件，特別獨立一個類型作為統計數據而言。然而，現今聚眾活動發生擦槍走火的治安事件與甫解嚴當代相較，民眾確實已較遵循現行法制，警察面對集會場合之作為亦較步入法制之軌跡，使法制觀念越趨興盛。現今聚眾活動的型態逐漸趨向象徵性言論之表現，使巡邏到場處理的思考層次更為複雜，尤在103年「318學運」期間，大法官作出劃時代之第718號解釋（103年3月21日）後，集會遊行法第8條第1項規定之室外集會、遊行應向主管機關申請許可，未排除緊急性及偶發性集會、遊行部分，及同法第9條第1項但書與第12條第2項關於緊急性集會、遊行之申請許可規定，違反憲法第23條比例原則，不符憲法第14條保障集會自由之意旨，現場處置時似乎需更明白言論自由的實質意涵。

　　巡邏處理之治安事件，原則上必須先與集會遊行法中之「真正」集會遊行活動區隔，因集會遊行法之主管機關係地區警察分局，除有跨二以上警察分局轄區外，決定層級為警察分局長，並非由現場巡邏人員決定具體公權力措施，為確定討論範圍則應排除集遊法部分。

　　行政法規範探討之面向[287]：現場預防危害之思考，主要在現場秩序的

---

[287] 附帶一提：在內部勤務內容之執行應有立即反應的能力，無論對於聚集群眾人數、站立位置、安全空間等因素隨時注意，在無法控制現場情形時，亦應立即請求其他線上警力支援，並向勤務指揮中心回報；受獲支援通報之其他線上警力應立即反應馳赴現場，協助且適時介入協調、聯繫報告工作，補足原先警力未預想之位置或工作，防止事端持續擴大。外部勤務作為得依具體情狀實施檢查、盤詰及其他法令賦

維護與控制，依法均得執行查證身分、直接或即時強制及維護秩序相關職權，必要時得先行驅離或帶離現場，亦得實施行政指導以勸告、建議或其他不具法律上強制力之方法，促請聚集之人自行離去。行為若涉不法，則可能涉及處罰不法之行政罰[288]、行政秩序罰[289]、行政刑罰[290]等職權，後續依相關處罰之規定辦理。另為建立民眾抗爭處理程序，加強權責機關相互聯繫及協調配合，有效處理民眾對於政府施政或民間重大投資、建設、公害糾紛、勞資爭議等採取之阻撓、抗爭行為，於民國90年訂定、103年修正民眾抗爭事件處理程序及聯繫作業要點[291]，加強橫向聯繫及加重權責機關主動指導、協調、支援及處理之義務，警察在現場得請求權責單位指派適當人員主動接見抗爭、陳情民眾及相關人士，聽取抗爭事由等作為，同時亦應注意第718號解釋後有關偶發性及緊急性集會遊行[292]聚集或發生時，應公平合理考量人民集會、遊行權利與其他法益間之均衡維護，作為職權行使之判斷準則。

刑事法規範探討之面向：取證作為大多建立在不法行為之上，在未有明顯而立即危險的言論或行為發生時，現場不得有任何形式上強制力或實質壓抑個人意願、意思自由之物理力。然而，聚眾活動在表現自由場合中民眾大多是遵守秩序的，但無法保證合法、偶發或緊急集會時沒有「個人」的違法行為，為保全被告、證據及消弭現行危害，符合要件後，即得依法運用通知、拘提、逮捕或搜索、扣押等職權；惟較為特別係上開職權無法針對具有集體意志展現的「全部群體」執行，況且，大部分強制處分皆有裁量權，得決定對現場特定之人、事、物實施。

參、交通事件

交通事件之範圍可區分為二個部分，一為違反道路交通管理事件，另一係交通事故，均納入統計數據。在違反道路交通管理事件之大宗，為取

予之職權。
[288] 參照道路交通管理處罰條例第78條有關行人違規。
[289] 參照社會秩序維護法第64條第1項第1款、集會遊行法第28條。
[290] 參照集會遊行法第29條。
[291] 中華民國90年12月4日內政部台（90）內警字第9006293號函訂定；103年2月24日內政部台內警字第1030870400號函修正第3點、第4點、第11點規定。
[292] 中華民國103年12月29日內政部台內警字第10308734912號令訂定發布偶發性及緊急性集會遊行認定處理原則全文9點，自中華民國104年1月1日生效。

締即時性之違規停車[293]，另一方面即爲交通事故[294]，前者案件之思考較側重在行政法規範，後者較關注於刑事法規範之探討。

行政法規範探討之面向：以違反道路交通管理事件爲闡明，主要側重於處罰不法之面向，立法者預設輕微之違規行爲課以行政罰爲已足，則應注意實際執行之內容如前揭有關取締權限、行政罰之說明，於此不贅。需較特別說明係預防危害之行政執行部分[295]，不論違反道交條例何條款之行爲，法律效果有後續執行規定，以作成行政處分時點後即得開始執行，此項執行即有預防危害之概念，例如：警察面對違規停車事件，在**不影響交通秩序前提**下，原則得逕行舉發即可，惟有影響交通秩序時，爲預防或排除危害，舉發後仍得逕予執行[296]。至紛爭調解職權僅得適用於交通事故中[297]。

刑事法規範探討之面向：交通事故主要側重取證作爲之面向，應指至少已是刑事案件中酒後駕車肇事之類型較爲適當。處理過程有關肇事責任釐清所爲之取證，事實上已不單純爲無人傷亡之A3類交通事故財損案件中之調查證據，於現場採取、蒐集證物或畫測現場圖表，皆涉及強制處分之展現，如：搜索、扣押等職權；對現場傷者（含酒後駕車肇事之該人）所爲之戒護[298]、強制採集血液等作爲，亦係強制處分，皆得壓抑其個人意

---

[293] 此數據爲何高的驚人？理由出於：人性的報復！當自己違規停車後發現現場被逕行舉發，多數人會心有不甘，又看見路邊有其他車輛也是違規，卻未見有逕行舉發之白色單據夾於擋風玻璃前時，情緒瞬間崩潰，報復之心油然而生，即開始打電話指謫警察執法不公，要求「再」前來取締，就這樣後來被舉發的人亦爲同樣的處理，周而復始！筆者曾圖方便進入店內買東西而違規停車3分鐘不到，現場違規7輛車卻只有自己的車被拖吊，立即招來計程車前往拖吊領取車輛，領取程序辦完並繳納罰緩將車輛駛出後回到原地（新店北新路），剩餘違規之6輛仍停放在原地未拖吊，心中甚慰，突然停下仔細思量「自己管好自己就好」的想法後，並未撥打電話，因爲，報復心態使人相當不健康；例如：2015年10月25日21時許，新北市中和區景新街273巷陸續開出47張違規停車之新聞事件。

[294] 延伸實務工作者應有之概念說明，交通事故係巡邏人員處理案件之大宗，勤務中應有的思辨包含：接獲通報後的「立即反應」，馳赴現場倘如有傷患應立即救護，倘有肇事逃逸情事得於救護傷患後詢問附近鄰人爲通報追緝肇事車輛，若被害人已死亡，亦應有封鎖現場之作爲，對於現場警力不足情形應請求其他線上警力支援，現場作爲亦得依法實施檢查、取締、盤查等職權。

[295] 在交通事故案件常發生雙方當事人現場打鬥，警力到場後雙方傷痕累累，若有此情境，現場處置人員應隨時注意紛爭再起，必要時應請求支援警力到場，避免事態擴大。

[296] 參照道路交通管理處罰條例第56條第4項、第85條之3第1項。

[297] 屬於A3類交通事故，倘兩造當事人對肇因並無爭執，僅係賠償金額有差距時，若爲適當調處（非現場指責），常能讓雙方當事人互相讓步，終止爭執。

[298] 警察需戒護該人之理由，乃酒後駕車肇事已明顯不能安全駕駛，雖尚未經酒精濃度檢測，涉嫌違反刑法第185條之3第1項第2款之不能安全駕駛，此際，該駕駛人地位爲現行犯，倘現場無法逮捕之原因，應實施逮捕（非告訴乃論）！既然現場已發現酒後駕車情事，駕駛人實質被告地位已然形成，戒護即係逮捕，同法第92條第2項規定應解送予檢察官，如果在送醫過程中駕駛人逃逸，處置人員不就違反刑法第163條第1項、第2項之公務員故意或過失縱放人犯罪。

願、意思自由或決定實施強制力，發動職權目的都朝向保全證據及被告。另一方面，已無現場之交通事故，警察應依道路交通事故處理辦法及相關法規處置，某取證作為倘涉及人性更深層面[299]的考量下，在合法與否模糊空間裡尋繹更佳且適法的解決方案。

肆、災害案件

災害案件之範圍相當廣泛，指發生一定天然或人為災害，對公共安全或社會秩序產生抽象或具體危害而言，例如：家中煮菜燒焦冒出濃煙尚未引燃為火災即被滅火等情。此類型案件較具緊急性、不可預測性、危害易擴張性，除了以安全最短時間內抵達現場外，應視具體情形隨時通報請求支援警力！面對災害狀況應立即訪查、詢問，並協調民眾、警力為適當勤務部署，亦得請求其他機關協助[300]，期能達到控制、封鎖災害，同時間救護災害傷患。現場依法亦得實施檢查、盤詰、禁止人車進入及其他法定權限，使危害持續縮減或防免之措施或作為。

在行政法規範探討之面向，應限定於預防危害及處罰不法之職權，而預防危害傾向現場處理階段之思維，對處罰不法概念得建立於消弭災害後續之階段。現場預防危害之面向，執行、協助及指導之職權皆可能隨時運用，如：地震後破門是執行之直接或即時強制、火災時管制及疏導交通是行政執行之協助、指示人群疏散動線是行政指導，在危害當下將數職權彈

---

[299] 民國103年9月12日午後，在新北市蘆洲地區發生機車與公車的交通事故，機車駕駛人係大學生，與公車司機發生輕微撞擊後，司機下車查看，大學生稱沒事，只有些微擦傷！雙方自行離去。大學生返家後告知父親，父親勃然大怒指公車司機「肇事逃逸」向警察機關報案，巡邏人員立即前往，並通知公車司機前來說明。

先予說明所謂「肇事逃逸」原則上同本書使用工具之分類，有行政法及刑事法之範疇。在行政法中道路交通事故處理辦法第3條第1款至第5款規定，駕駛人或肇事人發生交通事故時，應先為第1款及第5款之處置，若違反規定，於道路交通管理處罰條例第62條第1項至第4項分別有處罰規定。然刑事法之刑法第185條之4規定「駕駛動力交通工具，致人死傷而逃逸者（姑不論是否為客觀處罰條件之爭議，即行為人對致人死傷而逃逸是否應具備故意）」，為肇事逃逸罪，處一年以上七年以下有期徒刑。本質上，肇事逃逸之定義在不同的法領域即有不同，惟實務工作者常自動合而為一的評價。

本處所探討非法律層面，姑不論公車司機是否符合行政法上及刑事法上之肇事逃逸，客觀上來說，處理機關如以行政法上肇事逃逸成案，公車司機最少會失去工作（道路交通管理處罰條例第62條第4項），遑論以刑法移送。但大學生僅輕傷，與公車司機失去工作後可能自身家庭頓失依靠，失意潦倒喝酒，家暴、離婚……等問題相衡下，大學生父親一時氣憤的情緒，可能衍生更多的社會問題。此際，「依法行政」原則是否該逐漸模糊或受到退讓，是實務工作者值得深思的問題，或許，在此案例中，「依法」的目的並非製造更多的社會問題，而係解決問題（如上揭說明處理案件係安撫報案人的心），似乎無可避免地在模糊地帶擔負著社會教育者的工作。

[300] 例如：氣爆時請瓦斯公司人員前來、台灣電力公司協助斷電、消防隊員協助救火、救護傷患等。

性交互適用。事後處罰不法之面向，在調查或偵查有人之行為導致災害發生，則需視該法律效果處以行政罰、秩序法或行政刑罰分別以觀，履行不同法律程序。

災害案件具體化在取證作為上，主要在災害中或後續的討論。災害中訪查鄰人之作為、搜索、追緝可能之犯嫌，尚未壓抑現場人之個人意願或意思自由，皆得實施之。而後續調查過程中，即有可能隨時發動強制處分，如：在放火現場發現燒得最焦黑的打火機[301]加以搜索或扣押、嫌疑人的拘提或逮捕等，皆是得思考發動之職權。

伍、社秩案件

社會秩序維護法是我國特有介於刑罰與行政罰之間的一種秩序罰，它的特別來自處罰種類有著類似刑罰之「拘留」，同時具有公法專有名詞「罰鍰」之處罰，分別以警察機關及地方法院簡易庭為處罰機關，其調查程序亦與行政程序、刑事訴訟程序不相牟，僅獨立於該法中自行規定，惟實務運作在調查程序及後續移辦過程均比照刑事案件[302]辦理，應獨立探討社秩案件，下藉圖表表達其特有之程序（請參見插頁）。

實務機關對破獲社秩案件興趣缺缺，且實務工作者大多僅有行政罰及刑罰之概念，除常偵辦賭博或色情案件外，對該種案件事實上鮮少重視，進而對該法有關職權及程序相對陌生，尤其警職法查證身分之職權，事實上亦得透過該法迂迴地達到查證身分之目的，二法間行使職權反而係社秩法較為有利，例如：一癡漢喜愛某女子，常出現於女子家樓下見其出現即跟追於後，經數次勸阻不聽報警，巡邏警察到場後詢問該男子為何無故跟追女子？答以：就只是喜歡她。嚴格來說，經常使用之警職法第6條似乎無法適用（即無查證身分職權），倘以社秩法第89條第2款、第39條為調查時，該男子係現行違序行為人，依法得行使第42條即時制止、逕行通知、不服通知之強制到場等職權，但確悉其姓名、住所或居所而無逃亡之虞者，得另行通知到場接受訊問。是以，警察對現行違序行為人得依同法

---

[301] 火場判斷起火點，大多只要看見火災現場燒得最焦黑的地點或物品，可能就是起火點！因為物質燒得越久越焦黑（常識），而燒得越久代表越接近起火點。

[302] 參照社會秩序維護法第92條。

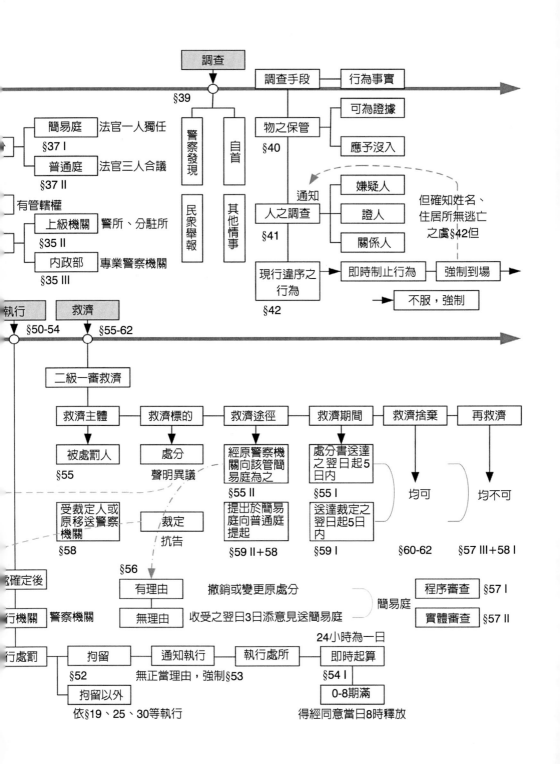

調查

調查手段 —— 行為事實

§39

簡易庭 法官一人獨任
§37 I

普通庭 法官三人合議
§37 II

警察發現 | 自首

民眾舉報 | 其他情事

物之保管
§40

可為證據

應予沒入

有管轄權

上級機關 警所、分駐所
§35 II

內政部 專業警察機關
§35 III

通知
人之調查
§41

嫌疑人

證人

關係人

但確知姓名、
住居所無逃亡
之虞§42但

現行違序之
行為
§42

即時制止行為 —— 強制到場

不服,強制

執行
§50-54

救濟
§55-62

二級一審救濟

救濟主體 | 救濟標的 | 救濟途徑 | 救濟期間 | 救濟捨棄 | 再救濟

被處罰人
§55

處分
聲明異議

經原警察機
關向該管簡
易庭為之
§55 II

提出於簡易
庭向普通庭
提起
§59 II+58

處分書送達
之翌日起5
日內
§55 I

送達裁定之
翌日起5日
內
§59 I

均可

§60-62

均不可

§57 III+58 I

受裁定人或
原移送警察
機關
§58

裁定
抗告

§56

經確定後

有理由 撤銷或變更原處分

無理由 收受之翌日3日添意見送簡易庭

簡易庭

程序審查 §57 I

實體審查 §57 II

行機關 警察機關

行處罰

拘留
§52

拘留以外

依§19、25、30等執行

通知執行

無正當理由,強制§53

執行處所

24小時為一日

即時起算
§54 I

0-8期滿

得經同意當日8時釋放

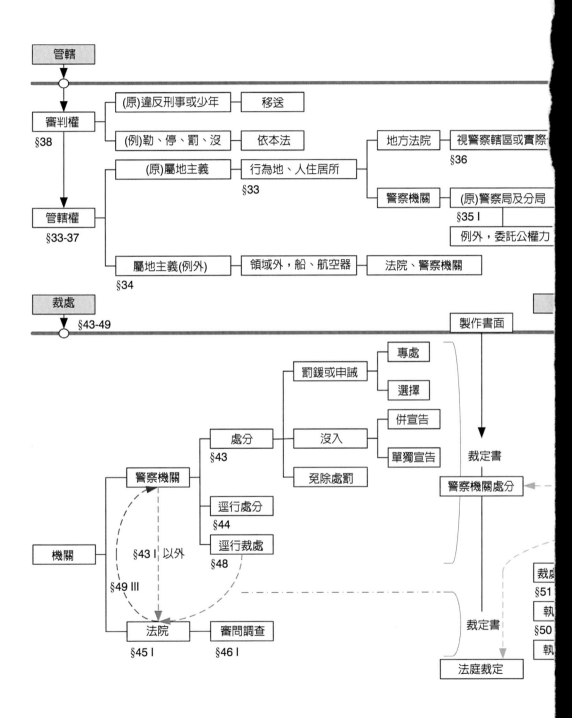

處理辦法第25條第1款為即時訊問，而訊問之內容為該處理辦法第26條之內容，其中即包含受訊問人之姓名、性別、出生年月日、國民身分證統一編號、職業、住所或居所等，達到與查證身分有同樣效果之目的，卻為警察鮮少論述之處。

現場調查之程序，以圖表顯示有一開始調查之時點存在，而調查之原因[303]有：警察人員發現、民眾舉報、自首或其他情事等四種，社秩法並無賦予警察不調查之裁量。實施調查之手段，區別為無現行違序人與有現行違序人，對於無現行違序人案件之相關人得實施調查[304]、對有關物品[305]得先予保管。現場有現行違序人時，依法得即時制止其行為，並得逕行通知到場[306]，倘不服通知者，得強制其到場[307]。現行違序行為人帶返勤務處所偵辦並隨案移送之情形[308]，係指經逕行通知或強制到場，且其姓名、住所或居所不明，或有逃亡之虞者為限，後續偵辦人員應更明晰此規定。至巡邏人員是否為後續偵辦人員，視各地區勤務規範是否有特別指定或慣例，有時是交由備勤接辦；惟違反社會秩序案件倘巡邏人員為當事人，得自行迴避[309]，如：同法第85條有關妨害公務之客體而言。

陸、一般案件

稱一般案件者，乃非屬重大刑案之範圍，而仍係刑罰處罰之行為者，原則上與重大案件作為**刑罰**法律的二分法，且與為民服務相區隔。筆者老實說，實務機關對案件類型之範圍並無嚴格要求之分類，畢竟一自然事實本有多種面向，強行嚴格將案件分類與統計數據僅概括分為七種類型之**概算**，數據過大在統計時並無區分實益，只有在特定數據小類型中方有意義，則此處統計一般案件之數據，亦係一種補充之類型。是以，倘非屬重大刑案亦無為民服務，則歸類於此。

---

[303] 參照社會秩序維護法第39條。
[304] 有嫌疑人、證人及關係人；參照社會秩序維護法第41條。
[305] 有可為證據或應予沒入之物；參照社會秩序維護法第40條。
[306] 所謂逕行通知，即以口頭通知，無須依社會秩序維護法第41條第2項規定製作通知書通知到場。
[307] 參照社會秩序維護法第42條。
[308] 參照社會秩序維護法處理辦法第33條第3項。
[309] 如係警察機關裁處權限之案件，係依行政程序法第32條、第33條（裁處是一種處分，迴避事由在行政程序法）；倘為地方法院簡易庭裁定之案件，則依刑事訴訟法第17條以下。

　　一般案件在行政法規範探討之面向，處理過程中[310]均可能涉及預防危害、處罰不法及紛爭調解之各項職權，實務工作者側重在達成案件自行終結之結果時，合法手段必須選擇在侵害較小之職權（即無強制力），例如：維護秩序、行政指導等；一般實務運作處理的模式，大多以紛爭調解方式進行，筆者有時聽見年資較深的同事真有三寸不爛之舌，過程中眼神仍能兼顧危害之預防，只不過很難想像從老學長口中說出自己都沒辦法接受的理由，為何民眾能接受。

　　而刑事法規範探討取證作為，常見實務工作者在任意偵查與強制處分間有觀念上混淆，例如：發生告訴乃論案件之現場常以查證身分職權帶返勤務處所並說明案情，卻非以通知並履行告知無正當理由不到場將報請核發拘票之理由帶回（任意同行），此項誤解問題來自：實務機關懼怕用法錯誤遭民眾提起妨害自由之訴訟。然而，區別為任意偵查與強制處分之條件，以在法條中有否強制力之授權先簡要判斷，倘自身執行合法職權縱然被訴仍分屬二事，關鍵處應在如何達到合法的取證作為才是，而非隱遁於其他模糊或不適法之法規，亦即：該以刑事訴訟法上之通知、拘提或逮捕（強制處分），即無須透過警職法查證身分之職權（任意偵查）迂迴為之。

柒、重大刑案

　　稱重大刑案者[311]，區分為二大部分，一係「暴力犯罪案件」、另一為「重大竊盜案件」。所稱「暴力犯罪案件」類型為：1.故意殺人案件（不含過失致人於死）。2.強盜案件（含海盜罪）。3.搶奪案件。4.擄人勒贖案件。5.強制性交案件。6.恐嚇取財案件（係指已著手槍擊、下毒、縱火、爆炸等手段恐嚇勒索財物者）。7.重傷害（含傷害致死）。所稱「重大竊盜案件」係指：1.失竊物總值五十萬以上竊案。2.竊盜保險箱、櫃內之財物總值十萬元以上竊案。3.竊盜槍械、軍火、爆裂物，或國防上、交通上、學術上之重要設施、器材。4.被竊人員係具外交身分之外籍人員，

---

[310] 按：在執行勤務本身應有「立即反應」、「支援（含攔截圍捕）」、「各種狀況查察」、「聯絡報告」及「現場協調」之概念。在勤務作為得行使「檢查」、「盤詰」、「路檢」之職權；在「危害防止」部分，亦係現場人員應避免將刑案現場事端再行擴大的重要思維。

[311] 參照犯罪偵查手冊第31點。

或來訪之外籍貴賓。5.竊盜重要儀器、文件等影響國家與社會安全情節重大之竊案。

　　重大刑案類型之本質就是犯罪，警察作為係犯罪偵查，尚無探討預防危害及紛爭調解之餘地，原則上與處罰不法中之行政刑罰有關。警察人員處理重大刑案，現場嫌疑人多已逃逸[312]，在查緝過程中按其情節發動強制力相關作為前，即相對人持械對抗尚未確認係贓物或危險物時，可透過預防危害中直接或即時強制之職權，加以合法管束或扣留後，與行政刑罰應履行之程序相連結。

　　簡單來說，實務機關思考模式是相當懼怕發動錯誤的拘提、逮捕、搜索或扣押，尤其在犯罪事實應依證據認定之前提下，是否具有證據適格是一般實務工作者聚焦之重點（玩具槍「無法」成為殺人的工具），然而為了容許執法人員有判斷錯誤之空間，警察追緝歹徒將槍械成射擊狀指向警察，該槍械仍為危險物得合法施以強制力之扣留（動作外觀與扣押無異），殆無疑義，而扣留物之發還係警察得自行決定，而扣押物發還原則上係檢察官之職權，一來一往間合法且有利職權之權宜運用，似乎在查緝重大刑案即時急迫情形時，有了合法的勤務作為，於日後訴訟程序中亦能彰顯預防危害職權之妥適運用，展現出相互之間的關連性[313]。

第二項　行政法規範

　　巡邏勤務處理案件類型過於複雜，惟仍得區分為三部分，各部分有相對應之職權，以下就各職權係屬何種警察身分之作用，具體綜合分析如下：

壹、行政警察之作用

　　行政警察身分的規制效力，在效率性、迅速性及合目的性之前提下，

---

[312] 巡邏人員面對重大刑案的發生，應僅集中在上揭支援（含攔截圍捕）事項，通報後在外圍定點實施攔截圍捕；在刑案現場負責救護傷患、初步明瞭案情、封鎖現場、犯行追緝之工作。至於偵辦查緝工作，實務機關均以分局為單位組成專案小組，責該該小組負責偵辦，或擴大請求警察局刑警（大）隊或刑事局會同偵辦。

[313] 這是一種執行人員的主觀想法，究竟在行使職權時腦海中裝載著哪一個區塊（行政法或刑事法）的法令，當然亦可說成執行人員面對日後出庭作證時，在訴訟上攻擊防禦方法係採取何種較為有利的說法。

以犯罪預防、鎮壓為目的之維持公共安全與秩序，乃基於國家一般統治權加以命令、強制並限制之作用，則巡邏勤務之行政執行、行政協助、行政指導（紛爭調解）、行政罰皆屬該身分之職權作用，最末者有處分之性質，皆具備行政警察身分。

旨揭【現行實務機關】實際服勤內容以觀：「甲悻悻然地前往值班台，向值班人員索取槍櫃鑰匙，前往槍械室途中繫起槍腰帶。進入槍械室後，拿取自己保管的槍支、彈匣（拉滑套確定彈倉內沒子彈），再往子彈櫃拿出子彈，分別將子彈裝入彈匣中，並將槍證、彈證置放於槍、彈櫃中。甲轉往無線電櫃、小電腦櫃、防彈衣架車、應勤裝備櫃（指揮棒、反光背心、舉發單、異議表、蒐證器材、安全帽、透氣雨衣等）置證並拿取穿著，整裝待發。」皆係執行勤務前階段之準備工作，乃具備行政警察身分概念。

「發動警用機車，跟學長乙對看一眼，心中：「嗯！出發」，前往第一家金融機構，乙熟練地將固定在信用合作社外巡邏簽章箱內巡邏簽章表拿出，背對著牆壁開始簽名，甲便左右觀看是否有可疑的人、車。乙以有默契的眼神告訴甲換人！二人隨後調換了位置。外面簽章表簽完後，二人一同進入信用合作社內再次巡簽設簿的櫃檯，一樣的方式如同機械人般的執行——巡簽、換位！但眼神沒有停止關注可疑的動作，信用合作社的員工打了聲招呼……」實際執行勤務時，已為行政警察身分之作用範疇。

「處理完畢後無線電又傳來：121……麻煩你到○○路○○巷○弄○號前，**違規停車**。」違反道路交通管理事件主要涉及處罰不法之概念，行使職權為行政罰，在作成處分時點之前，尚有行政程序需履行；現場倘有妨害交通秩序之虞，應有預防危害概念之延伸，即決定是否拖吊（行政執行），整個執法過程皆為行政警察身分之作用。

「再傳來：121……麻煩你到○○路○○巷○弄○號前，民眾需要警方協助。」實務機關通報以民眾需要警方協助之意義，大多為非緊急案件且不清楚報案內容及需求究竟為何而稱之，則與預防危害及紛爭調解類型較為相關，倘有涉及行政罰之不法行為應依法辦理，係為行政警察身分之作用。

「121……麻煩你到○○路○○巷○弄○號前，狗叫太吵。」及「溪

裡青蛙太吵。」上開案件共通部分均係噪音，為社秩法第72條第3款[314]規範之範疇，主要側重在處罰不法面向之論述；不同部分乃前者可能有行為人，若行為人具備故意或過失之責任，方得依法裁處，而後者係自然生態，並非法律處罰之對象，根本無法裁處。附帶一提，實務運作較有問題係對此種案件並無賦予警察勸導之權，亦非屬行政罰法第19條第1項新臺幣三千元以下罰鍰得實施勸導之範圍，幾乎以勸導作結是相當奇怪之結論。惟無論如何，均無解於噪音事件處理過程係為行政警察身分之作用。

「121……麻煩你到○○路○○巷○弄○號前，*車禍。*」實務機關區分交通事故案件為A1、A2及A3三種類型，以最常見僅為財損之A3類為說明。現場人員對預防危害、處罰不法及紛爭調解之面向皆應兼顧。預防危害之面向，主要針對交通事故現場應儘速排除，防止於現場再發生其他交通事故；處罰不法之面向，主要對肇事雙方可能涉及事後初步研判加以處罰，亦可能為肇事逃逸後[315]之追緝另為處罰；紛爭調解之面向，主要以個人技巧定紛止爭，使雙方息事寧人。處理過程皆係行政警察身分之作用。

「121……麻煩你到○○路○○巷○弄○號前，*民眾鑰匙忘記帶。*」此種通報案件明顯定位在為民服務之類型，與行使職權無關，係為行政警察身分之作用。筆者欲強調為民服務之案件，警察自身有決定裁量權，當下倘有替代方案且影響勤務執行時，應勇敢拒絕為民服務，僅在勤務種類適當（如勤區查察）或相互不衝突且空暇之餘，容納為民服務之空間。

貳、司法警察之作用

司法警察身分，乃以犯罪之解明、追訴為目的之作用顯明於巡邏勤務中，可指查緝或處理案件時本就已知悉或存在犯罪之情形而言，作用於已發生犯罪階段之對象，執行以犯罪訴追為目的之實施，應與行政秩序罰及行政刑罰職權有關，係為司法警察身分之作用。

旨揭【現行實務機關】實際服勤內容以觀：「無線電內說：121……

---

[314] 該法處理辦法第11條稱：噪音係指噪音管制法令規定之管制標準以外，不具持續性或不易測量而足以妨害他人生活安寧之聲音。

[315] 此處（探討範圍為A3類）肇事逃逸非指刑法第185條之4之肇事逃逸罪，係指未履行道路交通事故處理辦法第3條各款而逃逸者而言。

麻煩你到○○路○○巷○弄○號前，**有人打架**。」巡邏接獲無線電通報後，前往人員至少應有加暴行於人、普通傷害罪之概念，則到達前應具備司法警察身分。到場後所為之制止、命令或調解，皆係司法警察身分之作用，惟需注意刑法傷害罪係告訴乃論，而提出告訴為必要程序要件，倘不為提出告訴，**警察機關並無適用**不告不理原則之餘地，仍須進行實質偵查作為。較為特別係：警察在現場有進行紛爭調解或行政指導職權行使之外觀，看似具備行政警察身分，實之不然！不同之處乃司法警察身分係以犯罪解明為目的之作為，與行政警察身分維持公共秩序為目的之作用未盡相符。

「121……麻煩你到○○路○○巷○弄○號前，**機車搶奪案**。」及「攔截圍捕。」接獲無線電通報的巡邏警網，內容已知係犯罪案件而具備司法警察身分，前往機車搶奪現場詢問、訪查鄰人、調閱錄影監視系統畫面、通報犯嫌特徵加以追緝、執行攔截圍捕點及犯罪嫌疑人之通知、拘提、逮捕、搜索及扣押，皆為司法警察身分之作用，追捕疑似搶嫌時，追逐過程亦為犯罪訴追為目的之司法事項而非基於一般統治權之作用。

「121……麻煩你到○○路○○巷○弄○號前，**家暴**……其中有一件家暴案件特別嚴重，當時已通知備勤人員前往醫院查看，甲乙也在附近將違反保護令的先生先行**逮捕**，由所內其他人先行偵辦。」家庭暴力行為是現今社會常見的一種犯罪態樣，警察受通報時係具備司法警察身分，抵達現場後可區分二部分之概念，分別為家庭暴力罪及違反保護令罪，對於違反該二罪之人**應**逕行逮捕、逕行拘提[316]，皆為司法警察身分之作用。

第三項　刑事法規範

透過刑事法規範作為巡邏勤務之思考，前提須出於犯罪偵查為目的之勤務活動，在取證作為之手段選擇區別為任意偵查及強制處分，透過旨揭案例具體說明：

---

[316] 參照家庭暴力防治法第29條第1項、第2項。

壹、任意偵查之取證

巡邏勤務可能處理案件類型係出於犯罪偵查為前提的思考，大多聚焦在刑案之犯罪事件，倘取證作為未有壓抑、侵害個人意願及意思自由之結果，即為任意偵查之地帶。較為特別地，刑事訴訟法之通知為間接之強制處分已如前述，本應排除於此處之探討。

旨揭【現行實務機關】實際服勤內容以觀：「無線電內說：121……麻煩你到○○路○○巷○弄○號前，有人打架。」巡邏獲報內容有人打架，到達現場後所為尋覓兩造雙方、送醫診治、詢問事發經過、登錄年籍資料等未侵害或壓抑個人意願及意思自由等取證作為，皆為任意偵查之地帶。

「121……麻煩你到○○路○○巷○弄○號前，機車搶奪案。」及「攔截圍捕。」以犯罪現場及外圍綜合判斷，犯罪現場之詢問被害人、訪查鄰人、調閱錄影監視系統畫面、通報犯嫌特徵加以追緝等取證作為，皆為任意偵查之地帶；犯罪外圍的攔截圍捕，觀察來自犯罪現場方向可能符合通報特徵之人車、攔停疑似可疑人車、目光檢視受檢人之外觀、詢問受檢人可能犯罪徵候、採集跡證、搜尋相關物證等，非以侵害或壓抑意願、自由之物理力為取證作為時，皆為任意偵查之地帶。

「121……麻煩你到○○路○○巷○弄○號前，家暴……其中有一件家暴案件特別嚴重，當時已通知備勤人員前往醫院查看，甲乙也在附近將違反保護令的先生先行逮捕，由所內其他人先行偵辦。」抵達現場後，對於傷患送醫、拍攝照片、查證身分、詢問事由、尋覓犯嫌等，尚未施加壓抑意願、侵害意思自由之取證作為時，為任意偵查之地帶。

貳、強制處分之取證

巡邏勤務涉及強制處分之職權，應關注被告及犯罪事實，而特定該二要素尚須藉助有關犯罪行為、犯罪結果、條件及相當因果關係、行為時具備故意過失等概念，逐漸累積一定心證作為發動強制處分之取證，除通知職權不具強制力外，其他拘提、逮捕、搜索及扣押皆有強制力之展現。

旨揭【現行實務機關】實際服勤內容以觀：「無線電內說：121……麻煩你到○○路○○巷○弄○號前，有人打架。」到達現場時發現有人受

傷，無論以不具緊急性特徵之通知，或犯罪正在實施中之拘提、逮捕，又或逮捕逃逸現行犯所爲之搜索，對可得爲證據之物加以扣押之取證作爲，皆係強制處分之地帶，應審查法定要件方得發動。

「121……麻煩你到○○路○○巷○弄○號前，**機車搶奪案。**」及「**攔截圍捕。**」搶奪案係實務機關列管之重大刑案，受通報後線上巡邏警網均能快速抵達犯罪現場與攔截圍捕點，倘現場民眾已緝獲現行犯，則係強制處分之取證作爲無疑；若現行犯逃逸無蹤，巡邏警網於馳赴途中發現有疑似犯嫌特徵之人，趨前盤查卻逃逸所爲之追逐，亦爲發動強制處分之取證作爲（保全被告之逕行逮捕或緊急拘提），實務工作者經常誤解該追逐並非拘提或逮捕。

「121……麻煩你到○○路○○巷○弄○號前，**家暴**……其中有一件家暴案件特別嚴重，當時已通知備勤人員前往醫院查看，甲乙也在附近將違反保護令的先生先行**逮捕**，由所內其他人先行偵辦。」家庭暴力與其他犯罪案件在取證作爲的手段上必須有著相當不同的思考，警察在該事件以保全被告爲目的的發動強制處分之裁量權是限縮至零的狀態，亦即符合家庭暴力罪或違反保護令罪即須發動，該作爲並無選擇間接強制處分（即通知）之空間，主要係立法者對家庭暴力是零容忍的態度，則實務工作者應建立類此案件（同前揭醫療法案例）並無任意偵查之地帶，而僅需構建強制處分之觀念。

第四項　規範間之分野

壹、分野始點之建立

巡邏處理事故過程中，法規範區分之概念，必須提供實務工作者加以判斷程序轉換的起始點，此分野之建立攸關著規範密度的強弱、發動要件門檻之高低，雖行政法與刑事法規範有著不同思考軌跡，惟實務得運用共通之分野，操作及區辨行政警察或司法警察身分及任意偵查或強制處分之取證作爲的二個概念，仍得控制在：嫌疑[317]。

---

[317] 按：若非法條原訂即爲如此，筆者認爲將進入偵查程序與否之條件，控制在執行人員主觀意識之嫌疑上，可能會落入易於恣意擅斷之境界。

　　旨揭【現行實務機關】實際服勤內容說明「嫌疑」之始點，應排除為民服務或單純違反行政法上義務之行為，抵達現場的巡邏人員大多存著可疑尚未確認係真正刑事案件之心態，處理具體個案通常會依據不同時間逐漸出現不同層次的證物，來累積一定嫌疑之心證，例如：報案內容為「民眾需要警方協助」，假設抵達現場先發現地上有血跡（不一定是人的），再發現「有人」打鬥之痕跡，最後才遇見鬥毆之雙方當事人，建立分野時點運用的嫌疑心證，在看見有人打鬥痕跡之斯時就是可疑累積至嫌疑心證，作為區辨行政或司法警察身分及任意偵查或強制處分作為之轉換始點。另外有關通報初時為「有人打架、機車搶奪案、車禍、家暴、攔截圍捕」之案件，警察已知有犯罪嫌疑，則受領任務時即已建立該時點。

貳、始點判斷之條件

　　嫌疑始點之判斷，仍依司法警察知有犯罪嫌疑者加以涵攝事實，以先具備司法警察地位或先提升心證至犯罪嫌疑為條件分別釐清。通報初時為「有人打架、機車搶奪案、車禍、家暴、攔截圍捕」之案件，係先具備司法警察之地位，抵達現場後再依據逐漸顯現的客觀事實累積嫌疑心證；而受領案件內容為「民眾需要警方協助」之斯時，或許根本沒有犯罪嫌疑之意念，抵達現場後依據證物逐漸顯明或立即發現為犯罪事件，而係先提升心證至犯罪嫌疑，則具備司法警察地位之態樣，進入實質偵查程序。

參、分野程序之轉換

　　建立分野始點並說明加以判斷之條件，係欲使執行人員有著程序轉換之概念，避免嚴重干預或侵害人民基本權利的實質偵查活動，落入寬鬆要件或本於職權的審查，逸脫本應受到嚴密控制的偵查活動，尤其在分野時點後實質被告地位隨之形成，賦予為訴訟主體之實質被告相關權利及地位，課予國家履行義務，亦是正當法律程序的基本要求。

　　通報初時為「有人打架、機車搶奪案、車禍、家暴、攔截圍捕」之案件，本即具備司法警察地位，處理過程中皆已進入偵查程序，實施之手段均應遵循刑事程序之要求。而受領案件內容為「民眾需要警方協助」之斯時，係單純協助案件與偵查無涉，在漸層發現相關犯罪證物時已完足嫌疑心證之判斷，進入建立始點後的實質偵查程序，隨之形成實質被告地位，

詢問時應履行告知義務。

第五節　結　語

　　現實警察機關執行巡邏勤務的功能，已逐漸式微至擔任線上警力優先處理事故，達成勤務目的的更弦易轍，逐漸將焦點置放如何解決具體個案的適法性問題，使警察執法發揮社會期待最大作用的效益，筆者對於巡邏勤務概念重新描述不再紙上談兵，乃以實際處理案件及如何依據法律作為執行之準據，在依法行政的框架中，亦不再是束縛警察作為的抽象條文，反而轉變成合法行使職權的最佳武器，只是，抽象條文仍須透過每一位警察人員之實踐，才能達到法治國家的目標。

　　執行巡邏目的隨著社會以之變動，伴隨依存永續概念的釐清，建立在行政及刑事法規範面向，使得切入具體個案角度不再單一，靈活運用適當職權，才是真正保障人民基本權利的方向。然而，線上巡邏處理事故時，單純一個自然物理事實卻可能有多層次的法律評價及取捨，一動一靜之間都受到法規範之監督及拘束，只有明瞭夠大、夠完整並且得以實際運用的規範體系，才能滿足警察活動、決定、措施、建議、勸告、命令、處分、執行、防制、檢查、取締、盤詰、查察奸宄等相關勤務作為。

　　行政法規範觀察巡邏各項勤務活動，關注於預防危害及處罰不法二不同面向，亦有重疊二面向之紛爭調解類型，主要使警察介入處理具體個案時能有迅速且實用的思考軌跡，讓個案依據現場執行之目的，妥適運用相關合法手段，進而達到法規範的基本要求。刑事法規範忖量巡邏活動的偵查手段，聚焦於取證作為的合法性，在判斷案件（被告、犯罪事實）是否被特定的條件篩選，運用實體法概念輔助加以特定，明晰進入刑事程序後選擇合法且適當的取證作為，進而達到嚴密控制偵查作為之目的，透過減少實施違法手段及進行合法地干預基本權之活動，才是真正走向法治國的正常軌跡，擔任一個守衛法律底限、參酌人性善惡的執法者。

第四章

臨檢勤務

概　說

　　「臨檢」，在民國90年12月14日由大法官作成第535號解釋後，帶動警察機關內重大法治變革，引起實務工作者（即基層員警）的熱烈討論[1]，內政部警政署發言人即發表聲明並接受媒體採訪中說明：「對警察機關而言是一件好事！」因多數實務工作者概念上承襲某些舊制法規[2]的思考，持續數十年偽以行政調查之名迴避犯罪偵查較為嚴格要件之審查，實施暫時拘束人民的意思決定、意思活動自由之措施，確實干預及侵害了人民的基本權利[3]，而臨檢之作用規範當代確實不足！此號解釋推動了警察職權行使法的實際制定，將警察外部作用及實施程序法制化，使臨檢作為更合乎正當法律程序（Due Process of Law）的要求[4]。從而，筆者續以實務工作者的實際經驗，結合法律及實務的角度來說明臨檢，期待更符合法治實務化的目標。

　　【現行實務機關】警察甲、乙在巡邏過程中發現，A一看見警車後微微一震，故意裝作若無其事，甲使眼色給乙，傳遞出過去攔查A的訊息，乙立即騎著警用機車停在A前方，甲很有默契地停在A後方！乙叫住A，問：

---

[1]　筆者時任基層工作受到大家討論的影響，認為：「好啊！既然大法官認為臨檢不合法，那警察可以少一點工作了！以後警察可以不用臨檢了。」惟重拾書本將第535號解釋重新閱讀並比較大法官的協同意見書、解釋理由書及其他學者評釋的文章後發現，真是立意良善；另參閱警察職權行使法問答集，問題一：「警察職權行使法」完成立法後，對警察之權力是擴張？還是限縮？答以：「治安與人權，二者皆不能偏廢，立法院在該法案審議階段曾舉辦多次公聽會及座談會，廣泛聽取各方意見，相信其審議通過的條文是選在最適當的平衡點上，完成立法後，對警察執行公權力、維護治安，將有莫大的助益，同時對於人權也有進一步的保障。」

[2]　舊制法規係指「警察勤務條例」而言，該條例於民國61年8月28日制定後總統公布施行，當時的時空背景的思維鮮少有組織法、作用法的概念，解釋法令時常誤用了「法律保留原則」，以為只要有法律的依據，即得作為警察人員干預人民基本權的法源。惟公法論討越興，將組織、作用法區隔後發現，原則上組織法係針對國家組織的「內部」事項為法制之建立，倘欲干預人民基本權利，須另有作用法規之授權，作為對「外部」人民面向之行政行為；相關組織法論述，參閱大法官第570號解釋；詳細說明大法官第535號解釋實際辯論的內容，詳參閱陳俊宏、游志誠、陳良豪、葉佳青、曾振偉等人合著，警察情境實務─勤務篇，臺灣警察專科學校，2013年8月初版，頁2註8。

[3]　此處涉及人民的基本權，大法官認為有行動自由權、財產權及隱私權等。

[4]　內政部警政署刊行之警察職權行使法問答集，第十四問：何謂程序正義原則？
　　答以：「所謂程序正義原則，係指警察行使職權應遵守正當之法律程序（due process of law），除了依照法定程序辦理外，亦不得以違法之方法或手段為之；換言之，警察行使職權須符合實質正當之法律程序。以警察偵辦刑案為例，其非法取得的證據，不能做為判決有罪的證據，即是證據法上的毒樹果實理論。」必須說明的是，我國刑事訴訟法上有關證據法並不採毒樹果實理論，現今司法實務係採證據排除法則，讀者於此應辨別毒樹果實理論與證據排除法則間的不同，避免觀念建立之誤導；資料來源：http://w1.ccpb.gov.tw/data/home_data/Q&A/警察職權行使法問答集.doc，瀏覽日期：2014年4月15日。

先生，你在這裡做什麼？

A拔腿就跑，甲乙早就有心理準備，立即騎車在後追趕，A跑進防火巷，甲停下後以跑步方式自後追逐，乙騎車從另一端防火巷攔截，甲攔阻A後，乙也從另一端跑來支援。

乙問A：為什麼要跑？A：……（不說話）。

甲跟乙把A帶回原本逃離的地點查看，地上有一包裝有白色粉末的塑膠袋！

乙問A：這包東西是你丟的嗎？A：不是我……不是。

甲說：你不說沒關係，等一下我就把這包採證，如果塑膠袋上面有你的指紋或生物跡證（DNA），你就死定了！

甲拿出身上早已預留的塑膠手套套上，準備把地上塑膠袋拿起時，A說：是我的啦！

乙問A：裡面是什麼？A：是K……。

乙對A說：身分證勒？A：在這裡。

乙對A說：你現在被依毒品危害防制條例逮捕，有權保持緘默，無須違背自己意識而為陳述，你有權選任辯護人，如果有低收入戶、中低收入戶、原住民身分沒錢請辯護人，回去我會幫你找一個！還有，你可以請求調查對你有利之證據；最後，你有提審的權利，你知不知道？

A：……（點頭）。

甲以無線電呼叫派出所值班人員，請值班派遣備勤前來；乙話畢便將警銬拿出來對A上銬並上手銬安全鎖，開始搜索A的身體每個部位，又在A的皮包內搜出另一包毒品，同時赫然發現竟然有一支已經上膛的改造手槍，乙心中默念：恁老母卡好，還好剛才沒開槍！

甲以手重重碰在A頭上說：猴死孩仔，賣毒還帶槍喔！

A：怕被黑吃黑啊！

巡邏車到場，甲及乙將A押上後座，甲坐在A旁邊，乙騎車在後面跟著，甲先把A銬在派出所偵訊室內的固定管上，交待值班看管後，跟乙一起把機車牽回所內開始偵辦A持有毒品及槍械案。

102年8月間筆者在拍攝內政部警政署電化教學－用槍時機問題探討（二）之現場受官長託請並詢問，有否意願撰寫103年度電化教學之

劇本（臨檢（一）－導論）？應允撰寫後於拍攝前之審查會上，有多數
官長在筆者未加以詳盡解說前，對導論中表達之「臨檢**勤務**」與「臨檢
職權」概念有所誤解，大多停留在警察實務機關每月舉行之分局辦、局
辦、署辦、都會區辦型態之擴大臨檢勤務中，與會人員[5]既有誤解，顯
然幾乎等同任職第一線的實務工作者亦有誤解，則「臨檢導論」撰寫之
劇本有必要劃定清晰範圍。所幸，主持會議主席何副署長海民不僅支持
活潑且有劇情表達之內容，使導論描述設定在「總論」範圍，以多面向
臨檢職權之展現為主要內容，其餘[6]分次編入臨檢系列分輯（集）各論
表達。

　　臨檢範圍的重新建立，並非僅著墨在外觀上可觀察的法定動態行為
上，諸如：靜態的資料蒐集，亦是臨檢需探討的範圍，實際上應更宏
觀，免有遺珠之憾！而建立概念最廣的範圍得以「在違法或犯罪未被國
家機關發覺前，或者根本無違法或犯罪跡象前，警察所為的措置或活
動[7]」為總稱，實際上包含危害防止與犯行追緝二個部分（犯行追緝之
臨檢，乃係犯罪偵查為目的之警察活動透過臨檢為手段為之），求以推
敲並明晰概念。依此，本文設定臨檢勤務之範圍，係指透過臨檢職權為
手段，展現一種勤務方式，並非僅以勤務分配表內排定之擴大臨檢或臨
檢勤務而言。

---

[5]　此處最主要指各直轄市政府警察局受派與會的實務教官及其他實務代表而言。
[6]　例如：執行路（攔）檢身分查證、臨檢場所身分查證、交通違規取締等等，皆屬於臨檢職權。
[7]　鄭善印，警察臨檢盤查與偵查犯罪權限—警察臨檢法制問題之研究，內政部警政署編印，2002年6月11
　　日，頁46。

第 一 節　臨檢之概念及目的

　　形塑「臨檢」的抽象概念，係指一種外觀可觀察且臨場檢查的行為，亦稱「臨檢查察[8]」，是一種重要的勤務活動[9]！此活動有基於行政權維護社會治安的作用，亦有司法權偵查犯罪的功能，則執行臨檢目的係爲達成法定任務！而執行面向與尊重人權相互衡平後，應更重視正當法律程序的遵循，防止恣意、濫權的情形發生。

　　警察實施臨檢活動已存在臺灣社會中數十年的社會慣行，常透過不同方式呈現出不同的態樣，諸如：誘捕偵查、查證身分、資料蒐集及即時強制等手段，而實際執行方式是一種動態、積極的行爲，彰顯打擊、嚇阻犯罪、防止危害發生及取締之機能；然而，具體化臨檢勤務的概念，應先定義「臨檢」的意義何在？不明瞭即無法界定討論的範圍，無範圍便無法針對法令依據及其要件闡明，可謂牽一髮而動全身[10]。

　　自組織法[11]的意義觀之，警察勤務條例第11條第3款明定：「臨檢：於公共場所或指定處所、路段，由服勤人員擔任臨場檢查或路檢，執行取締、盤查及有關法令賦予之勤務。」此處規範警察組織執行勤務方式與內容，明顯可知乃就臨檢「內部」工作明定之事項，而臨檢地點限定在公共場所、指定處所及路段，工作內容以擔任臨場檢查或路檢爲方式[12]進行，現場實施手段以取締、盤查及相關法令賦予職權的型態爲展現。

　　從作用法的意義觀之，警察職權行使法係以「誘捕偵查」、「查證身分」、「資料蒐集」及「即時強制」等職權框架著臨檢執行之方式、要件及程序，具體規制著人民，補充著組織法對於作用的法定要件及程序之遺

8　蕭玉文，警察勤務實用論，臺灣警察專科學校，2012年8月修訂11版，頁201。
9　法律上的用語鮮少有「活動」二字，大多是定義性的名詞解釋，如個人資料保護法第2條第1項第1款對於個人資料涵蓋範圍包含社會「活動」的立法定義。
10　比較可惜的是，警察的思考邏輯大多無法有此層次的建構，所以在討論的過程中常發生問A答B的情形，對於名詞的意義未甚明瞭，即以身主觀的意識輔助自身的語言表達，導致探討主題根本沒有範圍，最後得到的結論是：沒有結論！
11　行政法討論面向約略可區分爲三大區塊，乃「組織法」、「作用法」、「救濟法」。
12　除了上開二種方式外，該條例第14條亦以「各級勤務機構因治安需要，得指派人員編組機動隊（組），運用組合警力，在指定地區執行巡邏、路檢、臨檢等勤務，以達成取締、檢肅、查緝等法定任務；並得保留預備警力，機動使用。」方式進行。

缺，使警察確實得合法地干預人民的生活。基於上開交互涵攝的說明，對「臨檢」概念及目的爲：警察機關單方對於個別場所或自然人所爲之法定職權等公權力的具體措置之臨場檢查或路檢行爲[13]，達到維護社會治安或交通秩序的目的。

第二節　勤務內容之構建

　　臨檢之內容描述在儘量貼近實務運作下，大法官眼中臨檢是：「上開條例有關臨檢之規定，並無授權警察人員得不顧時間、地點及對象任意臨檢、取締或隨機檢查、盤查之立法本意」、「臨檢實施之手段：檢查、路檢、取締或盤查等不問其名稱爲何，均屬對人或物之查驗、干預，影響人民行動自由、財產權及隱私權等甚鉅，應恪遵法治國家警察執勤之原則」、「警察人員執行場所之臨檢勤務，應限於已發生危害或依客觀、合理判斷易生危害之處所、交通工具或公共場所爲之，其中處所爲私人居住之空間者，並應受住宅相同之保障」、「對人實施之臨檢則須以有相當理由足認其行爲已構成或即將發生危害者爲限，且均應遵守比例原則，不得逾越必要程度」、「臨檢應於現場實施，非經受臨檢人同意或無從確定其身分或現場爲之對該受臨檢人將有不利影響或妨礙交通、安寧者，不得要求其同行至警察局、所進行盤查。其因發現違法事實，應依法定程序處理者外，身分一經查明，即應任其離去，不得稽延」，林林總總的文字表達，約略得窺知司法院係以「臨檢客體」作爲分段解釋的論述，並不嚴格區分實施手段的法律名詞，則建立思考分類，得以臨檢客體之「人」、「場（處）所」及「交通工具」等基礎之類型。

　　臨檢與巡邏勤務有著相同概念：勤務本身有執行內容及其作爲，但欲詳加說明臨檢，應較傾向規制作用之描述，即「勤務作爲」部分！而執行之內容如勤前教育、執勤裝備、勤務規劃、執行時段、執行方式等較爲無關，以下著重於實務工作者角度，聚焦在警察職權行使法（下稱警職

---

[13]　林明鏘，警察臨檢與國家責任，台灣本土法學雜誌第48期，2003年7月，頁110。

法），並側重於行政法規範中勤務作爲之定性、要件、程序及界限加以探討。

第一項　法律定性

　　警察臨檢之目的可分爲事前的危害預防（präventiv）與事後的犯罪偵查（repressiv）二大部分[14]，該作爲內容包含臨場檢查、路檢、執行取締及盤查之權限，執行時應依警職法內職權爲之，藉由「身分查證」探討臨檢之法律定性。

　　依據行政手段對人民權利影響強度來說，屬於干預行政之作爲，指以禁止或要求（誠命）方式干涉人民的權利領域，進而限制其自由或財產等權利，此類型作用通常以行政處分課予人民義務，於必要時並採取強制措施以爲貫徹[15]，身分查證之職權即屬於干涉行政之作用。

　　身分查證過程本身是一個具體事件，由警察與國家發生職務關係後，法律授予得片面採取一定的公權力措施，對具體事件中之人直接發生法律效果而言，民眾於現場原則並無拒絕之權利，是一個處分作爲。過程符合職務行爲、人民有忍受義務及實施強制手段之特徵，亦是一種執行行爲[16]，而與行政調查性質相近，方法選擇上有強制力之展現，屬於強制性之行政調查。

第二項　法定要件

　　法定臨檢要件之探討，以組織法的警察勤務條例（以下稱警勤條例）作爲觀察之藍本，係「於公共場所或指定處所、路段，由服勤人員擔任臨場檢查或路檢，執行取締、盤查及有關法令賦予之勤務」具體化對照至警職法第6條及第8條身分查證之條文，將因執行目的不同而有不同之要

[14] 此處較其他學者想法較不一樣的地方即是警察職權行使法第6條各款間，以第1款、第2款爲例比較，第1款乃對事前危害防止之明文，第2款乃對已發生犯罪情狀之事後犯罪偵查，實已將二大部分交錯立法，並無實質的區隔；延伸閱讀：林鈺雄，刑事訴訟法（上冊）—總則編，2010年9月第6版，頁431。
[15] 李建良，行政法基本十講，2013年9月，頁63。
[16] 李惠宗，行政法要義，2007年2月，頁511；整個有層次的思考，參閱李建良，行政法基本十講—第零講，2013年9月，頁1-43。。

件，下以目的不同分別說明其要件。

壹、預防危害、維護交通秩序之目的

　　基於預防危害為目的之身分查證，該法第6條第1項第1款至第5款分別有不同要件，第1款及第2款主要對存在抽象危害為身分查證，以「有犯罪嫌疑」、「有犯罪之虞」、「已發生之犯罪或即將發生之犯罪知情」、第3款主要為防止具體之危害，以「防止其本人或他人生命、身體有具體危害」、第4款及第5款主要為防止潛在之危害，對「滯留有陰謀、預備、著手實施重大犯罪」、「滯留有人犯藏匿處所」、「滯留應有停（居）留許可處所，而無停（居）留許可[17]」為發動之要件。是以，共有抽象、具體及潛在三種危害，要件各別。

　　基於維護交通秩序為目的之身分查證，該法第8條第1項即以「已發生危害或依客觀合理判斷易生危害」為發動要件之審查，不同目的的法條有不同要件之身分查證。筆者尚須強調，警察面對同時有二個以上原因所為身分查證之措施，原因的更弦易轍，將會適用不同之要件，臨檢當下履行告知時併同說明，以期符合法定要件之審查，例如：某甲四處張望附近公寓而闖紅燈為警攔停，此時發動身分查證職權同時符合預防危害及維護交通秩序之要件，警察攔停後亦應同時併將事由告知。或許，「什麼職權的發動才是對自己最有利且合法」的概念應常存在執行人員的腦海中不斷提醒自己，如此一來警察違法臨檢的作為將會大大減低。

貳、執行權限之內容

　　實務運作臨檢權限之內容相當多樣，不僅僅以「臨場檢查或路檢，執行取締、盤查及有關法令賦予之勤務」方式執行，實際操作臨場檢查、路檢、取締或盤查等亦是方式之一，則以下之內容需限定在警職法作為探討。

---

[17] 此款的解釋，以實務界較少使用，認知亦有差異！本款乃為防止潛在危害，針對易生危害之處所未經主管機關許可而進入停留或居留者而言，並非僅指外國人或大陸地區、港澳地區人民等無停、居留之情形，而係廣義的應經許可，始得停、居留之處所而言，均屬本款之適用範圍；主要區別人別條件、標的物功能與任務運作有直接關係：李震山等，警察職務執行法草案之研究，內政部警政署委託研究，1999年6月，頁54。

一、預防危害之權限

警職法第7條第1項規定了第1款至第4款的一連串具體公權力措施，有：「攔停交通工具、詢問受檢人年籍資訊、未獲資訊令出示身分證明文件及攜帶危險物品之檢查」，而第1款的「攔停」係指將行進中之人、車、船及其他交通工具加以攔阻或停止其動作而言[18]，在合法前提下，人民有配合及忍受該措置之義務。

第2款：「詢問受檢人年籍資訊」，係指為查證身分之必要得進一步詢問受檢人之基本人別、身分資料，惟須特別注意，法規範對人別事項未有緘默權的保障[19]，人民有回答的義務，未回答者，後有社會秩序維護法第67條第1項第2款之適用。較有疑問的是，筆者認為詢問內容並非只有該款之列舉，在審查發動要件後（即第6條）攔停所進行詢問受檢人與要件有關內容之釋疑，基於危害防止或預防犯罪的目的，具有正當合理連結的詢問，亦為法所許[20]！惟受檢人對犯罪之本案有否緘默權的適用，應視具體個案判斷之[21]。

第3款：「令[22]出示身分證明文件」，係命令受檢人交付身上有攜帶之證件，此方法的運用，是詢問基本資料仍無法確認其身分，得以下命出示身分證明文件，防止詢問內容與事實不一致之情形。一連串的措置（第2款、第3款）顯然無法查證身分時，警察得進一步將人民帶往勤務處所查證身分，帶往時遭遇抗拒方得使用強制力，同時必須履行通知其指定之親友或律師及提審法之權利告知。

[18] 警察職權行使法案，立法院內政委員會編（122），法律案專輯第335輯，2004年7月，頁385。
[19] 林明鏘，警察臨檢與國家責任，台灣本土法學雜誌，2003年7月，頁116。
[20] 李震山，人性尊嚴與人權保障學術論文集─論行政管束與人身自由之保障，2001年12月，頁267。
[21] 如何判斷？以實務經驗與法律條文的結合來論，應從實施臨檢的客觀事實中查看是否有證據資料（訊）來判斷，若有基礎證據情形下，犯罪事實逐漸形成，實質被告的地位也會逐漸形成。此時，詢問過程中所透露的事實、所發現的證據資料堆砌成為實質的被告，接續所發動的即是逮捕。例如：某甲神色慌張受檢，眼尖的警察發現某甲身上有血漬，詢問過程中無線電出現甫發生殺人案件，警察詢問身上血漬由何而來，某甲顫抖的答非所問並準備驅車逃逸，此時警察的詢問內容在涉案程度升高情形下，極有可能在本案中有行使緘默權的權利。（實務界很常發生這樣的情形）
[22] 條文中的「令」，其實就是一種下命處分，通常情形下，實務機關會遇到根本就不配合且對警察得否查證其身分職權本有疑義之人民，在發動原本就隱含著強制之職權時，容易與民眾的認知及感受產生扞格，接著行使職權的人員就可能會收到民眾的陳情，說：服務態度不佳！而實務機關督察組面對此項陳情時，也會因「民眾感受不佳」的問題來懲處執行人員！回到法律層面來說，試問：「令」原本就是一種下命處分的型態，如何以良好的態度來面對？更何況，這是立法者賦予的職權，如果真的懲處了，似乎與法律賦予的職權相悖。

　　臨檢過程中可能發生、發現受檢人攜帶危險物，本法第4款：「其有攜帶足以自殺、自傷或傷害他人生命或身體之物者，得檢查其身體及所攜帶之物」賦予警察對危害防止另有法定職權，即行政檢查[23]，係發動即時強制的原因之一，此款適用之空間，主要在身分查證過程中防止警察被攻擊所設之明文，須與行政搜索、刑事搜索以之區隔！本文認為，執行人員難以區分檢查與搜索真正原因在於：外觀上觀察這些行為舉止，看起來皆同一！如果沒有建立區隔的概念，相當容易透過檢查手段達到搜索之目的，實務工作者應有不正當執法手段並不會讓自己顯得高尚的觀念，以違法方式緝獲案件更不會累積實質的成就感（久了只有罪惡感），尚值實務工作者深思之處。

二、維護交通秩序之權限

　　警職法第8條第1項第1款至第3款臚列了基於維護交通目的攔查之交通工具得以實施的法定職權，有查證駕駛人及乘客身分、檢查車輛資料、酒精檢測、強制駕駛人及乘客離車及檢查交通工具等措施。

　　第1款：「要求駕駛人或乘客出示相關證件或查證其身分。」實務工作者最常與第6條之身分查證混淆，該條係基於預防危害為目的，與本條有著迥異的結論，在攔停後得要求出示並查證駕駛人及乘客之身分，應與第7條措施規範以之區隔。

　　第2款：「檢查引擎、車身號碼或其他足資識別之特徵」，係指駕駛人駕駛之交通工具本身，此款中與道路交通管理處罰條例賦予之職權並行不悖[24]。通常情形下，執行人員檢查引擎、車身號碼或其他足資識別特徵

---

[23] 檢查的界線如下：內政部警政署刊行，警察職權行使法逐條釋義，2003年8月，頁30-31。
　　一、警察職權行使法所定之「檢查」為警察基於行政權之作用，有別於「行政搜索」（海關緝私條例）及「司法搜索」（刑事訴訟法參照）。職此，檢查時尚不得有侵入性（例如以手觸摸身體衣服內部或未得當事人同意逕行取出其所攜帶之物品）而涉及搜索之行為。
　　二、檢查的態樣可概分為：
　　　　(一)由當事人身體外部及所攜帶物品的外部觀察，並對其內容進行盤問：即一般學理上所稱的「目視檢查」，僅能就目視所及範圍加以檢視。
　　　　(二)要求當事人任意提示，並對其提示物品的內容進行盤問：相當於「目視檢查」的範圍。
　　　　(三)未得當事人同意，即以手觸摸其身體衣服及所攜帶物品外部：相當於美國警察實務上所稱的「拍搜檢查」（Frisk）。
　　三、警察在一般臨檢盤查時，僅得實施「目視檢查」；惟如有警察職權行使法第7條第1項第4款所定要件，即有明顯事實足認當事人有攜帶足以自殺、自傷或傷害他人生命或身體之物者，亦得實施「拍搜檢查」（Frisk），以符合比例原則。
[24] 警察職權行使法案，立法院內政委員會編（122），法律案專輯第335輯，2004年7月，頁385。

之職權迭有查緝「汽機車解體工廠」之情形，此乃「偶然」之情形，倘原本即具備追緝汽機車解體工廠案件之偵查目的，實務工作者引用本條款作為檢查引擎、車身號碼之授權，即程序違法，應予釐清兩不相牟。

　　道路交通管理處罰條例本有訂定酒後駕車處罰之規定，在未有警職法前，警察實施酒測之法律依據皆係透過解釋而來，後於立法歷程中，方將該法第3款：「要求駕駛人接受酒精濃度測試之檢定」一併置入，使原本即已錯綜複雜之交通法規更添警察執法適用上之困難，尤其在酒後駕車處罰越重、經濟大環境蕭條情形下，各地方法院行政訴訟庭撤銷酒後駕車之案件有增無減，多以未符合警職法第8條第1項「已發生危害或客觀合理判斷易生危害」之要件為由撤銷，則警察究竟應於何種情形下須要求駕駛人為酒精濃度之檢測[25]？觀察處在於：1.駕駛人面帶酒容、臉色潮紅（或鐵青）、眼神恍惚、嘔吐者。2.經警察人員聞得駕駛人有明顯酒味者。3.經酒精檢知器測得駕駛人有飲酒反應者[26]。

　　第2項前段：「警察因前項交通工具之駕駛人或乘客有異常舉動而合理懷疑其將有危害行為時，得強制其離車」，強制離車目的係**確保執法安全**所設規範，原則上與維護交通秩序之目的無關[27]，且需透過第1項要件依事實合理懷疑車內駕駛人或乘客危害程度升高，始有合法強制離車之職權。第2項後段：「有事實足認有犯罪之虞者，並得檢查交通工具」，謂檢查之範圍仍限縮在「交通工具」內，且檢查目的是找出與犯罪有關之物，尚不包含無法隨手可得的隨身包包，惟實務運作大多廣義解釋該交通工具內所有物品皆得一併檢查[28]。再者，筆者認為此項規定在檢查過程中，與一目瞭然原則有同時適用之空間，雖然使執行人員判斷上有相當的困難，二項法令的適用，總比有漏洞的無法可用來得好[29]，至少有一定選

---

[25] 內政部警政署函頒：警察實施臨檢作業規定八—（八），2001年12月18日。

[26] 實務機關最常將基於治安目的設置路段攔查與基於維護交通秩序目的的取締酒後駕車勤務結合實施，此時，設置路段路檢點的目的有二，內政部警政署亦認為這樣的勤務佈署亦無不可，只是在整個法規範的解釋上有著一定的困難；吳宗順主編，警察職權行使法逐條釋義，內政部警政署常訓教材，2004年7月，頁35。

[27] 相似的概念，如同刑事訴訟法第130條附帶搜索之目的，乃為了保障執行人員安全所設之規範。

[28] 實務運作最常以擴張解釋之方式為之，條文中載明「檢查交通工具」之前提已完成「強制離車」之措施，且以立法目的係保護執行人員安全為主軸來看實際執行面，檢查離開駕駛人或乘客控制範圍，置放於車輛內之隨身包包，似乎過於擴張條文賦予的職權措施。

[29] 舉一例：刑事訴訟法第253條之3第1項第1款、第2款對受緩起訴之人在緩起訴期間內有明文規定得撤銷

擇適用的空間，站在有利之立場可避免斲喪貫徹公權力。

參、臨檢勤務應符合比例原則

　　警職法第3條第1項明文規定：「警察行使職權，不得逾越所欲達成執行目的之必要限度，且應以對人民權益侵害最少之適當方法爲之。」是爲比例原則之明文，置放於總則章，則各章節、乃至他部法律[30]之警察行使職權皆有適用。內政部警政署[31]說明與實務工作者之思維相較（經常直接先探討比例原則在相關工作之疑問，完全遺忘先進行法律要件的審查），是對該原則有正確且深入的說明。筆者再提醒實務工作者，正確建立比例原則概念是：**先探究合法**之要件，**後方有比例原則**[32]之審查，避免陷入以比例原則爲論述始點的錯誤。

緩起訴，第1款適用係緩起訴期間內，第2款係緩起訴前，惟緩起訴期間計算係以緩起訴處分確定之日起算（同法第253條之1第1項後段）！倘受緩起訴處分之人於緩起訴處分後至確定之日前故意更犯有期徒刑以上刑之罪，再經檢察官提起公訴者，原緩起訴根本沒有法定撤銷事由之可能，如果再加上以公示送達（同法第60條）方式計算，此期間很可能會超過二個月的期間，本段期間即變成一個法規大漏洞。

[30] 諸如：行政程序法第4條、第7條，集會遊行法第26條、行政執行法第3條、道路交通管理處罰條例第7條等均屬之。

[31] 資料來源：http:// w1.ccpb.gov.tw/data/home_data/Q&A/警察職權行使法問答集.doc，瀏覽日期：2014年4月15日。

一、比例原則，係指公益上之必要與人民權利或自由之侵害間，應保持正當之比例。亦即關於公權力涉及人權時，行政措施所欲達成之「目的」與其所使用的「手段」（方法）之間，要有合理比例關係。（例如：用大砲打小鳥，係屬小題大作，不符比例。）

二、由於比例原則旨在規範行政目的與手段之合理聯結，因之，學理上通常將其細分爲「適合性」、「必要性」及「比例性」等三大原則。詳言之，即「採取之方法應有助於目的之達成」、「有多種同樣能達成目的之方法時，應選擇對人民權益損害最小者」及「採取之方法所造成之損害不得與欲達成目的之利益顯失均衡」。

三、我國實定法上將比例原則予以法制化者，如社會秩序維護法第19條第2項規定「勒令歇業或停止營業之裁處，應符合比例原則」。同法第22條第3項規定「供違反本法行爲所用之物，以行爲人所有者爲限，得沒入之。但沒入應符合比例原則」。由於社會秩序維護法直接以「比例原則」作爲規範用語，其涵義宜參照其文義，詮釋爲對於勒令歇業、停止營業或沒入之裁處，應公平合理考量違反本法行爲人權利與社會秩序之均衡維護，審慎爲之，不得逾越所欲達成執行目的之必要限度。

四、我國實定法除社會秩序維護法直接以「比例原則」作爲規範用語外，其他法律則多將比例原則之整體內涵，以具體文字加以規範。其中較具典型者爲集會遊行法第26條規定「集會遊行之不予許可、限制或命令解散，應公平合理考量人民集會、遊行權利與其他法益間之均衡維護，以適當之方法爲之，不得逾越所欲達成執行目的之必要限度」。此外，警械使用條例第6條「警察人員應基於急迫需要合理使用槍械，不得逾越必要程度。」之規定，亦屬通例。

五、司法院釋字第535號解釋亦揭示警察執行臨檢勤務應符合比例原則──「警察人員執行場所之臨檢勤務，應限於已發生危害或依客觀、合理判斷易生危害之處所、交通工具或公共場所爲之，其中處所爲私人居住之空間者，並應受住宅相同之保障；對人實施之臨檢則須以有相當理由足認其行爲已構成或即將發生危害者爲限，且應遵守比例原則，不得逾越必要程度，儘量避免造成財物損失、干擾正當營業及生活作息。」

[32] 比例原則的白話就是：人民是國家的基本組成分子，國家對人民的（任何）行爲在合法的範圍內不可以太狠，如果行爲太狠，也認定國家行爲是違法的（即違反比例原則），這樣的白話或許比較好理解比例原則中之適當性、必要性及狹義比例原則。

　　大法官對比例原則之操作約略分為二種方式，一以大陸法系所肯認之三子原則適當性、必要性及衡平性構成[33]；另一以英美法系之目的正當、手段必要及限制妥當三要件詮釋之[34]，本文仍以德國之三子原則為藍本進行臨檢之比例原則操作。適當性：乃指國家所採取的措施必須是有助於達成所欲追求之目的，又稱「合目的性原則」。必要性：係指在所有合乎適當性的措施中必須選擇其中對當事人最小之侵害者為之，亦即採取較緩和之措施，又稱為「最小侵害原則」。衡平性：係指手段、目的及損害間需成比例，不能為了達成很小的目的，使人民損害過大，換言之，合法措施可能引起的損害和所欲達成的合法結果間，沒有極端不相稱的情形發生。

　　以上揭實際執行法定權限內容，具體說明臨檢之比例原則，第一個層次操作：該法第7條第1項第1款「攔停人、車、船及其他交通工具」之攔停為例，實施攔停之手段，應不得逾越並有助於查證身分之目的，例如：拿鎮暴用的齊眉棍攔停（適當性）；有多種攔停的手段，應選擇對當事人侵害最小方式為之，例如：能指揮攔停，就無須以推阻、包夾方式攔停（必要性）；攔停手段倘造成損害，與查證身分目的間必須保持相稱之情形，例如：受檢人拒絕攔停逃逸時，警察以推阻方式使機車為側傾並防止逃逸之受檢人倒地（衡平性）。

　　第二個層次操作：該法第7條第1項第2款、第3款、第2項對查證身分得採取數種措施，依物理力程度的高低分別為詢問、令其出示身分證明文件、顯然無法查證得帶往勤務處所、帶往時非遇抗拒不得使用強制力。上開數種法定手段，不得逾越並有助於查證身分之目的，例如：不得選擇管束作為身分查證之手段；有多種的方式，應選擇對當事人侵害最小方式為之，例如：命令受檢人出示身分證明文件即可達到目的，即無庸帶返勤務處所；身分查證過程倘造成損害，與查證身分目的間必須保持相稱之情形，例如：受檢人抗拒強制帶返勤務處所，使其手臂受有輕微紅腫。

　　臨檢時間方面亦有比例原則之適用，例如：合法攔停後，雖在顯然無法查證時得帶往勤務處所，並以三小時為限，一經查證完畢後應任其離

---

[33]　參照大法官第436、471、487、507、510、514、523、575、577、584、604、646、649號等解釋。
[34]　大法官第476號等解釋。

去，不得稽延；倘無正當理由將受檢人留置至三小時後始放行，等同違反了比例原則。另一方面，臨檢場所應限於適當臨場檢查之時間，不宜過久。

第三項　法定程序

壹、明示身分並告知事由

　　群聚社會的人與人相處，某些時刻必須給予程度上的理由，以增加在人群交往間的信賴[35]！既然人與人間具有這樣的習慣，立法者當然也無可例外地以法律規定警察行使職權時除須表明身分，並應告知事由，明白告知受臨檢人係因何事由加以臨檢，使人民得以進行釋明、說明或其他針對臨檢程序意見的表達，係立法理由中未闡明的人性觀點。警察臨檢倘未依法定程序執行，人民當然有拒絕的權利，警職法第4條第2項亦有明文：警察未依法表明身分及告知事由之程序，人民得以拒絕警察職權之行使。

　　通常情形下，實務運作大多不會違反該項程序規定，僅在具有緊急情形時，方有可能未及表明身分，告知事由大多在情境控制後履行！較有疑問的是，此項程序規範有否次序問題？無法履行該程序規定，人民是否有拒絕的權利？洵有疑義！本文認為，表明身分、告知事由可說是同時進行，並無法因特定具有緊急情狀時免除或有排序問題，否則在刑法、警察服制條例中有關服制、徽章及官銜的公共信用之保障將無必要存在，行使公權力之前提係使人民信賴該公權力之主體為國家，倘未滿足此程序要件，將使公權力外觀置於空洞狀態，易使人民陷於面對非公權力主體之危險中，而刑法第158條亦有明文處罰僭行公務員職務罪，即保障人民不受非國家行使公權力之侵害，如未履行表明身分及告知事由等程序，將破壞人民對國家之信賴感。

---

[35] 例如：普通朋友間相約聚會，但總有人不在約定的時間點出現，遲到的人到達聚會場合時馬上就會自動說明為何遲到的理由？儘管理由不一，基於友誼間的情份上，通常都不會加以計較，只要有一個合理的解釋即可！在合理的解釋中，即會產生某程度的信賴與不信賴。在信賴方面：遲到的人或許是第一次遲到，在相約人眼中遲到人所提出的理由，會增加彼此的信賴程度；在不信賴方面：遲到人經常性的遲到，說明理由中又破綻百出，則會增加彼此間的不信賴之謂。

貳、現場異議需審查是否執行

臨檢過程中，受檢人或場所負責人通常會針對警察履行告知之事由後進行陳明、辯駁，此係現場陳述意見及異議之權利，執行人員依據異議人之陳明或辯駁，需於現場決定是否繼續執行，現場決定之審查條件及標準即爲日後提起訴訟之重點，亦涉及是否爲違法之臨檢[36]。

警職法第29條第2項所稱「有理由者，應立即停止或更正執行行爲；認無理由者，得繼續執行」之理由，究竟需依據何標準判斷？簡易思考之方式以「臨檢事由」與「陳述意見之理由」相互比較作爲判斷是否有無理由，簡單來說即判別「警察」或「異議人」看法加以衡量，爲國家行使公權力之兩造來說明，是較有邏輯的論述。另較需注意，倘異議人事後提起訴訟並進入訴訟程序，現場臨檢過程蒐證及事後書寫工作紀錄內容相當重要，而工作紀錄內容眞實性切勿扭曲爲不實指述，更白話地說：如果錯了就錯了，不要一錯再錯。

參、異議後經請求應交付書面

執行臨檢人員認爲異議人陳述並無理由得繼續執行，惟繼續執行將嚴重干預人身自由及其他基本權利，期使行政行爲受到監督、落實權利受到侵害即有救濟之訴訟權核心概念，該法第29條第2項後段即規定：「經義務人或利害關係人請求時，應將異議之理由製作紀錄交付之。」爲應履行之程序。

較有疑問的是[37]：異議人事後至勤務處所請求紀錄表，警察是否有交

---

[36] 讀者得自行搜尋「楊律師、違法臨檢」之關鍵字，許多違法臨檢的案子逐漸浮出檯面，雖然檢方大多站在警察立場爲不起訴處分，難保未來會保持同樣的見解，只有法律觀念與時俱進，才是保障自己執法的最佳利器；詳參閱：104年度偵字第6371號，此案例僅係冰山一角。

[37] 問九十八：警員乙依據警察職權行使法第7條規定，帶同民眾甲回派出所查證其身分，警員乙查證後未發現任何違法行爲即將甲飭回，民眾甲於警察依法行使職權時並未表示異議，而於翌日至當時實施查證身分單位向警員乙索取異議紀錄表時，警員乙是否須開立給申請人甲？

內政部警政署答：

一、查異議紀錄表乃警察行使職權時，義務人或利害關係人當場陳述理由，表示異議之紀錄。警察行使職權時，義務人或利害關係人當場既無異議之事實，自無製作異議紀錄表之必要。

二、所述民眾當場並未表示異議，而於翌日至當時實施查證身分單位向警員索取該紀錄表時，依前揭說明，其既無當場表示異議之事實，警察自無異議紀錄表可交付，惟應告知無異議紀錄表可交付之理由。

資料來源：內政部警政署93年4月7日警署行字第0930062896號函；http://www.google.com.tw/url?sa=t&rct=j&q=&esrc=s&frm=1&source=web&cd=3&cad=rja&uact=8&ved=0CDoQFjAC&url=http%3A%2F%2Fw1.ccpb.gov.tw%2Fdata%2Fhome_data%2FQ%26A%2F%25E8%25AD%25A6%25E5%25AF%259F%25E8%2525

付義務？內政部警政署的看法著重在：依據法條內容之現場異議，才有現場交付，異議人事後境遷之請求，警察並無交付紀錄表之義務。筆者認為，真正問題在於：無論有無交付紀錄表，皆不影響得依法提起訴願或行政訴訟（訴訟權之核心），法無明文有事後請求交付紀錄表之權利，遑論有交付之義務，附併說明之。

第四項　執法界限

大法官認為臨檢實施之手段：檢查、路檢、取締或盤查等不問其名稱為何，均屬對人或物之查驗、干預，影響人民行動自由、財產權及隱私權等甚鉅，既然臨檢干預基本權是如此深遠，闡明清晰的合法界限厥為重點。理論上，實務運作最常發動臨檢應該最清楚執行界限，卻因最常執行反而稀釋、模糊了界限。

自法律保留原則探討[38]，立法者預設要件作為發動臨檢之職權，即係設定了下限及上限，逾越了上下限即為違法，以**時間**要素來說，警勤條例並未限定臨檢勤務的時間，等同一年365天、一天24小時皆可執行；對應警職法時，僅在警察進入「公眾得出入之場所，應於營業時間為之，並不得任意妨礙其營業」，係限定在「營業時間」，而該營業時間並不以對外公布營業時間為準[39]，則倘非實際營業時間，原則上不得任意進入臨檢為其界限。

以**空間**要素來說，警勤條例限定在公共場所、指定處所及路段，對應至警職法時，限定在公共場所、公眾得出入之場所[40]、合法進入之場所、處所、路段、管制站等；以**目的**要素來說，警勤條例限定在取締（交通）、盤查（治安）及有關法令賦予（其他法令）之勤務範圍內，對應警職法時，限定在查證身分、攔停、詢問、令其出示身分證明文件、檢查身

81%25B7%25E6%25AC%258A%25E8%25A1%258C%25E4%25BD%25BF%25E6%25B3%2595%25E5%2595%258F%25E7%25AD%2594%25E9%259B%2586.doc&ei=S59MU4aRAY2okQX28oCgDg&usg=AFQjCN GrMpcXWmEAby1evSWTv5LQ54k3iA，檔案名稱：w1.ccpb.gov.tw/data/home_data/Q&A/警察職權行使法問答集.doc；瀏覽日期：2015年11月13日。

[38] 筆者仍須澄清，比例原則並非此處探討之內容。

[39] 蔡庭榕、簡建章、李錫棟、許義寶合著，警察職權行使法逐條釋論，2005年2月，頁130。

[40] 此處較有疑問，學者認為在第6條第1項規定中僅限於公共場所及合法進入之場所，公眾得出入之場所則非屬之；洪文玲，論警察對於營業場所之檢查權，警大法學論集第6期，2001年8月，頁107-140。

體及物、檢查引擎號碼、要求駕駛人酒精濃度檢定及檢查交通工具等；以**其他**要素來說，警職法有著「合理懷疑」、「相當理由」、「有事實足認」、「客觀上合理判斷易生危害」等發動門檻的質化概念，均由立法者預設上下限臨檢的界限，除此之外的臨檢應是違法的。

自法律優位原則論討，實際上立法者賦予警察在臨檢要件各別要素的判斷餘地，有著一定的自由性，只要消極不違背現行法律規定即為合法，例如：警察為達身分查證之目的得採行「攔停」之措施，惟並無如何攔停的明文規定，則執行時警察自有依現場環境、人數、車流、目的等條件作為勤務佈署及如何攔停之判斷空間。惟自由判斷之空間不可能不受拘束，國家權力必須受到節制進而設定界限，其攔停界限應劃設在：與職權目的不符攔停、全面性攔停、不符合比例原則之攔停及無必要攔停之方法等面向，皆應禁止之。

第三節 臨檢勤務之法治思考

建立臨檢的法治思考，主要可分為二個面向，在維護交通秩序為目的，有著攔停及其他採行措施之職權；於危害防止及犯行追緝之任務上，對人、場所、處所、路段、管制站等，有著查察不法為目的之身分查證，二面向本質上重疊性相當高，則臨檢已同時具備行政法與刑事法之機能，實務工作者在構建時，得依此尋繹對己身有利解釋之法規範。

第一項 行政法規範

警職法是現行授權臨檢之依據，實務運作發生的許多問題或誤解執法作為時，仔細檢視條文初步即可獲得解答，但以過於熟悉語文之態度檢視法條，往往忽略其真正意涵，導致在臨檢時不斷地違法，實有必要剝離警職法第6條及第8條之條文中各要素分別說明，作為建立合法臨檢之概念。本文並非以內政部警政署函頒之執行路（攔）檢身分查證及臨檢（場所）身分查證作業程序為分類，乃以條文中各要素獨立說明，謹先陳明。

第一款　時空要素

壹、時間要素

　　時間，在法律世界中占有重要的地位！由於它與外在感官器官具有不同特性，諸如：不可逆、無法感覺、順向流動等本質，在特定時間或期間，立法者預設了不同規範，例如：該法第6條第3項規定警察人員在進入「公眾得出入之場所[41]」必須限定在營業時間始得進入，觀其原因係以公共利益（臨檢勤務的公共性）與人權保障（人民的營業自由權利）相互調和而限定，業者可能為了逃避臨檢，刻意拉下鐵門裝飾著未營業的假象，在定義「營業時間」，應指實際營業期間，並非以偽飾未營業的外觀或公告營業之時間作為判斷。

　　在預防危害為目的（第6條、第7條）或維護交通秩序為目的（第8條）的臨檢作為（攔停），並無時間上的限制，只要符合法定要件[42]後即可發動該職權。另一方面，在查證身分的期間，是否有無限延長的時間？答案當然是否定的！本法第7條第2項規定在一定要件下得將人民帶往勤務處所查證身分，期間自攔停起不得逾三小時，應解釋為顯然無法查證身分的三小時係最長時限，如已查證身分並確認後，自然應任憑受檢人離去、不得稽延[43]（Unnecessary Delay）。

貳、空間要素[44]

　　警職法第6條、第8條對臨檢有著不同要件的空間限制，第6條僅限於

---

[41] 此處的場所應予公共場所與之區隔，亦先定義何謂公共場所後，方得以討論：類似的方法：民法第66條對物的立法定義，物分為動產與不動產，動產即為不動產以外之物，以扣除法作為二分領域。

[42] 此處即係要件之判斷餘地，指要件（要素）之構成，立法者將法條內要件設計彈性，以「不確定法律概念」或「概括條款」為構成法條之內容，此時執法者即需對立法者設計之法律條文作出定義及範圍，原則上做出之定義，亦僅有一種是正確的！更簡單地說：「不確定法律概念及概括條款」指的就是執法者判斷的要件，而其判斷有其空間，學者稱之「判斷餘地」；延伸閱讀：拙著，法律條文的解析，臺灣警察專科學校100學年第1學期─交通法規與實務課堂補充講義，2011年11月15日，頁3以下；李建良，行政法通論─行政裁量與判斷餘地，臺灣大學行政法講義，2009年1月9日，頁12以下；蔡庭榕、簡建章、李錫棟、許義寶合著，警察職權行使法逐條釋論，2005年2月，頁129-130。

[43] 對照美國法院對於United States v. Place and United States v. Sharpe of case二案認為無必要稽延受檢人自由的時間，會構成逮捕的程度，此其一；對Place的90分鐘行李留置與Sharpe的20分鐘攔停區別出些許量化的標準，此其二；意即美國法院認為90分鐘內無必要的稽延與20分鐘必要的攔停作為合法與違法的量化標準。上開說明針對的問題顯然對行李做無必要的留置行為與做必要的攔停，作為是得以延滯時間久暫來判斷有否不必要的稽延之條件，作為不同個案處置的原因。

[44] 詳參閱拙著，論臨檢之空間概念，警專論壇第12期，2014年9月，頁40-52。

公共場所、合法進入之場所及公眾得出入之場所，當然亦包含行經指定公共場所、路段及管制站之概念；第8條係對已發生危害或依客觀合理判斷易生危害之交通工具，作為實施臨檢空間的限制。筆者必須先說明[45]，「已發生危害或依客觀合理判斷易生危害之交通工具」實際寓有空間之概念，未明文於法條內之空間理由，是建築在交通工具原則上不會自行啓動並駛離原有空間，在無人駕駛之車輛尚未實踐於供公眾通行之道路前，該要件判斷係「有人」駕駛前提下，此交通工具必然出現在供公眾使用之道路上，而臨檢所欲制約的行為，亦建立於維護公眾通行之目的，該空間概念是透過了當然解釋演繹而來。

法律文字與一般知識相互對照，對空間加以解釋可能產生歧異的結果，有必要詳加釐清，是以，以下就第6條（預防危害）、第8條（維護交通秩序）之空間分別說明。

一、預防危害之空間

(一) 公共場所

謂公共場所：係指具公共性、無排他性之空間，使公眾得自由使用或停留之場所，通常無須任何人應允即可進入、自由的使用[46]之公共財（空間或設施），既為如此，警察基於維護治安的目的，自得依法臨檢並執行查證身分之措施，除有法律特別規定外，尚無須特別對該公共場所之「進入」、「停留」取得法律的授權[47]。

實務工作者判斷公共場所較有疑問之處，乃停放於碼頭上之渡輪是否亦包含在公共場所的延伸概念中？倘為公共場所之延伸，則警察當可臨檢，如非公共場所，當需另覓進入場所之合法事由方為適法。筆者曾服務於臨海分局，遇有民眾在網路上號召包下渡輪前往公海後舉辦毒Party並

---

[45] 這樣的概念是補充：警察發現疑似酒駕追車追到家宅範圍的具體案例。

[46] 以所有權之權能說明，民法第765條規定所有權之權能有使用、收益及處分三種，此處的權能僅指使用，合乎目的、方式的使用，倘有不合法的使用，似乎執行臨檢勤務時亦得以實施是項勤務及職權。

[47] 對於內政部警政署的解釋：所謂「公共場所」，係指「公眾得任意逗留、集合或利用之場所」，亦即不特定多數人得以公共使用或聚合如會場、公園、廣場、車站、輪埠、航空站、街衢、道路等場所。復司法院院字第2025號解釋則認為係不特定人按照一定之管理規範得以自由利用之處所。現行相關法令規定及裁判見解，予以具體指陳者，如學校、博物館、車站、醫院、工廠、市場、機場、碼頭、道路、軍營、公署等；惟如公署已劃出一部分為職員眷屬居住，若另闢有出入門戶，不與該公署同一門禁者，自不能謂為公共場所。

收費之實際案例[48]，該渡輪確實停放在公共場所（碼頭），則碼頭與渡輪是否同為公共場所（或公眾得出入之場所、合法進入之場所）？人員購票後登船尚未駛離碼頭前，警察接獲情資後「何時」能夠登船實施臨檢以查緝毒品？該法對特殊案例之解釋或規定付之闕如[49]。

再者，假設施工廠商置放貨櫃屋乙只於河堤畔，提供施工人員休憩使用，該貨櫃屋有封閉式門窗與河堤畔作為區隔，施工人員休憩時將貨櫃屋上鎖在內大玩天九牌[50]，試問：該上鎖的貨櫃屋究竟是屬於公共場所之一環？抑或是合法進入之場所？不法使用原因與形成封閉使之具有隱私合理期待，是否會影響著該貨櫃屋的定義？筆者認為，公共場所受到不法使用形成密閉而有隱私之外觀，在原本任何人應該皆得自由使用被人不法濫用後，是否還有秘密隱私的合理期待，繼而把該空間解釋為私人領域？單純觀察貨櫃屋形成封閉之外觀確實具備隱私，加入不法使用之條件後，封

---

[48] 這裡的判斷條件係「時間點」去影響到對於是否為「公共場所空間」的判斷。

[49] 此爭議為筆者任職臨海分局時遇見的困難判斷。事實：某網友在網路上散播遇舉辦毒品派對，藉號召共同出資包下○○皇后號，該渡輪駛至公海領域時開始派對，警察機關接獲此情資立即研擬對策並釐清相關發動職權之時點及界線，並建議如何實施臨檢勤務遏止不法的行為。乃撰寫分局的法律意見書如下，2009年8月6日。
一、犯罪行為有無管轄權？
  (一)依刑法第3條規定（屬地主義）及刑事訴訟法第4條、第5條，分別情形取得管轄權：（以一般原則論）
    1.倘犯罪行為中華民國領海十海浬內，視為中華民國領域內犯罪。（非登記為中華民國船艦者而言）
    2.中華民國領域外之中華民國船艦……犯罪者，以在中華民國領域內犯罪論。（為中華民國登記之船艦，視為中華民國領域內犯罪）
    3.犯罪地之管轄為行為地及結果地。
  (二)中華民國境內有許多河道，而警察機關何時取得管轄權，如下分述：
    1.國家安全法第4條：對人員物品及運輸工具之檢查規定。
    2.國家安全法施行細則第24條：境內船舶等水上工具運輸工具之檢查規定。
    3.海岸巡防法相關規定。
    4.行政罰法第6條：違反行政法上義務之管轄權。
    5.警察職權行使法第7條：為查證人民身分得採取之必要措施。
    6.究何時係警察機關與海巡署管轄權取得時點，近來尚未有此爭議及判決，僅得以海商法第4條、辦理強制執行事件應行注意事項第61條第3款之反面解釋，暨參照79年台上1148號判例可得而知，指「法律」上及「事實」上停妥之狀態而言之時點，警察機關取得管轄權，餘於河道之競駛尚未停妥狀態之船舶，應屬行政院海岸巡防署所管轄。
  (三)依上述(一)、(二)之分別在於，在刑事法上或行政法上取得管轄權的依據，(一)是指刑事法上的司法管轄權，惟刑事法上並無陸、海區分，僅得以類推適用行政法的分類；(二)是指行政法上的行政事務管轄權依據，是否有刑案或違反行政法上的義務分別適用之。
二、能否登船施檢、查緝？
  能否施檢、查緝，以上述一取得管轄權為判斷基礎，當然得登船施檢或查緝。
三、執行程序如何？
  依警察職權行使法第6、7條或刑事法律判斷執行即可。

[50] 這是筆者服務於基層派出所遇到的實際案例。

閉之貨櫃屋本身有無可能改變隱私轉爲具備公共性、無排他性[51]的公共場所？差異在：定義爲公共場所直接可以臨檢，但爲合法進入之場所則需另覓合法進入事由，否則不得臨檢，此問題在勤務作爲的決定權、便利性上，有尙待釐淸不同之處，況且，現場判斷空間之決定會影響到後續作爲，例如：對行爲人實施逮捕或逕行通知到場、以刑法第266條普通賭博罪送辦或社會秩序維護法第84條裁罰。

(二) 合法進入之場所

警職法草案中即說明了「係指警察依刑事訴訟法、行政執行法、社會秩序維護法等相關法律規定進入之場所，或其他已發生危害或依客觀合理判斷易生危害之場所」而言，在「私人居住之空間」，應受住宅相同之保障，警察非依法不得以臨檢手段任意爲之，乃理固宜然[52]。

實務運作較有問題是：發生在「旅宿業[53]」擧行Home party中使用毒品、雜交（排除通姦）此類違法事件，該空間（Hotel）是否因使用原因、不法事件、人數之不同而產生的不同解釋，得出不同於私人空間之結論？又，進行臨檢勤務的公共利益[54]，發生在不變的物理空間，是否亦可解釋爲「已發生危害或客觀合理判斷易生危害」之場所？這些模糊不淸的問題，在在影響著發動臨檢及取得證據的合法與否，謂牽一髮而動全身。

本文認爲，旅宿業雖以營利爲目的，本質上與憲法住居權之保障並無

---

[51] 藉稅法角度切入，政府劃歸於財政收入之公共財後可發現，某些空間的公共性將被排他性予以壓縮，可知稅於非稅之間除有法律特別規定外，是否存在著諸如個別報償、特別關係，抑或損害等原因，在空間的使用上將被排他性的使用予以排除其公共性，在私人空間亦有相同的概念。擧一例而言：臺北市政府前方廣場原係道路，常擧辦大型路跑、跨年演唱會等活動而封閉道路，原則上警察的臨檢勤務並無法在有某程度的排他性使用場所之空間實施（當然，警察機關會不會在該空間進行臨檢係另一問題）！設某甲進入鬧場，活動單位報警，警察人員到場後行使查證身分的職權時，依法僅得於公共場所進入之場所實施，此時查證身分職權之空間，究係「公共場所」或「合法進入之場所」？本文見解認爲，現場既有排他性的使用者，警察機關進入該空間應「合法（可能是社會秩序維護法、刑事訴訟法或其他法律）進入之場所」而非「公共場所」，畢竟，活動單位係透過申請作爲特定目的所擧辦的活動，而原則上有相同特定目的之人才有可能進入該空間，其餘不相干的路人恐怕是避之唯恐不及；詳細說明財政收入等法律問題，參照福家俊朗，現代財政の公共性と法─財政と行政の相互規定性の法的地位，2001年，頁42；蔡茂寅，原因者付費制度（上），月旦法學敎室第101期，2011年3月，頁51以下。

[52] 詳參閱警察職權行使法案，立法院內政委員會編（122），法律案專輯第335輯，2004年7月，頁383。

[53] 此處應先排除交通部觀光局管理的四星級以上飯店、酒店，警察機關無法任意決定臨檢的空間。

[54] 讀者或許會問「臨檢勤務爲何要具有公共利益」？簡單以行政法的角度說明，國家機關基於行政權行使職權時，無論係給付行政或干涉行政類型，均需具備公共利益，倘無該利益則國家機關會淪爲私人圖商之議。以國營化的中國石油及台灣電力公司等爲例，雖已民營化，但國家仍負有照料人民的義務，此義務還是具有重大公共利益存在經營公司的背後，擧輕以明重，職司臨檢勤務的警察機關若得以未具公共利益的恣意實施臨檢，似乎與歹徒的掠奪沒什麼不同！蓋因未具公共利益的臨檢手段實質上確實可以壓迫人民，在依法行政原則的拘束下，當然無法得出可隨時恣意執行未具公共利益的臨檢勤務。

不同，其住居隱私單純未具有公共利益而存在；但租賃人因使用方式、人員不斷進出、從事不法行為等因素，改變了住居的隱私空間型態，導致在並未改變物質變化的空間中，反而因使用原因、人數及不法行為之條件更動，產生了不同解釋[55]，則「住居隱私」保障控制之條件，**即不在不變之物理空間**（看起來是一個房子或房間的外觀），**而係存在於不變物理空間的「人」與「事」**。倘若臨檢空間以「人」與「事」作為公共場所、合法進入之場所或公眾得出入之場所之變數，何以轉化了原本舊有判斷之條件？臨檢雖具公共性，但介入條件更動卻使未產生物理變化的空間產生了化學變化[56]，影響該空間原本應有的評價與定義，值得實務工作者詳加忖量[57]！同樣問題會產生在上揭修繕河堤上擺放貨櫃屋之示例，員工應以休憩為目的使用，卻將之封閉為不法使用，在認定上亦可能產生化學變化，白話地說：舊有對於空間的定義，在法律世界中是浮動的。

(三) 公眾得出入之場所

警職法第6條第3項有著**公眾得出入之場所**之明文，係現行實務機關進入營業場所之授權依據，指不特定人得隨時出入之場所，如餐廳、旅館、酒樓、百貨公司等。另就具體個案衡酌案發當時該空間之實際使用情形而定，如旅客將其租用之旅館房間供多數人公同使用或聚集，例如供作開會之場所或以之供作不特定多數人隨時得出入之場所，則仍應視為公共

---

[55] 按旅館房間於出租予旅客時，該旅客對於該房間即取得使用與監督之權，此時該房間於客觀上即不失為住宅之性質。惟該房間究否屬於公共場所或公眾得出入之場所，仍應就具體個案衡酌案發當時該房間之實際使用情形而定。如旅客將其租用之旅館房間供多數人公同使用或聚集，例如供作開會之場所或以之供作不特定多數人隨時得出入之場所，則仍應視為公共場所或公眾得出入之場所；法務部民國83年8月2日（83）法檢字第16531號函釋說明二，法務部公報第171期，頁73。

[56] 此處所稱化學變化，係原本應是私人居住之空間，卻因為人數的多寡、事件的發展，回頭看原本空間的定義（私人居住之空間）會轉化成公眾得出入之場所，而得以實施臨檢勤務之謂；再以新型態的犯罪手法，以租賃方式租用整層樓供自己居住，同時在網路上號召舉辦Home party，會不會因為「人數的多寡、嗑藥事件的發展」，對原本已經定義為私人居住空間產生化學變化變成公眾得出入之場所之謂！如果空間在法律上可能因使用原因不同而不具意義，那是否制定此法文的條件應該需要被更動？而不該將此法文限定在公共場所、合法進入之場所中，乃應針對行使職權時的「人」與「事」的條件上，否則，原本限定的空間均為因「人」與「事」的條件影響產生不同的潤飾、定義，但這樣脫鉤觀察的論證應該會引發一番討論。

[57] 內政部警政署撰寫之警察職權行使法問答集，第二十問：何謂公眾得出入之場所？
答以：所謂「公眾得出入之場所」，係指不特定人得隨時出入之場所。例如下列營業場所（指壓按摩中心、觀光理髮廳、舞廳、酒家、酒廊、酒吧、三溫暖、旅館、KTV、MTV、觀光飯店、咖啡茶室、電動玩具業、遊藝場、戲劇院、夜總會、電影院等），即為公眾得出入之場所；資料來源：http:// w1.ccpb. gov.tw/data/home_data/Q&A/警察職權行使法問答集.doc，瀏覽日期：2014年4月15日。

場所或公眾得入之場所[58]。以上揭說明來區別，公共場所與公眾得出入之場所最大不同在於：原則上公共場所並無封閉空間的型態且具公共性、無排他性，而公眾得出入之場所外觀上可能有一個封閉型態，只是在不特定多數人進入該場所（或營業場所）時，原則上有一個以上特定目的之進入行為，例如：進入舞廳除有醉翁之意不在酒的弦外之音目的外，進入該場所的目的就是要跳舞吧！則該場所即為供不特定多數人為活動的場所，原則上未具排他性的使用，現行實務運作認定為已發生危害或依客觀合理判斷易生危害之場所，自得進入實施臨檢勤務[59]。

　　上揭說明了公共場所、合法進入之場所及公眾得出入之場所皆可臨檢，只是要件不一，實務運作出現困難的地方在：公共場所、公眾得出入之場所皆得自行判斷是否臨檢，合法進入之場所需另覓合法事由之前提下，在現行司法實務見解認為，臨檢空間條件之審查並非繫於**不變之物理空間**，而係**存在於不變物理空間的「人」與「事」**，一個浮動的概念增加了判斷之困難。再者，以合法進入之場所與公眾得出入之場所作為比較，該二場所會因加入「人」與「事」條件的不同，從私人空間轉化為公眾得出入之場所，前者未有合法進入之事由不得實施臨檢，而後者卻可實施之結論，亦增加判斷上的困難！更何況，現場猶豫或錯誤相當容易觸法，導致了裹足不前的窘境，錯失合法取得證據的先機。或許，在立法論上可直接明定，讓執勤人員或機關能夠放心的執法、合法實施臨檢勤務。

　　相對於我國之其他國家對於公眾得出入之場所則有明文規定[60]，與我國相近的日本，於日本警察官職務執行法第6條第2項明確授權警察得進入營業場所（或稱公眾得出入之場所）之規定；德國各邦統一警察法標準草案亦有相同概念[61]。至美國對公眾得出入之場所的思考，著重在檢查後

---

[58] 內政部警政署撰寫的警察職權行使法問答集，資料來源：http:// w1.ccpb.gov.tw/data/home_data/Q&A/警察職權行使法問答集.doc，瀏覽日期：2014年4月15日；法務部民國83年8月2日（83）法檢字第16531號函釋說明二，法務部公報第171期，頁73。

[59] 不同見解認為第6條第1項在法文結構上並無公眾得出入之場所文字，嚴守文義之解釋下，應解為公眾得出入之場所俟法明文後方得實施為妥；洪文玲，論警察對於營業場所之檢查權，警大法學論集第6期，2001年8月，頁107-140。自另一角度出發探討，某程度而言，實施臨檢作為在營業場所的「行政慣例（因法未明文）」，外觀上是否會呈現有習慣法的性質，成為合法得以實施臨檢的場所？不無討論的空間。

[60] 蔡庭榕、簡建章、李錫棟、許義寶合著，警察職權行使法逐條釋論，2005年2月，頁135。

[61] 李震山，從釋字535號解釋談警察臨檢的法制與實務研討會（發言紀錄），台灣本土法學雜誌第33期，

發現違法及預先進行規範[62]的作為，對檢查人或公眾有利為條件下，權衡政府與人民間利益為考量！美國聯邦最高法院在Donovan v. Dewey一案[63]後，容許並建立了無令狀進入營業場所檢查三要件：1.受檢行業係為嚴密規範的行業[64]；2.合法的檢查對政府有明顯利益、有明確規範限制檢查人員的裁量權及無令狀檢查係有效貫徹法令的必要方式；3.雖然拒絕檢查有刑事處罰，但不得實施強制力進入。依據上開說明各國對於公眾得出入或營業之場所規範明確，除大陸法系以法律明文規定外，在英美法系的思考聯邦最高法院亦創設了無令狀檢查的例外要件，上開各國均使得警察在公眾得出入之場所進行臨檢勤務時，有著更明確的指示[65]，似乎亦值得我國傚仿作為借鏡。

(四) 行經指定公共場所、路段及管制站

警職法第6條第1項第6款亦係空間之概念，司法實務見解[66]認為該款得作為全面攔檢之依據，較為不同之處係該款並非發動攔查要件的審查，是路檢點設置之明文，空間指「公共場所、路段及管制站[67]」而言。

此款既為決定該公共場所、路段及管制站[68]之設置，干預措施影響較大，理應由一定層級長官始得指定，本法同條第2項即明定由「警察機關主管長官」指定之，同法第2條第3項其長官係指地區警察分局長或其相

2002年4月，頁111。

62　王兆鵬，臨檢與行政搜索，月旦法學雜誌第85期，2002年6月，頁159。

63　Donovan v. Dewey 452 U.S 594 (1981)。

64　王兆鵬，從釋字535號解釋談警察臨檢的法制與實務研討會（發言紀錄），台灣本土法學雜誌第33期，2002年4月，頁108。

65　內政部警政署所撰寫之警察職權行使法問答集，第二十七問：特定營業場所未經指定，可否進入臨檢及盤查人民身分？
　　答以：警察進入特定營業場所必須符合正當性及目的性，亦即只要依法（刑事訴訟法、行政執行法、社會秩序維護法等相關法律規定）進入，或獲悉該場所已發生危害或依客觀合理判斷易生危害之情況下，即可進入，並對符合警察職權行使法第6條第1項第1款至第5款之人實施身分查證，毋庸經過指定之程序。至於特定營業場所，亦屬公眾得出入之場所，警察執行巡邏勤務，基於防止危害之目的，即可進入作一般「任意性」（非強制性）檢視，惟未發現不法情事，即不得對在場民眾逕為盤查身分及任意妨礙其營業；資料來源：http:// w1.ccpb.gov.tw/data/home_data/Q&A/警察職權行使法問答集.doc，瀏覽日期：2014年4月15日。

66　例如：臺北地方法院102年交字第169號行政訴訟判決等。

67　有關公共場所、路段及管制站之指定，係由警察分局長或其相當職務以上長官依據轄區全般治安狀況、過去犯罪紀錄、經常發生刑案之地點及「治安斑點圖」等綜合研判分析所得。例如某地區發生刑案或重大治安事故，其相關人犯逃逸必經之路線、關口等；資料來源：http:// w1.ccpb.gov.tw/data/home_data/Q&A/警察職權行使法問答集.doc，瀏覽日期：2014年4月15日。

68　所謂管制站，係指臨時設置者而言，此措施為一種封鎖，可在此攔停人、車，並於特定目的及範圍內，依法檢視該人及其所攜帶之物品或其使用之交通工具；內政部警政署頒行，警察職權行使法逐條釋義，2003年8月，頁25。

當職務以上長官[69]，設置前提須為「防止犯罪，或處理重大公共安全或社會秩序事件」，並非漫無目的！本文認為前開說明乃對在公共場所、路段及管制站作為**設置**全面性攔檢之依據，倘在上述路段、管制站等實施個別攔停時，仍須具備合理性要素而不得隨機攔查，始為合法[70]。

二、維護交通秩序之空間

警職法第8條第1項對於「已發生危害或依客觀合理判斷易生危害」之交通工具，作為交通（含酒駕）臨檢之授權，該要件建立在維護公眾通行秩序之目的上，與同法第6條第1項第6款及第2項基於預防危害為目的不同，先予說明[71]。再者，該條雖未載明空間要素，惟自內容觀之實已蘊含著該要素乃屬當然。是以，「已發生危害或依客觀合理判斷易生危害之交通工具」會出現在何處？想當然爾，**在具有公共性、無排他性之道路**[72]。

然而，基於維護交通秩序目的而攔查的交通工具常有拒絕受檢逃逸，執行人員在後追逐而屢生爭議，尤其發生在可能追逐至受檢人的家宅範圍[73]，如：公寓大廈的地下停車場、私人平面車庫等，如何解釋第8條第1

---

[69] 按警察職權行使法所稱警察機關主管長官，依據該法第2條第3項規定，係指「地區警察分局長或其相當職務以上長官」。由於警察行使職權，諸如臨檢場所、路段及管制站之指定等，均涉及人民自由權利，必須由地區警察分局長或其相當職務以上長官之核准，方可實施，而所謂「其相當職務以上長官」，必須兼顧警察機關組織特性及其實際勤務運作之指揮監督層級，並非以職務等階、升遷序列為唯一衡量基準。是以，如在機關組織及實際勤務運作之指揮監督層級上，與地區警察分局長相當層級以上者，即屬「其相當職務以上長官」。

福建省金門縣、連江縣係屬偏遠離島地區，其警察局之組織，基於轄區特性及人口結構等因素，並無分局之設置；惟該二警察局所屬警察所所長，不論是組織層級（同屬一級單位主管）或實際勤務運作之指揮監督層級，均與台灣省各縣市警察局所屬分局長相當。職是之故，上述警察所所長該當前揭規定所指，與地區警察分局長相當職務之長官。

資料來源：http:// w1.ccpb.gov.tw/data/home_data/Q&A/警察職權行使法問答集.doc，瀏覽日期：2014年4月15日。

[70] 李建良，公法類實務導讀【交通裁決事件系列（九）】，台灣法學雜誌第262期，2014年12月15日，頁136。

[71] 蔡庭榕、簡建章、李錫棟、許義寶合著，警察職權行使法逐條釋論，2005年2月，頁141。

[72] 延伸閱讀：蔡庭榕，論警察攔檢之法規範—以美國警察對行人及汽車攔檢為例，中央警察大學法學論集第6期，2001年8月，頁177。

[73] 臺灣新北地方法院104年度交字第2號行政訴訟判決。

理由節錄：

(1)按憲法第10條所規定人民有居住之自由，旨在保障人民享有一靜態上之生活空間自由，亦即在自己所設定之住居所內擁有一寧靜之空間上條件，不受國家公權力之不法騷擾與入侵，以不受干擾地實現自我，並自由發展其人格，而對此人民自由權利之限制，應依憲法第23條規定，以法律定之且不得逾越必要之程度（司法院大法官釋字第443號解釋意旨參照）。又憲法第10條意義下之「居住」範圍，並不以起居室、臥室、廁所等傳統居住空間為限，從本條之保護目的以觀，即使是地下室（包括地下停車場）、車庫、露台、前後庭院等屬於住宅（包括公寓大廈）之一部分，以作為增進或提升住宅用途

項隱藏在條文規範中道路[74]的概念厥為重點？例如：某甲駕駛自小客在路口闖紅燈，警察A見狀即加速上前欲攔檢該自小客，某甲拒絕攔查逃逸，警察A在後追逐至某甲居住大廈的地下停車場始受攔停，此時，警察A所站立的位置似乎已經不是「公共場所的道路」上，而是涵蓋在私人居住空間的領域內[75]，本條「警察對於已發生危害或依客觀合理判斷易生危害之交通工具，得予以攔停……」職權卻在私人領域空間內實施，應該如何解釋的問題！是否仍依「事實」來影響對於空間判斷、定義的條件，抑或職

與價值而與住宅有密不可分關係之輔助性空間，均應認為亦包含在住居所之範圍內，以保障個人隱私與實現人格之自由發展。

(2)次按公權力踐行正當法律程序，係追求「程序正義」之必然，其與「良善目的不能當然證立手段正當」之理念是一體之兩面，自司法院大法官於釋字第384號解釋藉由憲法第8條所規定「依法定程序」而建構「身體自由」保障之「正當法律程序」以來，大法官於釋憲時使用「正當法律程序」檢驗法令合憲性之頻率越來越高，除人身自由外，亦及於訴訟權（釋字第396、418、574、582、591、610、636、653、654、663、667、681、704號）、軍事審判程序（第436號）、財產權（釋字第409、709號）、工作權（第426、491號）、居住自由（釋字第709號）等，甚至有將之一般化為「程序基本權」之趨勢（參見釋字第488號解釋），則大法官將「正當法律程序」評價或定位為憲法原則，作為國家公權力行使之拘束之意甚明，警察負有道路交通管理之稽查職責（道交處罰條例第7條第1項規定參照），其所為之舉發為處罰機關（參見道交處罰條例第8條）裁罰之依據，亦屬於公權力行使之行政行為，是舉發程序自應受到正當法律程序原則之拘束。
又按為規範警察依法行使職權，以保障人民權益，維持公共秩序，保護社會安全而制定之警察職權行使法，就警察職權之行使設有諸多程序性規定，除於總則章中揭示警察行使職權時應出示證件表明身分「警察行使職權時，應著制服或出示證件表明身分，並應告知事由」外（見該法第4條第1項規定），並分就「身分查證及資料蒐集」、「即時強制」予以專章規範警察職權之行使程序。依該法第8條第1項規定：「警察對於已發生危害或依客觀合理判斷易生危害之交通工具，得予以攔停並採行下列措施：一、要求駕駛人或乘客出示相關證件或查證其身分。二、檢查引擎、車身號碼或其他足資識別之特徵。三、要求駕駛人接受酒精濃度測試之檢定。」可見警察必須是因為「已發生危害之交通工具」或「依客觀合理判斷易生危害之交通工具」，才得予以攔停，並要求駕駛人接受酒精濃度測試之檢定。又依警察職權行使法第26條規定：「警察因人民之生命、身體、財產有迫切之危害，非進入不能救護時，得進入住宅、建築物或其他處所。」已明確規定警察進入住宅行使職權時，應僅限於「因人民之生命、身體、財產有迫切之危害，非進入不能救護」之例外情形，始得為之，雖然該規定係列於「即時強制」章內，而非規定在「身分查證及資料蒐集」章中（第8條即規定於此章中），惟參酌司法院大法官釋字第535號解釋意旨：「臨檢實施之手段：檢查、路檢或盤查等不問其名稱為何，均應對人或物之查驗、干預，影響人民行動自由、財產權及隱私權等甚鉅。『人民之有犯罪嫌疑而須以搜索為蒐集犯罪證據之手段者，依法尚須經該管法院審核為原則』（參照刑事訴訟法第128條、第128條之1），其僅維持公共秩序、防止危害發生為目的之臨檢，立法者當無授權警察人員得任意實施之本意。」可見警察「檢查、路檢、取締或盤查」等職權之行使應依法定程序執行，非有法律明文授權，不得僅因為達稽查取締交通違規之目的，據為進入民宅之正當理由，且基於犯罪偵查目的而有必要進入民宅搜尋被告、犯罪嫌疑人或應扣押之物之「搜索」，尚且原則上應取得法官所核發之搜索票，方得為之（此即所謂「令狀原則」），則舉重以明輕，當不得僅因為達「維持公共秩序，保護社會安全」（見前揭警察職權行使法之立法目的）此一抽象空泛且客觀上未見有何急迫情形之目的，而認警察得以進入民宅「檢查、取締或盤查」，進行實質意義之搜索行為。

[74] 此處應觀察實體法上道路交通管理處罰條例的規定，原則上基於維護交通目的的執法手段，原則上應建立在該法第3條第1項第1款的道路上，於此對該執法手段之程序法方有職法第8條介入的空間，倘非為此解釋，立法者的限制將會使警察的職權無限擴張，更何況，實施臨檢勤務之公共性將蕩然無存。

[75] 同樣問題也會發生在基於治安目的所為的臨檢勤務發動攔查，而行為人逃至家宅延伸成私人居住空間領域內之疑問。

權要件依據「人」與「事」爲條件介入後對於空間不再具有一定的意義？此項問題在實務界其實相當常見[76]。

　　本文認爲現行判斷物理空間之概念，既然會隨著「人」與「事」之條件產生不同解釋，是否會產生「已發生危害或依客觀合理判斷易生危害之交通工具」無論出現在何處空間是不重要的結論？相信大多的答案應是否定的！既然如此，拒絕攔查逃逸的行爲人雖已至家宅的延伸處所後始接受攔停，在處罰或裁罰乃對過去的行爲加以懲罰情形下[77]，執法似乎沒有疑義，但行爲人定會爭執已進入家宅範圍，警察依法不得臨檢爲抗辯，此際，再探討交通工具的「機動性」及「較少隱私期待」的考量[78]，相對於空間概念似乎顯得不再重要。

第二款　其他要素

　　有關法條中其他要素之審查亦相當重要，以下要素實際上是一種不確定法律概念，執行人員有判斷餘地，惟有恣意、擅斷情形時，事後司法審查直接得加以介入審查是否違法。是以，警職法中規定的「合理懷疑」、「相當理由」、「有事實足認」、「客觀上合理判斷易生危害」等發動門檻的程度概念，即有加以討論之必要。筆者依據溫度爲工具比擬上揭要素，使溫度影響一定感知的程度時，協助讀者想像及具體化其數據標準。

壹、合理懷疑

　　警職法第6條第1項第1款以「合理懷疑」作爲臨檢的不確定法律概念，何謂合理懷疑？乃基於自己觀察、民眾舉報、他單位轉報或行爲人自首之情形，且必須有客觀之事實作爲判斷基礎，依據現場事實輔以專業經驗判斷，作成不違背經驗法則的合理推論或推理，而非單純的臆測，得以初步地執行臨檢，以溫度感知描述合理懷疑的計量，約是比體溫稍低的

---

[76] 此處提出的案例，乃筆者執勤支援其他警網時常發生的眞實狀況，卻在閱覽多數的教科書、法院見解中鮮少著墨、描述的地方；延伸閱讀：蔡庭榕、簡建章、李錫棟、許義寶合著，警察職權行使法逐條釋論，2005年2月，頁196-225。

[77] 與行政執行法上第28條第1項第2款的間接強制之怠金不同，怠金係爲了對將來不履行其義務所爲課予作爲的其中一種方法，前提是無法代履行。

[78] Carroll v. 267 U.S. 132 (1925), Chambers v. Maroney 399 U.S. 42 (1970), Coolidge v. New Hampshire 403 v. 433 (1971)。

30℃左右[79]。

內政部警政署[80]對於此項不確定法律概念的實際情形有著四種例示[81]的判斷標準[82]：1.情報判斷之合理懷疑。2.由現場觀察之合理懷疑。3.由環境與其他狀況綜合研判之合理懷疑。4.由可疑行為判斷之合理懷疑。

筆者認為，合理懷疑的感知及描述需有著相當經驗來輔助，得藉由客觀情境及主觀判斷作為形塑該要素之內涵。客觀的情狀描述諸如：

1. 每個派出所內均會製作治安斑點圖，針對轄內易犯罪地點、處所、時段、實施手段做成數據量表，該量表有一定的指標功能，亦能得知危害防止方向應往何去，建構合理懷疑的**客觀數據**。

2. 以轄區內治安顧慮人口居住周遭為中心，得以附近繞行方式，建

---

[79] 為何約略在溫度感知30℃左右的感覺描述合乎「合理懷疑」？筆者曾在冬天做過實驗，低於0℃以下的冰塊，確實讓人感覺到寒冷，將水溫度提升到有感覺的適溫時，置放在手中開始有著逐漸傳遞熱能的功效約略為30℃！既然，立法者將合理懷疑的判斷餘地交由執法人員，亦需該人員「開始有感覺」才是，以人體感官官描述法律規範，相信應該會更貼近肯進入校園學生的思維，亦更有可能想像。

[80] 吳宗順主編，警察職權行使法逐條釋義，內政部警政署常訓教材，2004年7月，頁23。

[81] 實際的具體文字描述如下：吳宗順主編，警察職權行使法逐條釋義，內政部警政署常訓教材，2004年7月，頁23。

一、情報判斷之合理懷疑：例如警察由曾經提供情報的線民口中得知，某人於假釋期間仍隨身攜帶武器且車上藏匿毒品，因而對其實施攔車盤查。

二、由現場觀察之合理懷疑：例如警察深夜於曾經發生縱火地區巡邏，發現某人手持打火機並提著一桶汽油，在騎樓下逗留徘徊，而懷疑其可能從事縱火犯罪。

三、由環境與其他狀況綜合研判之合理懷疑：例如警察於濱海公路執行夜間巡邏，發現某車內滿座有特殊口音之乘客，其駕駛人見警巡邏有企圖逃避或不正常之駕駛行為，且該車輛顯現超載或車內有人企圖藏匿；又當時濱海地區的海象狀況正適合船隻接駁靠岸，因而懷疑該車內可能載有大陸偷渡人民。

四、由可疑行為判斷之合理懷疑：例如警察於深夜時段，在一個高犯罪區域的街道上，發現某人所離開之公寓，是曾多次藏匿武器或毒品罪之犯罪處所，且該某看到警察時，立刻將小紙袋藏入衣內，神色慌張，迅速走避，而懷疑該某有藏匿毒品的嫌疑。

[82] 實際的具體文字描述如下：吳宗順主編，警察職權行使法逐條釋義，內政部警政署常訓教材，2004年7月，頁27。

以美國為例，有關警察權之發動，區分以下四個層次：

第一種層次：為「純屬臆測」（mere suspicion）：只能做背景調查。

第二種層次：為「合理的懷疑」（reasonable suspicion）：合理的懷疑最典型的警察作為，就是盤查，其證據強度約為30%以上。美國判例一直尊重必須要把警察本身「專業知識與多年經驗」列入考量，因此，「合理的懷疑」有下列原則參考：

一、警察本人之觀察（police observation）。

二、剛發生之犯罪現場附近（location near scene of recent crime）。

三、線民（informant）提供之情報。

四、警方通報（police channel）。

五、計畫性掃蕩犯罪（a plan）。

第三種層次：為「相當理由」（probable cause）：在美國有probable cause，此時可以逮捕、搜索或監聽（包括令狀與無令狀）、羈押及提起公訴，都是同一個層次，其證據強度約45%以上。

第四種層次：為「無任何合理之疑問」（beyond the reasonable doubt），與「有事實足認」相當：可為有罪判決，其證據強度必須超過80%以上。

構合理懷疑的**客觀情境**。

3. 常於轄內出現的素行犯，臨檢後得將照片（內含人員、使用交通工具等），公布於勤務處所內為加強盤查對象，作為合理懷疑的**客觀資訊**。

4. 已發生刑案調閱錄影監視畫面時，對涉有重嫌之人員、交通工具等查緝標的，作為合理懷疑的**客觀證據資料**。

5. 對一定的犯罪消息來源[83]，篩漏並查證後，作為合理懷疑的**客觀情資**。

上開說明係藉由客觀上獲得資訊作為形塑該要素之事例，並非具體個案的絕對標準，該**數據、情境、資訊、證據資料及情資**得以之涵攝客觀判斷標準之例示。

主觀的經驗判斷諸如：

1. 執行勤務中使用交通工具時，對其他同向、對向車道交通工具之駕駛人，以視覺掃描感知是否有人關注著自己[84]，加以形塑合理懷疑的**主觀經驗**。

2. 藉查獲案件累積的經驗價值及能量，藉以形塑合理懷疑的**主觀閱歷**。

3. 依執勤的年資、調動次數、承辦業務等歷練，說明是否怪異的思考邏輯上，形塑合理懷疑的**主觀資歷**。

4. 先行建構常人的行為態樣，作為判斷非常人行為之經驗法則，作

83　曾執行臨檢勤務時攔查到治安顧慮人口甲，藉由詢問過程中得知另一名治安顧慮人口乙現所使用的交通工具及車號，獲得此資訊後，每於勤務時間內繞行轄區，即關注情資中顯示的車號。某日夜間，筆者於巡邏時發現該車號出現在轄內即開始追逐並攔查，該男子張○忠（張男因注射過量海洛因已逝）見警攔查即加速逃逸，行至壅塞號誌路口始停車受檢，當場查獲張男主動交付乙包第一級毒品海洛因，淨重1.5公克，上開事實即為適例。

84　人類養成一定的職業習慣後，對於各項行為態樣會有一定的感知及敏銳（俗稱第六感），在科學實驗中發現如果某人目不轉睛的盯著自己，自己一定會有感覺！養成一定的職業敏銳力後，無論在前方或後方的關注眼神，自己會感覺到有人在觀看！某日，筆者執行巡邏勤務，經過某路口時突然感覺到來向車道上某輛機車駕駛人眼神正在觀看，筆者不動聲色以後視鏡看著已駛離的該機車，感覺該駕駛人為何沒事在騎車時要看著警察？而且眼神並非輕蔑！筆者找到路口可以迴轉，馬上追上去攔查，攔停後看見該女子神情怪異，一查詢前案紀錄有多項素行資料（販毒），筆者故意移動，該女子身體亦跟著移動，使筆者越發懷疑！便故意撥弄該女子安全帽內的鴨舌帽，撥弄時帽子掉落，筆者感覺到絕非鴨舌帽原本的重量（帽內有東西藏匿），筆者好心撿拾帽子時，該女子神情越來越緊張，筆者問：帽子裡有什麼東西，為什麼這麼重？女子不發一語，筆者問：我可以看一下帽子嗎？女子未置可否，筆者一摸帽沿旁突出一大塊的空間一看，30多包以塑膠袋疑裝有毒品的分裝袋，經女子同意後拿出共有10多包的安非他命、約20多包的海洛因。

為合理懷疑的**主觀平台**。

　　5.認真體驗[85]周遭環境的些微變化，在季節交替、溫度差異、烈日風雨、特別歧異日等條件[86]觀察，建構合理懷疑的**主觀統計依據**。

　　上揭說明是形塑條文中「合理懷疑」之客觀、主觀面向，係以實際從事基層實務工作15年經驗整理而成，主要提供概略的描述當非絕對依循之標準。當然，有些經驗只能意會無法言傳！但實際從事實務工作久了，理論上應該會培養出對客觀環境的觀察力、敏銳力、感受力，自見微知著的道理中，善用警察的感官能力，能夠更具合法、清晰的表達，符合真正的依法行政[87]。

貳、相當理由

　　相當理由相較於合理懷疑是程度上之不同，該詞彙是出現在大法官第535號解釋及刑事訴訟法中，並非出現在立法後的警職法！這個名詞補充著當代法規範不足的窘境。然而，學說認為「相當理由」實際已達到發動相關強制處分職權的程度，以溫度感知來表達溫度數據，約略上升至碰觸約2-3秒鐘即感到灼熱，此種感知反推表示溫度，大概是50℃左右[88]，一般人既感到灼熱，大多縮手不再碰觸，此際，描述「相當理由」要件即如同多數人感知溫度即縮手的灼熱程度。

　　相當理由的抽象程度，實已達發動強制處分[89]，於大法官第535號解釋文中之「對人實施之臨檢須以有**相當理由**足認其行為已構成或即將發

---

[85] 某日夜間23時5分許，筆者與同事二人執行防搶勤務，站立於派出所門外閉上眼睛感受外在的環境，二人不約而同地說：外面不平靜，今晚有狀況，等一下攔出租車（當時出租車輛仍以雙同英文字母為號牌辨識，如：AA、BB等）！隨即駕車執勤，在轄內繞行許久未見出租車輛，準備返回所內執行其他勤務再繞行最後一次時，於夜深人靜的河堤道路上遇到此班勤務的第一輛出租車，旋即下車攔停，當場查獲車內三人持有及吸食第二級毒品安非他命；通知出租車行領回車輛時亦發現承租人係以變造證件租用，當場又多了行使偽造文書罪。
[86] 經過筆者自身的統計發現，在季節變換等上揭條件出現時，會發現許多案件類型均極相似，例如：擔服夜間勤務的當日，如果發生酒醉（精神病患）鬧事的類型，大概整個晚上都在處理酒醉（精神病患）類型的事件！較為資深的人員大多有此同感。
[87] 延伸閱讀：陳瑞仁，如何由法制面提升警察之辦案品質，月旦法學雜誌第56期，2001年1月，頁51-53；林俊義，臨檢與搜索，月旦法學雜誌第81期，2002年2月，頁18-19。
[88] 這個得到溫度的概念其實很簡單，當有人衝進你家時，心頭為之一震，馬上感知灼熱，內心開始不安大約就是這個溫度。
[89] 參照刑事訴訟法第122條第2項、第131條第2項等法文；蔡庭榕、簡建章、李錫棟、許義寶合著，警察職權行使法逐條釋論，2005年2月，頁118。

生危害者爲限」說明著，惟立法者並未採納[90]將之成文，內政部警政署刊行之常訓教材中亦指明[91]，該抽象規範乃發動相關強制處分職權的判別標準，尚**無須證明罪證確鑿**，與法院作成有罪判決的確信程度有別。基此，警職法與刑事訴訟法之法文用語應盡量區隔，避免使執行人員執法時屢生齟齬。

參、有事實足認

此要素與合理懷疑雖款次不同，惟置放同條文中可見，「有事實足認」本質上仍介於「合理懷疑」與「相當理由（強制處分）」之間，其程度相當接近發動強制處分的要件，以溫度的感知來說應介於30至不足50℃的範圍，但仍接近50℃方向。然內政部警政署[92]解釋該要件之適用，爲無任何合理之疑問（beyond the reasonable doubt）相當：可爲有罪判決，其證據強度必須超過80%以上？本文認爲，倘該要件解釋爲：「有罪判決之證據強度須超過80%以上時」，則執法要件已**僭越**了**司法權限**，甚而取代法院爲犯罪判斷，在程度上似乎產生嚴重扞格，如此解釋實不允當，白話地說：**竟然已到司法判決的心證才能發動身分查證職權之門檻，警察應該永遠用不到這樣的條款**；當然，嚴格解釋當爲民眾福祉，惟署頒刊行過高標準實際上不利執法，亦不符法規範之目的，尤其在涉訟程序以之抗辯時，警察將處於極不利狀態。再者，立法者於同條款中預設「合理懷疑」及「有事實足認」二個抽象要素，心證程度應相距不遠，與發動強制處分之要件相較，署所定義之標準[93]似乎已經**逾越**本質上的差異。依

90　此處，立法者若採納大法官在解釋文中的文字，作爲警職法中之法文時，或許會使警職法與刑事訴訟法的分野更加不明，將造成執行人員判斷上的困難。

91　吳宗順主編，警察職權行使法逐條釋義，內政部警政署常訓教材，2004年7月，頁27。

92　吳宗順主編，警察職權行使法逐條釋義，內政部警政署常訓教材，2004年7月，頁27；民國99年臺北市政府警察局行政科亦採用以署頒刊物爲標準之見解。

93　本文認爲，署頒刊行中對於「有事實足認」有二個看法如下：
　　一、第四層次：爲「無任何合理之疑問」（beyond the reasonable doubt），與「有事實足認」相當：可爲有罪判決，其證據強度必須超過80%以上。
　　二、警察職權行使法所稱「有事實足認」，係指需有事實存在足認爲，有理由採取各該警察措施；亦即必須依客觀可證明之事實有理由認爲，而非僅憑主觀之臆測而認爲。換言之，除了警察觀察與專業判斷外，必須有具體事實之呈現予以佐證。例如：警察臨檢營業場所，發現某PUB經常聚集不明人士，有從事販賣毒品之可疑，而於現場地面查獲丟棄之針筒或藥丸等，則該場所同桌之人，應屬警察職權行使法第6條第1項第2款所稱「有事實足認」對於犯罪「知情者」。
　　上開二種說法均對「有事實足認」之要素爲闡述，描述分別的適例時即產生程度上的差異，第一種說法將該要素框架在有罪判決，第二種說法則將該要素比擬在有相當理由（等同可發動強制處分），對同一

此，該要件適用情形應在「一般具體嫌疑或該概念範圍內存有嫌疑狀況」而言，似乎誤解了「有事實足認」此要素。

是以，警察人員執行危害防止及犯行追緝之臨檢職權時，符合相關條文「有事實足認」之門檻，本質上應可區分為二，以**情事是否真實地發生為條件**[94]！在情事已發生尚未確認前，存有一嫌疑狀況，得發動臨檢；對於已確信實際發生，不待事件是否有後續，亦得發動，方為立法者賦予之真正目的，非謂達有罪判決之證據強度超過80%以上，始為合理、合法之解釋。

肆、客觀上合理判斷易生危害

警職法第8條第1項規定以「客觀合理判斷易生危害」為要素，實務工作者究竟如何具體描述該要素之程度，得自立法目的衡量、推敲出其心證之標準[95]。本條專供交通違規稽查取締之規範，並非觸犯刑罰之程度，除有二以上攔查原因外，該要素應與合理懷疑之心證相當，亦與駕駛人是否有違反交通法規無涉，是以，此要素應等同於合理懷疑上下程度間，即溫度感知30℃左右之區間。

實務工作者應用「客觀上合理判斷易生危害」要素在攔停交通工具時，對酒後駕車進行稽查，通常需具備判斷下列「危害[96]」的幾項因素，作為心證累積「易生危害」之依據[97]：1.在易飲酒場所周遭繞行。2.布置人員（俗稱小蜜蜂）在易飲酒場所外觀看，若見酒客餐後前往駕駛交通工

個要素描述卻產生齟齬的結果，似乎會使執法人員有著不同標準，想必非立法者、人民所樂見。資料來源：http:// w1.ccpb.gov.tw/data/home_data/Q&A/警察職權行使法問答集.doc，瀏覽日期：2014年4月15日。

[94] 蔡庭榕、簡建章、李錫棟、許義寶合著，警察職權行使法逐條釋論，2005年2月，頁123-124。

[95] 參閱警察職權行使法問答集，問題四十四：何謂客觀合理判斷？答以：「係指警察行使職權時（以臨檢為例）需有『特殊且明顯之事實』，經合理的推論，認為該場所等已發生危害或易生危害，但其懷疑之程度以具有合理之懷疑為已足，即必須『根據客觀事實』加以判斷，不得恣意行之。其所指之客觀事實和狀況，因為社會環境錯綜複雜，欲對其逐一作明確規範，實有困難，必須從實施臨檢當時『從個案中加以審查』以確定所為之判斷是否合理、客觀。例如：接獲相關單位通報或民眾檢舉，知有通緝犯或犯罪嫌疑人駕駛車輛朝某方向逃逸，對其所可能經由之路段及利用之相同類型車輛，予以實施攔檢，即是基於客觀合理之判斷。」

[96] 以經驗來說：有素行紀錄的人，通常情形下比較容易違規，對法規範制約較一般人薄弱！因易違規，接續對交通違規罰緩繳納意願亦較低；交通部設有網路電子監理站查詢系統，筆者在實施跟監前均會上網查詢對象現所使用的交通工具為何？該站上可查詢到最近一筆使用的交通工具車號，通常實施跟監情形下，獲得的資訊會比較正確，跟監也不會跟錯人，於此附帶一提。

[97] 此處所討論係發動攔查的判斷，後續方有要求駕駛人接受酒精濃度測試之檢定，亦符合法規前置、後續之規範範圍為討論，亦即發動該款之程序職權前之法規要求，實務機關在實際執行時的判斷方法。

具，以無線電通報線上警網攔查。3.於施工地點觀看施工人員有否飲用威士比等含有酒精飲品。4.使用較爲破舊交通工具的藍領階級駕駛人員[98]。5.即將或已違規之駕駛人，特別觀察駕駛行爲是否有異。6.於特定易違規地點或特定績效評比項目之違規行爲作爲危害的判斷標準。

　　然學者[99]認定「危害」之交通工具與實務工作者判斷有著相當差距，氏者認爲應限縮在交通安全與秩序直接受到損害之威脅，且解爲包括具體危害，此具體危害係指現存狀況中，依實際發生之情形極有可能產生危害之虞。依此，如何能在理論與實務操作中具體化判斷「危害」之標準，實非屬易事！假設：警察機關訂定交通績效評比、警政署公開取締十五項重點違規、路權宣導等，是否得作爲「現存狀況中，依實際發生之情形產生有危害之虞」加以形塑**危害**一詞？尤其「易生危害」似乎更傾向綜合一般人主觀意識的經驗判斷，作爲發動攔停交通工具的推論，實爲難事。

第三款　法定措施

　　發動了符合要件的臨檢後，警職法第7條第1項各款、第8條第1項各款、第2項等有明文之法定措施，例如：基於預防危害目的之身分查證職權，有攔停、詢問、令其出示身分證明文件、帶返勤務處所、檢查身體及攜帶之物等；基於維護交通秩序爲目的的攔停後，有查證身分、檢查引擎號碼、酒精濃度檢測、檢查交通工具等法定措施，以下著重於攔停、身分查證、行政檢查、酒精濃度檢測等分別說明之。

壹、攔停

　　攔停（stop）係指將行進中之人、車、船及其他交通工具加以攔阻，使其停止行進，或使非行進中之人，停止其動作而言[100]。通常，實務工作者執行的攔停，大多僅聚焦在「將行進中之人、車、船及其他交通工具」

---

[98] 以生活習慣觀察（並無歧視，僅就事實、經驗描述），具有飲酒習性的駕駛人通常對於交通工具的選擇較爲妥協，或許是因爲把大部分的收入都拿去供應飲酒所須支付的開銷，所以，筆者在外實際執勤時，都會針對使用較爲破舊之交通工具的民眾多看幾眼，畢竟，生活在使用勞力工作賺取薪資的藍領階級民眾，生活習慣可能大多難與酒精分離，隔日取車亦嫌麻煩，則取締到酒後駕車的機率也高出許多。

[99] H. Scholler、B. scholler合著，李震山譯，德國警察與秩序法原理，1995年11月，頁71-78。

[100] 警察職權行使法案，立法院內政委員會編（122），法律案專輯第335輯，立法院公報處印行，2004年7月，頁384。

上，對於立法理由中之「使非行進中之人，停止其動作」則鮮少有此概念。迷有實例發生對通報KTV有人鬥毆之現場，數名男子驚慌失措見警即行迴避，現場警察竟不知自身有加以攔阻離去之法定措施[101]，顯然根本性地誤解，腦海中只存有攔停交通工具職權的印象，甚爲可惜。

　　建立攔停之概念[102]，在交通工具之面向，其方式需視地點而有所不同，例如：筆直的五線道道路上，如何攔停最內側車道之交通工具，即須具有實務經驗及科學概念始得不生危害！以筆者實際工作之經驗，多車道中內車道之攔停是屬於較高難度，除設有管制站或車道全面封鎖之外觀是較爲安全之情形外，單獨一警網實施攔停須視地點、車速、車流量等條件加以判斷。

　　通常情形在多車道中，一陣**連續性**的車流，絕對不允許警察穿入車流進入內車道進行攔停；**間歇性**的車流，或許在發生重大治安事件時得安排執行人員，站立於路中分隔島對內車道特定交通工具爲攔停[103]；**初現性**的車流，如欲執行內車道車輛攔停最好方式，是將所有車輛全部示意停止行進後，再實施內車道特定車輛之攔停，乃較爲妥適之方式。上開說明在實務上有其必要性，尤其實施攔截圍捕時，如出現特定圍捕的交通工具時，基於任職警察之人通常具有莫名的正義感、使命感，大多會想盡辦法穿梭車陣進入內車道進行攔停，如何安全且建立實際經驗傳承及合乎科學觀念之攔停，極爲重要。

　　[104]以地點、車速、車流量之條件作爲安全攔停方式約有下列數種：一、先予全部攔停後將交通工具特定的攔停[105]。二、特定交通工具的多人

<hr>

[101] 眞實案例發生在104年7月的實務機關（○○東路四段○櫃KTV），竟然不知道自己有攔停「人」的法定職權，眞正的原因竟是：怕被檢舉？

[102] 以下說明攔停的法律概念係以行政自由性爲前提，亦即法律並未明文規定如何攔停，則攔停措施有著一定的自由性，由實務工作者自行判斷、決定，當然！攔停亦受比例原則之拘束。

[103] 民國85年11月21日發生了全國震驚的兇殺案，即桃園縣長劉邦友血案，筆者當時正服務於桃園分局，是日上午6至8時正在外執行巡邏勤務，無線電通報需圍查歹徒所使用特定之交通工具，立即佈下天羅地網的所有警力在桃園市中山路、三民路、經國路、春日路等重要通往機場之路口攔檢，許多前輩爲了針對尋覓特定交通工具，即以步行方式進入中央分隔安全島上進行全面攔查，這或許是例外中之例外。

[104] 其他相關論述，詳參照陳俊宏、游志誠、陳良豪、葉佳冉、曾振偉等人合著，警察情境實務—勤務篇，臺灣警察專科學校，2013年8月初版，頁76-87。

[105] 全部攔停後，使行進之車輛全部爲停止狀態，因大多數人民聽警哨音及見攔停動作後均會減速至停止狀態，道路範圍係固定之條件下，除有其他巷術可供轉彎外，執行人員欲攔查特定的交通工具亦會在全體停止的車流中動彈不得，其他警力自可分向車流使特定車輛受攔停之指揮。

攔停[106]。三、縮減車道的攔停[107]。四、特定地點的攔停[108]。有了上述較爲安全且實際攔停之概念後，更能保障所有道路使用者及自己安全，進而符合比例原則的要求。

貳、身分查證

　　警職法之查證身分分爲二個部分，分別爲預防危害（第6條第1項）及維護交通秩序（第8條第1項第1款），以嚴格文義解釋發現，二種不同目的之法定措施實不盡相同，需先加以釐清後者並無法明文之措施，而前者另有規定，先予之區隔。以該法第7條第1項第2款、第3款爲例說明「任意性的詢問」、「帶有強制性質的令其出示」及顯然無法達到查證身分之目的得帶往勤務處所，與非遇抗拒不得實施強制力等措施加以說明。

　　該法規定任意性詢問之範圍，明文限於與身分有關之事項，如：姓名、出生年月日、出生地、國籍、住居所及身分證統一編號等資訊，對身分以外的詢問或調查，受檢人依法有拒絕或消極配合的權利[109]？實際執行詢問過程，理應自然地穿插日常問題來進行，過於制式化如同錄音跳針的詢問，似乎與人性間對談不相符合，但卻可能逾越了法規授權詢問之範圍，如何取捨甚難判斷。接續的問題是，詢問內容是否得擴張至「發動要件」的問題上？立法[110]制定過程曾對此有所討論，即：**應與盤查目的相符，其內容與查證身分有正當合理連結方得擴張**，若已達訊問本案[111]之程度，則非詢問之範圍。較有疑問是，同樣擴張詢問內容之想法，對應至第8條第1項第1款條文中，是否有辦法明顯界定爲合目的性之擴張詢

---

[106] 某些民眾會存著僥倖的心理，假裝未看見警察人員的攔查動作及哨音呼嘯而過，筆者對此類型民眾在執勤時會特別注意，通常與同行同事爲任務分配時，倘人員足夠會以二段式攔停方式爲之，筆者會站在第一位攔停人員後方約20公尺處，見該人員舉起手勢爲攔停動作時，即會往道路外跨配合前方第一位人員的動作，使駕駛人意欲巧飾未見第一位攔停動作時的第二階段攔停；通常駕駛人看見前方有二位警察準備攔停時，大多會在第一位就停止前進。

[107] 縮減車道的方式，亦係較爲安全的一種攔停方式，亦爲實務機關常使用的一種方式。

[108] 所謂特定地點的攔停，即係以須有停妥狀態外觀作爲攔停之地點，如：號誌前的攔停！現今社會上使用道路爲通行的駕駛人，大多會遵守號誌之指示，在紅燈亮起前的黃燈號誌，已經可以爲適當搜尋受攔查之對象，等到第一排屆至紅燈停止線的車流，等於把車流圍堵，當車流呈現停止狀態時，原則上其他交通工具的速率自然會減低，此際，發動攔停狀態乃屬於較爲安全之方式。

[109] 反面的解釋，詳參閱林明鏘，警察臨檢與國家責任，台灣本土法學雜誌，2003年7月，頁116。

[110] 李震山等，警察職務執行法草案之研究，內政部警政署委託，1999年6月，頁55。

[111] 此處所謂訊問本案：係指已有犯罪事實形成之案件，而被告亦係法定證據方法之一種情形下，倘實質被告地位已然形成，則本案內容在不自證己罪的射程範圍內，應有緘默之權利，從而排除在法定的詢問內容以外，另在本案以外有關人別的訊問，並未有緘默權之適用。

問？尤其在「是否有喝酒」這句話，是一種擴張詢問（行政調查－任意性詢問）？或是本案訊問？亦即「是否有喝酒」雖符合警職法第8條之目的，但同時可能符合自首要件成爲本案訊問之內容[112]，此時的詢問到底代表著行政調查，抑或是犯罪偵查？有無符合自首要件？是實務運作難解之處[113]，事實上似乎根本無法脫鉤觀察。

　　執行身分查證透過詢問仍無法知悉受檢人身分時，下一階段的法定職權即爲令出示身分證明文件（有強制性質）之措施，實務運作通常情形是：詢問未果，直接準備將受檢人帶往勤務處所查證；又或者未經履行該程序即將之帶往勤務處所，跳躍式執行的原因是實務工作者大多不知自身有此職權，或害怕被檢舉服務態度不佳。履行上揭二個層次措施後，仍顯然無法查證時，方得進行第三個層次「帶往勤務處所」，帶往措施執行時，非遇抗拒不得使用強制力。立法者依據執行不同階段，對應出不同的法定措施，此爲履行正當法律程序，實務工作者不可不知。

　　時任基層工作的筆者曾思考：「單純行使查證身分，究竟能查到些什麼[114]？」此職權對基層工作者究竟定位在何處？執法者面對不法行爲之判斷，主要是依據逐漸發現的客觀證據，來堆砌片段不法事實作爲認定，而取得證據與查證身分間其實是兩不相干，身分查證說穿了只是「取得證據」的手段！隱藏在背後的目的是透過身分查證加以實踐，只是讓違法主體：實務工作者更陷囹圄窘境矣，迂迴路徑隱藏著背後的目的，使小部分的身分查證過程留下法治汙點。但自另一方面說明，執行身分查證確實得觀察出許多不法行爲之徵候，過程中藉由逐漸發現的證物明朗了不法行爲，才有依法取得證據之職權（如扣留或扣押），但目的正當不代表手段可以不正當，實務運作爲何總藉著查證身分之名行取得證據之實？還有其他合法的方法？殊値警察深思之處。

---

[112] 例如：執行擴大臨檢中的路檢勤務，攔停某自小客車車輛後，請駕駛人搖下車窗並詢問：「先生不好意思，我們在執行酒測勤務，請問您有喝酒嗎？」駕駛人答：「有！」此時，詢問有無飲酒這句話其實已涉及本案的訊問，不是嗎？倘酒精測試超過法定0.25mg/l時，似乎亦符合自首的要件！

[113] 筆者必須替實務工作者說句實話：實務運作時不似學理探討得以切割片段，且大部分警察不喜歡違法之前提，臨檢過程是一個連續進程根本無法中斷（時間順向流動不會停）的自然事實，在一般人對話模式都會東扯西扯亂說一通的情形下，更加難以區分或區分無實益。

[114] 查證身分的範圍內，原則上頂多僅能查獲通緝犯、失蹤人口、治安顧慮人口而已。

參、行政檢查

實務工作者對行政檢查有著程度上之誤解，實際上根本不管搜索與檢查間的界線，時常逾越了執行檢查目的及法定措施，從事著實質的刑事搜索，此處有必要加以說明。執行檢查的客體有二：一為對人找物，另一對物找物之檢查，而檢查措施分別依警職法第7條第1項第4款、第8條第2項為授權依據，法定執行之目的均指向預防危害或維護受檢人、執行人員之安全所設，並無維護交通秩序目的之檢查，應先予釐清。

首要應先澄清「行政檢查」與「司法搜索」間究應如何區辨其界線[115]，尤其呈現在動態自然事實的行為中更加難以辨明，例如：執行臨檢時發現某甲有異常舉動，已自背包內拿出尖刀衝過去攻擊警察，警察將某甲壓制在地後開始摸著某甲全身上下是否還有攻擊武器。事實中「某甲拿起尖刀攻擊遭警察制服並尋覓身上是否有其他攻擊武器」之舉止，同時符合警職法第7條第1項第4款、第19條第1項及第3項、刑事訴訟法第88條第1項、第130條之規定，有關警職法部分應屬行政檢查無疑，而刑事訴訟法部分亦為司法搜索無誤，則法律評價究竟屬於行政檢查或司法搜索？況且，行政檢查或司法搜索之要件不盡相符，有可能同時符合、亦有可能分階段符合；在同時符合之際，有著適用法律有利、不利之疑問？同一行為的二個法律評價，二者發動要件、規範拘束、救濟方式及途徑皆不同而有著區分實益。

如何執行符合法規範對「人」找物的行政檢查措施[116]，亦為實務工作者不易區辨之處！擔任司法審查之法官[117]見解認為：所謂行政檢查即為拍搜（Frisk），**並非以手掌在衣服外部由上而下之拍搜，是以僅限手背方**

---

[115] 前揭註解有說明內政部警政署頒行之警察職權行使法逐條釋義有關檢查之界限為何（頁30-31），惟其認定之檢查界限乃係「執行人員外觀動作」而言，非本文所指自一自然事實中「法規範」之角度，不同之處應予區辨。

[116] 內政部警政署93年4月7日警署行字第0930062896號函說明如次：
一、警察職權行使法規定之「檢查」為警察基於行政權之作用，有別於「司法搜索」（刑事訴訟法參照）。因此，檢查時尚不得有侵入性「例如以手觸摸身體衣服內部或未得當事人同意逕行開啟汽車行李箱取出其所載運之物品」涉及搜索之行為。
二、警察職權行使法第8條第2項後段規定之「檢查」，依同條第1項第2款規定，得檢查交通工具之引擎、車身號碼或其他足資識別之特徵。此外，亦得以目視檢查車輛內部，或請當事人自行開啟行李箱進行目視檢查，並就其載運可疑物品之外部進行「拍搜檢查」（Frisk）。

[117] 施俊堯，臺灣高等法院刑事庭法官，2014年3月4、11、18、25日上午受邀於署辦全國師資班講授課程之論述。

式觸摸受檢查者可能攜帶危險物（含一切刀、槍等）之衣服外部方爲合法？本文認爲，執行檢查若以人類行爲模式及感知來說，手背的觸覺確實不如手掌，若解釋拍搜即係手背作爲觸碰，似乎與人類行爲模式相違背！再者，警職法並未就檢查爲明確規範，倘以手掌、手背作爲解釋法未明文之規定，則該解釋方法[118]之結論似乎已干預行政裁量權，似乎爲不當之解釋！誠然，若以保障人權作爲限縮解釋，司法見解並非姑妄言之，只是已經立於「攜帶足以自殺、自傷或傷害他人生命或身體之物」之緊急情狀時，與以手掌或手背作爲解釋檢查是否合法，似乎與事實及檢查目的悖離，亦未符合實際需求。

再者，另有對「物」找物的行政檢查措施，即對交通工具找出可能犯罪之物，執行檢查前提：是有事實足認其有犯罪之虞[119]，符合要件後得先行要求駕駛人主動配合，倘可能有危害或不聽從時得實施強制力[120]。而交通工具如何檢查？執行人員得先自駕駛人或乘客異常舉動**之處**作爲檢查的起始點，實務運作通常以**手電筒照射陰暗處**爲主要方式[121]。較有疑問是，

---

[118] 文義的解釋方法，必先探討在法律條文文字中是否有著漏洞存在？倘無漏洞存在的解釋方式僅有限縮解釋、當然解釋及反面解釋！此處的解釋方法，倘以手背來限縮解釋「檢查」此詞，似乎大大縮減了檢查的實質作用，即保護執行人員或他人的安全；詳參閱拙著，警察法規講義，臺灣警察專科學校101年第2學期，2013年3月18日。以下以圖表述之：

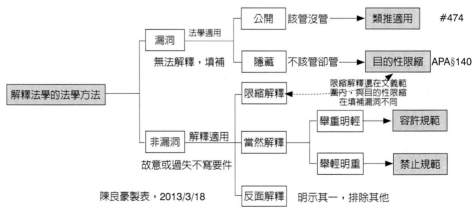

陳良豪製表，2013/3/18

[119] 前揭均有說明何謂「有事實足認」及巡邏勤務中闡明「犯罪」，於此不再贅述。
[120] 警職法第8條第2項：「警察因前項交通工具之駕駛人或乘客有異常舉動而合理懷疑其將有危害行爲時，得強制其離車；有事實足認其有犯罪之虞者，並得檢查其交通工具。」自整個條文觀察，前段爲「強制」離車，在標點符號之分號後的「並得檢查其交通工具」亦應爲強制，否則，整個條文前後會無法對照，易產生解釋上矛盾。
[121] 以手電筒照射交通工具陰暗處有數項優點（倘係日間亦有其功用）：一、不會留下任何跡證。二、得以發現藏匿之危險物。三、符合限縮解釋的檢查方式（拍搜）。

遇有需檢查密閉式置物盒之情形，通常勸誘[122]受檢人自行打開，惟事實上有一定程度之危害是來自法定要件之「異常舉動」，難保置物盒內置放刀、槍或其他危險物品，加以危害執行人員之安全，倘真選擇此種檢查方式，筆者大多會採取較大動作的警戒姿勢使受檢人明確知曉（強制），該姿勢亦壓制受檢人可能製造危害之動作，使之未敢任意攻擊。倘已發生危害或升高之攻擊行為，則先完全壓制後逕行檢查，又或實施附帶搜索，惟需注意執行附帶搜索前提係：**已受拘提或逮捕**後方得實施。

執行檢查措施後，尋獲之物[123]如何處置？其思考順序得以：一、並非定性「物」，因物須透過「人的行為」使物產生一定作用[124]！是以，應定位在「人的行為」與物之間連結加以法律評價。二、人與物結合之行為有否違反規範？倘涉及公法領域，通常先予扣留；反之，行為已升高觸犯行政罰、刑罰，則予以扣留或扣押，作為沒入或沒收之處分或宣告。

肆、酒精濃度檢測

施以酒精濃度檢測前，應先論及檢測之器材，該檢測器須經經濟部商檢局每年度實施覆檢合格後方得使用，未有合格覆檢證書之檢測器施以酒精濃度檢測，法律上有著重大瑕疵，事後無法補正，倘若依此作成處分，符合行政程序法第111條第7款所定其他具有重大明顯之瑕疵，而有自始無效之事由，實務工作者應注意勿使用尚未或未經覆檢合格之酒精濃度檢測器材。

實施酒精濃度檢測前，尚須履行確認駕駛人飲用酒類飲品或其他相似物已超過15分鐘以上，或未滿15分鐘並於現場等候酒精濃度測試已達15

---

[122] 如何勸誘？以人類習性而言，若密閉式空間並非置放危險物品，詢問駕駛人時，該人眼神、口吻及其他相關舉止，均會透露出「並非置放危險物品」的訊息，此際的勸誘，該人幾乎都會配合；倘半真置放危險物品時，該人的行為舉止大概會呈現龜縮、猶豫、口齒不清等情狀，此際已不適合使用此方式。

[123] 行政檢查的目的，不外乎保障執行人員的安全，但更重要地是欲達到安全前必須先將危險「物」檢查出。在邏輯的次序排列下，應先有「危險物」，而後方有「檢查」，獲得危險物後才有「安全」，因物加上人後，就會變得危險，意即危險物本身並不危險，加上人使用後的物，才是真危險。是以，檢查的真正標的應係「物」。

[124] 物，其實是靜態的，透過人的動態行為，才有可能使靜態的物，展現出具有動能的態樣，例如：一把刀放在桌上，沒有人動它之前，在物理空間中永遠不會改變刀係靜態的外觀，惟透過人類的舉止拿起「這把刀」時，拿起同時賦予刀的動能，刀有了動能後，行為人之行為會決定刀是否具有危險而將之定義為危險物！如果將行為人行為與刀分割觀察發現，靜態的刀置放於固定之處一點都不危險，它會變成危險物乃加上了人之行為才變得危險，而法律上定義的標的，會因所指涉之標的之不同，產生出不同之結論。

分鐘以上，始接受酒精檢測之簽認單據[125]，是否與不自證己罪範圍相互牴觸則不無疑義？該單據簽署之目的係為降低酒精濃度施測的可能干擾，是履行一個法定程序，受檢測人得自行決定是否簽署或施測的前提下，似乎與不自證己罪無涉。再者，倘未履行該程序作成處分，是否會因程序違法進一步形成得撤銷之原因，警察自身應先防免或修正執行中在事後爭訟時的程序問題，莫待司法實務形成一貫見解後再為調整。

　　操作檢測過程，常因受檢測人不諳器材施作、積極或消極不配合，造成現場檢測次數大於1的時候，應該如何看待「多次的檢測值」？由於進行檢測時，器材皆會自行編錄流水序號，在民國93年間內政部警政署就已函頒規定，每一流水序號之酒精濃度檢測單據均須黏貼列管，防止一事實多次檢測，避免選擇最有利於受檢測人之檢測值，作為移送法辦或作成處分之事實依據，有圖利之嫌而明定，最好的方法即在測試前對受檢測人說明：「吹氣就好像吹氣球一樣，只是慢慢吹！」並輔**以手掌握拳方式，將呼氣吹往手掌虎口處，發出與酒精濃度檢測幾近相同之聲音**，使受測人得以明瞭施測方式，避免重複受測情形發生。倘受測人消極地不配合檢測、吐氣不足或矯飾吐氣，檢測器材會作動「未入氣或不足」之指示，此際，得告知若消極不配合酒精濃度檢測，將視為拒絕酒精濃度檢測而作成處分時，道交條例將處罰鍰最高額新臺幣九萬元及吊銷駕照三年之法律效果[126]。惟網路世界對迴避實施檢測方法光怪陸離，千奇百怪地傳遞得以降低或無法測得數據之方式，或許只是白費工夫，因該器材測試是體內呼氣測定值，能受到干擾的機率不高。

第四款　身分區分綜合探討

　　探討身分的區分有二種身分別[127]，係前揭第一章說明之行政警察身

---

[125] 原本實務運作簽認單據並無法律授權，後續發生爭議始將置入法規命令，參照違反道路交通管理事件統一裁罰基準及處理細則第19條之2第1項各款；中華民國103年3月27日交通部交路字第1030031131號令、內政部台內警字第1030870710號令會銜修正增訂該條文，並至同年月31日施行。
[126] 行政程序法第96條規定參審，若不履行告知義務，將指行政處分出現重大違法瑕疵，而得撤銷。此法律效果乃裁罰最高罰鍰及吊銷駕照三年不得考領，係限制人民重大的基本權利，亦因此各級法院對未履行告知義務之看法採取撤銷原行政處分，附隨之處分亦失所附麗；詳參閱臺灣士林地方法院98年交聲字第3070號裁定。
[127] 白取祐司，司法警察と行政警察，頁40；田宮裕，変容を遂げる捜査とその規制，頁138。

分[128]及司法警察身分[129]，藉此作為臨檢應行程序及救濟區分之標準，且展現在具體之法定措施上，有著身分別概念的外觀，至法條要件之要素並無身分之問題，則需限定在法定措施方有討論之必要，例如：某甲酒後駕車，警察A看見某甲騎車搖晃加以攔查，經呼氣之酒精濃度檢測後其酒測值為0.28mg/l，某甲違反刑法第185條之3第1項第1款規定，警察A依法實施逮捕、偵辦並移請地檢署偵查。此例中，自警察A發現某甲騎車搖晃時，係行政警察身分作用之起始點[130]，直至酒精濃度呼氣超過法定標準值轉換成司法警察身分，此範圍所判斷之要件、攔停、詢問、實施酒精濃度檢測等作為，均蘊藏臨檢的概念。以下就上揭法定措施各別說明之。

壹、攔停

　　法定措施之攔停是一種物理力的展現，此物理力在法律裡有相當多的專有名詞，如：拘提、逮捕、解除占有、限制使用、扣留、搜索、扣押等，皆有攔停物理力之動作及外觀，原則上因運用物理力目的之不同有不同身分。限縮在警職法第7條第1項第1款之攔停，係維持公共之安全與秩序，基於國家之一般統治權，對人民加以命令、強制，並限制其自然的自由之作用，有別於犯罪偵查，為行政警察身分之作用並無疑義。況且，立法者預設對警察違法職權救濟係提起訴願及行政訴訟，審判權為行政法院[131]，應履行行政程序。

貳、身分查證

　　該措施已如前揭巡邏勤務中「身分區分綜合探討」之論述同，不另贅述。

---

[128] 謂行政警察：廣義的行政警察與實質的行政警察概念相當，係指維持公共之安全與秩序，基於國家之一般統治權，對人民加以命令、強制，並限制其自然的自由之作用；關根謙一，警察の概念と警察の任務，警察學論集18巻5號，1965年6月，頁137-149。
[129] 謂司法警察：指警察活動中有關列為警察任務中犯罪偵查、逮捕嫌犯及其他關於司法等事項之作用，且以犯罪追愬為目的而實行之作用；竹內昭夫ほか編集，新法律學辭典，有斐閣，1999年10月，頁639。
[130] 許多教本中描述臨檢勤務，大多自實際攔查開始起算其範圍始點，以實施臨檢勤務完畢或轉換身分時為終點，此區間即為臨檢的範圍，但判斷攔查的發動前，執勤人員以目視蒐集資料、資訊，以自身經驗作為審查發動攔查的要件，如有滿足該要件，即得發動攔停的法定職權，而在攔停前的資料蒐集，亦為臨檢不可或缺判斷、審查之前階段行為（二個時間點不同），故此前階段行為應予納入臨檢的範圍；延伸比較：警察職權行使法第6條至第8條、行政程序法第34條。
[131] 現今行政訴訟庭雖編制在普通法院內，但無礙於事件性質之審判權為行政法院。

參、行政檢查

　　實務工作者對檢查之概念時常涉及搜索，或趁符合檢查要件隱渡進行搜索，本文探討範圍需先排除僞飾或違法之檢查，現行法僅授權於具備緊急或危難狀態方得執行，依據來自警職法、行政執行法等。執行檢查作爲本身是一個消弭危害及行使職權的事實狀態，進行著維持公共秩序，對人民加以命令、強制，並限制其自然的自由之作用，則該措施與犯罪訴追有別，係基於行政警察身分之作用，應有行政程序之適用。

肆、酒精濃度檢測

　　實施酒精濃度檢測之措施，定義其身分之思考邏輯大略相同，係行政警察身分之作用，應履行行政程序，當下執行身分之作用，卻可能事後救濟訴訟過程中產生質變。另上揭說明各種法定措施原則都在「一個程序」中，附帶陳明有行政程序之適用，實爲同一個程序，附此敘明。

伍、曖昧不明之區間

　　臨檢職權在實務工作者眼中似乎永遠與犯罪偵查結合在一起，實際上在立法歷程中欲將臨檢與犯罪偵查概念分離，卻仍糾纏環繞於實際操作面。況且，以自然事實的進程物理狀態並未產生變化，化學變化是醞釀在抽象的法律概念，倘以簡單的目的論區分，主觀無法證明情形下，似乎無法得知每位執法者腦海裡在想些什麼，增加審查或判讀上的困難，形成各說各話。

　　另一方面，事後提起訴訟類型及審判權不一情形下，對不同訴訟標的之訴訟策略、攻擊防禦方法當有所不同，當下執法與事後爭訟在身分關係上，形成了曖昧不明之區間，尤其用同一理由在不同訴訟類型更顯示了模糊之身分（如前揭巡邏勤務說明），亦即：原本在當下就已決定身分之作用，卻在事後不同司法審查時產生質變，無法清楚分辨轉變之原因，實質上增加了警察臨檢時的爭議[132]。

　　警察常透過臨檢手段來查獲刑事案件，以資深且經驗豐富人員判別

---

[132] 這是一件很值得討論臨檢是否違法之案件，詳參閱：臺灣臺北地方法院刑事裁定：104年度聲判字第110號。

「合理懷疑」之要件要素，通常都傾向犯罪之嫌疑而非犯罪之虞，既為犯罪嫌疑則已實際進入以犯罪偵查為目的之領域，在作用上係基於行政警察身分，於目的上為司法警察身分，臨檢作用及目的真實地相互混淆，似乎永遠無法澄清曖昧不明之區間。

第二項　刑事法規範

　　刑事法規範角度之臨檢，係實務工作者藉由身分查證職權，在過程中執行犯罪偵查，對該法規範而言「臨檢」是何種取證作為？按刑事訴訟法第154條第2項規定：「犯罪事實應依證據認定之，無證據不得認定犯罪事實。」這句話說明，犯罪事實及證據原則上是在同一個時間、空間所形成及產生，但犯罪事實會停駐在過去，而證據卻會依據時間的流動，出現在未來每一個可能被發現的時間點上，發現證據後可以回頭堆砌、拼湊犯罪事實，也是支撐著刑事訴訟法有關證據總論之一的重要法則，而臨檢也是其中一種發現證據的作為，亦可說為臨檢目的就是為了取得證據回溯犯罪事實原貌，取得證據越多，拼湊之事實理應越趨完整。然臨檢是一個專供警察之職權[133]，刑事法將之定位為偵查輔助機關，該作為之強度因緊臨著前偵查程序之活動，「發動要件」是否合法，亦需透過實體要素加以輔助判斷，方得基礎性地區別臨檢與犯罪偵查之不同。

　　取證作為在概念上可分為任意偵查及強制處分，學說見解[134]認為二者差別在於「是否造成受處分人個人意願、意思自由與權益受到壓抑與侵害」為區辨，舉凡欠缺強制性的手段，均屬於任意偵查的範圍[135]；反之，

---

[133] 延伸閱讀：H. Scholler、B. Scholler合著，李震山譯，德國警察與秩序法原理，1995年11月，頁114；林明鏘，警察臨檢與國家責任，台灣本土法學雜誌，2003年7月，頁110以下；鄭善印，警察法學—警察臨檢法制問題之研究，內政部警察法學研究中心暨內政部警政署印行創刊號，2003年1月，頁54；蔡庭榕、簡建章、李錫棟、許義寶合著，警察職權行使法逐條釋論，2005年2月，頁112以下；大法官第384、523、567、445、491號解釋。

[134] 陳運財，偵查之基本原則與任意偵查之界限，東海法學研究第9期，頁299以下。

[135] 臨檢這個名詞出現在警察勤務條例上，但一直是有名詞而無定義，是一個上位抽象的集合概念（Sammelungsbegriff），換句話說，它（臨檢）自攔停、盤查、帶往勤務處所……等一連串的處置及措施，在刑事訴訟法上應欠缺該法強制性的手段，都包含在臨檢的概念下；參閱王兆鵬，從535號解釋談警察臨檢的法制與實務研討會，台灣本土法學雜誌第33期，2002年4月，頁62。

具有或隱含強制性的手段或訴訟行為[136]時係屬強制處分的範圍[137]，以下將特定在警職法探討。

第一款　案件之特定

本文自第一章簡要說明警察勤務取證之區別，具體化於勤區查察勤務時，說明了特定被告及犯罪事實，至巡邏勤務為能海納處理事件之多樣性，將被告及犯罪事實判斷方式，結合構成要件要素細緻地相互操作，而臨檢當不例外地一貫性透過上開具體操作模式於警職法之職權[138]開展說明之。

壹、被告之特定

一、誘捕偵查

臨檢在被告特定之面向，係將特定延伸至各罪之構成要件而言，警職法中實施「誘捕偵查」及「查證身分」，較有特定之功能。對誘捕偵查[139]之定義，指偵查機關及其人員或受偵查機關委託、僱用者，教唆或幫助他人完成犯罪，並於從事犯罪活動時以公權力介入立即加以逮捕之偵查方法，至於為何使用此方法：乃欲查緝犯罪之類型擁有過於隱密、不易查獲的特性，自該種隱晦犯罪而發展出來的查緝方式[140]。誘捕偵查應遵守的

---

[136] 此處的訴訟行為係指刑事訴訟法上的訴訟行為，並非指該法以外有訴訟行為的態樣，例如：透過警察職權行使法第7條第1項第4款或第8條第2項的檢查規定（臨檢的手段之一），發現有應扣押物或違禁物時，屬於哪一個區塊的範疇？係任意偵查？或強制處分？在得以檢查規定並非刑事訴訟法上的訴訟行為，在檢查時屬於任意偵查的範圍，發現應扣押物或違禁物而實施刑事訴訟法第133條第1項扣押的職權時，則屬於強制處分的範圍。

[137] 敏銳度稍高之讀者亦應有疑問？在憲法、公法上所探討的基本權利，因何在刑事訴訟法的任意偵查手段上，係非侵害人民基本權之干預行為或侵害極為輕微？此思維下確有疑問，惟適用法律之一體性而言，本節所探討的係刑事訴訟法，而強制處分係侵害人民基本權最甚之手段，相對於任意偵查，對於侵害基本權之質化，似乎無法與強制處分等量齊觀，所以針對以臨檢勤務為手段，暫時拘束人民的人身自由權利時，仍屬於任意偵查的範圍。

[138] 此處探討警察職權行使法中的四個法定職權，因何不放在「行政法」來討論？撰文時考慮許久，決定編放至此的理由為：公法身分工具面向的警職法，原則上以行為人之行為有違反實體法來決定其身分，然刑事訴訟法在任意偵查面向的警職法，關注於取證手段中發動要件的審查是否合法，範圍應較公法工具為寬，此其一。再者，警職權雖同時具有基於行政權及司法權發動的性質，惟描述臨檢勤務的多樣性時，迭有伴隨發動強制處分之情形，而強制處分仍關注在發動要件及其程序是否合法，兩相互為比較，其性質較為接近，此其二。

[139] 吳巡龍，刑事訴訟與證據法全集，2008年11月，頁222以下。

[140] 延伸閱讀：林俊益，陷害教唆與釣魚偵查，月旦法學教室第22期，頁26-27；陳運財，誘捕偵查──兼評日本最高裁平成16年7月12日第一小庭1815號大麻取締法違反案件，法令月刊第58卷第9期，頁80以下；林鈺雄，國家挑唆犯罪之認定與證明──評三則最高法院92年之陷害教唆判決，月旦法學雜誌第111期，頁

原則，係指警察機關對原本就有犯罪意圖或故意的人提供犯罪的機會，又稱「機會提供」；而陷害教唆乃相反之概念，稱「機會創造」，分屬二個不同的領域，前者進行的臨檢作為係合法，倘以後者方式進行臨檢則為非法[141]。

實務運作[142]對於此概念相當模糊，尤其在色情查緝或其他以釣魚方式藉由臨檢進行時，當下根本不知所為即係誘捕偵查，無法分辨如何進行、如何分類、如何適法及其界限。發生誘捕偵查之原因，大多在「色情查處」、「網路查緝犯罪」、「毒品犯罪」、「走私犯罪」、「線民查緝犯罪」等案件類型，此種透過臨檢為偵查手段情形，被告通常是被特定的。臨檢前，資深警察理應會初步審查特定被告所犯各罪之構成要件及累積一定證據，才有可能開始分配查緝行動的臨檢作為，例如：警察因查獲某甲吸食毒品，詢問某甲向何人購買毒品時稱：向阿貓買，並同時告知聯繫方式、交易地點及阿貓特徵，且願意配合警察查緝阿貓以求減刑，警察請某甲再向阿貓偽稱欲購買毒品，阿貓允之，警察控制某甲至交易現場交易前，實際上已將阿貓（被告或犯罪嫌疑人）特定。

二、查證身分

條文中「有犯罪之嫌疑或有犯罪之虞」或「對已發生犯罪或即將發生之犯罪」之要素，對應至身分查證過程中，可能同時或先後皆有特定被告之機能，通常「特定」情形有二：一、原本即鎖定對個別人為身分查證。

213以下；吳巡龍，合法與違法誘捕偵查之區別標準，台灣法學雜誌第139期，頁177以下；最高法院93年台上字第1939號判決。

[141] 另加以詳細說明，所謂「陷害教唆」，係指行為人原不具犯罪之故意，由於警察之設計或引誘，始萌生犯意，進而實施犯罪行為。「陷害教唆」與「誘捕」不同之處在於，「誘捕」（或稱喬裝偵查）係警察對原已有犯意之人，提供再次犯案之機會，然後再加以逮捕。故若行為人本來就有犯罪意圖，縱或警察有積極提供其機會，行為人即不得主張「陷害教唆」。

例如，在販毒案中，小盤毒販經警破獲後為求減刑，即配合警方佯為再次交易，等上游毒販現身後再行逮捕，此種情形上游毒犯之犯意是「本來就存在」，因此並非為「陷害教唆」。其次，在網路援交案中，如果行為人是自己先上網廣告，警方依其提供之聯絡方式佯為召妓逮捕之，而該行為人本來就有犯意。此外，在機車搶劫案中，女警佯裝為某柔弱婦女，故意在搶劫經常出沒之處所單獨夜行，「引誘」搶犯現身行搶，再由埋伏在旁之同仁加以逮捕，行為人的犯意也是本來就有，均非所謂「陷害教唆」。

質言之：警察之「誘捕偵查」有無構成違法，端視被誘捕對象有無犯意而定（註：前立法委員邱太三於本法案在立法院第2次朝野協商時，堅持本項主張，故特於條文立法理由加註說明。高檢署陳瑞仁檢察官亦就司法實務觀點，於92年6月6日在聯合報發表專文支持此論點）。因誘捕偵查方法，較具爭議性，實施時應注意證據掌握，審慎為之；內政部警政署92年9月2日警署刑偵字第0920127371號函。

[142] 實務工作者最明顯的改變在查緝色情，是自大法官第666號解釋出現以後，甚至於連續效評比的評核項目、分數及查緝手段都跟著修正。

二、查證過程中，藉由觀察受檢人表徵，逐漸依據可能之犯罪結果、犯罪行為時之故意或過失顯露於外觀而特定。

　　進行第一種情形的臨檢大多針對犯行追緝而對特定之人為身分查證，在執行前事實上已將案件特定，仍須透過臨檢將案件中之被告（犯罪嫌疑人）加以特定。第二種情形是資深制服警察最常查獲刑事案件的一種方式，大多基於經驗的累積在攔停前判斷要素時，主觀上即已特定了外觀上之被告（犯罪嫌疑人），臨檢過程中藉由客觀觀察，可能逐漸發現犯罪工具（沾有血漬的刀）、犯罪結果（身上有血漬）並累積證據（受檢人無法合理解釋血漬由來）下，特定了案件中被告之要素，例如：前揭案例在現場交易時透過身分查證將阿貓特定。

貳、犯罪事實之特定

一、資料蒐集

　　本文將資料蒐集列入臨檢來共同說明之原因如：一、為警職法中重要職權之一。二、因第535號解釋標的與臨檢有重要關聯，催生警職法後有明文之規定。三、事實上資料蒐集發動之臨檢，並不限法定職權。四、依法的資料蒐集，有著將案件特定之功能，作為將犯罪事實如何特定之具體描述，合先指明。

　　警職法中有關資料蒐集之情形有：第9條第1項（集會遊行[143]）、第10條第1項（監視器）[144]、第11條第1項（跟監）[145]、第12條及第13條（線民）[146]、第14條（口頭通知鑑識）[147]、第15條第1項（治安顧慮人口）等，這些資料蒐集之規定實質上都與臨檢密切相關，原則上發動臨檢前就已知之資料，本質上控制著臨檢的方向，更有特定著資料中呈現犯罪事實

---

[143] 條文內容：「警察依事實足認集會遊行或其他公共活動參與者之行為，對公共安全或秩序有危害之虞時，於該活動期間，得予攝影、錄音或以其他科技工具，蒐集參與者現場活動資料。資料蒐集無法避免涉及第三人者，得及於第三人。」

[144] 條文內容：「警察對於經常發生或經合理判斷可能發生犯罪案件之公共場所或公眾得出入之場所，為維護治安之必要時，得協調相關機關（構）裝設監視器，或以現有之攝影或其他科技工具蒐集資料。」

[145] 條文內容：「警察對於下列情形之一者，為防止犯罪，認有必要，得經由警察局長書面同意後，於一定期間內，對其無隱私或秘密合理期待之行為或生活情形，以目視或科技工具，進行觀察及動態掌握等資料蒐集活動：……」

[146] 條文內容：「警察為防止危害或犯罪，認對公共安全、公共秩序或個人生命、身體、自由、名譽或財產，將有危害行為，或有觸犯刑事法律之虞者，得遴選第三人秘密蒐集其相關資料。」

[147] 條文內容：「警察對於下列各款之人，得以口頭或書面敘明事由，通知其到場：……」

之功能，例如：前揭案例中詢問某甲交易地點後為求慎重，並求證某甲所言非假，前往該地點調閱錄影監視畫面，恰好有警用監視器將某甲與阿貓交易過程全程錄下，藉由某甲證詞及錄影畫面的資料蒐集，特定了犯罪事實。

在非法定資料蒐集的情形可略分為二種：一、警察舉辦例行性的擴大臨檢勤務，相關組室舉行勤前教育前彙整相關資料，提供地區分局官長匯報後核定實施，而這些相關組室（如行政組負責查緝色情、偵查隊負責掃蕩或臨檢處所的提報、交通組對取締酒後駕車實施路檢的路段等）會議中提報資料，是一種非法定的資料蒐集。二、臨檢前所為的目視搜尋臨檢對象，本質上是資料蒐集，此蒐集目的是為了審查是否符合發動要件之要素，諸如：合理懷疑、犯罪之虞、依客觀合理判斷易生危害等。上開二種情形，實質上係為輔助臨檢的適法性作為，在資料蒐集過程中有將犯罪事實特定的功能，例如：前揭案例查獲某甲之方法，係小明透露給警察消息[148]，並詳細說明某甲生活習性、動向，查獲過程與小明密報內容相同，則該密報的資料蒐集，特定了犯罪事實。

二、即時強制

臨檢時有突發之脫序行為屢見不鮮，對有立即危害之脫序行為得發動即時強制之職權，警職法規定即時強制之種類：有身分查證過程之行政檢查、管束、扣留、處置或限制使用動產或不動產、進入場處所救護及驅離人車等類型，強制過程中通常伴隨受強制人違反實體法事（案）件之產生，案件發生等同形成（特定）犯罪事實，則即時強制有著特定犯罪事實之功能，應併入探討之範圍。

強制過程中所為檢查、扣留、限制使用或進入等作為（行為人自然事實的動作中同時具有脫序與犯罪行為的性質），等同實際存在著犯罪事實，透過即時強制同時特定了犯罪事實，例如：前揭案例查緝過程中，阿貓拿起刀架在自己脖子上並說：不要抓我！我再被抓到就要進去關了！警

---

[148] 刑事訴訟法中的雙叉法則，指發動相關職權的消息來源，即證人（或稱線民，亦有可能是犯罪嫌疑人，如提供毒品之上游之人），此發動職權的二個條件，即係證人本身可信的程度與證人證詞經查證後可信的程度，倘均為可信且必要，即得以發動相關職權。

察在對峙過程趁隙奪刀並壓制阿貓，進行檢查阿貓身上是否藏有其他刀械時，偶然發現褲子後方右側口袋有某甲訂購之毒品，特定了犯罪事實（含販賣及持有毒品）。

參、小　結

上揭說明警職法一個重要概念與三個重要職權，皆可具體化刑事法規範對臨檢的討論，筆者主要視職權特定之範圍較傾向何者為分類，作為區分被告或犯罪事實，惟無論是概念或職權，實際上同時有特定之被告或犯罪事實之機能。

臨檢前、中發動相關職權，同時具備危害防止及犯行追緝為目的之任務，其要件皆有特定案件（被告、犯罪事實）之機能，各要素間判斷之基礎可透過實體法要素加以輔助特定，藉由受檢人外觀觀察有否實施犯罪行為之痕跡、發生犯罪結果之跡證、從事犯罪後呈現故意或過失之神色慌張等情境素材，加以特定法條中「犯罪之嫌疑」之要素所呈現的被告及犯罪事實，使臨檢之取證作為亦有連結案件特定功能。

筆者認為，警職法相關職權與犯罪偵查密不可分，目前無論在司法實務或學說之文獻，鮮少探討臨檢的取證作為是否有著特定案件之功能，事實上大多數透過臨檢查緝之刑事案件，現場就已經將被告及犯罪事實特定了，移送至地檢署檢察官起訴、法院審判之範圍劃定，亦是現場被特定之範圍，除有相牽連案件會擴張被告及犯罪事實情形外，自臨檢至判決確定之案件範圍皆同一，似乎可說為：法院酌定特定之被告及犯罪事實是警察透過臨檢之取證作為來創造的。

第二款　取證作為之區別

壹、壓抑意思之解明

自第535號解釋陳明：「臨檢實施之手段：檢查、路檢、取締或盤查等不問其名稱為何，均屬對人或物之查驗、干預，影響人民行動自由、財產權及隱私權等甚鉅。」可知大法官認為，臨檢過程中無論進行何種手段，皆係大量壓抑、干預個人意願及意思自由之勤務活動，此過程查獲案件之手段，均應為強制處分。

　　筆者認爲，法律空窗期之當代，大法官先行協助警察及立法者在此期間補充並建立暫時抽象之準則，用心良苦地避免無法可用，而直接將「整個」臨檢過程概括性認定皆有強制性質。惟警職法已成文逾12年的今日，似乎應各別觀察立法者賦予警察之法定措施，才能更明瞭取證作爲之區別。

貳、訴訟行爲之區辨

　　臨檢與刑事法規範許多作爲過於相似，借重雙重功能之訴訟行爲加以區辨取證作爲其實相當不易，外觀上幾近同一措施之活動，法律評價受到目的牽引理應有所不同，惟依第一章以下之分類來說，臨檢自始並非現行法定強制處分體系之一環，至多僅爲前偵查程序之活動，無法清晰區辨所有臨檢作爲究竟出自偵查活動或單純危害防止，與上述以壓抑意思作爲判斷條件有著相當差距。

　　自事後審判程序作爲觀察事中臨檢措施，被告提出臨檢違法抗辯之目的，乃使取證作爲違法之證據加以排除，而準備程序或調查證據對證據能力意見之表達，即得進行實質判斷有無違法，則臨檢取得之證據是否排除並未法有明文，以目前司法實務當審酌人權保障及公共利益爲均衡之見解得另爲救濟下，反而隱遁進入雙重功能之訴訟行爲核心領域，實質干預著基本權，使實務工作者對臨檢作爲取證手段之判斷更顯困難。

參、小　結

　　自有否壓抑意思或是否爲訴訟行爲爲條件，判斷臨檢之取證作爲，尚不足以建立當下執法之準據；釐清各種法定措施之區別，尤其在身分查證「令出示身分證明文件」措施之判斷，寓有處分性質之強制力，與「帶往時非遇抗拒不得使用強制力」之強制力措施，皆欲達到同樣身分查證之目的，是以一個完整程序或個別措施加以判斷「有否壓抑意思或是否爲訴訟行爲」？事後司法訴訟程序中使用的攻擊防禦方法，卻連帶影響著對違法臨檢審查的密度，似乎又回到事後諸葛意境，而對警察執法當下無任何助益。

　　惟爲控制國家權力，原則上無法立即監督當下所賦予一定職權或措施，僅能透過事後審查方有指謫違法進而控制權力之機會，司法審查與執

法者間判斷密度之控制，當有權力分立調整之功能，如何平衡或分配觀念進而達成法治實務化目的，並透過履行正當法律程序加以合法地干預，才是法治國所樂見的保障人權，使取證作為區別之分野界線更為清晰。

第三款　判斷之條件

探討判斷條件是為了具體化上揭抽象之論述，以下亦延用前揭第二章以下之條件，透過臨檢的取證作為，進行界定行政調查與犯罪偵查之分水嶺，使執法當下的程序轉換得以更加精確：

壹、司法警察地位形成之時點

執行臨檢倘有開啟偵查之法定事由時，即為司法警察地位形成之時點，更具體地說明：如發現有刑事告訴、告發、自首或其他情事之事由或申告犯罪事實而知，即進入犯罪偵查，例如：配偶A至轄內Hotel抓姦前，通知警察前來，此時即為司法警察地位形成之始點，可說為：警察自始即知為刑事案件，實際從事犯罪調查工作，以臨檢為實施手段[149]（先有司法警察地位，直接對犯罪嫌疑實施偵查手段）。

反面思考以臨檢為手段從事犯罪偵查的另一面向，乃警察藉由自身累積經驗加以判斷可疑至嫌疑的方向，更具體地說：警察本不知犯罪之存在，透過觀察發現犯罪徵候，進一步確認為犯罪，例如：警察至轄內Hotel臨檢，至某房間敲門後發現為一對男女共宿，請其出示證件以供查驗時發現，房內男子身分證內登載配偶姓名並非共宿之女子，警察即知可能是通姦事件[150]，此時司法警察地位方才形成（先提升心證至犯罪嫌疑，後形成司法警察地位）。

上開說明有不同司法警察地位形成之時點，只要明顯得辨別該地位形成，即實際進入犯罪偵查領域，與嫌疑心證互為表裡，後續程序上取證作

---

[149] 此處合法與否，已於前揭空間要素有詳盡的說明，能不能進入臨檢取決於：是否具有合法進入之事由！

[150] 實務機關對類此案件後續處置相當模糊，即：要不要繼續偵辦？還是臨檢完畢離去即可？依據刑法第245條第1項規定通姦罪為告訴乃論之罪，而告訴乃論之罪之提起告訴乃程序之必要條件，得依法登載臨檢過程及跡象於工作紀錄簿內，除另有依法得發動之取證作為規範外，不進入查看垃圾桶有無保險套、不對毛巾採集是否有精液殘留等作為皆為合法，理由在於：沒有法律授權有合法作為，此案例不做不會違法。

爲除有其他法定原因外，皆應遵循刑事法規範，才能合法的取得證據，如：對人，得發動搜索、通知、詢問、拘提或逮捕；對物，得發動搜索及扣押，其餘在形成司法警察地位前，尚無合法之取證作爲，需遵循其他法定要件方得進行。是以，該地位的形成與否，確實影響著臨檢過程取證作爲之走向，判斷條件之確立，得使執法當下做出較爲正確之判斷，違法侵害或干預基本權的事件將會逐漸減少。

貳、犯罪嫌疑心證之判斷

　　在已形成司法警察地位爲嫌疑心證之判斷臨檢之情形，有主動查緝之誘捕偵查型態，亦有前揭被動處置報案類型，主要得以被告或犯罪事實切入，其條件形塑在發現可能之犯罪行爲、結果、犯罪後之慌張神情或其他跡證加以具體化，例如：前揭**案件之特定**所舉查獲毒品，在誘捕阿貓現場原則上雖已特定了犯罪事實，惟從事犯罪之行爲人根本尚未確認前，即係判斷現場之人「有可能之犯罪行爲、結果、犯罪後之慌張神情或其他跡證」來累積嫌疑心證，加以特定被告（被誘捕人）後執行臨檢（先有司法警察地位，直接對犯罪嫌疑實施偵查手段）。

　　自臨檢可疑至嫌疑後形成司法警察地位之反向思考，原則上指未知係刑事案件且未特定被告及犯罪事實之前的形塑犯罪嫌疑心證過程，仍須藉實際執勤經驗判斷可能爲犯罪行爲、犯罪結果、犯罪後之慌張神情或其他跡證之徵候，加以輔助具體化嫌疑心證之高低，亦如：前揭**案件之特定**所查獲某甲毒品案件，臨檢過程係判斷持有或吸食毒品犯罪之慌張神情、疑似注射毒品之犯罪結果等，累積一定心證至嫌疑時，特定了被告及犯罪事實，進而決定後續的取證作爲（先提升心證至犯罪嫌疑，後形成司法警察地位）。

　　立於法律角度判別嫌疑心證的累積，當需藉法律之力加以釐清並具體化，來建立簡易思考於腦海中，尤其此處涉及主觀判斷（心證是一種主觀意識）時，無法永遠以：「這是我當警察的經驗」爲最後一道防線的說法，粉飾著恣意累積的嫌疑心證，更何況，心證影響著互爲表裡的司法警察地位形成或解消，及後續合法取證作爲之基礎，調查與偵查程序間無縫接軌，才是保障人權的第一步。

參、綜合說明

通常在臨檢過程中，累積可疑至犯罪嫌疑之心證，需透過觀察受檢人外觀徵候呈現犯罪行爲、結果、犯罪後之慌張神情或其他跡證之各種態樣，進而形成司法警察地位從事著犯罪偵查工作，如前探討反之亦同。判斷上揭要素，最重要是使實務工作者在臨檢時，能清楚判斷轉換程序的時點，勿要無由應已犯罪偵查仍爲行政調查之思考，亦勿本爲偵查隱遁調查手段爲之。

再者，臨檢過程判斷互爲表裡的二要素，透過觀察與犯罪行爲、犯罪結果、犯罪後慌張神情及其他跡證之徵候作爲輔助，警察取證作爲較易朝向合法，確實轉換程序後即有特定被告或犯罪事實之功能。以下再延伸說明：

一、司法警察地位形成

該地位形成，主要代表著調查終點、偵查始點，讓執行人員清楚知悉正式轉換程序，應開始考量是否適用令狀主義的時機，亦代表著進入程序有不可回溯性，使實務工作者發動職權之準則，限定在刑事法所賦予之職權，非將警職法賦予臨檢之職權無限擴大。

二、犯罪嫌疑心證升高

嫌疑心證的升高，代表著具體犯罪事證及證據逐漸顯明，可疑心證累積至嫌疑，雖較難控制主觀心證淪於恣意，惟仍得藉由實體要素進行補充，加以抑制違法取證作爲，審查後得即時地發動相關強制處分，具體化要素內涵及區隔轉換程序之始點，進一步釐清形成司法警察之地位。

三、實質被告地位形成

被告地位形成與嫌疑心證升高有著重要關聯，相互對應著臨檢與受檢之關係，心證一旦升高至嫌疑而形成實質被告地位（犯罪嫌疑人），即確認爲訴訟主體，附隨法定權利油然而生，同時在國家取證作爲上有忍受義務。因實質被告地位概念是浮動的，問題即發生在：何時伴隨出現「忍受義務」？亦即權利義務是一體兩面，有權利原則上就負有義務，則該義務會出現在賦予訴訟主體權利時，違法操作空間即發生在此概念上，藉身分查證忍受義務之名行取證作爲之實，或提前在臨檢過程中故意使該地位形

成，誤以為負有忍受義務以逐行取證作為，殊值實務工作者再三忖量。

四、履行告知義務

形成實質被告之地位，確認為訴訟主體後伴隨權利油然而生，在「執法者應知法」的概念中，由國家履行告知相關權利之義務，使實質被告明瞭自身權利後所為陳述皆能具備任意性，客觀蒐證過程能確立一個時間點，作為判斷最後實質被告地位之時點，以實踐正當法律程序。實務工作者[151]較易疏漏之處，即只要實質被告地位形成後，隨時可能進行本案訊問，應旋即履行告知義務，而非實際製作詢問筆錄時方履行該告知，而除有變更偵辦罪名或其他法定原因外，一整個程序在同一機關原則上僅履行一次告知，應需特別注意。

第四款　取證區別綜合探討[152]

壹、誘捕偵查

誘捕偵查是一種犯罪偵查為目的的勤務作為，過程中以有否發生「是否誘捕已達到壓抑或強烈誘導而違反被誘捕人之意願，進而實質上侵害其人具體人格自律權利[153]」情事，作為判斷屬任意偵查或強制處分之條件，若為肯定，則為強制處分，反之，則係任意偵查。本文認為，實務操作合

---

[151] 104年10月13日午後，筆者參加某實務機關中級幹部常訓場合，其中擔任某課程講座之「大隊長」，在課堂上公開教導無須於逮捕現場履行告知義務，在帶返勤務處所後製作偵詢筆錄時，方需告知？

[152] 討論迄此讀者不難發現，為何學者研究認為行政處分及強制處分本質上即無分別，只是分別散在行政法及刑事訴訟法中；林明鏘，警察職權行使法之基本問題研究，行政院國家科學委員會專題研究計畫成果報告（計畫編號：NSC93-2414-H-002-023-），2005年12月29日，頁95-105。以下內容皆聚焦以壓抑意思之了解明作為判斷，訴訟行為部分暫且不論。另外，立法者預設事後救濟之途徑皆無併入原因，乃警職法救濟途徑皆提起訴願及行政訴訟，與刑事法規範較無關聯，惟若因此演變為刑事案件進入訴訟爭執臨檢適法性時（如下：第535號提起事實），將會產生質變，為確定當下執行時之概念，暫不予併入討論。
聲請解釋之事實：
緣聲請人李○富於民國87年1月15日晚間9時5分，行經臺北市重陽橋時，因臺北市政府警察局保安大隊在該處執行道路臨檢勤務，見聲請人夜間獨自一人行走，即要求聲請人出示身分證件檢查遭聲請人拒絕，警員即強行搜索聲請人身體，聲請人一時氣憤以三字經辱罵警員。案經臺灣士林地方法院87年度易更字第5號判決及臺灣高等法院88年度上易字第881號刑事判決（附件一），以聲請人係於警員依警察勤務條例第11條第3款「依法」執行職務時，當場侮辱公務員，而被認定其行為該當刑法第140條第1項之於公務員依法執行職務時當場侮辱罪，而處以拘役。惟警察勤務條例第11條第3款及第2款內容涉及警察之盤查權及人身自由之限制，而有違反憲法第八條保障人身自由精神及憲法第23條比例原則之虞，故聲請大法官就系爭憲法疑義加以解釋，並宣告警察勤務條例第11條第2款、第3款違憲。

[153] 陳運財，誘捕偵查—兼評日本最高裁平成16年7月12日第一小庭1815號大麻取締法違反案件，法令月刊第58卷第9期，頁82。

法誘捕偵查之勤務活動，實際上有達到壓抑或強烈誘導而違反被誘捕人之意願，透過勤務活動特定被告及犯罪事實，以半強制之物理力控制著現場，整個過程是一種強制處分的取證作為。或許實務工作者常以「只是調查或查證而已，並無限制他的自由」資以抗辯，惟現實拘束、壓抑誘捕對象意思之勤務活動並不會因事後抗辯理由而改變原具有強制之性質。

貳、查證身分

查證身分是另一種隨時穿插在臨檢過程中常用之職權，為達查證身分之目的共有四個層次之法定措施已如前述，皆有不同的強制作為，對壓抑或侵害個人意願、意思自由及意思決定不盡相同，以是否壓抑受檢人意思加以觀察，以帶返勤務處所之措施開始，實質上即具強制處分之性質而非任意偵查。

身分查證的所有措施，依次自攔停、詢問、令出示身分證明文件、帶返勤務處所至非遇抗拒不得實施強制力，客觀上似乎僅「詢問」是較無強制性質之物理力[154]，餘各個措施受檢人自始至終皆負著忍受義務，則該職權理論上是壓抑著、侵害著受檢人意願及決定自由，均應有處分之性質。

參、資料蒐集

資料蒐集之職權通常提供執行臨檢資訊之判斷，原則上尚未壓抑、干預基本權或侵害相當輕微的情形，自始並無強制力或有形物理力之展現，在取證作為面向探討，為任意偵查之區間尚無疑義。

肆、即時強制

臨檢過程運用之即時強制職權，有壓抑或侵害個人意願、意思自由及意思決定相當明顯，執行時通常伴隨犯罪事實之形成，無論以管束、扣留、檢查身體、檢查交通工具、進入建築物、限制物品使用等外觀，皆與發動強制處分無異，主要係執行目的不同矣，而具有處分之性質。

---

[154] 詢問受檢人後，其他措施亦無法查證其身分，可以社會秩序維護法第67條第1項第2款處罰在後，能說「詢問」未壓抑個人意願之意思自由嗎？該法實際上表達人民受警察依法查察或調查時，有陳述一定資訊的義務並無拒絕的權利，事實上具有強制之性質。

伍、隱晦不明之地帶

　　臨檢之取證自上揭誘捕偵查、身分查證、資料蒐集及即時強制之作為，來說明隱晦不明之地帶，主要問題仍在：一自然物理事實外觀之執法行為，可同時分屬不同法律授權作為執行依據，客觀上如何使實務工作者執法當下簡易判斷實為難事，例如：警職法第7條第1項第3款之令其出示身分證明文件中之「令」，實質有壓抑或侵害個人意願、意思自由及意思決定之狀態，本質上與刑事訴訟法第133條第2項後段得命其提出或交付之「命」相同，此地帶隱晦不明。

　　除資料蒐集外，誘捕偵查、即時強制實質上也有著相同問題，無怪乎大法官[155]及學者[156]認為應將與處分性質相近之措施，不管法律名稱為何一律不區分，或許建立或獨立成文之「處分措施法」會使概念更加清晰，不易造成實務工作者之觀念混淆，探討時不會橫跨法領域的各說各話，增加執法判斷之困難。

第四節　以對人臨檢作為為例

　　法律，是制約人的行為，無論「人」在公共場所、公眾得出入之場所、自宅或相類似處所、交通工具中，皆抽象地拘束著人，則建立臨檢以人為第一個條件是最簡易的思考，而人在何處，警察當得執行符合法定要件之臨檢並採行措施，以下即先界定臨檢客體：「人」為基礎後，各別在不同法領域為評價加以探討，並建立較為清晰之分野，提供實務工作者執行時作為判斷標準：

---

[155] 「臨檢實施之手段：檢查、路檢、取締或盤查等不問其名稱為何，均屬對人或物之查驗、干預，影響人民行動自由、財產權及隱私權等甚鉅」這句話代表著筆者說明隱晦不明之地帶。

[156] 林明鏘，警察職權行使法之基本問題研究，行政院國家科學委員會專題研究計畫成果報告（計畫編號：NSC93-2414-H-002-023-），2005年12月29日，頁95-105。

第一項　臨檢客體之界定

壹、個別之人

一、無客觀情資之人

　　通常執行臨檢時並無客觀情資為判斷，此時僅能靠累積警察經驗的敏銳觀察力，主要判斷著「怪異非常人」之舉止，然何謂「非常人」？一般人類行為之舉止有一定協調性，既有的協調行為經過長期累積後，記憶會留下軌跡提供感官器官比對作為判斷，出現不協調舉止時會自然地吸引關注，此舉止即為非常人，需透過經驗累積的高度觀察力，例如：警察進入合法有女陪侍場所之包廂時，如正從事不法行為，行為人見到警察的舉止絕對是驚訝或不協調；又如，在同上開情境，警察進入時行為人正吸食K他命，該怪異舉止、呆滯或急於滅證等，皆非常人之舉止。以筆者長久對人的行為觀察，人會養成某種特殊的習性，此習性形成便利性、慣性後會有一股渲染力，將整個周遭的群聚逐漸感染成為習性，當整個群聚有該習性特徵時，出現「非」此種特徵的行為，即成怪異的舉止[157]，得以特定無任何客觀情資但非常人舉止之人。

　　具體說明如：筆者曾服務於木柵河堤之派出所，某日夜間19時30分許，駕駛警用巡邏車行經某國小發現某中年男子在圍牆外，注視著國小內操場正翩翩起舞的中年女子舞團，隨著音樂整齊劃一練習著舞步，該男子渾然不知警察已站立在他身旁，筆者出聲詢問：你在看什麼（為何於此遙望練舞的舞群）？該男子不回答！筆者請其出示身分證明文件後查看身分證背面配偶欄已知約略情形，便出言對該中年男子說：「老船長也會暈船喔[158]（台語）？」該男子一驚，似乎一語驚醒夢中人，此案例說明與一般人習性迥異之處，原則上有：一、河堤是現代大部分人運動、休憩的場

---

[157] 民國103年5月21日，發生在臺北捷運上東海大學學生鄭捷無差別殺人事件，媒體訪問後報導，鄭捷在實行犯罪前，曾於捷運內車廂來回走動，尋覓較好下手的不同車廂人員，倘車廂內人員見該人異於常人之舉止，提高危機意識防備，或許，可減少成為被害人，自我保護的能力相對應會增加，此係警察日常應培養之觀察技能。

[158] 此句話在諺語代表的意思是：結婚已越不惑之年人士，應對婚姻有一定的忠誠！卻不知深陷在感情泥沼中而不自知，白話地說即：出軌；該男子在筆者站立其身旁至說出這句話間，均未有任何言語上的溝通，筆者僅靠著逐年累積的警察經驗來判斷該男子「現在為什麼要這樣做」，來提出合乎邏輯的結論，而結論即係「老船長也會暈船喔（台語）！」。

所，原則上不會有人躲在圍牆陰暗處偷窺。二、身分證內配偶欄已有配偶之人，倘其配偶正在操場上練舞，相信沒有人會躲著偷窺，被偷窺之人大概與配偶本人相離甚遠。三、該男子聽見筆者詢問時的「一驚」，已經超乎常人的反應。是以，無任何情資所發動的臨檢，在合乎邏輯思考的前提下，有著超乎一般人習性時，幾乎可篤定符合臨檢有關合理懷疑的法定內涵。

二、有客觀情資之人

倘執行臨檢是建立在獲得一定情資之上，執行對象大多皆得以確定，獲得情資越正確，對人的臨檢亦更為精確，於此前提下將會削弱警察主觀判斷的經驗，透過該情資作為「特定」特定人，**與誘捕偵查不盡相同**，誘捕偵查係針對有情資之該特定人，而此處指包含該特定人為中心擴大至其他有關係之人而言。例如：筆者對轄內有居住事實之販賣毒品人口均會詳加列管（無論是否為自己勤區），趁服勤時間觀察該毒品人口之作息、交往、使用之交通工具等，於居住地點周遭不斷來回尋覓形跡可疑之對象，如發現有著不同於一般人之舉止，即將該人（可能是該毒品人口，亦可能是毒品人口之家人或朋友）加以特定實施臨檢。發動原因如下：一、販賣毒品是一種隱晦的犯罪型態，通常發生於瞬間不易發現。二、販賣毒品人口多以販賣為業，無法從事正常工作。三、販賣毒品人口生活收入大多供以購置毒品。四、毒品人口經濟來源多以犯罪（可能為竊盜、搶奪等犯罪）。五、毒品人口常易與其他犯罪類型連結。

現今社會毒品犯罪相當常見，倘未有實際查獲毒品之經驗，很難想像全國施用毒品人數占有相當比例！而毒品本身具有成癮性，連續施用過程中，行為人並無精力投注在正常領域，進而養成好逸惡勞的習性，相關犯罪油然而生，該內容以財產犯罪之類型居多，諸如：竊盜、詐欺、搶奪、強盜，其成因乃具有可為轉換或交易的經濟價值，使毒品人口取得價額後再購買毒品，形成一個循環。是以，有著客觀情資的臨檢，將更能精準地描述法定要件。

貳、場所內之人

　　進入場（處）所[159]臨檢時，實務機關著重在二大部分[160]：一、調查犯罪情事。二、犯罪情事以外之行政事項。對調查可能犯罪情事，原則上下列於場所內三種類型之人皆為重點，事前規劃多著重在易生危害的場所，諸如：特種營業場所、網路咖啡店、附設卡拉OK之一般小吃店、易銷贓場所等；另對可能發生犯罪情事實施臨檢，主要以曾遭查獲違法事證之場所為優先，以未曾查獲或不易查獲犯罪且有犯罪之虞為次要，視影響治安程度為目的考量，例如：某小吃店附設卡拉OK場所有女服侍，服侍程度已達猥褻或性交（半套[161]或全套[162]），可能成為傳染性病、影響善良風俗之程度，即需刻以實施臨檢。下以場所內臨檢客體加以說明之：

一、營業人員

　　對犯罪以外之行政事項，主要針對場所營業人員之狀態責任，係非主管機關事務相關法令之附帶檢查，例如：營利事業登記證內會載明營業項目[163]、營業空間等事項，可按營利事業登記會同營業人員（即現場負責人）逐項檢查，檢查結果應記載於臨檢紀錄表中，勤務結束後以陳報單層報分局、警察局轉縣（市）政府相關局處，後由主管機關派員調查事實，依事實及證據之結果對場（處）所登記名義人或現場負責人作成責令改善之決定、處分或其他具體公權力措施。

---

[159] 內政部警政署刊行之警察職權行使法問答集，第二十七問：特定營業場所未經指定，可否進入臨檢及盤查人民身分？
　答以：「警察進入特定營業場所必須符合正當性及目的性，亦即只要依法（刑事訴訟法、行政執行法、社會秩序維護法等相關法律規定）進入，或獲悉該場所已發生危害或依客觀合理判斷易生危害之情況下，即可進入，並對符合警察職權行使法第6條第1項第1款至第5款之人實施身分查證，毋庸經過指定之程序。至於特定營業場所，亦屬公眾得出入之場所，警察執行巡邏勤務，基於防止危害之目的，即可進入作一般『任意性』（非強制性）檢視，惟未發現不法情事，即不得對在場民眾逕為盤查身分及任意妨礙其營業。」資料來源：http://w1.ccpb.gov.tw/data/home_data/Q&A/警察職權行使法問答集.doc，瀏覽日期：2014年4月15日。
[160] 此二大部分尤在製作臨檢紀錄表時更能表現。
[161] 所謂半套，即指從業人員以徒手方式撫摸、觸碰、滑動顧客之生殖器或敏感部位，使顧客產生性慾，達到猥褻人體部分的功能，且行為人主觀上亦有猥褻之故意，另是否有對價關係則係另一問題，不影響猥褻之定義；白話地說即：「打手槍」等動作，實務機關大多稱為「手槍店」；另一種半套，稱「喇叭店」。
[162] 所謂全套，即指從業人員與顧客發生刑法第10條第5項之性交行為，而性交本身即包含猥褻，直接論以性交即可，至實施性交地點則非所問，亦不影響對性交行為之評價。
[163] 若業者無法提供營利事業登記證予臨檢人員，則係該場（處）所可能未申請營利事業登記及公司登記，業者多稱：「正在申請中，先營業……云云。」即可能未有營利事業登記證。

　　實務運作對營業人員之身分係採全面過濾，自現場負責人至職員均在身分查證之列，**現實上全面臨檢原因：**一、未經主管機關許可而進入停留、居留之處所，例如大陸地區人民、外國人未經許可來臺停留或居留。二、以及外勞停留或居留於未經申請許可之工作處所[164]。三、自身不知遭通緝、失蹤人口、治安顧慮人口協尋等。惟內政部警政署[165]認為尚需個別判斷法定要件，非得全面性身分查證，與通說見解一致；筆者對此全面性身分查證之作為提出一個概念，即行政法之法源有否囊括「習慣法」？若肯認有習慣法之存在，警察長久以來至營業場所執行全面性臨檢之慣行，使人民感覺受到法規範之拘束而主動接受身分之查證，是否有可能轉換為依習慣法實施而呈合法？再者，「同意不生侵害原則」有否適用全面性臨檢？則執行全面性查證身分有否適用習慣法或同意不生侵害原則之說法，似乎值得實務工作者玩味。

二、消費人員

　　進入營業場所或處所消費之人，進入消費之目的通常與該場所「眞實」設置目的有著密切關聯，例如：申請小吃店營業，店內卻改裝成卡拉OK、沙發椅、酒櫃，並有多位女服務生擔任隨侍之服務工作（場所狀態），則進入店內消費人員之目的，多數因享受歡唱時女服務生在旁隨侍，有大爺的輕飄感；女服務生為多賺取小費或節數，殷勤地服務，惟兩對造於酒酣耳熱之迷濛，即可能產生情愫上之交流，進而暗示或實際發生與性有關之交易，而臨檢目的即為預防場所設置目的與消費人員間不法情事之發生。

　　除了營業及消費人員間可能產生不法行為外，消費人員本身身分或行為亦有可能涉及違法，透過臨檢各別身分查證之過程，可知該身分是否受到通緝、協尋人口、治安顧慮人口協尋等，亦可透過觀察舉止行為，可知

---

[164] 參考法條：警察職權行使法第6條第1項第5款、國家安全法第5條、就業服務法第62條。

[165] 內政部警政署刊行之警察職權行使法問答集，第三十問：警察到PUB、酒店等公眾出入場所能否查證在場所有相關人的身分？
　　答以：「依警察職權行使法第6條規定，警察若合理懷疑人民有犯罪嫌疑或有犯罪之虞，或認為其滯留有事實足認有陰謀、預備著手實施重大犯罪或有人犯藏匿的處所者，即可查證相關人的身分；換言之，於該場所發現有搖頭丸等違禁物品，在合理懷疑之情況下，即可對在場者盤查身分。然，對該等場所實施臨檢、盤查，應於其實際營業時間內進行。」資料來源：http:// w1.ccpb.gov.tw/data/home_data/Q&A/警察職權行使法問答集.doc，瀏覽日期：2014年4月15日。

該人是否攜有違禁物或查禁物，再經過目視檢查場所，可知桌面上或鄰近之粉末、藥丸、咖啡包、Hello Kitty沐浴乳包裝、針筒等跡象，判斷是否為消費之人所持有，皆為進入場所執行臨檢消費人員時所需關注之焦點。

三、其他人員

此分類主要指營業及消費人員以外之人，通常與營業及消費人員單方或雙方有一定之關係，其他人員出現於場所內、外多數並無好意，可能與店內營業或其他消費人員有爭執時，去電呼朋到場叫囂或助勢，甚至是滋擾或癱瘓場所營業的手段，臨檢時需特別觀察有無此類人員。

另一乃與場所有關之人，實務機關俗稱小蜜蜂[166]（眼線），通常游離徘徊在場所外觀察，發現有疑似查緝不法人員立即通報場所內人員，有時客觀上難以分辨，需以探訪情資執行臨檢前先行控制，防止洩漏執行臨檢之動向。

上開滋擾人員不會發生臨檢爭議，會發生在現場警察可否控制小蜜蜂（眼線）禁止通報及洩漏臨檢作為？一、臨檢是任意偵查，並非發動強制處分，沒有禁止洩漏或偵查秘密的職權，更何況尚未進入場所根本無法確認犯罪是否存在。二、警職法中臨檢之法定措施，沒有任何條款得合法禁止，身分查證過程亦無禁止受檢人不得通訊之法明文。三、不符合直接或即時強制發動之要件。得到初步的答案是：實務運作於臨檢前控制小蜜蜂皆是違法的，則警察臨檢作為將何去何從？

參、交通工具上之人

人類生活為求效率及便利性，自發展工業革命後，產生了許多重大變革，發展便利的交通工具縮短了城鄉間的距離，以科學角度來說，已臻發展成熟交通工具之質量、動能與速率的比值，成為了最大潛在的危險性，臨檢攔停要件才設定在「客觀合理判斷易生**危害**」；另一方面，交通工具不僅使人類生活便利，逐漸有著密閉空間的隱密性，使實施臨檢作為伴隨安全上的危害。基此，除交通工具具備隱密性有著一定危險外，更隱含著駕駛人、使用人或所有人自身製造的危害狀態。

---

[166] 最常有小蜜蜂是職業賭博場所。

　　因交通工具與人可分別製造不同危害，原則上應分別探討；然危害源均來自於「人」控制行為之前提下（交通工具需人來駕駛），需合一無法分別討論，下以攔停前、過程及執行臨檢時綜合說明如次：

一、攔停前

(一) 站立位置

　　執行交通工具攔停前，須先清出攔停時之動線及空間，而站立位置視警網人數有所不同，在扣除攔停動線及空間後無論在何處執行，主要朝「有利」位置作為思考，在判斷之條件以有否避難動線、防禦柱體、攔停顯明身分處等變數，作為現有道路何處為有利位置之思維，且在位置之排定並非一成不變，亦無絕對對錯，僅有相對適當與否之見解矣[167]。

　　如何編排或站立位置是警察得自由裁量之範疇，仍應視當地交通流量、治安隘口或犯罪熱點等條件作為排定或選擇，而站立位置之編排不當會涉及二個面向：一、受檢交通工具發生意外。二、警察自身受到傷亡之機關責任[168]。上開面向皆與國家賠償有關，實務工作者為勤務規劃或施以教育訓練時需有認知，擬定較為正確之執勤概念。

(二) 觀看方向

　　在交通工具未受攔停前區分為日間與夜間的觀看方向，主要關注各別駕駛人或乘客，其目光、肢體語言、異常舉止等動作上，雖然汽車較不易觀察，惟仍透過實際經驗加以累積；另外不可或缺地，係其他用路人之狀態，亦應在觀看的方向中。除一般機器腳踏車外，在日間均有折射鏡面的反光效果，有時難以直接目（透）視駕駛人，對乘客動向更難以捉摸，此情形下僅得以在工具移動過程使折射角度產生偏離，在偏離折射的瞬間一窺駕駛人及乘客剎那之舉止，作為判斷攔停的依歸[169]。

---

[167] 許多討論的情形，如果論者無法提出相關條件作為篩選，討論應無法產生結果；另一個問題是，如果提出的條件不一，得出不同結果亦是必然！反之，二個不同事物具有幾乎相同條件下的比較才有意義，例如：一個車道與二個車道的站立位置條件已不同，如何比較能得出相同結論；又如：在巷衖口與筆直道路的站立位置當然不可能相同，因為，條件亦已不同。是以，在不同條件的位置，亦須跟著轉換為「最適當」的位置，對於勤務順遂的執行才有幫助，更況，在執行勤務時，根本沒有正確或絕對的答案，只有相對適當的問題，且在人類習性中根本無法求得類似科學定律中的定數，這或許也是社會科學的由來。

[168] 參照公務人員保障法第21條。

[169] 此種反應須透過訓練的方式，才能習慣瞬間的剎那畫面擷取，筆者亦經過多時的訓練，方能一窺駕駛人

　　而夜間交通工具原則皆有打開頭燈，而燈照卻成為判別駕駛人或乘客的刺眼光源，如何瞬間的透視仍與光線折射角度有關，筆者曾試驗如何能在夜間看穿安全帽面罩、擋風玻璃，以其他光源作為透射反光物之瞬間得以一窺，如：路燈！以光源色譜來說，穿透力最強的顏色應屬「黃色系」為主，而大部分路燈亦是黃色系光源，當交通工具行經路燈下方某角度時，黃色光源會直射進入安全帽面罩、擋風玻璃，使原本反射的安全帽面罩內之駕駛人面容、汽車擋風玻璃內之駕駛人或乘客接受黃色系直射光源後產生內亮的瞬間，執行人員即可看穿、看透原本反射的鏡面，駕駛人的面容、乘客的舉止將一覽無遺，此瞬間並不受頭燈照射的影響[170]。

(三) 選擇客體

　　警察臨檢交通工具之目的，多數為取締酒後駕車，惟同時是移動的隱私空間[171]，常有槍砲、販賣毒品、竊盜等隱晦的犯罪型態，倘有犯罪徵候之駕駛人或乘客，攔停前而見警之神情應與一般人迥異，則選擇攔停駕駛人，應觀察其舉止、眼神或不同於一般之行為，作為判斷是否異常之基礎。藉由觀察駕駛人或乘客有異常舉動，攔停前應即有心理準備及提高危機意識面對可能突發狀況，諸如：故意的衝撞行為、過失的緊急剎停等，筆者曾進行自身累積經驗是否正確之實驗，初步得出資深人員較能預判攔停前可能發生的衝撞或逃逸事件，主要判別客觀動向條件仍繫於駕駛人，而非交通工具本身。

　　交通工具本身廠牌、樣式、價額、外觀清潔程度等皆得提供作為外觀判別之標準，因廠牌與價額已實際篩選並區分出社會階層，在天價的車輛並非任何人得購入之情形下，執行臨檢似應約略調整[172]查證或檢查之強度。另車輛樣式及外觀清潔部分亦有參考價值，原則上越具一般樣式的車

　　瞬間移動的異常舉止：在科學方面來說，只要將日間反射在鏡面上的角度，依據移動速度的不同就能發現折射角度隨之不同，在空隙中即能看見駕駛人的神情、舉止。

[170] 此種觀看方式有可能會產生職業傷害，通常情形下，青光眼即係因常接受強烈光度的照射所產生的傷害形態；當然，吹哨子鳴笛本身亦會產生耳鳴現象，破壞原有的聽力，交通指揮久了，聽力自然會減損，因為，哨子非常接近耳朵。

[171] 此空間不論汽機車均有，在汽車方面應無須多論。而機車方面則需約略論述：一、機車的置物空間即為程度上差異的隱私空間。二、機車座墊旁兩側速克達塑膠造形，亦可裝設小武士刀、毒品鐵盒等。三、機車前方斜板或置物空間，得置放小棒球棍。四、機車座墊掀起後之反面內部海綿，得藏匿毒品針頭等物品。上開機車隱私空間，筆者均曾查獲相關犯罪物品，提供讀者判別。

[172] 或許某些讀者並不認同，惟事實上動輒上千萬新臺幣之車輛，確實非一般人得購入。

輛，通常越不引人注意，犯罪人口使用時大多會傾向此原則；而一般犯罪人口大多不在乎車輛外觀之清潔，在執行臨檢時，以特定樣式[173]及車輛清潔外觀作為判斷條件，或許得提供尋繹參考之標準，來區別強度上的差異。

二、攔停過程

　　職司攔停任務之人員，應指揮受檢車輛停放於預定停車位置，車輛依指揮至指定位置後，該人應兼以目視觀察駕駛人或乘客之舉止，俟完全靜止後由其他人接續處置，倘有異常舉動應立即以口喊將資訊傳遞；若未有異常舉動，則應指揮後方來車通行，同時關注受檢情形備以支援。

　　警網其他人員最有可能受害且直接接觸駕駛人之第一人，為擔任盤詰任務人員，該人在交通工具靜止後必須提高警覺，並透過客觀判斷決定進行何種盤詰[174]，如：酒駕或其他犯罪等。除此之外，「一目瞭然原則」對交通工具有適用餘地，該人通常是決定是否發動強制力或發現犯罪事證之人，於此情形亦應立即將資訊傳遞，其他人員應一併應變。

　　警網臨檢過程中須注意各人員間應保持適當距離，防止面臨攻擊事件或駕駛人駕車逃逸，符合使用警槍要件進行反擊時，防免火線交叉相互射擊，誤傷同袍之不幸情事；而各個職司不同位置任務之人員，應隨時因狀況的不同進行支援或補位動作。

三、執行臨檢時

　　倘駕駛有明顯的異常行為，諸如：指揮攔查進入受檢區時呈現些微不受控制之狀態，警察在命令停車、離車、雙手置於一定處、查證及檢查之措施，態度應轉趨不同，此際因危害狀態持續時得為獨立一個下命處

---

[173] 所謂特定樣式其實很難定義，依據筆者的經驗，每個時期的犯罪人口所使用或流行的交通工具均不一，但限定在特定時期中有特定的車輛樣式，依循這樣的模式，或許在實務工作經驗累積後得以判斷「現在」的犯罪人口交通工具的樣式大多是哪一種類型。

[174] 現今實務機關官長對此概念其實相當薄弱，面對民眾受檢時以自身感受認為不受尊重時（姑不論確實係警察人員之問題），常有陳情警察人員執法服務態度不佳等情事，惟面對此問題時，實務機關督察組常混淆此情狀！因執法與服務態度乃分屬二事，此其一；倘係依法行政實施合法職權時，與服務態度何關？此其二。是以，本文認為警察人員在依法行使職權時，根本沒有服務的問題，倘欲論討「態度」，應屬為民服務事項，方有服務態度之問題。當然，實務機關認為在一定範圍內之執法仍有服務態度並非全然無理，只是執勤人員貫徹行使公權力似乎與服務態度無關。

分[175]，作爲確保執行人員之安全。另未見駕駛人前，亦得自交通工具之行進軌跡判斷駕駛人之意向，畢竟行進軌跡的產生仍來自駕駛人之控制，判斷軌跡能夠更客觀、精準地預判情勢，使後續的查證、檢查、盤詰或執行強制作爲，在比例原則的思考上能更朝向法律的調整。

攔停後執行臨檢時，駕駛人捲下車窗即有「一目瞭然原則」之適用，警察得進行目視搜索，以筆者之經驗來說，因可能受攻擊之第一人爲擔任盤詰之人員，其目視應集中在駕駛人或乘客手部、眼神及車內一目瞭然之範圍，而警戒係主要輔助盤詰人員，目視觀察之重點應集中在駕駛人或乘客手部、眼神，以保護進行盤詰之人。至指揮交通工具之人，應視情形兼顧後方來車及臨檢過程，警網執行過程相輔相成、相互補位。上開說明並非絕對，每個情境中每個角色其實充滿變數，具體個案中無法全然提出一定描述條件以供判斷，需在每一個案中尋繹妥適條件作爲執法之概念，方能歸納初步之結論。是以，整個臨檢過程無論警察置身何處，主要焦點皆爲人，以之爲條件建立法治思考。

第二項　行政法規範

壹、行政警察之作用

行政警察身分係以犯罪預防、鎮壓爲目的之規制，在效率性、迅速性及合目的性之前提，乃基於一般統治權加以命令、強制並限制之作用，而臨檢同時兼有危害防止及犯行追緝功能之展現，某程度在概念上仍須區別不同身分別之不同作用，作爲事後救濟途徑之判斷，惟臨檢過程之手段爲何，皆不影響有實質干預基本權利之結果，而施以手段仍會受到目的性之牽引，而劃分出不同身分別之作用。

旨揭【現行實務機關】實際服勤內容觀察：「警察甲、乙在巡邏過程中發現，A一看見警車後微微一震，故意裝作若無其事，甲使眼色給乙，傳遞出過去攔查A的訊息，乙立即騎著警用機車停在A前方，甲很有默契地停在A後方！」乃具備行政警察身分之概念。

---

[175] 參照警械使用條例第5條。

「乙叫住A，問：先生，你在這裡做什麼？」及「A拔腿就跑，甲乙早就有心理準備，立即騎車在後追趕，A跑進防火巷，甲停下後以跑步方式自後追逐，乙騎車從另一端防火巷攔截，甲攔阻A後，乙也從另一端跑來支援。」實際進行臨檢時，係行政警察身分之作用範疇。

臨檢過程爲行政警察身分作用之範圍，通常在實際情形比想像較爲狹隘，因實務工作者認爲臨檢目的是爲了偵查或發現犯罪，實際執勤概念限縮了眞正在臨檢時行政警察身分之作用。

貳、司法警察之作用

司法警察身分係以犯罪之解明、訴追爲目的，作用於已知悉或存在犯罪之情形，而臨檢之要件即橫跨行政與司法警察身分之範疇同時作用，則司法警察身分在概念上仍有界定之必要。

旨揭【現行實務機關】實際服勤內容觀察：「乙問A：爲什麼要跑？A：……（不說話）。」及「甲跟乙把A帶回原本逃離的地點查看，地上有一包裝有白色粉末的塑膠袋！」現場已發現疑似犯罪之證物，實質上已具備了司法警察身分。

「乙問A：這包東西是你丟的嗎？A：不是我……不是。」、「甲拿出身上早已預留的塑膠手套套上，準備把地上塑膠袋拿起時，A說：是我的啦！」、「乙對A說：你現在被依毒品危害防制條例逮捕，有權保持緘默，無須違背自己意識而爲陳述，你有權選任辯護人，如果有低收入戶、中低收入戶、原住民身分沒錢請辯護人，回去我會幫你找一個！還有，你可以請求調查對你有利之證據；最後，你有提審的權利，你知不知道？」及「甲以手重重碰在A頭上說：猴死孩仔，賣毒還帶槍喔！A：怕被黑吃黑啊！」皆爲司法警察身分之作用，主要作用在實質被告地位形成後現場詢問本案犯罪事實。

「甲拿出身上早已預留的塑膠手套套上，準備把地上塑膠袋拿起時，A說：是我的啦！」、「乙話畢便將警銬拿出來對A上銬並上手銬安全鎖，開始搜索A的身體每個部位，又在A的皮包內搜出另一包毒品，同時赫然發現竟然有一支已經上膛的改造手槍」及「甲及乙將A押上後座，甲坐在A旁邊，乙騎車在後面跟著，甲先把A銬在派出所偵訊室內的固定管

上，交待值班看管後，跟乙一起把機車牽回所內開始偵辦A持有毒品及槍械案。」亦為司法警察身分之作用，主要作用在透過搜索、扣押、逮捕等手段來保全被告及證據。

較有疑問的是「乙問A：這包東西是你丟的嗎？A：不是我……不是。甲說：你不說沒關係，等一下我就把這包採證，如果塑膠袋上面有你的指紋或生物跡證（DNA），你就死定了！」及「乙對A說：身分證勒？A：在這裡。」這二個過程。前者皆尚未確認為證物之適格，僅以自身經驗之推斷，該作用是否合法？而後者，究竟是身分查證或詢問被告前之人別訊問？再次顯示規制效力之作用似乎無法區分。

第三項　刑事法規範

壹、任意偵查之取證

警察以犯罪偵查為目的之取證作為進而查獲刑事案件，多數是透過臨檢方式為之，而判斷任意偵查區間之條件，係建立在有否壓抑、侵害個人意願、意思自由及決定，輔以訴訟行為區辨之概念對照，結果隨之不同。

旨揭【現行實務機關】實際服勤內容觀察，自：「A拔腿就跑，甲乙早就有心理準備，立即騎車在後追趕，A跑進防火巷，甲停下後以跑步方式自後追逐，乙騎車從另一端防火巷攔截，甲攔阻A後，乙也從另一端跑來支援。」至「乙對A說：你現在被依毒品危害防制條例逮捕，有權保持緘默，無須違背自己意識而為陳述，你有權選任辯護人，如果有低收入戶、中低收入戶、原住民身分沒錢請辯護人，回去我會幫你找一個！還有，你可以請求調查對你有利之證據；最後，你有提審的權利，你知不知道？」前之過程，皆為任意偵查之取證作為。

較有疑問的是：實質被告地位形成時點而履行告知義務之斯時，實質上均有壓抑、侵害個人意願及意思決定狀態，案例中外觀看似為毒品尚未初步檢測為毒品前，警察的取證作為有著強制之物理力，反而在訴訟行為之區辨，無法解釋本質上與強制處分相同的臨檢作為不是處分之疑問，是實務工作者容易陷入模糊概念之處。

貳、強制處分之取證

臨檢過程逐漸形成被告或犯罪事實時，需轉換於刑事訴訟程序，藉由實體法要素之犯罪行為、犯罪結果、條件關係、相當因果關係及行為時具備故意或過失等累積一定心證，加以發動強制處分之職權，本身皆具有強制力。

旨揭【現行實務機關】實際服勤內容觀察：「A拔腿就跑，甲乙早就有心理準備，立即騎車在後追趕，A跑進防火巷，甲停下後以跑步方式自後追逐，乙騎車從另一端防火巷攔截，甲攔阻A後，乙也從另一端跑來支援。」客觀上是一個強制處分（緊急拘提）無疑[176]，但有疑問的是：犯罪嫌疑心證根本尚未累積、司法警察地位亦未形成情形下，如何能符合「偵查犯罪」要件之前提？

「乙問A：這包東西是你丟的嗎？A：不是我……不是。」丟棄之毒品與警察詢問被告之間，實質上已涉及強制處分之取證作為，且已就本案（毒品）犯罪事實為詢問，實質被告地位已形成，應履行告知義務，通常實務工作者在自然不中斷事實內皆會忘卻履行或補履行。

「乙問A：裡面是什麼？A：是K……。」、「乙對A說：身分證勒？A：在這裡。」、「乙對A說：你現在被依毒品危害防制條例逮捕，有權保持緘默，無須違背自己意識而為陳述，你有權選任辯護人，如果有低收入戶、中低收入戶、原住民身分沒錢請辯護人，回去我會幫你找一個！還有，你可以請求調查對你有利之證據；最後，你有提審的權利，你知不知道？」及「甲以手重重碰在A頭上說：猴死孩仔，賣毒還帶槍喔！A：怕被黑吃黑啊！」皆為詢問實質被告之取證作為，亦應先履行告知義務。較有疑問的是：「乙對A說：身分證勒？A：在這裡。」此段事實係透過臨檢身分查證之職權或詢問被告前之人別訊問？已經犯罪嫌疑人自白為毒品作為支撐犯罪事實，應係詢問本案犯罪事實之人別訊問，與身分查證之取證作為有別。

「甲拿出身上早已預留的塑膠手套套上，準備把地上塑膠袋拿起時，A說：是我的啦！」、「乙話畢便將警銬拿出來對A上銬並上手銬安全

---

[176] 參照刑事訴訟法第88條之1第1項第3款。

鎖，開始搜索Ａ的身體每個部位，又在Ａ的皮包內搜出另一包毒品，同時赫然發現竟然有一支已經上膛的改造手槍」、「甲及乙將Ａ押上後座，甲坐在Ａ旁邊，乙騎車在後面跟著，甲先把Ａ銬在派出所偵訊室內的固定管上」及「跟乙一起把機車牽回所內開始偵辦Ａ持有毒品及槍械案。」警察對丟棄於地下之毒品拾起係實施扣押、對Ａ上銬是緊急拘提或逕行逮捕、搜索Ａ身體及包包是附帶搜索、發現另一包毒品及手槍係扣押、押上巡邏車後座、銬在派出所及偵辦過程是為了解送，皆係發動強制處分之取證作為。

　　整個【現行實務機關】之案例，是警察因臨檢查獲刑事案件最經常的態樣，不論行政法或刑事法規範之最初始的問題點，係狀況事出突然，根本沒有累積犯罪嫌疑心證或偵查犯罪之外觀，亦無司法警察地位之形成，如何合法地發動強制處分？單獨、各別地觀察警察取證之作為，一切都很合理的得到合法結論，但無由地看見心虛之Ａ逃逸，即進入犯罪偵查領域，未有起始點的犯罪偵查豈不怪哉？又或者是「Ａ一看見警車後微微一震，故意裝作若無其事」，即得作為累積犯罪嫌疑心證或形成司法警察地位之事實？殊值實務工作者再三思量。

第四項　規範間之分野

壹、分野始點之建立

　　上揭藉由行政及刑事法規範概念為描述之臨檢，實有必要為實務工作者重新界定分水嶺，即建立行政或司法警察身分之作用及任意偵查或強制處分之取證區別之始點，而真正進入犯罪偵查領域控制之概念仍在：嫌疑。

　　建立旨揭【現行實務機關】案例之嫌疑，始點發生在「甲跟乙把Ａ帶回原本逃離的地點查看，地上有一包裝有白色粉末的塑膠袋！」此段事實，理由在於：一、Ａ見警即逃。二、Ａ丟棄塑膠袋。三、見塑膠袋即否認。客觀事實輔以警察主觀判斷，足以分辨與常人迴異之處，且曾有查緝經驗之警察，必定相當熟悉毒品人口見警之習性，由此建立自可疑累積心證至嫌疑之始點，則初始之「Ａ拔腿就跑，甲乙早就有心理準備，立即騎

車在後追趕，A跑進防火巷，甲停下後以跑步方式自後追逐，乙騎車從另一端防火巷攔截，甲攔阻A後，乙也從另一端跑來支援。」到「乙問A：為什麼要跑？A：……（不說話）。」為止，皆為警職法第7條第1項第1款之攔停，係行政警察身分之作用及任意偵查之取證作為。

貳、始點判斷之條件

精緻操作始點「甲跟乙把A帶回原本逃離的地點查看，地上有一包裝有白色粉末的塑膠袋！」判斷之條件，初始現場可能適用毒品危害防制條例第11條、第11條之1，其構成要件為無正當理由持有或持有第三級毒品，犯罪行為為A持有、塑膠袋有A指紋或生物跡證係具有條件關係、行為客體係毒品、持有行為具備故意，則警察僅剩建立持有及丟棄毒品間之相當因果關係，透過詢問「甲拿出身上早已預留的塑膠手套套上，準備把地上塑膠袋拿起時，A說：是我的啦！」得出任意性自白證明該關係，同時特定了A（被告）及持有毒品（犯罪事實）後，應可確定A受到不法裁處或有罪判決的機率相當高，且係實際操作法律於實務之運作，加以具體化供以判斷。

參、分野程序之轉換

建立案例之始點「甲跟乙把A帶回原本逃離的地點查看，地上有一包裝有白色粉末的塑膠袋！」開始後，除客觀事實「乙對A說：身分證勒？A：在這裡。」是否適用警職法外[177]，A實質被告地位已然形成，警察所有作為皆係司法警察身分之作用，應遵循強制處分取證作為之程序規範；而始點之前，則有行政程序之適用。

第五節 結 語

建立警察勤務中臨檢之概念，出現了交錯複雜、龐大的法體系，聚焦點上有著本質上的分別，思考路徑雖有不同但殊途同歸，最終係達成臨檢

---

[177] 林鈺雄，刑事訴訟法（上冊）—總則編，2010年9月第6版，頁432。

之目的，即：治安與交通，不啻是立法者將這些路徑限定在法治軌跡上，統合著外觀上看起來是一個自然事實發生的事件，適用法令爲有架構理解的前提，似乎能夠自法律叢林中走出臨檢法治的軌跡，身爲執法者若不嘗費心思，如何形成合法之外觀？況且，基本權利是否受到國家侵害，全掌握在警察手中，倘不充實法治概念，如何落實法治國之基本原則？執行臨檢的順遂，依然著重「正當法律程序」，在發動職權時應以「知法」爲前提，才不致使臨檢欲達成的目的，運用了不計代價、不論眞實之手段加以實現。

　　筆者從事基層實務工作多有心得，警察對臨檢概念常淪於恣意，動輒施以強制力或有形之物理力，鮮少以自身較有利之規範爲合法思考，諸如：動輒發動逮捕之手段，與日本發動逮捕能有超過九成之定罪率相距甚遠[178]，除日本發動逮捕較謹愼外，我國警察在養成或常年訓練是否建構了清晰法規範之概念，或許值得重新思考，本文雖未囊盡案例之舉，卻也將實務工作者遇見屢生爭議之例，儘量透過與法律的對話，論述相關疑問及解答，希冀帶來些許嶄新觀念及提供棉薄見解。

---

[178] 還記得前些年在日本發生兇殺案，生長在臺灣至日本留學的一對姊妹遭同爲留學生的男子殺害，該男子逃逸，日本警方盡全力追捕，終於在身爲追星族男子的偶像簽唱會現場發現他的蹤跡，日本警察上前盤查、查證身分，爲求愼重警方以「任意同行」的職權護請該男子返回警署確認其身分，並未上銬！嗣經帶返警署前下車之際，男子以尖刀刺入自己心臟當場身亡，國際媒體相互報導。主要探討係日本警方行使逮捕之職權相當愼重，當時並非實施逮捕而是任意同行，在尚未確認身分前，均使用以警察爲主體的法規，相對「逮捕」的職權在該案例中，並非在該發現時點發動，整體法規認定日本警察並未違法，顯示出日本警察在發動逮捕職權時，係以相當愼重的態度來面對，畢竟刑法有著最後手段性原則的拘束。

國家圖書館出版品預行編目資料

警察勤務新論（上）——實務工作者與法律的
對話／陳良豪著. ――初版. ――臺北市：五
南, 2016.02
　　面；　公分
ISBN 978-957-11-8503-3（平裝）

1.警察勤務制度

575.86　　　　　　　　　　105000954

1T82

警察勤務新論（上）——
實務工作者與法律的對話

作　　者 — 陳良豪（267.7）

發 行 人 — 楊榮川

總 經 理 — 楊士清

總 編 輯 — 楊秀麗

副總編輯 — 劉靜芬

責任編輯 — 吳肇恩　王政軒

封面設計 — P. Design視覺企劃

出 版 者 — 五南圖書出版股份有限公司

地　　址：106台北市大安區和平東路二段339號4樓

電　　話：(02)2705-5066　　傳　　真：(02)2706-6100

網　　址：http://www.wunan.com.tw

電子郵件：wunan@wunan.com.tw

劃撥帳號：01068953

戶　　名：五南圖書出版股份有限公司

法律顧問　林勝安律師事務所　林勝安律師

出版日期　2016年2月初版一刷
　　　　　2020年7月初版二刷

定　　價　新臺幣360元